第二辑

小三线建设研究论丛

小三线建设与国防现代化

主　编　徐有威　陈东林

上海大学出版社

图书在版编目（CIP）数据

小三线建设研究论丛. 第二辑，小三线建设与国防现代化 / 徐有威，陈东林主编. —上海：上海大学出版社，2016. 10

ISBN 978-7-5671-2046-4

I. ①小 … II. ①徐… ②陈… III. ①国防工业—经济建设—经济史—研究—中国 IV. ①F. 426. 48

中国版本图书馆CIP数据核字（2016）第240196号

责任编辑 傅玉芳
助理编辑 刘 强
封面设计 柯国富
技术编辑 金 鑫 章 斐

小三线建设研究论丛（第二辑）
小三线建设与国防现代化
徐有威 陈东林 主编

上海大学出版社出版发行
（上海市上大路99号 邮政编码200444）
（http://www.press.shu.edu.cn 发行热线021－66135112）
出版人：郭纯生
*
南京展望文化发展有限公司排版
上海华教印务有限公司印刷 各地新华书店经销
开本：710×970 1/16 印张：31.25 字数：495千
2016年10月第1版 2016年10月第1次印刷
ISBN 978-7-5671-2046-4/F·159 定价：60.00元

本书编委会

主　编　徐有威　陈东林
副主编　吴　静　崔海霞
　　　　张志军　韩　佳
　　　　李　帆
成　员　耿媛媛　王来东

徐有威拜访上海小三线建设亲历者、最高人民检察院检察长曹建明（2016年1月 北京）

王春才（左一）和峨眉电影制片厂副主任王蜀林（右一），拜会原电子工业部副部长蒋崇璟（左二）和他的夫人刘钱泰（1994年2月　北京）

中国三线建设研究会部分理事合影（2016年7月 贵州六盘水）

工信部、中国社科院和上海大学有关领导、学者参观山东小三线企业旧址（2016年4月 山东蒙阴）

上海大学历史系李云博士论文《上海小三线建设调整研究》答辩会（2016年6月 上海）。左起：徐有威（上海大学历史系教授）、陶飞亚（上海大学历史系教授）、金光耀（复旦大学历史系教授）、杨奎松（华东师范大学历史系教授）、忻平（上海大学历史系教授）、张忠民（上海社科院经济研究所研究员），后站立者为李云

徐有威在台北“中央研究院”近代史研究所发表有关小三线建设的演讲。照片中为陈永发教授，右为林满红教授（2014年11月 台北）

徐有威在香港中文大学历史系发表有关小三线建设的演讲（2012年12月 香港）

徐有威查看江西小三线建设档案
（2016年7月 江西万载）

上海大学历史系师生收集上海小三线企业资料（2016年5月 上海）

徐有威参观四川小三线企业遗址。二排右一为四川小三线研究著名专家傅琳先生（2016年3月 四川南充）

徐有威和他的学生采访上海市人民政府国防工业办公室原主任余琳（2011年4月 上海）

徐有威考察江苏小三线企业旧址（2016年6月 江苏盱眙）

目　录

特　　稿

专 题 研 究

手　　稿

口述史和回忆录

我和三线建设研究

档案整理和研究

译 稿

特　稿

三线遗产概念、类型、评价标准的若干问题

徐嵩龄　陈东林

一、与世界遗产概念的比较

所谓遗产，按照国际认定的概念，是指“在群体记忆中有着特殊意义的历史事件与过程”(“Heritage” refers to historical events or processes that have a special meaning in group memory. (from WIKI))。

国际概念规定的遗产，又分为文化遗产、自然遗产、文化与自然复合遗产。这里的文化，是指大文化，即人类文明。

所谓文化遗产，按照联合国教科文组织的学术定义是：体现“过去”的全部物质标志(或是艺术型的或是符号型的)，它们进入文化，并进入整个人类。文化遗产，作为文化身份认可与凝缩的组成部分，作为属于全人类的传承，它给予每个地方可资识别的特征，并且是人类体验的宝库。因此，文化遗产的保护与展示是一切文化政策的基石(from UNESCO, 25 C/4, 1989, p. 57)。

因此，三线建设遗产(以下简称“三线遗产”)即是文化遗产的一种类型，不必再叠床架屋写作“三线文化遗产”。

按照世界遗产委员会《世界遗产公约操作指南》，视为“文化遗产”的有三种，笔者结合三线遗产进行举例。

一是不可移动文物。从历史、艺术或科学角度看，具有突出的普遍价值的建筑物，碑雕和碑画，具有考古性质构造或构件、铭文、窟洞，以及它们的联合体。

例如位于重庆涪陵白涛镇乌江和武陵山麓的816核工程洞体(今属建峰集团),是1967年为备战而建设中国第二座核原料工厂和核反应堆,动用工程兵等人力6万多人,历时17年,将岩石山体挖凿而成的世界第一大人工洞。洞内最高处79.6米,总长约24公里,总面积10.4万平方米。最大洞室为反应堆主厂房,面积1.3万平方米。可以预防100万吨当量氢弹空中爆炸冲击和1 000磅炸弹直接攻击,还能抵抗8级地震。坚固广阔,十分壮观。

反应堆8楼大厅

核工程洞体

二是建筑群。从历史、艺术或科学角度看，在建筑风格、一致性或景观地位方面具有突出的普遍价值的单立或相关联的建筑群。

例如位于四川梓潼县的“中国两弹城”，是 1965 年开始建设的中国第二个原子弹、氢弹研制基地(原中国工程物理研究院，俗称“核九院”)，拥有大礼堂、情报楼、档案馆、将军楼、模型厅等 167 栋、58 万平方米组成的楼群，及凿山挖成的较大规模地下防空洞。其中，有两弹元勋邓稼先、中子弹之父王淦昌等杰出科学家的办公室、宿舍及使用过的文物，都保存完好。

三是遗址。从历史、审美、民族学或人类学角度看，具有突出的普遍价值的人类工程，自然与人工相结合的工程，以及考古遗址地域。

例如位于四川南川县的天兴仪表厂，1966 年建成，主要生产常规武器及配件。2000 年全迁至成都市。遗址所在的金佛山麓，风景秀丽、气候宜人，融山、水、石、林、泉、洞为一体，荣列国家重点风景名胜区和国家森林公园。遗址的五栋天兴仪表厂老楼被改造成全国第一家“三线建设主题酒店”。

前排三线建设主题酒店，后排仪表厂职工宿舍遗址

《世界遗产公约操作指南》还专门定义以下四类文化遗产：

一是文化景观。它表现为《公约》第 1 条中所提及的“自然与人工相结合的工程”。它们是在自然环境的机遇和制约的影响下，在内部与外部的社会、经济、文化不断作用的影响下，人类社会及其居住地随时间而演进的例证。

例如攀枝花市、六盘水市，都是随着三线建设在荒山野岭、不毛之地中崛起的新兴工业城市。攀枝花市原来是以攀钢为主的“西部钢城”，现在有120 万人，已经利用独特的日照、气温自然环境，发展旅游休闲、医疗康复、生态农业，向“阳光花城”、“康养之都”转型。六盘水市，原来是以六枝煤矿、水城钢厂等煤炭、电力、冶金、建材支柱产业形成的工业城市，有“江南煤都”之称，现在有近 300 万人，利用独特的终年凉爽气温、少数民族群居资源，逐步转型为民族旅游、避暑休闲、生态农业的“中国凉都”。它们成为中国三线城市随着经济发展、社会进步而跨越时代的见证，是三线遗产城市发展的典型。

1964 年人口不足 1 万人的水城镇,今日成为有 300 万人的现代化工业城市六盘水市

二是历史城镇与城镇中心。

(1) 无人居住的城镇。例如四川绵竹市汉旺镇是中国最大汽轮机厂之一——1965 年组建的东方汽轮机厂所在地,2008 年“5·12”特大地震成为重灾区。工厂有 308 人、镇居民有 78 人遇难。地震过后汉旺镇、东方汽轮机厂损失严重,镇上 90%的房屋都有倒塌,剩余都成为危房,整个镇和东方汽轮机厂区无法再使用和修复。东汽搬迁后,决定将汉旺镇和厂区永久封存,禁止进入,保留废墟建成汶川特大地震灾区唯一一个原址建设的遗址纪念馆——绵

“5 · 12”特大地震遗址

竹市抗震救灾·灾后重建纪念馆，2012 年正式开馆。

(2) 有人居住的城镇。根据周明长的研究①，在三线建设中新兴工业城市有 59 个，其中完全在荒山僻野无人居住地区新建设的有 4 个：六盘水、攀枝花、十堰、金昌。依托老城镇大规模扩建的有 55 个：四川的德阳、绵阳、广元、自贡、泸州、宜宾、内江、乐山、雅安、西昌、遂宁、南充、华蓥、达县、涪陵、万县，贵州的遵义、安顺、都匀、凯里，云南的个旧、东川、曲靖，陕西的宝鸡、咸阳、汉中、铜川，甘肃的玉门、嘉峪关、酒泉、白银、天水，青海的格尔木，宁夏的石嘴

① 周明长：《三线建设与中国内地城市发展（1964—1980 年）》，《中国经济史研究》2014 年第 1 期。

1965 年和 2013 年四川攀枝花市弄弄坪

山、吴忠、青铜峡，山西的侯马、榆次、临汾，河南的洛阳、三门峡、平顶山、南阳、焦作、鹤壁，湖北的襄樊、宜昌、沙市、荆门、丹江口，湖南的怀化、娄底、冷水江、洪江、常德、邵阳、吉首。

这些城市的特点是：具有一种特殊时期的文化——因三线建设时期的备战需要而崛起扩展，地点靠山或资源地、分散、隐蔽；一直沿着特殊轨迹发展，即以三线企业为主干而兴衰，城市居民多数是移民，来自全国四面八方支援三线的职工及其后代；一些城市成为历史中心，如六盘水称为“江南煤都”，攀枝花称为“钒钛之都”，绵阳称为中国“电子城”、“科技城”；一些城市虽然已经旧貌换新颜，历史城镇已部分消失，但其文化特征仍在某一区段或地块得到保存。如六盘水市的水钢、六枝煤矿和贵州三线建设博物馆文化广场，攀枝花市的攀钢、兰尖铁矿、河门口社区三线纪念广场、十三栋“渡口记忆”文化街区，绵阳市的“两弹城”、跃进路、朝阳厂、电子九所等。

绵阳电子九所改造成的“126 文化园区”

建设中的成昆铁路

(3) 遗产线路。一条遗产线路包含的组分，其文化价值来自国家之间或地区之间的交流和多方面对话，它表现了沿着线路在时空上的相互作用。例如：成昆铁路是我国重要的铁路干线，全长 1 096 公里。1964 年复工建设，1970 年竣工通车。沿线三分之二是崇山峻岭，地势陡峭，地质状况复杂。铁路修建者战胜了种种难以想象的困难，创造了世界铁路建筑史上的奇迹，也付出了巨大牺牲，平均每公里牺牲一人，沿途留下了几十座烈士陵园。成昆铁路与苏联发射第一颗人造地球卫星、美国阿波罗号登月，被联合国并称为“象征二十世纪人类征服自然的三大奇迹”。铁路开通后，形成了成都、乐山、西昌、攀枝花、昆明之间的川西工业区，开辟了向东南亚的新通道，使沿途少数民族落后地区有“跨越五十年”的飞跃发展。成昆铁路辐射地区是三线遗产最丰富的地带。

(4) 遗产运河。这是指人工工程水道,从历史或技术角度看,具有突出的普世价值。三线建设时期,虽然没有开挖新的较大运河,但一些江河的小支流,因为三线企业的产品运输需要(如川东制造的核潜艇下海),开挖疏通成特殊的人工河,具有遗产性质。还大规模整治了金沙江和川江航道。金沙江航道从 1964 年起,共治理大小险滩 23 处,季节性通航变为全年通航。川江航道共整治险滩 190 多处,货物通过能力比 50 年代提高 20 多倍。

《世界遗产公约》还定义一类与"文化遗产"有关的遗产——"文化与自然复合遗产"(Mixed Cultural and Natural Heritage)。

三线遗产因为当年"靠山、分散、隐蔽"的选址原则,与主要集中在城市的

岱崮地质公园

三线军工小镇

其他遗产相比，这方面的特点特别有优势。例如山东蒙阴县岱崮镇是中国崮型地貌最典型区域，沂蒙七十二崮在岱崮镇就有三十多座。由北京大学等专家组成评审委员会命名的“岱崮地貌”，成为继张家界、喀斯特、嶂石岩、丹霞地貌之后的中国第五大造型地貌。山东东蒙企业集团于2012年向当地政府提出，利用岱崮镇内三家小三线军工遗址开发岱崮地貌旅游区，至今已开发了岱崮地质公园、“三线军工小镇”。其中原山洞车间开发为小三线军工文化展示厅、岱崮地貌地质博物馆、实弹射击娱乐中心等。

二、三线遗产的定义与类型

比照世界遗产的定义与类型，我们可以给三线遗产定义，并进行分类。

1. 三线遗产能否称为遗产

三线遗产，是否可以作为红色遗产的一部分而不单独构成？我们认为，从时间和空间上看，三线遗产都在红色遗产中具有较大的独立板块性。红色遗产是中国共产党成立以来，在领导中国人民进行长期革命、建设的过程中形成的，其涵盖面非常广泛，从这个意义上说三线建设是其一部分。但三线遗产只形成于三线建设时期（1964—1983），其空间一般不包括沿海和边疆地区。其产生不像红色遗产那样，可以是因红色人物个体活动或者个别红色事件零星形成，而是从中央到地方以严格的备战目的，经过严密计划部署和高度集中组织机构执行，形成的“全国一盘棋”群体活动产物。同样，把三线遗产视为工业遗产或者军工遗产，也是不能包括其特性。

2. 三线遗产的定义

三线遗产的定义：在三线建设时期和三线地区产生和创造的并具重要标志意义的物质建设成就。

首先，什么是三线建设时期？一般都以1964年5月毛泽东正式提出三线建设战略任务为起点。但终点目前有三种写法，第一种是1964年至1975年，这是按照以三线建设为中心任务的第三、四个五年计划来划分的，但并不符合实际建设。第二种是1964年至1978年，这是以中国当代史上有着重大历史转折意义的中共十一届三中全会为界，但将三线建设时期套用其也不合适。因为三中全会决定以经济建设为中心，而三线建设本身就是这一时期经济建设的重要组成部分，并没有变化。第三种是 1964 年至 1983 年，即以 1983 年国务院作出三线企业进行调整改造、发挥作用的重要战略决策为终点。这一种比较符合实际。因为三线企业由此开始由建设转为调整，不再新建企业，宣告了三线建设的结束。

其次，什么是三线地区？从地理环境看，当时中央军委文件划分的三线地区是：甘肃乌鞘岭以东、京广铁路以西、山西雁门关以南、广东韶关以北的广大地区。从行政地区划分，三线地区包括重庆、四川、贵州、云南、陕西、甘肃、宁夏、青海 8 个省市区及河南、湖南、湖北三省的西部，共 11 个省市区。调整改造时，三线地区政策适用范围又加进广西、山西，共 13 个省区。川、贵、云和陕、甘、宁、青俗称为大三线，各省内自己的后方俗称小三线。这样，大三线地区范围比较明确，小三线地区则遍及全国，要根据 1965 年 2 月罗瑞卿向中央提出的小三线建设报告中规划的 14 个后方基地，参照其当时企业建设性质，确定是否为小三线企业。

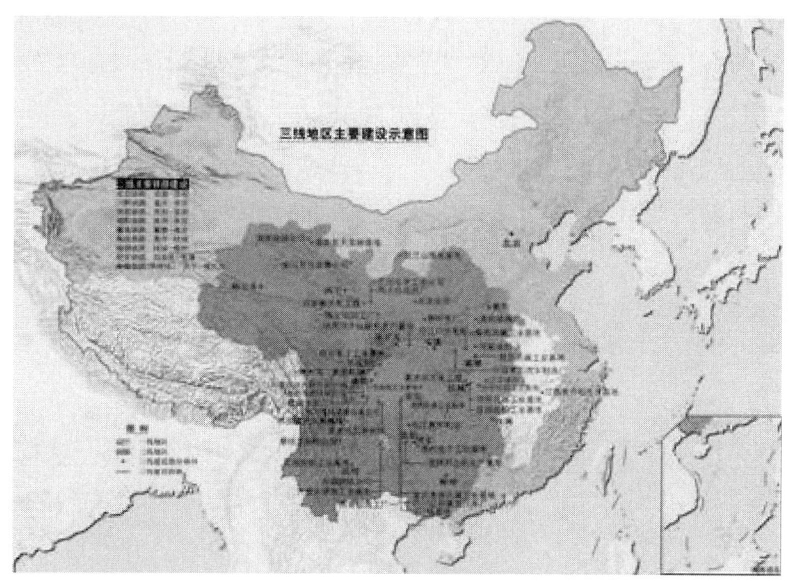

本图由陈东林制作，发表于《国家地理》杂志 2006 年第 6 期，当时有少量错误，现予以订正

最后，一些企业于三线建设决策前开始建设，建成和发挥作用在三线建设时期，列入三线遗产，一般没有问题。如甘肃中核 404 公司，1958 年开始建设，

1966 年建成中国第一座核反应堆。但调整改造时期(1984—2008)搬出三线地区的企业,是否仍算在三线遗产范围? 调整改造时期央企共搬迁了 257 家,多数搬到了大中城市甚至沿海地区。有的与其他企业合并,有的基本是三线建设原班人马和设备。我们认为,按照三线遗产的定义,三线企业如果迁出了三线地区(如第二汽车制造厂从十堰搬到武汉,一部分以后又到广州与外企合资),其迁走后形成的遗产不应算进三线遗产范围。但是这些企业留下的遗址,及带走的三线建设时期的资料、设备等,毫无疑问是三线遗产。

3. 三线遗产的类型

我们将三线遗产分为三种类型:

(1) 遗址型:这是静态的遗产,包括现已闲置、废弃成为遗址的,或者有利用价值尚未开发的。

根据资料,经过“七五”到“九五”(1986—2000)的 15 年时间,列入国家调整计划的八省一市(四川、贵州、云南、陕西、甘肃、河南、湖南、湖北、重庆)的 274 个三线调整改造企事业单位,易地搬迁比例高达 94%,整体或部分搬迁、撤销的 257 个应该都产生了遗址。如果考虑到还有一些省的三线企业搬迁未计算在内;各省还有大量小三线企业搬迁。那么总的讲,三线企业搬迁造成的遗址应该有三四百处以上。如重庆市三线建设研究会从 2016 年 3 月开始的遗址调查,截至 2016 年 7 月 15 日,各相关区县已上报 61 个企业的资料。

全国三线遗址中被废弃、闲置的有多少? 至今没有完整的统计数据。只

闲置、废弃的三线遗址

闲置、废弃的三线遗址

能以个案分析。山西省国防科工办 2011 年调查该省 19 处三线遗址遗迹，根据调研描述：第一类，归属明确，交给地方整体利用，保护利用相对较好的有 8 处；第二类，主体闲置损坏，局部由当地乡村、企业、老百姓自发占用养牲畜家禽等的有 4 处；第三类，毁坏严重，基本荒废的有 7 处。基本闲置或者废弃、毁坏严重的，占一半以上①。

类似的遗址，各地都有不少，如重庆市江津区三线工业遗址群落，共有三线军工企业 12 家，20 世纪 90 年代起分别搬迁到四川各地和重庆，遗留下厂房、办公楼、宿舍楼、学校、医院、食堂、礼堂等建筑，多数无人居住和使用。杂草丛生，家畜乱跑。室内空空如洗，门窗荡然无存，墙垣也有毁坏倒塌。

如破产的彭州锦江油泵油嘴厂遗址，厂房和办公楼、宿舍保存尚好，但一直闲置。

(2) 功能转换型：这是活态的遗产，包括现已功能转型后发挥作用的，或者部分正在转型的。

其中比较好的典型，如位于贵州省六盘水市钟山区的贵州省三线建设博

① 资料由上海大学历史系徐有威教授提供。

三线建设博物馆

物馆，是国内第一个建成的以三线建设为主题的博物馆，分室内场馆和室外文化广场两个区域。文化广场利用当年彭德怀指挥三线建设的办公室、三线建设指挥部、县委楼等遗产建成，包括陆家大院以及育才壁、蒸汽机车、机械设备等历史文物；馆内收藏了三线建设时期极具代表性的生产工具、生活用具以及历史文献、图片等。以三线建设为主题的“贵州城文工业遗产博物馆”也在原贵阳矿山机械厂旧址内进行建设。

如遵义市“1964 文化创意园区”，以贵州长征电器集团公司长征十二厂原址为主体，该厂区建于 20 世纪 70 年代，红砖砌成的厂房高大整齐、保存完好。2014 年遵义市政府批准建设“1964 文化创意园”，要求把园区建设成为“遵义市最有影响力的文化创意产业集聚区、弘扬三线精神的爱国主义教育示范基地”。园区规划建设为五大功能区：文化创意区、三线文化展示区、旅游休闲区、艺术广场区、管理服务区。主要包括：艺术展览中心、会议中心、创意设计中心；三线博物馆、三线雕塑群；旅游接待中心、旅游休闲中心；艺术广场、艺术雕塑群、园林景观；管理服务中心、多功能展示中心。

如四川广安市对全市 10 家搬迁企业遗址进行了调研、实物征集与遗产保护，从征集到的 1 000 多件三线遗产实物中精选出 13 台老生产设备、60 件老产品和 150 张老照片，2011 年建成了全国首个三线企业陈列馆——四川广安

遵义市 1964 文化创意园区

三线工业遗产陈列馆，还编制了三线遗产数据库。

(3) 发展型：这是活态的遗产，现仍在发展、发挥重要作用的，占三线企业中的多数。

企业有攀枝花、酒泉钢铁集团，酒泉、西昌卫星发射中心，国防科工局所属各集团的军工企业如甘肃 404 厂等。科研教育单位有中国工程物理研究院、绵阳空气动力中心、58 所、西南科技大学等。城镇有攀枝花市、六盘水市等。交通有成昆、湘黔、襄渝、焦枝、阳安、青藏(西格段)等铁路，战备干线公路、邮电通信网等。

综上所述，造成三线遗产分三种类型的原因，主要是其功能和地理环境决定的。从其功能，可以分为三大类：制造类、资源类、公共服务类。

制造类（机械、电子、轻纺等），因“靠山、分散、隐蔽”而远离城市和沿海，对外开放时期难以发展，军品需求又锐减，经济效益多数不好，只能搬迁。产生遗址型遗产的多数是这一类。

资源类（钢铁、煤炭、化工、建材、油气田等），因其地域依赖性强，不宜搬迁，因改革开放初期大规模经济建设对资源产品需求很大，经济效益较好。而当前的供给侧结构性改革，对钢铁、煤炭、化工行业大幅度去产能、去库存，是一个严峻的考验。许多渐趋功能转换型遗产。

公共服务类（包括科研院所、铁路、公路、桥梁、电信等），因其促进社会发展功能是西部至今仍然不足的，发展没有受到影响。这类对遗产保护也做得较好。如成昆铁路途经最险要的乐山市金口河区，自己筹资在关村坝车站建成了铁道兵博物馆，与北京的中铁建的铁道兵纪念馆遥相呼应。

三线遗址调研考察组考察三线遗址

三、三线遗产价值与评价标准

我们仍然参照世界遗产的标准，设定三线遗产的标准。

1. 世界遗产与三线遗产的价值标准

(1) 世界遗产的价值标准：在历史、科学、美学方面，具有突出的普世价值。

(2) 三线遗产的价值标准：对于那一时期的中国经济、社会、国防和文化建设具有标志性重要意义。

2. 世界遗产与三线遗产的评价标准

(1) 世界遗产的评价指标：

① 是一种代表人类创造性的天才杰作；

② 在一段时期内或在世界的某一文化区域，对建筑艺术、纪念物艺术、城镇规划或景观设计的发展产生过重大影响；

③ 能为一种文化传统，或为一种现存的或已消失的文明，提供独一无二的或至少是独特的见证；

④ 可作为一种类型的建筑物、建筑学或工艺学的组合，或景观的杰出范例，展示出人类历史上一个(或多个)重要阶段；

⑤ 可作为一种传统的人类居住地或土地利用方式的杰出范例，代表着一种或几种文化，尤其是由于不可逆转变化的影响而变得易损毁时；

⑥ 与具有突出的普遍意义的某些事件、生活习俗、思想、信仰或文学艺术作品有着直接或可感知的联系(委员会认为，此标准只有在特殊的情况下，或与其他标准一起使用时，才能成为列入《世界遗产名录》的理由)。

(2) 三线遗产的评价指标：

① 具有世界首创的技术发明。如攀枝花钢铁集团钒钛磁铁矿资源综合利用，依靠自主创新形成了一批国际领先和拥有自主知识产权的专有技术。普通高炉冶炼高钛型钒钛磁铁矿、钒氮合金生产等工艺技术居于世界领先，获国家技术发明奖；高速重载钢轨、大口径无缝钢管、高钒铁、微细粒级钛精矿等技术装备居于国际先进水平。

② 具有世界领先水平的工程建设。如成昆铁路突破了被国际上认为的“筑路禁区”，创造了 18 项中国铁路之最、13 项世界铁路之最，获得国家科技进步特别奖；位于四川省绵阳的中国空气动力研究与发展中心建有一个总体

规模居世界第三、亚洲第一的风洞群，2.4 米超声速风洞等 8 座为世界领先量级；西昌卫星发射中心的发射技术多项达到世界领先水平，跃居世界十大航天发射场之列。

超声速风洞

西昌卫星发射场

③ 体现了国家发展中的里程碑。如新疆和硕县罗布泊马兰核试验基地，中国第一颗原子弹试验遗址；青海海晏县金银滩 221 厂，中国第一颗原子弹研制基地；甘肃中核 404 公司，建成中国第一座核反应堆；酒泉卫星发射中心，中国第一颗人造卫星发射遗址；陕西阳（平关）安（康）铁路，中国第一条电气化铁路。

④ 体现了值得万世垂范的精神风貌。如新疆和硕县核试验基地马兰烈士陵园（386 人），成昆铁路沿途铁道兵烈士陵园（几十处，2 000 余人），重庆涪陵 816 核工程烈士陵园（71 人）等。

峨边烈士陵园

涪陵816核工程烈士陵园

⑤ 重大决策或事件发生地。如攀枝花市“十三栋”坐落在大渡口南岸山坡上，1964 年建成，第十三栋楼房接待过当时的党和国家领导人邓小平、李富春、薄一波及各部委负责人数十位。三线建设许多重要决策即在该楼会议室作出。

“十三栋”

攀枝花市仁和区大田会议遗址，1964 年程子华和阎秀峰带领十几家国家部委负责人调研后，于此多日开会制定三线建设规划向中央上报，是三线建设实施的起点。

大田会议旧址

⑥ 体现了独特的国家发展战略以及由此形成的独特人文—自然景观(工业景观、城市景观、交通景观)。如刘家峡水库(含炳灵寺)。刘家峡水库位于黄河上游甘肃永靖县,距兰州市 75 公里,是中国自己设计、自己施工、自己建造的大型水电工程,竣工于 1974 年。为黄河上游开发规划中的第七个梯阶电站,兼有发电、防洪、灌溉、养殖、航运、旅游等多种功能。水库地处高原峡谷,被誉为"高原明珠",景色壮观。

刘家峡水库

炳灵寺石窟

炳灵寺石窟,位于刘家峡水库西北积石山崖壁上,西晋至西秦建造,存有窟龛 183 个,共计有石雕造像 694 身,泥塑 82 身,壁画约 900 平方米。2014 年炳灵寺石窟作为中国、哈萨克斯坦和吉尔吉斯斯坦三国联合申遗的“丝绸之路”一处遗址点列入《世界遗产名录》。

水库修建时，即将炳灵寺少数可能被淹石窟移往高处。现在水库大坝和炳灵寺通过水上游艇往来，形成了西北一个人工和自然相结合的遗产景观。

如成昆铁路连接乐山、峨嵋、西昌、攀枝花、昆明等工业城市形成的核工

大渡河大峡谷两岸悬崖峭壁

“一线天”大石拱桥

业、航天、机械制造、舰艇、钢铁工业景观；乐山境内的刘沟展线宛如盘山公路；大渡河大峡谷两岸悬崖绝壁，有我国唯一建在隧道内的关村坝铁路车站；老昌沟的“一线天”大石拱桥孔跨 54 米，为中国跨度最大的空腹式铁路石拱桥；沙木拉打隧道全长 6 383 米，海拔高 2 244 米，是当时中国最长的铁路隧道。这些穿山越岭的铁道、隧道、桥梁，构成了西部独特的人文—自然景观。

本文原拟进行探讨的，还有三线遗产保护原则、三线遗产普查、建立三线遗产保护名录、保护与利用关系等问题。因为篇幅和时间有限，将在六盘水三线遗产会议学习、听取与会者意见后，再另著文进行探讨。本文资料，凡未注明者，一般都来自“中国三线建设”网，谨向各位作者致谢。文内选举三线遗产之例，谨代表个人所见，定有挂一漏万之虞。不当之处，欢迎批评指正。

（徐嵩龄，国务院参事室参事、研究员；陈东林，国务院参事室特邀三线专家、研究员，本书主编之一）

巴山蜀水三线情*

王春才

一

长期搞行政工作，业余别无爱好，一有空闲，喜欢写点什么。在差旅途中、在节假日、在妻儿的梦榻之旁。为此，曾被视为“不务正业”，多是善意的，规劝性的，但更多的则是鼓励，希望我多写一点。对这两种意见，我都心存感激，同时也颇感歉愧，因为都辜负了他们的好意。既没有放弃这种业余爱好，本职工作也不敢稍有懈怠和疏忽，所以真正执笔的时间少得可怜，更无充裕的时间来精雕细琢。虽然如此，我并不后悔，因为我是付出了心血的，对社会也算是一点微薄的贡献。

我是学理工科的，1955 年 7 月从江苏扬州工专建筑专业毕业后，响应建设大西南的号召，分配到成都 784 厂。当年 8 月 1 日由镇江上船，在武汉转船经三峡到重庆，又从重庆乘火车到成都，路上整整走了 17 天。这是我第一次领略巴山蜀水的雄奇险峻。那时的成都火车站简陋，站前也没有公共汽车，我只得雇了一辆黄包车，将行李放在车上。拉车的是位年迈的车夫，他让我坐上车去，我说我不坐。他奇怪地看了我一眼，拉着车在前面走，我在后面跟着车子走。这位老车夫不知道，我的父亲恒祥公和他一样，旧社会在苏州拉了二十多年黄包车，含辛茹苦，好不容易才拉扯大了我们三兄弟和大姐。我不能一踏上

* 这两篇文章为王春才新著《巴山蜀水三线情》之后记。该书即将由人民出版社出版。收入本书时略有删节。——编者注

工作岗位就忘本，让老车夫拉我。我的第一篇日记，记的就是这件事。从此我养成了记笔记的习惯，既练笔，也积累了素材。我时时觉得父亲在冥冥之中一直慈爱地注视着我。

成都784厂和715、719、773厂是20世纪50年代苏联援建的电子工业项目。当时刚开始建设，我背着经纬仪、水平仪在工地测量放线，成天既忙碌又愉快。1956年我被抽到四厂建厂指挥部苏联专家办公室工作。1957年恰逢庆祝苏联十月革命40周年，报纸上热烈宣传中苏友好，当时《成都日报》副刊部的萧青老师，约我写一篇有关苏联专家工作生活的文章。我抱着试试看的心情，写的《和格·阿·索特尼柯夫专家相处的日子》刊登在1957年11月16日的《成都日报》上。这是我发表的第一篇习作，虽然粗糙，却引发了我业余写作的兴趣。从此我便陆陆续续写了一些东西，直到“文革”搁笔。“文革”十年中我没有写过一字。如果没有党的十一届三中全会后大地回春，我与文学恐怕就此断缘了。

我在基层工作了十年，1965年调中共中央西南局国防工办，1970年转四川省国防工办，1983年再调国务院三线办，在三线国防建设、规划、调整领导机关工作了三十多年。在此期间我经常出差，去北京开会，在三线建设的大山沟里出没，接触的面广，认识了许多老领导，也结识了许多老同学新朋友，看到和听到了许多使我感动的人和事。

这些故事中，最令我终生难忘的是彭德怀元帅受党中央、毛主席委派，从北京挂甲屯到西南三线建设指挥部工作和生活，在此期间挨批被揪，忍辱负重，直至含冤去世的那一段悲壮的经历。这些发生在巴山蜀水间的故事，就像一座苍凉的大山，沉甸甸地压在我心上，使我坐立不安。搜集的资料越积越厚，我终于下定决心，怀着崇敬的心情，以自己拙劣的文笔，把彭总在三线的故事如实地写下来，让更多的人学习彭总的崇高品德。

1988年，长篇纪实文学《彭德怀在三线》一书由四川省社科院出版社出版。作品问世后，不少报刊转载，读者反响强烈。1991年，四川人民出版社修订再版了该书，书名改为《元帅的最后岁月——彭德怀在三线》。为纪念彭德怀元帅110周年诞辰，四川人民出版社在2008年7月第四次修订再版题为《元帅的最后岁月——彭德怀在大西南》。

遗憾的是，虽经增补，仍有不少事迹未及收入，更多的则是在我采访过程中了解到的一些感人故事。我曾把这些书外的故事告诉过中国作家协会副主席、著名作家陈荒煤同志和其他朋友，他们听后都很感兴趣。1996 年 3 月 27 日，我去北京医院探望病中的荒煤老人，旧话重提，他热情鼓励我再写一本书《我写彭德怀》，他还当即为我题写了书名。

我自己也有这个想法，陆续写了一些，但行政工作繁忙，心有余而力不足。1997 年下半年我退休后，这才有时间开始整理历年所写旧作，又采访了当年与彭总接触的众多人士，经过多年写成彭总轶事文稿，也即荒煤老人建议的《我写彭德怀》，总算没有辜负他生前对我的期望。彭总无产阶级革命家的崇高品德是一座不朽的丰碑，他留在巴山蜀水间最后岁月的苍凉深情是丰碑上浓重的一笔，因此取书名《苍凉巴山蜀水情——彭德怀三线岁月》。

2011 年，本书稿由三弟王春瑜交给中国文史出版社张建安主任，按中央有关规定需报中共中央党史研究室审稿。2013 年 5 月 16 日，我收到了中国文史出版社政治经济图书编辑部殷旭编辑寄来的书稿，内有中共中央党史研究室关于《彭德怀在三线的苍凉岁月》的审查报告："《彭德怀在三线的苍凉岁月》是作者通过搜集大量史料，采访不少当事人后写成的。书稿从彭德怀在三线的一段历史为线索，以丰富的史料和生动感人的故事，描述了无产阶级革命家彭德怀身处困境时忧国忧民的崇高风范，书稿对广大党员干部具有较强的教育意义。"这一评论让我感到欣喜。审读提出的注意 11 条意见都很到位，我逐条核对书稿并进行了修正，最后取书名《彭德怀三线岁月》。

为了增强读者直观感，文稿中配置了一些三线历史及人物图片。这次撰写本书采纳了一些热心读者好的建议。有位热情读者建议我增加邓小平对彭德怀一生评价的文章。由此本书增加了《中共中央副主席邓小平同志在彭德怀同志追悼会上的悼词》，对彭德怀伟大坎坷的一生有了全面的肯定。近期，中央电视台正在摄制电视剧"永远的铁道兵"，在铁二局宣传部积极组织安排下，2016 年 5 月 23 日，剧组刘洪浩导演、摄影师在成都专题采访我，讲述彭德怀在 1966 年 3 月 22 日至 3 月 31 日期间重返长征路，考察正在艰难施工的成昆铁路所历所为和感人的故事。

我要感谢钱敏、蒋崇璟、陈东林、许水涛、张振亚、左太北、綦魁英、赵凤池、刘云、贾月泉、杜信、雷文、彭文政、左德新、孙世安、孙文启、雷飞、郑幼敏、陈文书、白宏、张官尧、田文义、沈重、张力、胡曲平、陈晓宏、刘卫平、王春瑜、张吉霞、张建安、殷旭、姚智瑞、李乔、顾勇、曹国斌、杨克芝、骆卫阳、倪同正、陆仲晖、沈钧、赖小红、张鸿春、刘胜利、余朝林、沈世平、王俊、王观庭、程立斌、王春颖、李汉君、陈光华、杨盛清、张永陆、于锡涛、毕小青、薛晓燕、鲁军民、毛建福、郭自力、李忠德、王桂田、王学言、付涛、唐为国、王亚军、王光辉、刘焰光、李世安、肖景林、杜乃彤等同志，他们对我撰写出版《彭德怀在三线》，有过多年的鼓励与帮助和大力支持。

我非常怀念已故的宋任穷、张爱萍、洪学智、茹夫一、浦安修、景希珍、王焰、朱光、彭梅魁、程子华、邓华、鲁大东、陈荒煤、杜鹏程、李尔华、文新华、浦洁修、黄碧华、杨沛、陈凤悟、辛自权、周万松、石永寿、李鸣鹏、徐弈培、季文广、郭万夫、杜恒产、陈如品、徐弛、李非平、李敏、李敏鹏、孟久振、刘森、于淑琴、廖开诚、何光、沈学礼、陈雪峰、周长庆、吉大伟、陈功文、邓肇麟、付显文、李发魁、余庆、赵达、宋书法和黄少云等领导与友人，他们为我抢救彭德怀在三线的材料补碑作出重大的贡献。他们永远是我不忘感恩，努力奋进的力量。我也非常感谢中共中央党史研究室支持中国文史出版社出版《彭德怀三线岁月》一书。

我还要感谢大哥王春友（又名王荫）。他从 1943 年参加革命起开始写作，在江苏盐城市文化局离休 30 年后，依然笔耕不辍。2011 年 90 岁时，他仍然带病伏桌创作了 20 多万字的《凤凰展翅迎铁军》（后由江苏文艺出版社出版）。他多年来倾心支持我撰写《彭德怀在三线》，1987 年他以倒叙性法帮我改写了书中《天涯海角觅忠魂》文稿，手抄 33 页寄给我。这部分文章后收入《彭德怀三线岁月》书中，成为第十章《寻找彭德怀骨灰》，由此提升了书稿的史料价值和文学价值。该文章曾被国内外多家报刊转载文摘。大哥 2012 年 5 月 7 日在盐城市第一人民医院逝世，享年 91 岁。他是我和春瑜弟为人为文的学习榜样。三弟春瑜是中国社科院历史研究所研究员，“文史一线牵”的作家，创作颇丰，破例为我著作《彭德怀三线岁月》一书作序。

最后，我要感谢贤惠勤劳的江苏建湖同乡妻子吕婺常。几十年来她抚儿育女，操劳家务，精心照顾我。我能坚持从事写作并取得一定成绩，有一半以上功劳是属于她的。

二

2013 年 5 月，中共中央党史研究室审查通过了我的 36 万字的《彭德怀三线岁月》书稿，旋即由中国文史出版社出版。时至2013年10月，首印5 000册销售一空，同年12月加印5 000册，由此可见该书深受读者欢迎。

日子过得真快，三年过去了。春瑜弟又帮助我筹划出版《巴山蜀水三线情》一书。

2005年12月4日，武汉《长江日报》的冷暖人生专栏刊登高级记者万强撰写的《文坛三兄弟》：一个人闲来酷爱写作，并时有作品见诸报刊，这并非难事；一家人都有写作热情，这也没啥了的；如果一门三兄弟都以各自的见识和文字功力跻"国"字号协会，这就不能不叫人称奇了。苏北里下河平原的王氏家门走出了三兄弟——84岁的王春友，江苏省盐城市文化局离休干部，中国民间艺术家协会会员；70岁的王春才，曾任国家计委三线建设调整办公室主任，中国作家协会会员；68岁的王春瑜，中国社会科学院历史研究所研究员，中国作家协会会员。

春友兄看了《文坛三兄弟》，说他不够资格，上不了文坛。我也说，我也不够资格，上不了文坛。但春友兄与我一致认为三弟春瑜是文坛资深人物。春瑜弟看了该文章，感谢记者对我们三兄弟的鼓励，但他认为拔高了，只是"黄包车夫的三个儿子"罢了。

三兄弟都退休了，人老精神不能老，退而不休。但人总要离世的，2012年5月7日91岁的春友大哥去世。我要学习传承大哥一生勤奋学习创作的精神，他是盐阜文化的传承者，也是我们童年上学校的启蒙老师。

2016年元旦，春瑜弟从北京家中打电话到成都祝贺我及家人新年快乐，他策划我再出版一册《巴山蜀水三线情》的书，将文稿先寄给他看看。我答应了，并向他表示感谢。春瑜弟说不用谢，我们在父母培植下，从苦水中长大的。1943年我们兄弟俩同一天上小学读书，1949年夏天同时考入初中，1952年夏天同时从江苏建湖初中毕业，从小学到初中，同班同组学习，上初中时，同床睡觉。母亲给我们三条裤子兄弟两个换着穿，一次我将洗的裤子挂在教室外的绳子上晒，不知被谁取走了。母亲得知后将春友大哥一条旧裤子改小给我们换着穿，并鼓励我们克服困难勤奋读书成长。母亲的教导，一直是我们三兄弟创作的动力。

我抓紧时间，选了40多万字的文章寄给春瑜弟。他收到后，花了两天时间，进行了删改。随即我又新写了多篇，重新组合，内容分三个部分：① 彭总丹心照日月；② 情系三线展宏图；③ 晚霞遥记岁月情。本书的重点还是写彭德怀逆境受命气犹壮，奔赴三线，为国为命无私。以示纪念彭德怀元帅。

春瑜弟很理解支持国家所采取的战略措施进行三线建设，增强了国家国防和经济实力。他也到过四川攀枝花、陕西汉中、湖北的襄阳、孝感和宜昌三线单位参观，感受很深。2010 年 12 月 27 日他在成都为上海柴油机厂包建的彭州锦江油泵油嘴厂联谊会题词："三生有幸到锦江，风雨同舟铸辉煌，莫到三线今已矣，青春无悔在心房。"身为上海人的锦江联谊会成都分会周文龙会长将题词装入玻璃框中，挂在锦江缘茶楼墙上，得到众人赞赏。2016 年 4 月 24 日，锦江厂退管站站长陸仲晖、成都飞机设计研究所高级主任设计师王建平、辽宁铁法矿区企业文化中心主任、作家南庆杰、周文龙会长与我交流创作 41 支队工程兵历程书后，以春瑜弟题词为背景，五人合影留念。周文龙会长感慨地说：这是王春瑜教授赠给我们的三线人的精神产品啊！

2016 年 4 月 13 日上午，春瑜弟来电话告诉我，人民出版社最近出版了《王春瑜杂文精品集》上下册，60 多万字，人民出版社编辑部主任王世勇先生登门送了 10 套样书给他。春瑜弟向王先生介绍了《巴山蜀水三线情》内容，王先生高兴地对春瑜弟讲：我不知道王春才先生是您的二哥，我和他未见过面，但对他有所了解，最近人民出版社出版了李杰的著作《三线记忆》，读者喜欢，我是该书责任编辑，王春才先生是该书总顾问，他还作了序，标题为《看到了三线建设的明天》。他建议把我的《巴山蜀水三线情》文稿交给人民出版社，争取出版。春瑜弟把这些情况告诉我，答应由他题写书名。几天后，王世勇先生告诉我，人民出版社领导很重视《巴山蜀水三线情》，让我再充实一些文章，他收到后按程序上报中共中央党史研究室审批。

今年(2016)初，我收到湖南省湘潭县彭德怀纪念馆寄来的一册馆志，报道了 2011 年 3 月 21 日，时任中共中央副总书记、国家副主席习近平参观彭德怀故居讲话摘要："彭老总是我非常敬重的一个人，他的精神永远是我们中国共产党宝贵财富重要组成部分，我们要以他的精神来激励广大党员领导干部，把伟人家乡建设好，要把这个爱国主义教育基地办好！"

本书增加了新的内容。一是研究关心三线建设、弘扬三线精神的人多了。尤其在宋平、钱敏和甘子玉等老前辈倡导下，2012 年 9 月 18 日在宜昌召开了中国三线建设研究会筹备会议，2014 年 3 月 23 日在北京正式成立中国国史学会三线建设研究分会，我被选为副会长。2014 年正逢三线建设 50 周年，座谈开会发言，与三线人交流学习，由此积累了不少文稿。

2015 年 3 月 2 日，在四川攀枝花市召开了中国三线建设研讨会。正逢攀枝花建市 50 周年，这是历史的盛会。中共中央组织部原部长、中国三线研究会顾问张全景，军事科学院原副院长、中国三线建设研究会会长钱海皓中将，中共中央文献研究室副主任、毛泽东思想生平研究会会长陈晋，中共中央党史研究室副主任吕世光，中国社会科学院当代中国研究所陈云与当代中国研究中心主任陈东林等出席了会议并发言。我在会上发言提出"攀枝花：中国三线建设的龙头"。此文收入了本书。

二是国家广电新闻出版总局 2014 年 11 月 17 日批准中央电视台组织中央新闻电影制片厂（集团）拍摄文献电视片《大三线》（共 10 集，每集 45 分钟），总制片人、执行总导演刘洪浩。中央新闻记录电影制片厂（集团）2014 年 10 月 16 日聘请我为大型纪录片《大三线》总顾问。为纪念中央实施三线建设战略决策 50 周年，国家国防科工局决定摄制大型系列纪录片《军工记行——三线风云》，2015 年 3 月，国家国防科工局特聘我为该片高级顾问。2015 年 1 月 6 日在贵州六盘水市举行了大型纪录片《大三线》的开机仪式。2015 年 6 月 1 日，在四川德阳市东汽厂，7 月在四川攀枝花市举办了拍摄仪式。这两个摄制组在贵州、四川、湖北、陕西和重庆 50 多个单位选景点拍摄，采访了 600 多人，摄制组成员自身也深受教育与感动。对此媒体新闻报道宣传的文章不少，本书也选择了部分与我相关的文章，以飨读者。

最后，我要感谢李洪烈、陈东林、宋毅军、徐有威、倪同正、沈世平、杨克芝、张鸿春、刘胜利、余朝林、陆仲晖、李汉君、彭嘉、朱国奎、刘常琼、李世安和杜乃彤等同志对我创作的指导和帮助，也非常感谢人民出版社出版本书。

（王春才，1935 年出生。19 岁加入中国共产党。1965 年开始在三线建设领导机关工作，历任国务院三线办公室规划二局局长、国家计委三线办公室主任等职，高级工程师，中国作家协会委员）

20世纪六七十年代中国国防工业布局的调整与完善*

姬文波

1950年前后，中国的军工企业有76个，各种设备3万台(件)，职工10万余人。这些企业不具备现代化武器装备的研制、生产条件和能力。为尽快建设国防工业，从1950年到1960年初，国家对国防工业共投入基本建设资金数十亿元，建设了100多个大中型国防工业项目。至20世纪60年代前期，中国国防工业已初具规模，拥有100多个大中型企业，20多个独立的科研设计机构，6万台金属切削机床，70多万名职工，其中技术人员达到3.3万人，形成了沈阳、北京、太原、西安、成都、重庆、兰州等国防工业企业比较集中的生产基地。新中国国防工业初具规模①。从20世纪60年代中期开始，中国国防工业后方基地建设全面展开，国防工业的战略布局进入大规模调整阶段。对于这个课题，以往在研究三线建设的论著中有所涉及，但专门论述国防工业战略布局的研究成果并不多见。本文利用最新获得的史料，对20世纪六七十年代中国国防工业战略布局大调整的历史过程、基本成果及影响作出初步的论述和评析，希求能填补该研究领域的一些空白。

---

* 国家社会科学基金重点项目“中国社会主义道路的探索与毛泽东思想的发展研究”(12ADJ002)。本文原载《军事历史研究》2016年第4期。

① 《当代中国的国防科技事业》上，当代中国出版社1992年版，第16页。

一、1949—1964 年中国国防工业布局基本情况

在 1953 年前，中国常规兵器工业大致布局是：东北地区工厂 20 个，职工 4.2 万人；西南地区工厂 10 个，职工 2.5 万人；华北地区工厂 8 个，职工 2.2 万人①。从 1953 年起，国家用了两年左右时间，对兵器工业中的骨干企业进行了全面的技术改造。1955—1962 年，在苏联援建下，兵器工业兴建了 21 个大型骨干企业。到 1965 年底，中国常规兵器工业②拥有生产企业 85 个，职工 33 万余人，初步形成比较配套的工业体系，但其中四分之三的工厂分布在一、二线地区，工业布局不太合理，生产能力也满足不了大规模战争的需要。这种状况必须加以改善③。

1951 年 4 月，中央人民政府政务院下发了《关于航空工业建立的决定》，随后重工业部航空工业局成立，新中国航空工业正式建立。此时，航空工业仅拥有 6 个骨干企业，分布在沈阳、哈尔滨、南昌、株洲等地区。1953—1957 年的"一五"计划期间，在航空工业方面，苏联援建了 13 个重点项目。1958—1962 年"二五"计划期间，国家作出在陕西、四川建设航空工业基地的决定，航空工业建设的重点已开始向内地转移，在成都和西安各建设起一个完整的飞机制造厂和航空发动机厂。到 1964 年，航空工业位于一、二线的企业占企业总数的 64%，金属切削设备占 55%④。主要航空工厂濒临沿海的状况开始改变，航空工业布局初步展开。

中国的导弹工业是从仿制苏联 P－2 近程地地导弹和几种战术导弹为开端的。1956 年 10 月，我国第一个导弹研究机构——国防部第五研究院（简称国防部五院）正式成立。1958 年，国防部五院四大工程（8102、8103、8108、

---

① 《中央兵工委员会关于兵工问题的决定》，兵器工业部兵工史编辑部编：《兵工史料》第八辑，1986 年，第 11 页。

② 1963 年 9 月，国务院决议将主管国防工业的原第三机械工业部按航空工业、常规兵器、造船工业划分为三个机械工业部，即三机部（航空工业部）、五机部（兵器工业部）和六机部（船舶工业部）。

③ 《当代中国的兵器工业》，当代中国出版社 1993 年版，第 393 页。

④ 孟广荣、孙广运：《航空工业史稿（1951—1965 年）》，航空工业部档案馆，1982 年，第 361 页。

8109)在北京郊区开始建设。国务院副总理兼国防科委主任聂荣臻指出，必须及早考虑在内地建设第二基地的问题。从1961年起，国防部五院开始酝酿第二基地的建设方案，到西部地区进行了勘查选址工作①。1964年11月，中央决定以国防部第五研究院为基础组成第七机械工业部。1965年3月，上海机电工业二局划归七机部建制。七机部在北京的5个研究所搬迁到上海，在上海形成了比较完整配套的研制生产基地②。总的来说，导弹工业大部分的科研机构和试制厂仍然集中在沿海地区。

中国核工业建设一开始就定位在西北地区，首批主要工程项目包括内蒙古包头核燃料元件厂、甘肃兰州铀浓缩厂、甘肃酒泉原子能联合企业、青海省海晏县的西北核武器研制基地。1963年起，北京第九研究所等科研生产人员便陆续迁往西北基地。根据中央的指示精神和核工业的实际情况，二机部在1963年11月提出了在三线地区进行核工业建设的报告。中央专委③同意了二机部的报告，决定从1964年开始选择厂址，尽快新建一批核工业科研、生产基地。

1953—1956年，一机部船舶工业管理局以建造苏联转让的6种型号的舰艇为工作重点，投资1亿元，对上海江南造船厂(建造鱼雷潜艇)、上海沪东造船厂(建造护卫舰)、上海求新造船厂(建造猎潜艇)和芜湖(建造鱼雷快艇)、武昌造船厂(建造鱼雷潜艇、扫雷舰)等5家老厂进行了改建和扩建，同时新建了广州第一造船厂(广州造船厂)。大连造船厂第一期扩建工程也开始实施④。"二五"计划期间，船舶工业开始建设辽宁渤海造船厂(生产大型战斗舰)和广州黄埔造船厂(生产中型潜艇)⑤，在京广线以西的湖北、河南、河北、山西、陕西和青海等省，新建了一批船用专业配套骨干厂。到1965年，这批骨干配套厂多数已建成。

1960年8月，国防工业委员会在北戴河召开了会议，讨论国防工业建设中

---

① 《当代中国的航天事业》，中国社会科学出版社1986年版，第36页。

② 《中国航天事业腾飞之路》，中国文史出版社1999年版，第684页。

③ 1962年11月，中共中央为了更强有力地领导我国尖端武器的研制，组建了中央15人专门委员，后来改称中央专门委员会，简称中央专委。

④ 《当代中国的船舶工业》，当代中国出版社1992年版，第47页。

⑤ 后因国民经济和国防工业建设调整而缓建，1968年又重新续建。

存在的几个问题。会议认为,在国防工业的基本建设上必须有明确的战争观念,坚决执行中央、军委关于合理布局、靠山、隐蔽、分散的方针。鉴于已建成的军事工厂绝大部分位于人口稠密、工业集中的大、中城市,不少还处于或接近战略前沿,而且一般规模都相当庞大,因此,今后老厂除了为突击尖端所需作必要的填补外,一律不再扩建。今后要少搞面,多搞点,新厂以中、小为主,离开城市,尽可能“依山下寨”。重要的尖端项目,一定要放在战略纵深,以防止、减少在战争中的破坏和损失①。1963 年 3 月 14 日,中共中央批转了中央军委关于国防工业建设问题的报告。报告提出,国防工业建设的目标是:在十年内建成一个基本独立完整、“麻雀虽小、肝胆俱全”的国防工业体系②。

二、国防工业布局调整的决策背景与规划方案

1964 年初,中央开始酝酿“三五”建设规划。1964 年 5 月,中央工作会议讨论并原则同意了国家计委提出的《第三个五年计划(1966—1970)的初步设想(汇报提纲)》,“三五”计划的中心任务,归纳起来就是:吃穿用第一,基础工业第二,国防第三。在国防工业办公会议上,总参谋长兼国防工办主任罗瑞卿强调要贯彻 1963 年军委提出的关于国防工业建设的方针,要正确处理国防工业与国民经济建设的关系,国防工业是国民经济的一个组成部分,国防工业的发展,必须与整个国民经济的发展相适应。统一计划,统一调度,勤俭办国防工业③。

对此,毛泽东有不同的看法。毛泽东认为“三五”计划要把国家安全放在非常重要的地位,要重视国防建设和备战工作。他提出:军工部署要考虑一下,要搞第三线基地④。1964 年 8 月“北部湾事件”⑤后,美国在越南的战争规

---

① 《贺龙文选》下卷,军事科学出版社 1996 年版,第 386 页。

② 《罗瑞卿军事文选》,当代中国出版社 2006 年版,第 679 页。

③ 同上,第 679—680 页。

④ 《建国以来毛泽东军事文稿》,军事科学出版社、中央文献出版社 2010 年版,第 225—226 页。

⑤ 又称东京湾事件。1964 年 8 月 4 日,美国宣称美军舰只在北部湾(又称东京湾)遭到越南民主共和国鱼雷艇袭击,并以此为借口于 5 日出动空军轰炸越南北方义安、鸿基、清化等地区。

模迅速扩大。毛泽东敏锐地指出：要打仗了[①]。8 月 19 日，国务院副总理李富春、薄一波、罗瑞卿联名向毛泽东和中央提出了《关于国家经济建设如何防备敌人突然袭击的报告》。8 月 20 日，毛泽东在听取薄一波关于计划工作的汇报时，着重谈了在中央的战略方针下工业的重新布局问题[②]。毛泽东和中共中央决定，中止原来的"三五"计划设想。1965 年 3 月，周恩来向中央书记处汇报时提出："立足于打仗，抢时间，改变布局，加快三线建设，首先是国防建设。"[③]国家计委根据毛泽东的指示精神，对第三个五年计划作了修改和调整，提出五年计划的方针任务是立足于战争，从准备大打、早打出发，积极备战，把国防建设放在第一位，加快三线建设，逐步改变工业布局[④]。

对这个转变，国防工业内部也有不同的看法[⑤]。对此，军委领导强调：调整三线、集中力量建设三线，要立即行动起来，不能再是按兵不动。要坚决贯彻执行主席的指示，不能只是口头拥护，行动不积极。要驳倒各种借口，说服多数同志。如果 1965 年还不开始行动起来，我看要犯路线错误，要受历史的惩罚。这个问题要提到这样的高度来认识[⑥]。

遵照中共中央关于建设大小三线的战略部署，国防工办于 1964 年 8 月在京召开国防工业工作会议，研究部署国防工业大小三线建设的各项准备工作。9 月 3 日，罗瑞卿在会上做了总结讲话。他说："建设三线，要贯彻执行小型化、专业化的方针。'小而全'是指整个国防工业建设讲的。主席讲，我看还是小而全，可能还是小而不全。对每个行业、每个部门来说，就不能要求'小而全'；对每个工厂、每个研究所来说，更不能要求'小而全'。还要贯彻执行'靠山、分散、隐蔽'的方针。新建项目要放在山沟里，不能堆在三线的大、中城市。说什么'山、散、洞'，讲了很久，都是白讲。这几年，有几个工厂进了山？可以说基本上没有动，也可以说完全没有动。"[⑦]罗瑞卿要求，国防口各部门调整一线、集中力量建设三线的规划，要赶快拿出来。

---

① 《毛泽东年谱(1949—1976)》第五卷，中央文献出版社 2013 年版，第 382 页。
② 同上，第 391 页。
③ 《周恩来军事文选》第四卷，人民出版社 1994 年版，第 504 页。
④ 《建国以来重要文献选编》第二十册，中央文献出版社 1998 年版，第360 页。
⑤ 《张爱萍军事文选》，长征出版社 1994 年版，第 309 页。
⑥ 《罗瑞卿军事文选》，当代中国出版社 2006 年版，第 725—726 页。
⑦ 同上。

会后，国防工业办公室组织核、航空、航天、兵器、电子、船舶等国防工业部的领导同志，成立了10个勘查选厂工作队，由国防工办副主任赵尔陆率领，历时两个半月时间，在全国9省47个地市区内，踏勘了1 499个点，搜集了各地区的地形地貌、河流山脉走向、水文地质、气象、地震、农业，工业、文化教育、交通运输、动力、建筑材料等大量资源资料。后经综合筛选，选中了适合国家国防军工、国家重点骨干企业的682个点，初步确定了国家三线建设的战略布局。随后，国防工办就三线建设的布局、厂址、动力、设计和施工等问题，展开了议论，逐步形成了一些比较具体的想法。国防工办把这些想法整理成四个专题文件陆续呈送中央。四个专题文件的题目是："关于三线建设的布局问题"、"关于三线建设的厂址选择问题"、"关于三线建设的动力问题"、"关于三线建设的设计和施工问题"①。中共中央和毛泽东对这些建议，给予了很高的评价，并转发全党②。

1965年2月1日，周恩来约赵尔陆等研究国防工业三线建设问题。次日，周恩来将国防工业办公室绘制的国防工业一、二、三线分布图送请毛泽东审阅，并建议毛泽东约贺龙、罗瑞卿、赵尔陆在中共中央常委扩大会议上就国防工业的分布、部署问题作一次报告③。国防工办提交了《关于安排一二线省、市后方建设的报告》，毛泽东、刘少奇等批示同意④。1965年2月20日，罗瑞卿向中共中央、国务院、中央军委上送了《关于国防工业在二、三线地区新建项目布局方案的报告》。报告对国防工业在三线地区（部分项目在二线地区）建设项目的布局做了详细具体安排，计划新建25套生产基地⑤。报告说："根据毛主席的战略思想和中央军委有关三线建设的方针指示，国防工业各部门组织了勘查选址工作队。这次选址，基本上是靠山、进洞、离开城市，少占耕地，尽量不占良田，不迁居民。"⑥3月22日，毛泽东在武昌听取了周恩来的汇报，表示同意关于国防工业生产（包括小三线）的安排，并说安排时要准备今年就

① 《建国以来毛泽东文稿》第十一册，中央文献出版社1996年版，第329—330页。
② 马京生：《上将赵尔陆》，《神剑》2005年第1期。
③ 《周恩来年谱》中卷，中央文献出版社1997年版，第705页
④ 《邓小平年谱(1904—1974)》下，中央文献出版社2009年版，第1848页。
⑤ 《罗瑞卿传》，当代中国出版社2007年版，第252—253页。
⑥ 《当代中国的船舶工业》，当代中国出版社1992年版，第89页。

打[①]。3 月 26 日，邓小平主持召开中共中央书记处会议，批准了国务院《国防工业办公室关于一二线省、市、区后方建设规划的报告》[②]。

按照规划，航空工业部停缓建一、二线项目，把地处一、二线大城市的企业有计划、有步骤地向三线搬迁。根据布局方案，航空工业将在三线地区新建六套飞机厂，其中歼击机厂和一个空空导弹总装厂安排在汉中地区，在安康地区建设直升飞机厂。兵器工业建设目标是从根本上改善兵器工业的布局，增强应变能力，建设起战时拖不垮、打不烂的兵器生产体系。实施步骤是：首先以重庆为中心建设生产基地，第二步在豫西、湘西、鄂西建设生产基地。对一、二线工厂视情况进行必要的调整和搬迁。船舶工业部的规划方案是：在长江中上游，洞庭湖地区和广西西江上游地区进行船厂建设，在川东、鄂西、湘西及广西河池地区分散建设船用柴油机、特辅机和仪器仪表厂。导弹工业部确定了按"型号为纲，地区配套"的原则，在三线地区新建几个导弹、火箭的研究、设计、生产基地。

这样，从 1964 年开始，在国防工业布局方面，国家在西北地区规划了航天工业、航空工业、常规兵器、电子和光学仪器等工业基地。在西南地区规划了以重庆为中心的常规兵器工业基地、以成都为中心的航空工业基地，以及以长江上游重庆至万县为中心的造船工业基地[③]。

三、国防工业后方基地的建设和国防工业战略布局的变化

1965 年至 1967 年，在大规模的三线建设背景下，中国国防工业的建设布局主要向大西南地区展开，遍及 26 个省、市、自治区的地方军工建设(即小三线)也同时进行。1969 年珍宝岛事件后，来自北方的现实战争威胁日益凸显，这样就存在"三线变一线的问题"[④]，国防工业的建设布局相应有所调整，中原腹地更加受到重视，位于太行山、伏牛山等地的大型后方基地建设掀起高潮。

---

① 《毛泽东年谱》第五卷，中央文献出版社 2013 年版，第 487 页。

② 《邓小平年谱(1904—1974)》下，中央文献出版社 2009 年版，第 1853 页。

③ 薄一波：《若干重大决策与事件的回顾》，中共党史出版社 2008 年版，第 845—846 页。

④ 《粟裕年谱》，当代中国出版社 2012 年版，第 435 页。

国防工业的大规模建设和布局调整一直持续到 70 年代末。

兵器工业后方基地按照“中小型规模、专业化生产、采用新技术、加强地区协作”的方针进行具体布局和建设①。1965 年,中共中央批准了兵器工业规划组制定的以重庆为中心的兵器工业建设总体规划方案②。重庆常规兵器工业基地共 84 个项目,投资 14.1 亿元③。1966 年底,重庆常规兵器配套项目基本建成。从 1967 年起,兵器工业部又相继在豫西(以弹药和光学仪器为主体)、鄂西、湘西地区进行了后方基地的建设④。在建设三线的同时,沿海和中原地区相继开展了地方军工即小三线的建设。1969 年 11 月,军委常规兵器领导小组制定了兵器工业 1970 年至 1972 年发展规划,以适应“大打”的需要为目标。兵器工业新建项目的布局也发生变化,按照军委统一部署,沿太行山脉兴建“三大基地”,即:五四一基地(在山西南部中条山山区的坦克生产基地),五三一基地(在河南济源西部山区的火炮生产基地),五四二基地(在河北井陉山区的装甲车辆生产基地),另规划了辽西基地等。到 20 世纪 70 年代末,三线地区的兵工企业在主要产品和生产能力方面都占全行业的一半以上⑤,兵器工业布局大为改善,满足了战备需要。

根据国防工办定下的航空工业三线建设的地域范围,航空工业部成立了专门小组进行了实地考察,先后考察了成都、雅安、遵义;老河口、襄樊一带以及汉中地区,确定了贵州和汉中为重点建设地区⑥。9 个工厂、3 个研究所也在三线开始动工兴建。上海、天津、南京等地的航空电器、灯具、降落伞、发动机附件等 6 个机载设备厂迁往内地。60 年代后期,航空工业重点建设了贵州基地和西北、中南、西南地区的一些配套工厂和研究所。1970 年后,陕西、江西、湖北的飞机工厂成为建设重点。十年间,航空工业建设了 40 多个项目。中国航空工业不仅在东北、华北、华东有了比较强的生产能力,而且在中南、西南、西北等地建立起飞机制造基地。航空工业的布局发生了重大的变化。

---

① 《当代中国的兵器工业》,当代中国出版社 1993 年版,第 393 页。
② 同上,第 69 页。
③ 《当代中国的四川》,中国社会科学出版社 1990 年版,第 140—141 页。
④ 《当代中国的兵器工业》,当代中国出版社 1993 年版,第 396 页。
⑤ 同上,第 18 页。
⑥ 徐昌裕:《为祖国航空拼搏一生》,航空工业出版社 2006 年版,第 174 页。

船舶工业选定在川东地区建设造船和配套设备生产基地，在涪陵至重庆沿江地带建设潜艇、快艇和水面舰艇厂；在武隆地区布置柴油机及其配套厂；在万县地区建设导航仪表厂。10个研究所与有关专业设备厂，分别在万县、涪陵、宜昌、德安和昆明地区选址和建设。另外，在广西柳州建设1家快艇厂，在梧州建设1家造船厂和1家辅机厂，以加强华南地区的造船能力。1969年，中央军委造船工业领导小组提出要在长江中上游尽快建立完整的船舶工业体系，决定在江西地区建设造船和配套设备生产基地；在湖北宜昌地区建设船用机械生产基地；在云南建设的水中兵器生产基地。到70年代末，六机部的三线建设主要项目基本建成，开始为海军建造装备。中国船舶工业得以形成东北、华东、华南、中南、西南、西北地区的造船和配套设备生产基地，在布局上发生了重大变化，具有长远的战略意义①。

对于导弹、航天工业的战略布局，国防科委主任聂荣臻在1964年7月听取五院领导汇报工作时提出："目前导弹科研机构及工厂布局，又合理又不合理，说合理是因为历史发展逐步形成的；说不合理是从战时着眼，长远考虑。布局上要一、二、三线，前后方结合。北京地区一般不再新建，今后新建的设计、试验、试制、生产项目要摆到后方去，特别是大型设备。北京主要是研究机构，在没有战争的情况下不向后搬。后方建设的重点是些关键性的工厂，设计、实验室，车间等。"②七机部在详细勘查的基础上，制定了关于后方建设的方案，提交中央专门委员会审查，获得批准。根据这个方案，七机部三线基地的建设规模、建筑面积、设备的生产能力及技术先进性，都超过了一线现有研制基地的水平③。在川东北、陕南地区建设大型液体燃料火箭基地（即062基地）作为当时最紧迫的任务，放在三线建设首位。按照一、二、三、四院"型号为纲，地区配套，对口包建"以及"小而分，专业化、大协作"的原则④，二院负责对口建设的有061基地（贵州遵义）和068基地（湖南邵阳）；三院对口的是066基地（湖北远安，后迁往孝感）；负责固体燃料火箭发动机研制的四院（063基地）几经周折，最终定位在西安远郊区。在建设三线基地的同时，七机部在上海地区

---

① 《当代中国的船舶工业》，当代中国出版社1992年版，第89—90页。
② 《聂荣臻年谱》下卷，人民出版社1999年版，第943页。
③ 《当代中国的航天事业》，中国社会科学出版社1986年版，第47页。
④ 《中国航天事业腾飞之路》，中国文史出版社1999年版，第683页。

建设了我国另一个新的航天工业研制基地。随着空间技术研究院的建立，北京的基地也得到了充实、加强。陆续建设了华北导弹试验基地、东北导弹试验基地和酒泉、太原卫星发射中心。经过十多年的建设，航天工业形成了比较完整配套的体系，战略布局进一步改善。

根据中央工作会议和国防工业会议精神，二机部召开工作会议，专门研究了调整战略布局的问题。对核工业三线工厂厂址的选择，中央专委曾多次进行研究，国防工办和二机部领导人也曾深入现场勘查。此外，中央有关领导人还亲自过问，并到有的新厂厂址察看地形。二机部组织了 3 个选厂组，先后踏勘了 71 个县、234 个点。最后于 1965 年 5 月，经中央专委会讨论，原则批准了第一批项目的厂址和建设方案，确定了核工业三线各单位的布局①。1965 年 11 月，总书记邓小平和李富春、薄一波等在成都听取了二机部负责人关于后方核工业基地选址问题的汇报，在了解到对新铀浓缩厂厂址问题有不同意见后，在有关地方负责人的陪同下，亲自实地察看，确定了新选厂址②。1969 年，位于四川绵阳梓潼县的第二个核武器研制基地（“九〇二工程”）初步建成，九院③陆续从青海搬迁至新基地。1969 年 7 月，面对来自北面的战争威胁，军委领导曾下令酒泉、包头的核燃料工厂在 1970 年内全部迁往三线，由于三线工厂尚未建成，中央专委后来取消了这个决定，同时要求必须抢建三线工厂④。70 年代初，核工业三线建设工程陆续建成投产。三线建设改变了核工业的战略布局，扩大了核工业的生产能力，提高了核工业的技术水平，增强了国防力量。实践证明，核工业三线建设的决策是正确的，各项建设基本上是成功的⑤。

四、结论

国防科技工业，包括核、航空、航天、兵器、船舶等行业，从 1964 年开始到 1980 年，国家累计投资 193 亿元，初步建成了具有相当规模、门类基本齐全、科

---

① 《当代中国的核工业》，中国社会科学出版社 1987 年版，第 70—71 页。
② 《邓小平年谱(1904—1974)》下，中央文献出版社 2009 年版，第 1879 页。
③ 1964 年 2 月，二机部成立核武器研究院，对外称“二机部第九研究院”。
④ 《周恩来年谱》下卷，中央文献出版社 1997 年版，第 314 页。
⑤ 《当代中国的核工业》，中国社会科学出版社 1987 年版，第 73 页。

研生产教育相结合的国防科技工业体系。战略武器的科研、生产和试验设施，大部分都建在了三线地区，常规武器的生产能力占到全国的一半以上①。

国防工业的后方基地建设和战略布局调整，从总体上看基本上是成功的，经过十多年的建设，在西南和西北地区（包括湘西、鄂西、豫西）建成了一批大型的生产、科研战略后方基地，研制、生产出一批部队急需的武器装备，对加强战备、巩固国防和发展内地山区的经济、科技、文化等方面都具有重要的意义。特别是四川（包括重庆）、贵州、陕西三个新兴的国防工业基地的建设，对于国防工业的战略布局影响深远。四川（包括重庆）发展已成为中国重要的兵器工业生产基地，其规模约占全国五分之一。研制和配套生产 40 多种比较先进的陆海空常规兵器及各种车辆②。以成都为中心的航空工业生产基地成为中国歼击机和歼击机发动机研制生产的两大中心之一。陕西汉中、蓝田、凤县、商洛和关中地区建设起了包括航空、航天、电子、核工业等专业在内的企事业单位 100 多个③。全国国防科技工业所有的核工业、航空工业、电子工业、兵器工业、船舶工业、航天工业等部门，在陕西都建有厂、所。其中航空工业不论是生产规模还是生产能力，在全国都名列前位；陕西的兵器工业侧重于炮弹科研生产，航天工业侧重于军事电子技术，在全国占有重要地位④。三机部、七机部、四机部在贵州建设了三大生产科研基地，先后承担了国家许多重点工程的技术装备任务。贵州航空工业“异军崛起”，发展成为一个专业化配套的，能独立进行科研、设计、生产的大型基地⑤。十多年建成的厂、所、院、校，使大西南地区基本上形成了一个门类较全的国防科研、生产基地。从长远来说，这些对于改变中国国防工业布局有着重大意义。

但在“左”的思想指导下，在紧急战备中、在动乱中搞建设，国防工业的后方基地建设（三线建设）在具体项目上不可避免地存在一些问题：

（1）在建设布局上，过分强调靠山、分散、隐蔽、进洞，人为地影响了生产的合理组织和科研工作的正常开展，缺乏生存与发展能力。一些科研机构和

---

① 于锡涛：《冷战背景下的“三线建设”》，《国家人文历史》2014 年第 18 期。

② 《当代中国的四川》上，中国社会科学出版社 1990 年版，第 389 页。

③ 《当代中国的陕西》，当代中国出版社 1990 年版，第 309 页。

④ 同上，第 315 页。

⑤ 《当代中国的贵州》，中国社会科学出版社 1989 年版，第 336 页。

生产企业不得不迁回原址或另行选址，重新建设。

(2) 在建设规模上规模过大，战线过长，布点过散，要求急，浪费巨大。1971 年航空工业建设项目达 100 多个，后来停缓 28 个，损失达数亿元。兵器工业在 1970、1971 年两年间，建设投资就达 20 多亿元。兵器工业从 1970 年到 1980 年共损失浪费了 9.36 亿元①。

(3) 违反基本建设程序，有的新建项目厂址未经周密勘查，盲目动手设计，仓促动工建设，造成严重后果。如七机部二院湘西三线基地建设(代号 068)工程规划项目达 16 个，总投资 3.8 亿元②。历时十年未能建成投产，在人力物力财力上造成了浪费。

(4) 重复建设问题突出，严重浪费宝贵资源。如船舶工业在三线建设中，新建的一大批船用专业配套厂，多数是重复建设，且规模过大。

对于 20 世纪六七十年代中国国防工业布局的大规模调整，前军委主席刘华清评价说："三线建设总的部署、布局和原则都是正确的。建设三线是一个伟大的战略措施。从最近爆发的海湾战争来看，我们过去建设三线是对的，是有利于战备的。当然，由于搞得急，在一些项目论证上、工厂选址上、单位布局上等，都存在一些问题，给生产、工作、生活带来许多不便。军队有些单位当时也是那样建设的，现在也反映出很多问题。但是，不管是国防科技工业也好，军队也好，存在的这些问题都是局部的，正在通过调整改造来解决，将会使三线更加完善，更好地发挥作用。"③从 20 世纪 70 年代后期起，国家逐步对国防工业的建设项目进行了有计划、有步骤的调整改造，中国的国防工业布局进一步完善，总体科研生产能力得到大幅度提升。

(姬文波，中国社会科学院当代中国研究所助理研究员)

① 《当代中国的兵器工业》，当代中国出版社 1993 年版，第 397—398 页。

② 航天工业部第二研究院院史编委会：《航天工业部第二研究院大事记》，1987 年，第 141 页。

③ 刘华清：《三线企业的调整、改造(1991 年 1 月 26 日)》，《刘华清军事文选》下卷，解放军出版社 2008 年版，第 124 页。

20 世纪六七十年代中国大战备的基本过程*

赤　桦

20 世纪六七十年代，中国依据立足于“早打、大打、打核战争”的战备指导思想及其战略调整的要求，为改善国家安全的环境，在国内展开了先后以美、苏为对象的规模空前的全国性战备活动。这次空前的战备活动持续了近 20 年，留下了丰富的经验和教训。

战备的具体实施是与战备指导思想的逐步确立密不可分的。依据形势的发展变化，战备也经历了由初始阶段——高潮阶段——向常备型转变阶段这样三个不同的阶段。

一、战备的初始阶段(1964 年 10 月—1969 年 4 月)

到 60 年代中期，随着中国周边形势的日益严峻，中共中央和毛泽东正式做出了调整一线，建设三线，改善工业布局，加强国防，进行军事斗争准备的战略决定。“北部湾事件”使中国南部边疆有可能成为抗击美军侵略的前哨。由此，毛泽东强调“大三线”建设和全国的备战工作应当抓紧。与之相适应，1965 年制订的国民经济第三个五年计划，特别突出了军事斗争准备工作的重要地位。从此，一场规模空前的全国性大备战拉开序幕。

---

* 本文选自赤桦著《新中国战备研究》(军事科学出版社 2015 年版)的第四章《20 世纪六七十年代中国大战备(下)(1964—1985)》。

1965年4月上旬，中共中央起草了关于加强备战工作的指示。指示稿指出，美帝国主义正在越南采取扩大战争的步骤，直接侵犯越南民主共和国，严重地威胁了我国的安全。中央认为，在目前形势下，应当加强备战工作。在全党县委以上的干部中，应当强化备战思想，密切注意越南战局的发展。要估计到敌人可能冒险。我们必须把情况设想得严重一些，把备战工作做得充分一些，特别是在重要的军事设施、工业基地、交通要地和大城市，要切实做好对付敌人空袭的准备。我们对小打、中打以至大打，都要有所准备。12日，中共中央政治局讨论并基本通过了《关于加强备战工作的指示》，13日，毛泽东在邓小平送审的中央关于加强战备工作的指示稿上签字同意，14日，中央以正式文件下发。中国人民解放军迅速做出反应。就在中共中央政治局讨论并基本通过《关于加强战备工作的指示》的当天（4月12日），中央军委就在北京召开了全军作战会议，制定全军作战计划和战备计划。当时备战任务的根本问题是尽快把“三线”建设成为初具规模的战略大后方。在中央调动、组织下，从1965年春开始，一场大规模的三线建设在全国展开。与此同时，国防尖端武器的研制也在紧锣密鼓地进行中。

应该说，这一时期的备战工作着眼点，还是放在长远的战略性准备上的。1965年5月19日，周恩来在接见参加中央军委作战会议的全体人员时解释说：为什么我们要备战、准备大打呢？因为战争总有战争的规律，是不以人们的主观意志为转移的。如果我们不准备好，就不好；如果我们准备好了，要么他不敢来，要么他来了我们就把他消灭。所谓准备大打，就是这样，并不是现在就岌岌不可终日了，还是有时间给我们准备的①。但正当全国大备战全面铺开之时，“文化大革命”开始了。“文化大革命”开始后，军事斗争准备工作受到严重的冲击和破坏，实际上陷于停滞状态。

二、战备的高潮阶段（1969年4月—1972年底）

由于中苏边境的军事冲突加剧了中国国家安全环境的恶化，中共九大对安全形势做出了更为严峻的估计，明确了立足于“早打、大打、打核战争”的战

① 《周恩来年谱（1949—1976）》中卷，中央文献出版社1997年版，第731页。

备指导方针，战备工作得以恢复。经过中央的强调和动员，战备工作超出了常备型的轨道，很快进入了突击性的高潮。其中，以 1969 年、1970 年和 1971 年为巅峰。此后，战备高潮以“外松内紧”的形式持续到 70 年代中期。

突击性战备突破了国民经济发展比例。由于接受了“什么比例不比例，打仗就是比例”①的指导思想，1969 年 6 月，军委提出了庞大的国防建设计划，致使国防开支迅猛增加。1969 年国防战备费比上年猛增 34%，1970 年和 1971 年又继续递增 15%和 16%还多②。1969—1972 年的国防战备费额分别占同一时期国家财政支出的 24%、22.4%、23.2%、20.8%③，超过 1968 年不到 9%的比重。

为了对付苏联可能的侵略，中国加快了以“三北”地区为战略重点的军事部署调整步伐，开始在“三北”地区大规模构筑防卫工事，组建了若干担任坚守防御任务的守备(独立)师。全军还广泛开展了“三打”(打坦克、打飞机、打空降)和“三防”(防核武器、防化学武器、防生化物武器)为主要内容的对苏防卫作战训练。这一时期，在临战思想指导下，加之军队又担负地方“三支两军”任务，促成军队员额迅速膨胀。1971 年部队总员额比 1965 年增加 20%，到 1975 年达到了创纪录的 610 余万人。

1969 年 6 月，毛泽东、周恩来决定恢复“三线”建设，“三线”建设再掀高潮。在毛泽东、周恩来亲自过问下，“三线”建设各级领导班子经过调整、重组，又先后恢复起来。已经建成的企业开始恢复生产，已经规划的项目开始重新上马。随后，国家又在“四五”、“五五”计划时期为三线建设投入资金 1 492 亿元，占同期全国基本建设总投资的 36.4%；安排建设项目 1 100 多个④。其中，“三线”建设的骨干工程大都在这一时期完成。

全民投入搞备战。1969 年 9 月 17 日，《人民日报》发表庆祝国庆 20 周年口号，向全民发出了“备战、备荒、为人民”“提高警惕，保卫祖国，随时准备歼灭

---

① 《中国共产党历史大事记(1919.5—1990.12)》，人民出版社 1991 年版，第 296 页。

② 李健：《新中国六次反侵略战争实录》，中国广播电视出版社 1992 年版，第 184 页。

③ 汪海波：《中华人民共和国工业经济史(1949—1998 年)》，山西经济出版社 1998 年版，第 448 页。

④ 1965 年和“三五”计划时期，国家在三线建设上的投资为 560 多亿元，重点用于改善交通等基础建设方面。

入侵之敌”的号召。“口号”的发表对社会起了重要的战备动员作用。各级党政领导班子迅即把战备作为工作中心和带动其他工作的“纲”，做出部署，狠抓落实。广泛开展了战备动员、教育；有组织地进行人口疏散和物资储备或作战时人口疏散预案；人防工程建设进入高潮，北京、上海以及“三北”地区的人防工程建设，更是走在了全国的前列；实现全民皆兵，根据人民战争思想，各地对群众进行了广泛动员和组织。

三、战备由突击型逐渐向常备型转变阶段（1973—1985年）

这一时期依然强调打仗，但由于与美国关系的改善和国内政局的稳定，加之长期战备存在的问题开始暴露，特别是党的十一届三中全会后，党的指导思想开始发生历史性转变，全国的战备也走向收尾阶段，战备工作逐渐回归到正轨。

进入70年代，中国国家安全环境也正发生着巨大的改善。1971年，中国在联合国恢复合法席位，大批西方国家纷纷与中国建交，打破了国际敌对势力长期以来对中国的政治封锁。越南战争的和平谈判取得进展，美国开始从越南撤军。1972年2月28日，中美两国在上海发表联合公报，标志着在对立了20多年之后，中美两国关系开始走向正常化。同年，中日邦交实现正常化。对外关系的改善，改变了对中国构成严重威胁的国际环境，结束了中国“四面受敌”的紧张状态。虽然这一时期，毛泽东曾经对周恩来等表示：当前仍要继续强调备战①。但中国领导人在战争一时还不会爆发这一点上逐渐达成了共识。与此同时，持续了5年之久的全国大备战高潮已经暴露出不少问题。国防工业、基础工业铺的面过宽，不仅影响了质量，也给国家造成财政紧张。除此而外，军队员额的急剧膨胀也成为突出问题。1975年，代病重的周恩来主持中央工作的邓小平，从整顿铁路运输秩序开始，对包括军队、国防工业在内的各条战线进行全面整顿，提出了部队“消肿”的任务。这期间，地方设置的各级战备领导机构，先后去掉“战备”二字，改为具有常备性质的“防空”领导机构。1976年7月，在邓小平、叶剑英主持下，中央军委扩大会议研究了部队精简整编。

① 《周恩来年谱（1949—1976）》下卷，中央文献出版社1997年版，第687页。

虽然这些整顿由于“四人帮”的破坏没能取得应有的成效，但其思想具有长久的影响力。

中国共产党十一届三中全会以后，中国共产党领导国家建设的指导思想开始发生历史性转折，全国性的大备战也开始由临战准备状态向和平时期的准备转变。在军队建设上，邓小平再次提出部队“消肿”问题，重申“要把训练提高到战略地位”①，并提出建立军官服役、退役制度和退休制度等一些具有部队长远建设意义的改革任务。在国防工业建设上，1978 年，中共中央、国务院为国防工业制定了“军民结合、平战结合、以军为主、以民养军”②的指导方针，使之更加适合我国以经济建设为中心任务的要求。在民兵工作上，对民兵组织以及军事训练作了全面改革，大大压缩了民兵数量，减少了训练时间，突出了训练重点，着力于提高质量。在城市人防建设上，1978 年 10 月，全国第三次人防工作会议提出“全面规划，突出重点，平战结合，质量第一”的人防建设方针。1979 年，中华人民共和国人民防空领导小组发出关于人防工程建设执行“调整、改革、整顿、提高”的指示。由此，各地的人防战备建设适应新形势的需要，逐步实行战略转移。1985 年，中央军委扩大会议做出了国防建设和军队建设指导思想实行战略性转变的重大决策。战备指导思想也完成了由临战准备向和平时期建设轨道的转变。

（赤桦，南京政治学院上海校区副教授）

① 《邓小平论国防和军队建设》，军事科学出版社 1992 年版，第 96 页。
② 侯树栋：《邓小平国防理论研究》，学习出版社 1999 年版，第 290 页。

安徽旌德历史上的上海小三线

刘四清

安徽宣城市旌德县地处皖南腹地，西倚黄山，历史悠久，物产丰富，20 世纪 30 至 80 年代隶属于徽州地区，有“徽州粮仓”之美誉。

在隶属徽州的 50 年间，旌德曾经有过一段 22 年辉煌而又沉重的上海小三线历史。20 世纪 60 年代，遵照毛泽东同志“备战、备荒、为人民”“要准备打仗”的指示，上海市根据“靠山、分散、隐蔽”的战略要求，决定在皖南徽州地区兴建一批军工企业（简称上海小三线）。当时担任上海市仪电工业局局长的谭浩同志是旌德人氏，他倡议并得到同意将上海仪表系统后方建设任务重点摆在旌德。从 1966 年初起至 1969 年底，三度寒暑，上海市先后在旌德县旌阳、德山里、玉溪、厚儒、高溪、高甲、碧云等地建成立新配件厂、工农器材厂、延安机械厂、险峰光学仪器厂、卫东器材厂、井冈山机械厂、星火零件厂、满江红材料厂、旌旗机械厂、东风机器厂、韶山电器厂、向阳小型轴承厂等 12 个工厂，并相继生产军工产品。同步建成通讯站、供电站、汽车队、计量站、供应站、仪电中学、仪电技校和上海市后方仪表电讯工业公司等配套服务单位。在旌德的上海小三线建设俗有“三个九”之称，总投资 9 000 万元、占地面积 91 万平方米、干部职工近 9 000 人。旌德县一次性建有 12 个上海小三线厂，成为全省小三线厂建设最多的一个县。

上海小三线发展大致经历了三个阶段：1966—1971 年是基本建设阶段；1972—1978 年进入辉煌时期，军工产品从试制到配套再到全面投产；1979—1984 年是军转民阶段，实行军品民品生产相结合。虽然已经转型，但大势所趋，从 1984 年初开始，上海小三线进入调整交接时期。为贯彻“调整、改造、发挥作用”的工作方针，根据国务院批准的《关于上海在皖南小三线调整和交换的商定协议》精神，1986 年，上海决定将所有小三线企业无偿交给旌德，沪旌双方成立专门机构，于 1986 年 4 月开始办理交接工作，1988 年 4 月底交接完毕。上海小三线干部职工除部分留皖和去外省市安置外，绝大多数干部职工及其家属都撤回上海。

上海小三线企业主要分布在安徽省徽州地区(皖南)东西 260 多公里、南北 130 多公里的山区中。从 1966 年开始建设，到 1988 年全线撤走返回上海，历时 22 年。到 1980 年底，共建成 54 个工厂，有 2 万多职工。

上海小三线有完全独立于地方的社会生活系统，企业都有自己的商店、菜场、中小学校、幼儿园、医院、供水和供电系统，甚至治安管理部门(保卫科及公检法)也独立于当地，直接受上海市公检法等部门领导，是严格意义上的一块块“飞地”。上海小三线虽然独立于皖南，但对皖南地区的经济发展有很大帮助。上海小三线建设促进了旌德通讯、交通运输、电力事业的发展，道路水利等基础设施得到改善。同时由于近万名上海职工入境，占到当时旌德全县人口的十分之一，对山区民众开阔视野、观念更新、文化交流、生活改善都创造了很好的条件。经过 20 多年的发展，上海小三线已具备一定的规模和生产能力，这对合作开发工业比较落后的皖南、促进内地经济的发展都发挥了巨大的作用。旌德 12 家上海小三线工厂全部移交地方后，当时基本得到改造利用，先后在原上海小三线办起电子元件厂、苎麻纺织厂、羊毛衫厂、胶囊厂等一批国有、集体和乡镇工业企业。

上海小三线虽经调整返沪，但是上海人民开拓奋进、扎实苦干、团结友爱、无私奉献的崇高精神，却永远值得旌德人民学习；旌德人民勤劳勇敢、发愤图强、诚实纯朴、热情好客的优良品质，也永远铭刻在上海人民心中。为体现旌沪友谊常青，1991 年 5 月，上海市后方仪表电讯工业局、旌德县人民政府特地在旌德星火电子元件厂(原上海小三线)内建造友谊亭。谭浩同志欣然题名“友谊亭”，并撰《友谊亭记》铭文，以励后人。上海方面一行三十余人兴致勃勃来到旌德出席揭幕仪式，时任上海市仪表局局长宋仪侨发表了热情洋溢的讲话。旌沪友谊，有诗为证：“廿载春秋廿载诗，碑铭友谊永珍视；和弦共奏小康曲，星火燎原花满枝。”

安徽旌德上海小三线建设，既是 20 世纪特殊历史时期的产物，也是旌德历史发展进程中的一个重要里程碑！

（刘四清，中共安徽省旌德县委宣传部常务副部长）

专题研究

皖南上海小三线职工的民生问题研究*

张秀莉

1964 年，以毛泽东为核心的中共中央鉴于国家安全形势的日益严峻，做出了加强战备、调整工业布局、进行三线建设的战略决策。上海热烈响应"备战、备荒、为人民"的伟大号召，1965 年开始从东起浙江临安县、西至安徽东至县、南至祁门县、北至青阳和宣城，纵横 700 公里、占地四五万平方公里的皖南合浙西建立了小三线。至 1980 年止国家共投资 6 亿余元，在安徽和浙江建成 81 家企事业单位，其中浙西只有上海小三线的一家企业，其余的均地处皖南。这些企业包括 54 个工厂，占地面积 679 万平方米，建筑面积 218 万平方米(生产用与生活用面积约各占一半)，职工 5.6 万余人，家属 1.6 万余人。小三线的职工中从上海去的约 4.74 万余人，占 84%，其中由上海老厂动员去的老职工约 1.66 万余人，大专、中专、卫校和六八、六九届技校统一分配的约 8 500 余人，1975 年安排的七二届无去向代训艺徒等约 1.72 万余人，高初中毕业生分配的约 2 800 余人，其他本市调入约 2 300 余人①。上海小三线在安徽自成一个社会体系，不仅有工厂，还有为生产服务配套的行业，如交通运输、电力供应、通信设施、物资仓库、学校、幼儿园、公安、法院、专线班车、生活供应等。加之皖南小三线作为上海"飞地"的特殊体制，小三线的民生问题不仅需要上海市各相关职能部门之间的协调，而且需要上海与安徽之间的配合。

关于三线问题的研究已成为当代史研究的一个热点，但其关注点在中西

---

* 本文原载《安徽史学》2014 年第 6 期。

① 上海市档案馆藏档：《上海小三线情况汇报提纲(1981 年 7 月 11 日)》，沪后字[81]第 87 号，档号：B1-9-405。

部的三线建设，即通常所说的大三线。综观大三线研究成果，内容多集中于对这一决策的形成及其评价、三线布局及其经济效益等问题，对三线建设者们的关注不够[①]。相比而言，小三线的研究成果非常少，目前所见主要有上海大学历史系徐有威教授及其团队所做的系列口述史，各类文献整理和专题研究，如徐有威的《口述史和当代军事史研究——以上海小三线建设为例》、《刻不容缓地重视口述史，保存中国当代史不可再得的鲜活资料》、《口述上海：小三线建设》，徐有威和陈东林主编的《三线建设：在等待战争爆发的日子里》，以及徐有威指导的博士、硕士论文《危机与应对：上海小三线青工的婚姻生活——以八五钢厂为中心的考察》、《上海小三线社会研究》、《上海小三线的调整与改造——以安徽省贵池县为例》、《上海媒体报道与上海小三线（1965—1988）》等[②]。其他成果有张永斌的《上海的小三线建设》[③]，从上海小三线建设决策的形成、基本设想、规划布局、具体实施、调整接收等角度对上海的小三线建设做了基本的论述。段伟的《安徽宁国"小三线"企业改造与地方经济腾飞》[④]和《上海小三线建设在宁国县分布的历史地理考察》[⑤]，则从上海小三线对安徽省宁国县经济腾飞所起到的推动作用进行考察，肯定了上海小三线对当地经济、社会发展的积极影响。

本文依据上海市档案馆所藏档案资料和上海小三线建设亲历者口述资料，从政策层面和具体实践对上海小三线的民生问题做一个整体上的梳理与

---

① 详见段娟《近20年来三线建设及其相关问题研究述评》，《当代中国史研究》2012年第6期。

② 徐有威《口述史和当代军事史研究——以上海小三线建设为例》（《军事历史研究》2012年第1期）、《刻不容缓地重视口述史，保存中国当代史不可再得的鲜活资料》（《社会科学》2012年第5期）、《上海小三线口述史选编（一）》（华东师范大学冷战史研究中心主编《冷战国际史研究》第12辑）、《口述上海：小三线建设》（上海教育出版社2013年版）等；吴静《危机与应对：上海小三线青工的婚姻生活——以八五钢厂为中心的考察》（上海大学2012年硕士论文）；崔海霞《上海小三线社会研究》（上海大学2013年博士论文）；胡静《上海小三线的调整与改造——以安徽省贵池县为例》（上海大学2013年硕士论文）；李婷《上海媒体报道与上海小三线（1965—1988）》（上海大学2014年硕士论文）；徐有威、陈东林主编《三线建设：在等待战争爆发的日子里》（《国家人文历史》2014年第18期）。

③ 参见《上海党史与党建》1998年第4期。

④ 参见《当代中国史研究》2009年第3期。

⑤ 参见上海大学历史系主办的"三线建设学术研讨会暨研究生论坛"会议论文集（2012年5月6日，上海大学）。

探讨，因为小三线建设所影响的不仅是区域经济发展的问题，还有大量人口流动所带来的社会问题以及区域间的文化交流。

一、日常生活问题

1. 日用品和副食品的供应

上海小三线的职工和家属生活用品和副食品供应问题，经上海有关商业局和安徽当地商业局协议，由当地商业部门支持安排。在上海小三线和基地建设初期，由于小三线单位地处山区，当地商业网点较少，供应有些困难，上海市革工委财贸组和工交组于1970年6月决定，在当地商品供应未解决前，对肥皂、香烟、食糖、胶鞋、牙刷、牙膏、面盆等30种商品，由上海商业部门采取临时供应的办法。各筹建主管局应将所属单位所需要的商品，按年度分季填报计划，直接送交有关专业公司负责供应；对于其他零星商品的采购，由各单位提出要求，经筹建主管局审查后由有关批发部直接供应。为了有计划地做好后方建设单位的商品供应工作，各筹建主管局应将筹建厂、施工单位的实际人员数字（分别职工、家属），按季送给有关商业部门，作为供应依据。如有的大变动也要及时通知。按新厂供应以后，原来由老厂负责供应的关系应该停止①。

此后，上海小三线要求扩大供应品种，如卡其布、的确良等衣服面料。财贸组和国防工办研究，于1973年8月报请上海市委、市革委会同意，对已确定的30种商品仍由上海维持供应；对卡其布、的确良等纺织品，是国家计划分配的，本市供应也偏紧，不再扩大供应；对当地商业部门要求上海支持的商品，为了相互支持和顾照地区之间协作关系，在春节期间，一年一次，以专区为单位，由省商业局介绍，和上海有关商业局商洽，凡上海货源有可能，尽量挤一部分给以支持②。

随着上海小三线人口的增加，上海在主要日用品供应上也加大了力度。

---

① 上海市档案馆藏档：《关于上海后方单位商品供应的通知（1970年6月29日）》，档号：B246-1-342。

② 上海市档案馆藏档：《关于上海小三线和基地商品供应的情况汇报（1974年11月21日）》，档号：B248-2-683。

据负责小三线物资供应的领导回忆，后方供应有些条件比上海还好些，比如在上海每人每月一斤肉，后方是一斤一两或者一斤二两。上海小三线和上海水产局、商业一局、商业二局都保持密切联系，商业一局、商业二局都有专门干部管上海小三线的供应，凡是后方提出需要，他们尽量满足。上海小三线在上海有办事处，后勤组派人在办事处工作，专门负责与各个局联系，处理小三线商品供应问题①。除了上海小三线后方基地设后勤组，各个公司也有后勤组，直接对口。各个厂都有小卖部，凭票供应一些日常用品。这样就形成了一条从上海直到各个工厂的商品供应链，保障了职工日常生活所需。当时比较困难的是蔬菜，蔬菜主要依赖在当地购买，有些地方上没办法供应，小三线就自己种菜，整个小三线约有 5 000 亩菜地，大部分是职工整理山地和山坡开出来的②。

"文革"结束后，小三线每个工厂都建了冷库，还可以用自己的产品到外地去换东西，所以上海买不到的后方都有，小三线职工的生活标准与上海差别不大，物资供应有保障，是职工安心工作的前提。但这样的供应模式也大大提高了上海小三线生产的成本③，这是小三线政策调整的原因之一。

2. 粮食供应

上海小三线职工吃的粮、油都是上海的计划，上海将计划转到安徽省，由安徽省粮食厅下达到安徽各县，各个厂统一到县里去买，这些指标都是上海的。

1969 年，经上海市与安徽省的协商，同意安徽省革委会提出的意见：皖南小三线所供应的粮食顶抵上海市的调入指标。同年 11 月 10 日，安徽省生产指挥组根据与上海市协商精神，发出了《关于上海市在我省进行三线建设人员口粮供应问题的通知》，规定："凡上海市三线厂的职工及其家属的粮油关系转入我省的，其粮油供应标准，职工暂按原上海定量（其他省调入上海厂的，按原

---

① 《为小三线做好后勤保障工作——原上海市后方基地管理局后勤处处长王中平访谈录》，徐有威主编：《口述上海：小三线建设》，上海教育出版社 2013 年版，第 105 页。

② 《艰苦创业的小三线人——原上海市后方基地管理局党委副书记郑金茂访谈录》，徐有威主编：《口述上海：小三线建设》，上海教育出版社 2013 年版，第 77 页。

③ 《上海小三线，抓住机遇的调整——上海市委原副书记、常务副市长阮崇武访谈录》，徐有威主编：《口述上海：小三线建设》，上海教育出版社 2013 年版，第 11—12 页。

定量),食油一律按我省当地标准供应。职工家属按我省当地居民定量标准供应。未转移粮油关系的,一律凭全国通用粮票供应。""三班制生产的工人及施工安装人员的夜餐粮补助,按我省原规定标准,由上海各三线厂、施工单位编报夜餐粮计划,送当地粮食部门核补。""凡供应上海三线厂职工及家属的粮油及夜餐补助粮,不作我省粮食销售统计,一律作为调给上海市处理,统计在粮油收支平衡月报表调拨栏内,并在每月终了分品种报一次调运进度。""上海三线厂在我省使用的民工补助粮,作销售处理,统计在农村民工补贴栏内。"①

1969 年 12 月 2 日,上海市粮食局将安徽省的通知发文转告本市各有关局,并请各局通知有关单位及时办理粮油关系转移手续,由安徽省代本市供应粮食。但在执行过程中,上海方面的工作没有跟上,也没有及时商量具体结算办法,几年来一直未主动到安徽省了解代供应粮食的具体数字,在粮食收支统计上,也从未将这笔代供应数列入销售与调入数内上报。1972 年 9 月,中商部粮食局曾要求上海将安徽代供应小三线的粮食列入本市销售统计上报,但上海并未执行,并提出要把小三线供应数算在内,销售指标需要相应增加②。这就使得安徽省代为供应小三线粮食的指标,成为一个虚悬的统计。这样的做法影响了上下关系与兄弟省份之间的关系。

小三线在粮食供应方面也存在一些问题。1973 年上海市粮食局革命委员会前往皖南的贵池、徽州、芜湖三地区的上海三线工厂调研发现:① 几年来三线工厂职工定量由于没有抓工厂自行解决,有许多不符合政策的地方。如轻工调为重工和脑力劳动调为体力劳动的,粮食定量都按上海工种标准进行了调升,但重工调为轻工和体力劳动调为脑力劳动的,粮食定量应当调低的都一直未动。据测算,吃超工种定量的占 10%左右。② 随意提高定量标准。有些工厂如红波、井冈山等厂将干部定量原 29.5 斤,也一律照安徽标准调整为 32 斤。也有些工厂职工工种未变,但定量在同工种不到最高幅度的也按照最高限额进行调整。③ 补助粮名目繁多,自行扩大补助范围,造成国家多供应粮

① 上海市档案馆藏档:《关于上海市在我省进行三线建设人员口粮供应问题的通知(1969 年 11 月 10 日)》,档号:B135 - 4 - 178 - 26。

② 上海市档案馆藏档:《关于我市在安徽小三线粮食供应情况和我们工作中的错误检查报告(1973 年 5 月 31 日)》,档号:B135 - 4 - 513。

食，如683车队驾驶员早上7点出车，晚上8点回来，补2.5两，超过10点的补助夜餐粮4两①。对于这些问题的整顿，安徽和上海的意见不同，安徽的做法是按工种定量"一刀切"，上海的整顿办法有些伸缩余地，指挥部倾向于按上海办法整顿，当地粮食部门的意见要按安徽办法整顿，否则，今后小三线粮食管理他们就不再过问。因为小三线的粮食供应需要当地帮助安排，上海市粮食局为了不影响与当地关系，原则按照当地办法整顿，有什么困难问题，请指挥部与当地协商解决。这样，小三线粮食供应的政策和标准得以理顺。

3. 职工宿舍

小三线的建设在荒山深谷中从无到有，从小到大，居住是职工面临的又一严峻问题。尤其是第一批到皖南从事创建工作的小三线职工最苦，根据当事人的回忆，他们有的住茅草房、稻草房、芦席棚，有的住祠堂里，有的借住农民住房，条件非常简陋，隆冬时节，屋内的毛巾和牙膏上都结了冰。但是小三线的建设速度很快，因为小三线建设之初，上海没什么基本建设，据说当时上海基建队伍60%都在后方。

上海小三线在建厂时，家属宿舍是按职工人数15%建造的，但由于人员的陆续增加，已不能满足需要。1970年10月，上海小三线建设八一二指挥部提出按定员人数30%建造家属宿舍。11月29日，上海市革委会工交组向市革委会提出增建部分家属宿舍的请示报告，增建家属宿舍1 827户，54 810平方米，并落实了每家企业的具体指标，家属宿舍的问题逐步解决②。小三线的职工宿舍仿照当地的干打垒房子，有一层的、两层的，还有六层的，小三线的房子面积比上海大，一般至少两室。住房内有卫生间，没有煤气，刚开始用煤油炉烧饭，后来建了灶头，烧饭用柴③。宿舍的分配一直是老大难问题，各厂的做法也不相同，有的根据进厂的时间，有的根据户口和婚姻情况，有的是户口加

① 上海市档案馆藏档：《关于安徽小三线贯彻中共中央[1972]第44号文件情况的报告(1973年5月18日)》，档号：B135-4-417。

② 上海市档案馆藏档：《关于上海小三线增建部分家属宿舍的请示报告(1970年11月29日)》，档号：B246-1-342。

③ 《严把军品生产关——原上海市后方基地管理局管理处副处长朱伟东访谈录》，徐有威主编：《口述上海：小三线建设》，上海教育出版社2013年版，第139页。

抓阄。

4. 交通、通讯

上海小三线是在“靠山、分散、进洞”的方针指导下建设的，因而摊子过大、战线过长、远离城镇、极端分散。83 个单位中除一个厂坐落在浙江临安县外，其余 82 个单位分布在皖南徽州、安庆、宣城 3 个地区、15 个县市境内的群山山坳里。后方管理机关设在屯溪市郊，距离工厂最远的达 360 多公里，4 个公司机关分别设在宁国、绩溪、旌德、东至 4 个县城内外，距离所辖工厂最远的也达 250 多公里，有的工厂厂区内车间设置也十分分散，有 5 个工厂厂内公路达 10 公里以上，最多的达 14 公里。由于远离城镇、过于分散，交通通讯问题便非常突出。小三线建设之初只能是逢山开路，遇水架桥，平整山地，山谷中建厂房。随着小三线的建设，山沟里的公路打通了。当时修路用了不少资金，确切地说，这些山区的公路就是用 10 元钱的人民币铺出来的，当时 10 元钱是最大的币种①。上海小三线自己组建了 683 车队，有四五百辆汽车，根据公司来设置，一个公司配一个小车队，主要用来运送工厂的产品②。

小三线职工来往于沪皖两地的交通方式主要是公共汽车和坐船。1965 年小三线建设初期，为解决后方与上海的工作联系和职工回沪探亲、节日休息的交通问题，经安徽省同意、市人委公用办决定开行三线专用直达班车。沪皖三线专用直达班车实行当天到达，沿途靠厂停车，且票价最高不超过 10 元，给小三线职工的生活带来了极大方便，成为小三线建设中不可缺少的生产生活配套设施之一，对小三线的稳定起了很大的积极作用。除此专用班车线路外，尚无其他客运车可乘。小三线的客运任务主要由上海市公交三场承担。特别是每年的春节前后，小三线的客运量都在 12 000 人次左右，市公交三场除了正常开行三线专用班车外，每年总是千方百计地调配 200—300 辆次的客车支援小三线，保证职工回沪过春节并按时返回工厂参加生产③。

---

① 《从研究所到小三线——原上海市后方基地管理局党委书记王昌法访谈录》，徐有威主编：《口述上海：小三线建设》，上海教育出版社 2013 年版，第 53 页。

② 《艰苦创业的小三线人——原上海市后方基地管理局党委副书记郑金茂访谈录》，徐有威主编：《口述上海：小三线建设》，上海教育出版社 2013 年版，第 76 页。

③ 上海市档案馆藏档：《关于再次要求沪皖三线专用班车维持现状的报告(1982 年 6 月 19 日)》，档号：B1-9-679。

1979 年，安徽省的有关部门根据交通部的规定，提出这条线路的班车，应该沪皖对开、分别营业，否则就要停止运行，经上海市公用事业局与安徽有关部门多次面洽，均未奏效。上海市后方基地管理局于 1979 年 10 月 3 日、12 月 2 日连续以沪后字(79)第 53 号和沪后委字(79)第 105 号文上报了《关于要求上海至后方三线专用班车维持现状的请示报告》和《关于要求沪皖三线专用班车维持现状的补充报告》，引起了市委、市人民政府和市建委、市国防工办的重视，使沪皖三线专用班车基本上维持了现状①。

1979，安徽省革委会交通局、商业局联合发出通告，规定：省交通局在通往邻省的 17 个道口设立检查站，负责查验所有进出省境客(10 座以上的)货运汽车的通行证明和有关证件。“外省来皖的车辆，必须持有当地省、市、自治区交通运输管理部门的通行证明，方可进入我省。”从 1980 年 1 月 1 日起实行。当时小三线共有 10 座以上的大小客车 197 辆，其中大客车 91 辆，面包车 106 辆，正面临着因无跨省通行证，而无法驶入安徽省境的严重问题。但是，上海市革委会(1979)39 号文明确，发放货运汽车跨省通行证，由上海市陆上运输管理处统一办理，而对大小客车跨省通行证的发放未作明确规定。为此，上海市后方基地管理局紧急报告市政府，建议暂由上海市陆上运输管理处统一办理发放客运车辆跨省通行证，以解燃眉之急②。

1982 年，安徽省交通厅又和上海市公用事业局达成了四条协议，计划从 7 月 1 日起将三线专用班车改为对外开放营业、省市双方对等联合经营的长途汽车。上海市后方基地管理局对此极力反对，认为此事事关重大。如果将三线专用直达班车改为对外开放经营的长途汽车，职工乘车无保证，设站增多延长了路上时间，职工极不方便，且车票抬高，又增加了职工生活支出。为此专门向上海市政府呈交请示报告，陈述理由。1982 年 7 月 16 日，上海市政府专门发文，同意上海小三线专用班车维持现状不变，今后沪皖间开辟新线路，由

① 上海市档案馆藏档：《关于再次要求沪皖三线专用班车维持现状的报告(1982 年 6 月 19 日)》，档号：B1-9-679。

② 上海市档案馆藏档：《关于请速发放后方客车跨省通行证的紧急报告(1980 年 1 月 2 日)》，档号：B1-9-204-83。

市交通运输局同安徽省交通厅商洽解决[1]。

上海小三线最初用安徽的电话，手摇式老式电话机，由于通信设施落后，打电话十分费劲费时，不是打不出，就是通了也听不清，对方讲话声音像蚊子叫，要大喊大叫才能互相呼应，有时候甚至还要蹲在写字台下求得安静才能听清。1969 年，为保证上海后方通信，上海开始在后方建设五处通信站——胡乐站、绩溪站、宁国站、孙村站、贵池站，由上海方面派人维护[2]。1969 年 12 月，上海小三线正式成立后方通信筹建组，1970 年正式改名为上海后方通信站。1971 年后方通信系统建设完成后，通讯情况得以改观。所有小三线单位电话都联网，和上海直通。小三线电话号码都是 260，因为有个 260 通讯站。

二、婚姻问题

皖南上海小三线职工群体的特点是男女比例失衡和年纪较轻，当众多年轻的男工到了结婚年龄时，婚姻问题在皖南这一相对封闭的工作环境中，不仅成为老大难问题，而且影响到小三线厂的生产和人心稳定，所以小三线工厂和上海市各相关部门都极力想办法解决，但在具体政策上，不同部门之间也有分歧。

1. 大龄青年的婚姻问题

随着时间推移，最初进皖南小三线的一批小青年，特别是 1968、1969 届的中专生也都到了结婚的年龄。再加上七二、七三届代训艺徒一下子涌入 1.7 万余人，致使男女比例失调，约有 8 000 余男青年找不到对象。有些工厂男女比例严重失调，恋爱婚姻问题就成了令人头痛的事情，八五钢厂就曾发生过许多光棍组织起来到工厂党委请愿，并公开打出“我要老婆”的横幅标语[3]。1980 年，上海市人民政府国防工业办公室对皖南小三线的调研显示：上海在皖南

① 上海市档案馆藏档：《关于市政府同意上海小三线专用班车维持现状的通知(1982 年 7 月 16 日)》，档号：B1-9-679。

② 上海市档案馆藏档：《关于报送上海后方通信机务站扩初设计的报告(1969 年 12 月 23 日)》，档号：B246-1-342。

③ 《我们是职工模范之家——原上海前进机械厂工会主席伍雨珊访谈录》，徐有威主编：《口述上海：小三线建设》，上海教育出版社 2013 年版，第 301—302 页。

小三线单位的未婚男青年共有 13 072 人，未婚女青年仅有 4 639 人，男青年比女青年多 8 433 人，其中 30 周岁以上未婚的男青年就有 1 015 人①。

由于小三线厂多数建在偏僻的山沟里，男女性别失衡加上与皖南本地人接触少，男青年找对象就成了老大难。这件事情亦成为上海小三线后期管理中的一件大事，各家工厂自己想办法。新光厂 1980 年 5 月在《解放日报》上刊登招收女工的报道。八五钢厂先后于 1980 年 10 月 10 日和 1981 年 8 月 7 日在《青年报》刊登广告，为青年寻找对象②。启事发表后，在短短十天内，已收到 470 封姑娘来信，她们都表示愿意和钢厂青年结为伴侣。八五钢厂团委在厂党委的具体指导下，举办了"四个第一次"的专题讲座，请厂政治部主任谈如何通信，第一次如何见面，第一次如何上门，第一次外出约会应注意的问题。此外，团委还成立生活指导小组，使青年们在解决切身问题的同时，接受一次联系实际的、生动的人生观教育。厂里还为即将结婚的职工建造新房③。1981 年 11 月，上海后方基地管理局团委成立了 24 个婚姻介绍所，并在上海《青年报》上刊登招收女职工启事，把婚姻的大门向全国各地打开④。

这一问题也引起上海高层领导的关注，专门下达了有关政策文件，允许在外省市和有关农场寻找配偶，并可商调进厂。国防工办提出了一个解决此问题的意见，交与市劳动局协商解决。经过双方协商，最终形成以下解决方案，报上海市人民政府：

> 一、由市劳动局每年下达一批招工指标给后方基地管理局，从市区社会待业青年中，招考一部分女青年进小三线工厂为正式职工；
>
> 二、从市属农牧场抽调一批没有恋爱对象的女青年，分配去小三线

---

① 上海市档案馆藏档：《劳动局关于小三线男青年婚姻问题修改意见(1980 年 6 月 25 日)》，档号：B1-9-257。

② 《登报做广告，为未婚男职工找女朋友——原上海八五钢厂团委书记史志定访谈录》，徐有威主编：《口述上海：小三线建设》，上海教育出版社 2013 年版，第 322—324 页；史志定：《八五钢厂团委启事：为我厂男青年寻找对象 成婚后可调入我厂工作》，《青年报》1980 年 10 月 10 日。

③ 《找对象登启事 青年人喜洋洋》，《青年报》1980 年 10 月 24 日。

④ 曹晓波：《满腔热情做红娘 皖南迎来好姑娘——后方基地成立二十四个婚姻介绍所》，《新民晚报》1982 年 2 月 1 日。《为本系统男青年寻找对象 后方和基地团委成立婚姻介绍所》，《青年报》1980 年 11 月 14 日。

为正式职工；

三、小三线未婚青年到外省市企业事业单位中(包括农场和县办集体事业单位)自找对象，结婚后可将户口迁往皖南所在地，安排进小三线工厂为正式职工；

四、小三线男青年从上海街道、里弄集体事业单位和社会待业女青年中自找对象，办理结婚手续后，女青年愿意将户口迁去小三线工厂的，可以吸收为正式职工；

五、对于年满三十五岁还找不到对象的男青年，为照顾其特殊困难，允许在农村户口的女青年中找对象，结婚后其配偶可以转为吃商品粮，并吸收为小三线厂办的生活福利集体事业的职工。①

1980 年 7 月 9 日，上海市人民政府办公厅以沪府办[1980]239 号文的形式，指示市国防工办、市后方基地管理局、劳动局、公安局、农场局：市国防工办关于解决上海在皖南小三线部分未婚青年职工的婚姻问题的意见，经市人民政府领导同志审核原则同意，现转发给你们，请市后方基地管理局和市劳动局牵头，具体贯彻落实②。接下来就有了沪上多家报纸刊登“代招工启事”，以帮助解决皖南小三线部分未婚青年男工的婚姻问题。上海后方轻工公司所属的光明机械厂、万里锻压厂、光辉器材厂、燎原模具厂、红星木材厂、利民机械厂、红光材料厂、曙光电料厂等八个全民所有制单位，在报纸上刊登招工启事，从上海市黄浦、南市、闸北、普陀、杨浦五个区招收一批历届中学毕业未婚女青年③。

上海市总工会、团市委组织女青年去皖南考察，工会做红娘，她们看了之后觉得跟想象中完全不一样，有些人就愿意到皖南小三线厂成家，小三线后来招进去的女青工的工资待遇跟其他职工一样④。上海小三线 20 余家工厂都通

---

① 上海市档案馆藏档：《劳动局关于小三线男青年婚姻问题修改意见(1980 年 6 月 25 日)》，《关于解决上海在皖南小三线部分未婚青年职工的婚姻问题的意见(1980 年 6 月 20 日)》，档号：B1－9－257。

② 上海市档案馆藏档：《复关于解决上海在皖南小三线部分未婚青年职工的婚姻问题的意见(1980 年 7 月 9 日)》，档号：B1－9－257。

③ 蔡听南、江发根：《后方轻工公司招收女轻工》，《新民晚报》1982 年 11 月 25 日。

④ 《从研究所到小三线——原上海市后方基地管理局党委书记王昌法访谈录》，徐有威主编：《口述上海：小三线建设》，上海教育出版社 2013 年版，第 52—53 页。

过《青年报》或《劳动报》进行招收女工的宣传，为男青工找女友[①]。另外，五一节和国庆节，组织后方男职工到上海工人文化宫等处搞交谊舞会和联谊活动。经过各方共同努力，皖南小三线先后帮助 3 000 名青工喜结良缘，在皖南山区安家落户[②]。

八五钢厂还特别报道了青年婚姻问题的解决对生产的促进作用。启事刊登后的一年时间里，该厂已有近 200 名青年先后结婚，70%左右的青年已有了恋人。青年们体会到了党的关怀，迸发出高昂的生产热情。该厂能在面临调整的情况下，通过增产节约，使原计划亏损 300 万元转为盈利 82.2 万元，其中有青年的一份功劳[③]。

2. 夫妻分居问题

皖南小三线职工的婚姻问题，除了青年找对象，还要解决夫妻分居的问题。解决内迁职工夫妻分居的问题是国家统一提出来的。1980 年 2 月 8 日，国家计委、建委、劳动总局发了《关于召开解决三线内迁职工与家属两地分居问题座谈会的通知》。上海市劳动局派计划处副处长祁如云同志参加座谈会。

上海市劳动局在座谈会上反映了上海的实际情况与全国相比有所不同，30 年来上海支援全国各地的职工有 170 多万人。目前夫妻分居两地的约有 25 万人，其中三线内迁职工家居郊县农村的约有 14 000 人，家居郊县城镇的有 8 万多人，家居市区的有 15 万人，如果内迁职工家居农村的可以调回原籍县镇安排工作(按“请示报告”的办法，我市将有 7 000 多人要回郊县城镇安排工作)，势必引起连锁反应，牵动家居郊县城镇的 8 万内迁职工和家居市区的 15 万夫妻分居两地的职工，也要求调回上海安排工作，为此，我们提出了以下三点意见：

(1) 为了巩固和发展三线地区的建设，在解决夫妻分居两地问题时，应坚持贯彻沿海就内地、一二线就三线、大城市就中小城市的方针，对于内迁职工家居城镇和农村的家属，三线地区应创造条件，有计划、有步骤地动员他们迁

---

① 《上海后方基地廿十单位招收女工》，《青年报》1981 年 8 月 28 日；《姑娘，欢迎您来我厂寻找伴侣 上海向东器材厂》，《青年报》1981 年 11 月 20 日。

② 史志定：《后方基地三千青工喜结良缘》，《劳动报》1983 年 2 月 25 日。

③ 史志定：《千里结良缘 生产传佳音》，《青年报》1982 年 2 月 5 日。

往内地，不要将职工调回上海（包括市郊地区）。

（2）建议国家劳动总局考虑适当放宽夫妻分居探亲假时间。

（3）对于个别内迁职工，在沪家庭确有特殊困难，需要照顾调回本市的建议仍按现行规定，作为正常工作个别照顾①。

上海市因人口密度高、住房紧张、交通拥挤、“三废”严重、劳动就业困难等突出问题，无法执行中央的政策，会议期间上海参加会议的同志已向万里同志汇报了上海职工支援各地建设情况，要求“凡是上海在外地已经就业的人员，包括支援大小三线和国营农场职工，以及劳改的，都不要回上海”，万里同意了上海的要求，并希望各地支持上海②。因此，在1980年11月的全国夫妻两地分居工人商调会上，各兄弟省市要求调入上海的共6 445名，而上海职工要求调往外省的仅165人，在此情况下，上海要接受大批外地职工确有实际困难，经与有关省、市反复协商结果，上海将165人要求调外地的名单与有关省、市对调外，上海多收了150人③。在会议期间，国家劳动总局要求将商调会的内容报纸上发个消息，另外，要求各省、市对职工夫妻两地分居情况进行一次普查。上海经各方讨论决定对职工夫妻两地分居不宜进行普查，解决职工夫妻两地分居会议情况也不宜在报上发消息，以免引起思想波动。可见这个问题对于上海市政府的巨大压力。由于上海当时的特殊困难，皖南上海小三线职工夫妻分居问题也没有得到妥善解决，这和下文中将要讨论的户口问题一样，对职工的家庭生活甚至其父母和子女都产生了深远的影响。

三、户口问题

皖南上海小三线在计划经济体制下，军工产品赚钱，日子还过得去，人心也比较稳定。但随着国民经济的调整，小三线的矛盾日益尖锐，1980年的生产

---

① 上海市档案馆藏档：《关于参加“解决三线地区内迁职工家属长期分居两地问题座谈会”的情况报告（1980年3月26日）》，档号：B127-6-90。

② 上海市档案馆藏档：《关于对逐步解决三线地区内迁职工夫妻长期两地分居问题的复函（1980年9月9日）》沪府[1980]117号，档号：B127-6-90。

③ 上海市档案馆藏档：《上海市劳动局致市劳动工资委员会办公室并报锦华同志函（1980年11月29日）》，档号：B127-6-90。

水平比 1979 年下降 15%,1981 年再下降 25%,1980 年的利润比 1979 年下降 45%,1981 年小三线变盈为亏,54 个工厂中处于停建缓建、全停工和半停工状态的约占厂数的 63%,人数的 50%①。1978—1988 年这 10 年中,上海小三线很痛苦,各种矛盾也更加突显。去皖南小三线时,人都是很单纯的。有上海户口的人可以不迁过去,但迁了也没什么,觉得这样方便,过去就过去了,大家准备一辈子在小三线。但是后来越来越难了,独生子女多,父母在上海生病了,没人照料,子女在山沟沟里干着急②。孩子户口也是个大问题,家属去了一万多人,孩子户口的安置、上学也都是问题③。

在小三线的职工和家属 7 万多人中,有 2 万多人的户口还没有迁到皖南。1980 年,上海市人事局、上海市劳动局联合向上海市政府提交了《关于支援大、小三线建设而户粮关系仍在本市的职工调沪问题的请示报告》(沪人[80]字第 31 号,沪劳[80]计创字第 88 号)。针对有些单位未经市人事、劳动部门批准,擅自将一些户口、油粮关系仍在本市的大、小三线职工调来本市工作,引起了部分在三线工作职工的思想波动问题。提出如下意见:

(一) 各单位在处理部分大、小三线职工因家庭有困难而要求调沪问题时,对他们中户口、油粮关系在本市的与不在本市的,应掌握同样对待的原则,除个别家庭确有特殊困难,按照政策,经过批准可以照顾调沪外,应教育职工安心三线建设,并积极动员其家属调往大、小三线地区团聚,而不应擅自将职工调来本市工作。

(二) 对于支援大三线建设而户口、油粮关系仍在本市的职工,因家庭有特殊困难,要求调沪的,干部要经有关省人事部门与本市人事局审查同意;工人要经当地劳动部门与本市区、县劳动局审查同意,然后才能办理调动手续。

(三) 对于支援小三线建设而户口、油粮关系仍在本市的职工,因家

---

① 上海市档案馆藏档:《上海小三线情况汇报提纲(1981 年 7 月 11 日)》,档号: B1-9-405。

② 《生产,搬家,安置三不误的小三线调整——原上海市后方基地管理局局长王志洪访谈录》,徐有威主编:《口述上海: 小三线建设》,上海教育出版社 2013 年版,第 59 页。

③ 《向上海小三线干部和职工致敬——原上海市人民政府国防工业办公室主任余琳访谈录》,徐有威主编:《口述上海: 小三线建设》,上海教育出版社 2013 年版,第 23 页。

庭有特殊困难，要求调沪的，干部要经市后方基地管理局与市国防工办审核，报市人事局批准；工人要经市后方基地管理局与后方单位的所属主管局审核，报市劳动局批准，然后才能办理调动手续。

（四）确因家庭特殊困难等原因临时借调大、小三线职工来沪工作，应按第（二）、（三）条规定的审批手续办理。

上海在外地的单位，如梅山、大屯等单位的干部和工人的调沪或借调问题，也按照上述原则办理。①

1980年5月26日，上海市政府批转了人事局和劳动局的联合报告，要求户口、油粮关系无论是否在本市，都应同样对待，除个别家庭确有特殊困难，按照政策，经过批准可以照顾调沪外，应教育职工安心三线建设，并积极动员其家属调往小三线地区团聚，而不应擅自将职工调来本市工作。对于支援小三线建设而户口、油粮关系仍在本市的职工，因家庭有特殊困难，要求调沪的，干部要经市后方基地管理局与市国防工办审核，报市人事局批准；工人要经市后方基地管理局与后方单位的所属主管局审核，报市劳动局批准，然后才能办理调动手续②。

但是，作为皖南上海小三线直接管理机构的上海市后方基地管理局对此问题却有不同的看法，针对市政府5月26日下发的沪府发[80]67号文《批转市人事局、市劳动局关于支援大小三线建设职工调沪问题的报告》，提出了以下建议：第一，上海小三线是上海的一个组成部分，是上海自己建设起来的一个战略后方基地，上海后方基地范围内所有的企事业是上海市属企事业而建在外地的单位，上海后方基地范围内所有的党、政、军、民、学、商等工作都是上海市统一领导，执行上海市的统一政策，因而它与上海市支援外地大、小三线建设的单位有根本区别，应将上海小三线范围的干部、工人调动切实按照市属单位对待。第二，凡是从上海小三线范围调回上海工作的工人、干部，还是应按现有干部、工人管理范围分别由上海各主管局或后方基地管理局分别上报市经委、国防工办审核，由市人事局、市劳动局批准后，才能办理调动手续。第

① 上海市档案馆藏档：《关于支援大、小三线建设而户粮关系仍在本市的职工调沪问题的请示报告（1980年4月21日）》，档号：B127-6-90。

② 上海市档案馆藏档：《关于支援大小三线建设职工调沪问题的报告（1980年5月26日）》，档号：B127-6-90。

三，建议尽快制定出从上海小三线调回市区工作的统一政策来，以便上海各主管局和后方基地管理局统一掌握标准，减少矛盾。第四，只要不是正式从上海小三线调回上海市内工作，而是临时借调到上海工作的，做好思想工作，可以放宽一些，由公司以上单位批准同意就可以了，不必再经市人事局、劳动局审批。上海市后方基地管理局还强调："在市人事局、劳动局给市政府的《报告》中提到，'近来，据市后方基地管理局和有关单位的反映'一句话，也不够实事求是，因为我局近来没有向市人事局、劳动局反映过这方面情况。同时这样涉及小三线广大职工的问题，事先不同我们通通气，造成我们工作的被动。"①从这份报告中可以嗅出其中的火药味。

此后，上海后方基地管理局曾要求参照沪革[79]77 号关于市属工厂搬迁郊区后职工户口、供应等问题的处理办法执行。但公安局认为，77 号文不适用于上海在外地单位，户口的迁移，灵敏度非常高，不能一刀切，不能随便开口子。2 万人未迁安徽者，按户口管理制度，应该迁到皖南；但是目前不好强迫迁去，只能多做工作。在这一部分人中，有几百个小孩没有报上户口，按理应随大人的户口同时报入皖南，要报上海市区户口是不符合规定的，至于个别确有困难者，可以个别解决，这个问题，还是要顶住，要多作思想工作②。

上述内容反映了不同主管机关之间在小三线职工户口迁移问题上的分歧，上海市劳动局、人事局、公安局所坚持的一项准则就是严格限制小三线职工户口迁回上海，以免增加本已严峻的人口压力，后方基地管理局则从小三线职工积极性的调动和思想稳定角度着眼，强调人性化对待他们因移居外地所造成的家庭困难。

四、教育、医疗问题

皖南上海小三线的教育医疗也是与民生息息相关的问题，特别是后期随着职工子女的增多及进入学龄期，孩子的教育也成为一个重要问题。

---

① 上海市档案馆藏档：《关于执行沪府发(80)67 号文中有关问题的请示报告(1980 年)》，档号：B127-6-90。

② 上海市档案馆藏档：《余琳、席炳午、张梦莹关于巩固和提高小三线的工作当前需要解决的主要问题的汇报(1980 年 4 月 19 日)》，档号：B1-9-194。

小三线成立了教育处，既要关心办好幼儿园、小学，又要加强对中学、技校的管理，但由于缺乏专业的老师，教学水平不高，耽误了不少子弟①。幼儿园托儿所都是厂里自己办的。有些工厂自己设立学校，有的几个工厂合办一个学校，教师就是从每个厂里抽一些相对有文化的，高中和中专生以及大学生，都没有教师资格，就是一些大家抽一些去教学。据一位在小三线读书的职工子女回忆，他所生活的光明厂于 1971 年 4 月成功筹建职工子弟小学，厂里许多职工把子女从上海接到身边，在子弟小学就读。光明小学的教师全部从本厂车间里抽调出来，并没有具体要求，一些文化程度相对较高的职工也不愿意从教，这样就导致教学水平参差不齐。一些老师上课甚至常念白字，有的老师上课不备课，也不讲课文，随便弄个故事讲讲就算过去了。当时正值“文革”，高考没有恢复，绝大部分的家长对教育也不太重视，所以教学水平这方面的问题没有得到反映。这些弊病带来的直接后果就是 1977 年恢复高考之后，厂里的子弟考上大学的凤毛麟角②。恢复高考后，有些职工也考上了大学，工厂本来是作为培养人才的一条途径，但这些人大学读完后没人再回小三线。

医疗方面刚开始借助安徽地方力量，小三线医疗条件没有保证。1969 年，上海小三线首先建立了后方卫生工作组，工作人员由主要包建单位市卫生局和上海第二医学院共同委派组成。后方卫生工作组作为市卫生局派出机构，主要负责检查落实建设后方四所医院的基建工程、开诊所需的人员配备、医疗设施等。上海二医附属东方红医院（即现在的瑞金医院）包建的瑞金医院，设 200 张病床，主要承担包括后方指挥部、绩溪、歙县、休宁、黟县、祁门等地区共 32 家小三线单位的医疗任务；上海二医附属工农兵医院（即现在的仁济医院）包建的古田医院，设 150 张病床，负责承担宁国、旌德即浙江临安地区共 29 家小三线单位的任务；由市卫生局所属的第一人民医院包建的长江医院，设 150 张病床，承担贵池地区周围 10 家大厂的医疗任务；由长宁区所属的天山医院，设 100 张病床，承担东至地区 8 家单位的医疗任务。

---

① 《专职信访，为民解忧——原上海市后方基地管理局宣传组副组长毛德宝访谈录》，徐有威主编：《口述上海：小三线建设》，上海教育出版社 2013 年版，第 167—168 页。

② 《爸爸趴在工具箱上教我算术——原上海光明机械厂子弟小学学生刘金峰访谈录》，徐有威主编：《口述上海：小三线建设》，上海教育出版社 2013 年版，第 398—399 页。

1970年6月，筹建的医院尚未建成之际，上海瑞金医院就组建了第一批20名左右的医护人员提前进山，在刚建成的医院职工宿舍区开设临时门诊，提早为小三线职工和山区人民健康服务。1971年，几所后方医院除天山医院外陆续正式开张，因医技精湛，医德高尚，很快就赢得上海小三线职工的信赖，还获得当地干部群众特别是农民的欢迎，名扬皖南山区。但是，小三线单位量多、面广又分散，职工的就医依然面临很多困难。有的厂离医院较远，少的是几公里，大都是几十公里，多则上百公里以外，如祁门县内三个厂离瑞金医院单程就有126公里，休宁、黟县四个厂也有上百公里。小三线工厂自己虽有医院或者医务站，限于设备条件和技术，医务室和单位领导为使职工感到放心，就经常让一些患病职工转到后方医院去确诊、住院、观察或者手术。由于路途遥远、路况又不好，给患病职工增添了不少麻烦。另外，有些邻近专区所在地的小三线厂，遇到职工急病，只得暂送附近的地区人民医院或县级人民医院。

1976年前后，上海市还规划在绩溪河东岸建立一座后方防疫站，从市里又调派了30多名防疫班培训的青年和有经验的防疫人员到后方卫生工作组工作，工作组的重点转向面向小三线职工的预防保健工作，从建立工厂卫生防疫制度起，定期与不定期发放各种预防药品，联系落实上海市结核病防治所，每两年派出X光线体格检查车，定时、定点、定人巡回于后方山区两省13个县市，为小三线职工服务，切实保障小三线职工健康①。

70年代末期，一些高年资的医师已陆续调回上海，医院骨干力量有所削弱，医疗水平下降，群众意见不少，上海市后方基地管理局希望卫生局继续加强对后方医院的领导，适当增派医疗骨干，提高医护水平。教育方面则是老教师太少，教学水平不高，后方局要求从市区中学的编外教师中，选调一部分教师支援小三线的职工子弟中学②。经过上海市政府的协调，教卫办最终同意采取发津贴办法，实行轮流制，派医生到后方医院工作，另外，还可派医

---

① 《我所知道的小三线卫生工作——原上海市后方基地管理局卫生工作组副组长邱云德访谈录》，徐有威主编：《口述上海：小三线建设》，上海教育出版社2013年版，第245—247、250—253、256页。

② 上海市档案馆藏档：《余琳、席炳午、张梦莹关于巩固和提高小三线的工作当前需要解决的主要问题的汇报（1980年4月19日）》，档号：B1-9-194。

疗队，以应当务之急，教师问题也采取补贴的办法，动员一部分教师到小三线工作。

1985 年 1 月 28 日，安徽省政府和上海市政府签订《上海市人民政府安徽省人民政府关于上海在皖南小三线调整和交接的商定协议》，并上报国务院，确定上海将皖南小三线的 80 家企事业单位的资产无偿移交给安徽。4 月 17 日，国务院批准上海在皖南小三线 80 家企业单位和事业单位移交给安徽①。小三线职工回上海后都安排了工作、分配了房子，得到较好的安置，历时 20 多年的上海小三线建设画上了句号。

对于参与上海小三线建设的数万职工而言，这 20 多年的生活影响了他们一生甚至下一代。小三线政策的推行缘于国家的战略决策，当人们的关注点由国家政策层面转向参与小三线建设的一个个鲜活生命时，无法忽略在光荣使命的光环下，必须时刻去面对的衣食住行、喜怒哀乐、生老病死。

上海小三线建设也是区域经济发展中的一项重大事件，大量工厂、设备、技术人员长期驻扎于皖南地区，也带动了当地的经济发展，影响了当地人民的生活，如交通、通信条件的改善，农副产品的销售、部分人进入工厂做工，尤其是上海小三线企业整体移交给安徽地方政府后，推动了当地的工业发展。

上海小三线建设所带来的大量人口迁移，不仅在这一群体中引发了诸多的社会问题，而且也影响了沪、皖两地的观念与文化，当地人对上海人时尚的模仿、对电影等文化生活的热情、与上海人通婚等，都是上海人的生活习惯对当地潜移默化的影响，小三线职工对于皖南地区及当地人们的感情也与生活在上海的人有很大不同，而这种文化与观念上的影响更为久远。

当然，上海小三线职工的民生问题所关涉的不只是这七万余人，而是沪、皖两地上至政府、下至百姓的数以十万计甚至几十万计的人群，是他们一起书写了这段非同寻常的历史。

（张秀莉，上海社会科学院历史研究所副研究员）

① 《和汪道涵市长协商接收上海小三线——安徽省原省长王郁昭访谈录》，徐有威主编：《口述上海：小三线建设》，上海教育出版社 2013 年版，第 19 页。

上海皖南小三线东至化工区个案研究*

徐锋华

20 世纪 60 年代，根据国家“三线建设”的总体方针，上海也开展了小三线建设。鉴于上海是长江中下游冲积平原的特殊地形，且在建国初期就有惨遭国民党飞机狂轰滥炸的历史教训①，而皖南山区距离该地 500 公里左右，位置较偏僻，恰好符合军工企业选址“分散、靠山、隐蔽”的方针，作为大后方非常合适，皖南因此成为上海小三线建设的首选地区。时任上海市副市长曹荻秋、宋季文曾领队赴皖南考察。从 1965 年开始上海积极支援西南地区的“大三线”，到 4 月份，中共中央和华东局决定上海包建江西省“小三线”工业建设，同时也开始了对安徽省“小三线”的支援和建设②。11 月，毛泽东在山东、安徽、江苏视察时，提出要争取快一点把后方建设起来，三五年内把这件事搞好，把大、小三线搞起来③，建设进度由此加快。

从 1966 年起，上海在皖南相继兴建了 80 个“小三线”单位，分别布局在芜湖、池州和徽州。其中，1969 年初，上海市革命委员会根据国务院政策，开始筹建“小三线”后方基地的化工区，于当年 6 月在池州东至县香隅区一带完成勘查选点。东至化工区建设起步较晚，情况与其他各地迥然不同，是上海小三线建设的一项独特个案，本文在充分利用上海市档案馆所藏相关档案的基础上，

---

* 本文原载《安徽史学》2016 年第 2 期。

① 详见徐锋华：《一九五〇年上海“二・六轰炸”及应对》，《历史研究》2014 年第 4 期。

② 熊月之主编：《上海通史》第 12 卷《当代经济》，上海人民出版社 1999 年版，第 131 页。

③ 《要争取快一点把后方建设起来》，《党的文献》2010 年第 2 期。

参考相关研究，拟对其做一详细论述[①]。

一、东至化工区的建设过程

1970 年 1 月，上海市化工局正式设立后方管理处，对外称上海市 507 工程指挥部第四分部。4 月 13 日的会议决定，在东至县设立火药化工基地，整个化工区跨香隅区下辖的合正、建新、香口三个公社，方圆约 18 公里。6 月 3 日，正式破土动工，开始建设以生产火药工厂为主体的东至化工区。

工业区第一重要的是动力供应。1970 年 3 月，上海市供电局开始筹建后方 703 供电所（703 是其代码，当时军工企业为保密起见皆有代码，以下不再赘述——笔者注），并负责供电网络的运行与管理。供电所原设在宁国县，1973 年 7 月迁到绩溪，下设贵池、宁国、旌德、东至、绩溪 5 个供电分所[②]。为保证东至化工区安全生产用电的需要，1973 年建设贵池 325 电厂至东至二回路 110 千伏输变电工程，先安排投资 260 万元，由华东电管局上海后方电力组负责筹建，1975 年初设计完成。考虑到电网薄弱环节急需改进，在架设线路的同时，扩建石门冲 110 千伏变电所；在香口增建自强厂 35 千伏变电所，增加 5 600 千伏安变压器 2 台，建筑面积 700 平方米[③]。因工程规模扩大须追加投资，1975 年 10 月，上海市革命委员会工交组与华东电管局、建二局、物资局、建设银行革委会商议后，决定基建总投资调整为 514 万元[④]。

---

① 目前对上海小三线研究不是很多，除了徐有威教授的口述史研究及上海大学的几篇硕博论文外，主要还有段伟《安徽宁国“小三线”企业改造与地方经济腾飞》（《当代中国史研究》2009 年第 3 期），张秀莉《皖南上海小三线职工的民生问题研究》（《安徽史学》2014 年第 6 期）。直接相关的如张云彬认为，小三线建设对“发展、支援山区和贫困地区的经济文化和城镇建设，起了一定的积极作用”（参见氏文《安徽省城市化发展的历史回顾》，《安徽农业大学学报（社会科学版）》2002 年第 6 期）。

② 上海机电工业志编纂委员会：《上海机电工业志》，上海社会科学院出版社 1996 年版，第 488—489 页。

③ 上海市档案馆藏档：《上海市革命委员会工业交通组关于调整东至二回路输变电工程基建总投资的请示及中共上海市委、上海市革委会的回复（1975 年 7 月）》，档号：B246－1－740－156。

④ 上海市档案馆藏档：《上海市革命委员会工业交通组生产组关于调整东至二回路输变电工程基建总投资的通知（1975 年 10 月）》，档号：B109－4－467－181。

然而，化工区的建设却相对落后，作为生产主体的红星、卫星、金星三个化工厂，迟迟未能建成。据当事人回忆，到1972年，红星厂的宿舍、厂房都还很少，与外界没有大路可通，新到人员在当地民工帮助下开山筑路①。化工区基建1972年全年完成投资1 437万元，累计完成投资2 294万元，占投资总额6 302万元的35%，土建面积完成38 359平方米，累计完成66 192平方米，占总面积118 377平方米的55.91%。其中，红星厂投资总额1 331万元，累计完成947万元(包括路桥)，占70%；土建面积27 519平方米，累计完成25 085平方米，占91.15%。卫星厂投资总额1 810万元，累计完成991万元(包括路桥)，占54.75%；土建面积39 609平方米，累计完成35 822平方米，占90.43%。生产车间均已建成，设备安装正在进行，工人已在接受培训。金星厂投资总额3 166万元，累计完成365万元，占11.52%；土建面积49 790平方米，累计完成5 285平方米，占11%。其中，梯恩梯投资1 620万元，累计完成82万元；土建面积31 490平方米，已开工的有6 363平方米②。

在配套设施上，龙江水厂投资800万元，完成31万元，土建面积5 300平方米，沉井部分和主管道在施工中。天山医院投资100万元，土建面积7 000平方米，已在办理征地手续，急待落实包建单位。703供电所的线路架设工作和两个35千伏变电所的安装，已完成1个，尚有110千伏变电所所需的变压器没到工地。260通讯站使现场各单位之间通话顺畅，预计1973年5月可以与上海通话。中学和四分部(即化工局后方管理处)办公用房的建造，已经开工，共有1 900名职工报到，占总定员的40%③。

交通运输方面，上海后方基地683汽车运输场革命委员会决定，1972年新建东至运输连队，总投资50万元，房屋建筑面积4 326平方米，经上海市汽车运输公司革命委员会向市革委会请示后同意批准④。次年，683车队土建全部开工，实际面积有4 800平方米。305码头投资共391万元，土建面积6 000平

① 《从小三线工人到食品安全专家——原上海红星化工厂工人马志英访谈录》，徐有威主编：《口述上海：小三线建设》，上海教育出版社2013年版，第404页。

② 上海市档案馆藏档：《上海市化学工业局革命委员会后方管理处关于安徽东至火化工厂的工作情况报告(1973年1月)》，档号：B76-4-760-30。

③ 同上。

④ 上海市档案馆藏档：《上海市汽车运输公司革命委员会关于批准新建东至运输连队的通知(1972年7月)》，档号：B154-2-152-125。

方米,1971 年 10 月份已简易投入生产,到 1972 年底累计已完成投资 251 万元,完成土建 5 285 平方米①。1974 年 3 月,码头土建基本完成,尚缺部分设备,有职工 129 人。

到 1973 年底,东至化工区累计完成投资 4 258.72 万元,为总投资数的 67.29%,土建开工 11.4 万平方米,竣工面积 9.5 万平方米,占总面积的 66%。其中,红星厂土建基本完成,年产 500 吨车间,年产 150 吨 8 321 炸药以及年产 2 000 吨甲醛,500 吨乌洛托品车间设备、工艺管道的安装除缺个别设备外,已基本结束,有职工 856 人。卫星厂土建基本完成,年产 1 050 吨精制棉生产线设备、工艺管道安装已完成 50%,年产 1 500 吨硝化棉生产线设备、工艺管道安装已完成 90%,年产 1 500 吨单基发射药车间设备、工艺管道安装已完成 95%;总体工程安装已基本结束,有职工 865 人。金星厂土建竣工面积 1 万平方米,占总面积 27%,设备尚未订货,有职工 718 人。龙江水厂生产车间的土建结构基本完成,全长 27 公里管道已安装结束,有职工 86 人②。此外,东至化工区共完成路桥工程 45 公里,相关服务单位均已建成。

1974 年投资共 1 963 万元,大部分为扫尾项目,金星厂是重点续建,土建面积为 49 573 平方米。职工宿舍和食堂已建好,另有单人宿舍和家属宿舍,医务室也配备了几名医生③。为保证生产的正常开展,提出将卫星厂的机修车间划出、建立化工机修厂的建议。由于毛泽东圈阅了中央 13 号文件,根据全国基建会议精神,红星、卫星两厂被列入全国 250 项确保完成的歼灭战项目,上海市工交组连续两次召开基建会议,认真讨论和安排相关工作④。但上年提出的问题只解决了一小部分,大部分仍没得到妥善落实。到年底,红星、卫星两厂基建进入收尾阶段,为配合两厂年内建成试产,龙江水厂打算在香隅区附近

---

① 上海市档案馆藏档:《上海市化学工业局革命委员会后方管理处关于安徽东至火化工厂的工作情况报告(1973 年 1 月)》,档号:B76-4-760-30。

② 上海市档案馆藏档:《上海市化学工业局革命委员会后方管理处、五〇七工程指挥部第四分部关于东至火化工区建设和投产问题的紧急请示报告(1974 年 3 月)》,档号:B76-4-790-49。

③ 《“上海佬”种“五七”田——原上海金星化工厂团委副书记王均行访谈录》,徐有威主编:《口述上海:小三线建设》,上海教育出版社 2013 年版,第 313 页。

④ 上海市档案馆藏档:《上海市化学工业局革命委员会后方管理处关于后方皖南东至火炸药基地建设中存在问题和要求的报告(1974 年 6 月)》,档号:B76-4-789-31。

进行深井、凿井工程，以保证供水和安全生产①。

东至化工区1975年的建设计划，根据中央第五机械工业部（简称“五机部”）“五七四七”会议精神，由主管的上海市化工局编制②。主要是在东至化工区后方管理处增建两个配套措施项目1 080平方米，其中家属宿舍380平方米，小卖部700平方米③。小卖部建在金星厂所在地大营，费用由大营所在后方各单位分摊。在上海市建工局同意后，由二公司202队在建设天山医院时顺带完成，所需材料由化工局提供给建工局。施工任务由市工交组施工组下达④。这样一来进展加快。东至化工区在1975年基本建成，预计1977年可全部投入生产。为使3个火药厂不致成为无米之炊，市里决定把自强化工厂列为1976年重点歼灭战⑤。

到1976年8月，龙江水厂和长江化工机修厂已经边建设边投入生产；红星厂的乌洛托品和8321炸药已完成化工试车和鉴定批的试制，正请求上级鉴定；黑索金在6月已进行了首批化工试车，得到800多公斤合格产品，正在抢运硝酸做试制鉴定批的准备；卫星厂已经完成37高单基发射药的化工试车，正在进行硝化棉和57高单基发射药的化工试车和鉴定批试制工作；金星厂的主要生产工房土建已经完工，正在进行设备安装；自强厂的土建全面开工，高峰即将过去，马上着手设备安装⑥。

总之，东至化工区共创建了红星、卫星、金星3个火药厂，以及与之配套的自强厂（原料厂）、长江化工机修厂、龙江水厂（包括一座码头和船队），一所职

---

① 上海市档案馆藏档：《上海市化学工业局革命委员会后方管理处关于请支持落实东至化工区凿井工程的报告（1974年10月）》，档号：B76-4-854-110。

② 上海市档案馆藏档：《上海市化学工业局革命委员会关于上报1975年东至火化工区基本建设计划的报告（1974年9月）》，档号：B76-4-851-131。

③ 上海市档案馆藏档：《上海市革命委员会工业交通组关于东至化工区、后方管理处配套措施两个生活设施1 080平方米的土建任务安排施工问题处理意见通知单（1975年4月）》，档号：B246-2-1393-23。

④ 上海市档案馆藏档：《上海市化学工业局革命委员会关于东至化工区后方管理处配套措施两个生活设施1 080平方米的土建任务安排施工问题的请示报告（1975年4月）》，档号：B246-2-1393-23。

⑤ 上海市档案馆藏档：《上海市化学工业局关于东至化工区若干具体问题的意见（1975年9月）》，档号：B76-4-861-6。

⑥ 上海市档案馆藏档：《上海市化工局革命委员会后方管理处关于东至化工区生产情况汇报和要求解决的若干问题的请示报告（1976年8月）》，档号：B246-3-168-37。

工子弟中学，一个职工家属农场；后勤、通讯单位有天山医院、260 通讯站、703 供电所、683 运输车队等，如表 1 所示。

表 1　上海小三线安徽东至化工区情况一览表

单　位	地　址	人员配置(人)		产　品	备注
		职工	家属		
化工后方管理处机关	东至县	95	15		
金星化工厂(5305)	东至县合正公社	863	84	梯恩梯炸药	
红星化工厂(5345)	东至县合正公社	850	183	黑索金炸药等	
卫星化工厂(5355)	东至县建新公社	1 057	121	单基发射药	
长江化工机修厂	东至县建新公社	374	35	设备维修、非标设备制造	
自强化工原料厂	东至县香口公社	567	52	硫酸、硝酸、合成氨	
龙江水厂	东至县香口公社	504	45	生产用水、水上运输	
化工一中	东至县香口公社	100	10		
天山医院	东至县	126	50		
		4 536	595		

资料来源于上海市档案馆藏档：《关于上海小三线建设情况的汇报》，档号：B246－1－936－31

上海在皖南布置的小三线单位，共 73 134 人，其中生产职工 56 905 人，在东至的 4 536 人，约占 8%，到 1982 年全化工区职工近 5 000 人。1976 年 7 月，后方管理处改名为上海市后方化学工业公司，主管上海市后方化工区。红星、卫星两厂在 1975—1979 年间先后开车生产。其中一幅珍贵的历史画面是，当时越南威胁中国边境，中央决心惩罚侵略者，红星厂主要车间的职工都主动放弃回家过年，加班加点开足马力生产，所制造的产品出厂合格率达 100%。其中，8321 高能炸药完成设计能力的 228%①。1979 年 2 月 17 日对越自卫反击战爆发，在法卡山、老山一带展开激战，红星厂生产的 8321 炸药派上用场，为

① 孙景春：《〈我的皖南上海后方化工小三线之旅〉一文补遗》，《世纪》2015 年第3 期。

保家卫国作出贡献，得到上海市和五机部通报表扬①，这是东至化工区在共和国史册上值得浓墨重彩写就的一笔。

二、东至化工区衰落和移交当地的经过

东至化工区从筹建伊始即困难重重，到 1971 年，当皖南小三线其他单位的基建工作差不多都要全部结束时②，火药化工基地仍处于初步阶段。其建设缓慢的原因很多，但主要可能还是受“文革”的影响，上海市决策层不稳定，市委一直没有审批化工区的扩初方案，造成无法订货，严重影响安装进度③。另一方面，还有可能受到“九一三”事件后中央对国防工业进行整顿的影响④。所需钢材无法解决，金星厂连基本土建任务都无法完成；化工区的两路电源供电极不正常，电压不稳，经常发生停电，造成事故多起，损失很大；龙江水厂施工出现问题，供电不足、铁水管缺乏、主管道铺设走向难定⑤。

化工区领导班子没有配齐，特别缺乏技术干部和技术工人。3 个化工厂职工定员为 4 500 余人，其中已配支农职工 2 300 余人，约占总职工的 55%，他们不懂化工生产，且文化程度较低，经培训后仍不能很好掌握相关技术，包建单位输送的化工熟练工人总共才 200 余名，也没有生产过火药。同时，后方基地也在进行批修整风运动，工业学大庆“三老四严”的革命作风⑥。金星厂 1975 年 9 月完成全部土建，部分车间试车，年内进行设备安装。主要困难仍是缺少技术骨干，上海市化工局向五机部请求从有关火药老厂调配一批有实际经验的技术干部和

---

① http://www.shtong.gov.cn/node2/node2245/node65059/node65071/node65084/userobject1ai60027.html。上海化学工业志编纂委员会：《上海化学工业志》，上海社会科学院出版社 1997 年版。

② 参见张永斌：《上海的小三线建设》，《上海党史研究》1998 年第 4 期。

③ 上海市档案馆藏档：《上海市化学工业局革命委员会后方管理处关于安徽东至火化工厂的工作情况报告(1973 年 1 月)》，档号：B76－4－760－30。

④ 参见刘志青：《“九一三”事件后中国国防工业的初步整顿》，《当代中国史研究》2002 年第 5 期。

⑤ 上海市档案馆藏档：《上海市化学工业局革命委员会后方管理处关于东至化工区排污管道急待解决水泥配件的情况报告(1974 年 11 月)》，档号：B76－4－854－175。

⑥ 上海市档案馆藏档：《上海市化学工业局革命委员会后方管理处关于安徽东至火化工厂的工作情况报告(1973 年 1 月)》，档号：B76－4－760－30。

工人支援，各工种共计人数 67 名[①]，各厂都感到老工人和技术力量不足。

自强化工厂劳动力尚缺 600 余人，其中向市、局申请 300 名七五届技校毕业生及七二年外工代训工。“没有老工人，虽安排，但一个都没有去”[②]。建设资金迟迟没有着落，如不能动工，即使化工厂建成也无法正常生产，因为自强厂负责供应原材料。所需主要化工原料硝酸、硫酸、液氨、甲醇等就必须从上海运过去，而 683 车队只配备 8 吨硝酸槽车 6 辆、8 吨硫酸槽车 3 辆、5 吨甲醇槽车 2 辆，运输量远远不够。货车来回上海一次需 8—10 天，运输周期长。正常情况下，全年仅能运输硝酸 1 440 吨、硫酸 720 吨、甲醇 300 吨，与实际生产需要差额达 4 800 吨，缺口极大。其他化工原材料如甲苯、液氨、液碱、重油、亚硫酸钠溶液等，数量也很大，且危险品不能混装，需要特制车辆运输。石灰、固碱、铁木箱等都需就地解决[③]。

天山医院虽建成，但只有第五批医疗小分队的 6 位同志，加上外地调来和分配来的卫校毕业生 30 多名，无法对外门诊，有的科别没有医生，骨折的没法摄片，输血没有血库，只能送东至地方医院或更远的贵池长江医院。3 个火药厂和自强化工厂，都有发生中毒、燃烧、爆炸等恶性事故的可能，化工区几千名职工生病得不到治疗，生命没有保障，群众意见很大，难望安心生产[④]。这些困难和问题，后来尽管有所缓解，但没有得到根本解决，这限制了化工区不可能有远大的发展。

改革开放后，1980 年国家压缩国防项目，金星厂和自强厂虽基本建成却没能投料试车，因军工下马而停建缓建。1981 年 10 月，根据《国务院、中央军委批转国防工办关于调整各省市自治区小三线军工厂报告的通知》，以及国务院国防工办《下达小三线军工厂调整方案》的精神，上海皖南小三线的 17 家军工厂按其实际情况被分为三类进行调整。上海市政府第 213 号文件转发通知：红星、卫星等 3 个军工厂，因厂址不当，客观条件太差，生产和生活都很困难，

---

① 上海市档案馆藏档：《上海市化学工业局要求五机部后方支援东至化工区技术骨干的情况报告及马天水的批复(1975 年 9 月)》，档号：B76－4－855。

② 上海市档案馆藏档：《上海市化学工业局关于东至化工区若干具体问题的报告(1975 年 9 月)》，档号：B76－4－861。

③ 上海市档案馆藏档：《上海市化工局革命委员会后方管理处关于东至化工区生产情况汇报和要求解决的若干问题的请示报告(1976 年 8 月)》，档号：B246－3－168－37。

④ 同上。

难以继续维持，列为本市小三线第三类，决定撤销军工厂建制①。红星、金星、卫星是布置在皖南东至的主体生产企业，随着这三家的撤建，作为配套设施的自强化工厂缓建，长江化工机修厂、龙江水厂也就没有了生产任务，整个化工区处于全面停顿状态。

实际上，后方化工公司为了维持化工区的基本生存，做出了多次努力。曾制订军工转民用品生产的方案，但终因投资大、成本高、无经济效益，难以上马。为了减少人力浪费，压缩国家财政补贴，后方化工公司开展多种经营活动，组织各类人员劳务输出，借调回上海化工系统的有关工厂做临时工，组织技术工种承接设备安装和制作加工业务，利用起重设备和技术力量，承接起重安装业务；发挥各厂车辆作用，开展运输业务，共创收 500 多万元。在中央明确调整政策后，小三线职工觉得有盼头了，心情不一样，拼命工作，希望赚足回上海重建的钱。但到了后期，听到广东、湖南小三线从山沟里搬出来，上海小三线职工情绪开始波动。经常有基层单位电话报告说，某厂某某人今天一早回上海，于是后方基地管理局马上派人开车去追②。

在这种情况下，1984 年，根据中央小三线会议精神，上海市委、市政府制定相应调整政策，国务院办公厅批准《上海市人民政府、安徽省人民政府关于上海在皖南小三线调整和交接的商定协议实施意见》，1985 年 1 月 28 日上海市与安徽省达成具体协议。当年 7 月，主持小三线调整的上海市副市长朱宗葆去皖南调研，看见小三线部分厂已经人去楼空，厂还在，人都走光了。王真智作为秘书陪同，令他印象特别深的是，在东至看到两家工厂的设备都是刚刚从国外引进的新装备，放在仓库里没人管，有些已有锈斑。“整个厂区就大门口两个值班的，工人职工都已经散掉了，真是令人心疼”③。

1988 年 10 月，根据安徽省委、省政府决定，上海后方化工区直接移交给东

---

① http: //www. shtong. gov. cn/node2/node2245/node65059/node65071/node65084/userobject1ai60027. html。上海化学工业志编纂委员会：《上海化学工业志》，上海社会科学院出版社 1997 年版。

② 《生产，搬家，安置三不误的小三线调整——原上海市后方基地管理局局长王志洪访谈录》，徐有威主编：《口述上海：小三线建设》，上海教育出版社 2013 年版，第 59 页。

③ 《我所目睹的朱宗葆副市长主持上海小三线调整前后——上海市原副市长朱宗葆秘书王真智访谈录》，徐有威主编：《口述上海：小三线建设》，上海教育出版社 2013 年版，第 43 页。

至县，固定资产净值 6 800 万元。其中国家固定基金(原文如此)5 900 万元，报废固定资产 3 762 万元，流动资金包括仓库物资 553 万元，一次性改造利用支援 59.1 万元，留在当地的职工 101 人，安置费 90.9 万元①。原后方化工区人员的户籍陆续迁回上海，工作和生活都得到了妥善安排。上海皖南小三线在东至基本建设投资 1.3 亿元，固定资产原值 1.1 亿元，建筑面积 20 万平方米，并修建了 40 多公里的公路。东至县接收小三线存量资产约 1.6 亿元(包括码头、水、电力等基础设施，以及土地、部分有效的生产装置等)，是东至工业发展可资利用的一笔财富②。

接收上海后方化工区后，东至县政府为重新开发新注入资金 2 720 万元，启用原固定资产 3 200 万元。职工有 1 200 余人。根据各厂的实际情况，进行妥善处理。原红星厂六车间年产甲醛 4 000 吨、乌洛托品 1 000 吨，设备全部卖给上海吴泾化工厂③。金星厂由于设备老化，损耗相当高，改造起来得不偿失。卫星厂二车间年产单基发射药 150 吨，计划设备卖给外省市军工单位，希望以所得资金救活保留下来的车间工厂，后来与泸州联营生产精制棉、硝化棉，生产两年后倒闭。原龙江水厂改名为香口水厂、305 码头改名为香口码头；原长江化工机修厂改名为长江机械厂，1988 年生产自行车零件，后改生产压力容器、搪玻璃反应锅等产品；自强化工厂更名为自强化工总厂。天山医院的医疗设备和部分工作人员，则移交给当时的香隅区医院④。

就整个上海皖南小三线来看，1966 年到 1971 年是基础建设时期。1972 年到 1978 年，是军工生产时期。1979 年到 1984 年，是军转民、实行军品民品生产相结合时期。此间，贯彻“军民结合，以民养军”的方针，开发、生产民品，取得了一定的成绩。军工任务大幅度削减后，没有形成企业的支柱民用产品，或原定方向产品已供过于求，无法满足企业生产要求，难以扭转亏损局面。1984 年到 1988 年 8 月，是上海小三线调整交接时期。相对其他地方而言，东

---

① http://blog.sina.com.cn/s/blog_742ea62f0100 tsnx.html。

② 毛学农：《东至工业　东进西联》，《江淮时报》2005 年 8 月 19 日。

③ 据时任自强厂党委书记、厂长的盛信光回忆，红星厂进山最深、危险性最大，由于安全问题、生产技术力量和销售问题，当地改造利用时就没有考虑。盛信光口述，上海大学历史系研究生胡静采访：2012 年 9 月 12 日，盛信光上海家中。

④ 笔者爱人 1999 年进入香隅医院工作时，看到一些标有“天山医院”字样的办公设备仍在使用。

至的小三线建设无疑是较缓慢的，成就也比较小。据时任上海市后方基地管理局党委副书记、副局长黄彪说，东至那边是化工局系统，基本没有生产，即使投产后产量也很少①。在当地接收之后，也没有加以有效利用，不能像宁国县那样在 90 年代就实现经济腾飞②，令人不能不感到遗憾和惋惜。

三、东至化工区与当地关系及后续影响

一般而言，化工区与当地最大的矛盾在于环境污染。上海小三线对污水处理和排放问题十分重视，在建设生产车间的同时，即建有污水处理车间和排污管道。随后还增加"事故缓冲池"，并补充相关材料造价、支付征地青苗补偿费及人工费用等③。1974 年底，排污管沟已挖好 11.5 公里，其中红星 4.5 公里，卫星 3.5 公里，金星 0.5 公里，总管 2 公里。已安装好管道 5.7 公里，位于长江边的出口也已开始施工④。排污总管在 1975 年 4 月底投入到生产建设中，以争取做到不污染当地居民的生活环境⑤，应该说考虑得比较周到，因此双方相处还算融洽。

当地政府对上海小三线的工作也非常支持。当时东至化工区的小三线职工及家属有近 5 000 人，基本生活是个大问题。1975 年，在东至县委、县革委会的支持下，筹建一个小三线职工家属农场"化工五七农场"，在建新公社划拨 1 500 亩土地(其中可耕地 700 亩)和一个小山丘，并同意吸收 1 000 人的农村户口。作为回报，上海市化工局拨款 10 万元协助东至县建一座排灌站。双方签订了合作协议，并向池州专区备案。小三线职工在东至可以开荒种五七田、

---

① 《悄悄地去，圆满地归——原上海市后方基地管理局党委副书记、副局长黄彪访谈录》，徐有威主编：《口述上海：小三线建设》，上海教育出版社 2013 年版，第 67 页。

② 段伟：《安徽宁国"小三线"企业改造与地方经济腾飞》，《当代中国史研究》2009 年第 3 期。

③ 上海市档案馆藏档：《上海市化学工业局革命委员会后方管理处关于"东至化工区污水总排工程补充概算"的意见(1974 年 4 月)》，档号：B76-4-854-132。

④ 上海市档案馆藏档：《上海市化学工业局革命委员会后方管理处关于东至化工区排污管道急待解决水泥配件的情况报告(1974 年 11 月)》，档号：B76-4-854-175。

⑤ 据 1975 年进卫星化工厂工作的庞吉忠说，他 1976 年在上海接受"三废处理"培训，半年后回车间工作，把废水变成清水，达到国家的排放标准，再排放到长江里。庞吉忠口述，上海大学历史系研究生胡静采访，2012 年 5 月 27 日，安徽东至庞吉忠家中。

饲养牲畜，基本保证了后方的副食品供应，有力地支持了三线建设[①]。

在上海和东至当地的双重支持下，化工区的生活原本尚可维持。但1975年9月，东至县为防洪、增加可耕面积和发展水运事业，进行一项重大的水利工程改造七里湖，参加的民工有7万人之多，工期3年左右，这样一来，全县的副食品供应就显得十分紧张。这导致小三线的日常用度更紧张，后方基地进一步发动群众种好五七田，抓紧五七农场的建设，从徽州等地区就近解决蔬菜的供应。同时上报上海市，希望市里进一步关心，除原来每逢节日定期供应后方鱼、肉外，再每月供猪肉(鲜、咸搭配)3.5吨(每人每月2斤)、鱼(鲜鱼为主，咸鱼少量)3吨(每人每月1斤多)，以解决当前困难[②]。

1977年前后，五七农场开垦250亩，有场员119名，建造600多平方米的单人宿舍和300多平方米的棚房。但在筹建中，出现了建新公社生产队向农场要求归还土地的矛盾。东至县领导回避矛盾，不采取措施帮助解决，“为此农场与地方关系紧张，前途岌岌可危，场员积极性受到极大的影响”[③]。为什么会出现这种不和谐的状况呢？矛盾的关键是，在农场协议签订之前，东至方面曾酝酿过由上海市化工局利用旧设备，协助东至建设一个年产70吨的四环素药厂，后来因旧设备没落实作罢。东至县1976年下半年改提要求协助建设一个年产1万吨的碳酸钙厂，1976年10月中旬，化工局党委书记陈林去东至县访问时曾表态同意。东至县即上报省和地区，正式成立筹建班子，向全县宣布建成，结果弄成骑虎难下的境地，难免就产生一些想法。

在援建碳酸钙厂一事上，东至县自行负责土建费，需承担45.8万元；化工局负责设备费，需承担64.3万元、钢材62吨，包括无偿调拨的设备，实际还需拿出35—40万元的资金。后方管理处经过调查，认为通过利用旧设备，可以节约20万元，向上海市化工局请示[④]。上海市化工局党委认真研究后认为，如

---

① 上海市档案馆藏档：《上海市化学工业局关于东至化工区若干具体问题的报告(1975年9月)》，档号：B76-4-861。

② 上海市档案馆藏档：《上海市化学工业局关于东至化工区若干具体问题的意见(1975年9月)》，档号：B76-4-861-6。

③ 上海市档案馆藏档：《上海市化学工业局革命委员会关于协助皖南东至县建设一个年产5 000吨碳酸钙厂的请示报告(1977年8月)》，档号：B76-4-980-30。

④ 上海市档案馆藏档：《上海市化学工业局革命委员会后方管理处生产组关于东至县要求援建碳酸钙厂的调查报告(1977年7月)》，档号：B76-4-980-39。

不协助东至县建设这个厂，则今后小三线与地方关系势将越发紧张；同时考虑到地方领导在上海后方建设火化工基地的过程中，一直给予了极大的支持；而且市委和市工交组领导同志也有小三线厂要给地方带来好处、要支持地方解决问题的批示，决定对东至建设碳酸钙厂予以支持。生产碳酸钙成本低、利润率高，产品用途和销路广，还可出口，原料只需要石灰石，东至县资源丰富，可以就地取材。他们因地制宜发展地方工业，方向是对的。上海方面的投资费可以在3年内从碳酸钙厂的所得利润中归还。为保险起见，上海建议东至方面，工厂规模由小到大，便于上马，年产量以5 000吨为好①。于是，双方开始了友好合作。

此外，小三线厂放映电影也并不拒绝当地人观看，所收票价只有工人的一半，其露天电影在当时堪称一道亮丽的风景线，1957年出生的东至县人王金忠现在回忆起当时的情景还津津有味："我们小时候想看一场电影，前几天晚上就睡不着觉了啊。"②天山医院和各厂医务室对当地老百姓都是开放的，而且基本上都是免费服务。在小三线遇到困难时，当地人也会竭力帮助，不计报酬。在私人关系上，大多数上海人与当地人之间联系不多，除了去市场买东西，平时跟农民没有交流，尽管"厂大门外，大概500米左右就是村庄了"③，但也有少数人与"上海佬"关系比较密切，如村干部以及普通话较好的知识分子，在一些抬头不见低头见的日常生活打交道中，建立起了一些私人友谊和淳朴的感情。改革开放后，有些当地人就运用这层旧关系，将自己或亲属的子女送往上海就业谋生。

小三线改变了这些赴皖生产、生活的上海人的命运，也改变了不少当地安徽人的命运。工厂没有了，上海人也回去了，但"更重要的是传播的文化、传播的知识、培养的人才"④，对安徽产生影响，发挥作用。后方基地管理局局长王志洪则总结为，第一给安徽带来经济效益；第二个是观念和文化上的变化，包

---

① 上海市档案馆藏档：《上海市化学工业局革命委员会关于协助皖南东至县建设一个年产5 000吨碳酸钙厂的请示报告(1977年8月)》，档号：B76-4-980-30。

② 崔海霞、徐有威：《小三线：生活在皖南的上海人》，《档案春秋》2013年第9期。

③ 《"上海佬"种"五七"田——原上海金星化工厂团委副书记王均行访谈录》，徐有威主编：《口述上海：小三线建设》，上海教育出版社2013年版，第315页。

④ 《现代化播种工作——上海市原副市长兼市计委主任陈锦华访谈录》，徐有威主编：《口述上海：小三线建设》，上海教育出版社2013年版，第7页。

括管理上的;第三是物质上的[①]。这些可大体上归纳为经济、技术和文化 3 个方面。

在"备战备荒为人民"、"好人好马上三线"的时代号召之下,大上海最鲜活有为的一部分,分流疏散到皖南等内地,小三线建设给昔日荒芜地区注入了勃勃生机。现代交通运输的发展,在时空上缩短了与东部发达地区之间的差距;对于安徽、江西等地的进一步开发,对于巩固国家统一和民族团结,都具有长期价值。著名社会学家费孝通认为:三线建设使西南荒塞地区整整进步了 50 年。就皖南实际情况来看,不少安徽人在接受口述采访时深情谈到,上海小三线企业对当地社会、经济发展所起的作用异常重要[②]。时任香隅区党委书记章炎盛感慨地说,"没有当时的小三线化工厂在香隅,就没有今天的香隅化工园"[③]。仅上海小三线给当地带来的通电、通水、通公路这 3 项,大概使当地的发展水平至少提前 20 年,这是给当地老百姓生活带来巨大变化的实实在在的福利。

据原自强化工厂所在地村支部书记毕文中回忆:"三线厂来了,高压线拉通了,周边的村民可以享受他们接通的电源,……对我们生活可是一大改变,当初我们这边还是点煤油灯的,小三线厂改变了我们点煤油灯照明的历史,这个我们很感谢他们的!在水方面,我们吃的都是没有经过过滤的井水、浅沟水,水源里面含有血吸虫在里面,周边地区得血吸虫病的人比较多。小三线厂来了,它就供应了周边几个村庄的生活用水,他们供应的水都是从龙江水厂那边过来的,水质都是经过专业处理过滤后,通过地下的管道直接供应给我们,……后来患吸血虫病的人也减少了很多。交通方面,……自从小三线来了之后,就开始花大力气修路了,原来的泥巴小路经他们一修成为了四五米宽的砂石路,这很是方便了我们与外界的沟通,方便了我们的出行。"[④]

在经济发展方面,有当事人回忆说:"东至的化工厂当初还可以,后来利用

---

① 《生产,搬家,安置三不误的小三线调整——原上海市后方基地管理局局长王志洪访谈录》,徐有威主编:《口述上海:小三线建设》,上海教育出版社 2013 年版,第 62 页。

② 吴静、徐有威:《一个时代的终结》,《东方早报》2012 年 12 月 18 日,第 12 版。

③ 东至县原三线接交办负责人章炎盛口述,上海大学历史系研究生胡静采访,2012 年 4 月 12 日,安徽东至章炎盛家中。

④ 毕文中口述,上海大学历史系研究生胡静采访,2012 年 5 月 28 日,安徽东至毕文中家中。

得也不好。后来要么挪作他用了,要么破产倒闭了。”[①]留给安徽的那些厂房设备,到后来基本上什么也没有了,安徽没有产品也生产不起来,那些东西到最后基本上都废弃。1995 年,为挽救停产的自强化工总厂,东至县委、县政府决定卖掉金星厂,但效果仍不理想。1999 年自强厂又濒临破产,于是改组为自强化工股份有限公司,由曾任自强厂副总的吴李杰担任党委书记、总经理和董事长,他通过改革,采取一些有力措施,于 2000 年实现扭亏为盈。经过几年发展,后改制为民营的华尔泰化工,年利润数千万元。

2005 年,一批围绕加速企业技术改造、投入千万元以上的项目正在或即将建设,成为新的增长点。华尔泰化工年产 10 万吨浓硝酸的项目,以及国风年产 6 万吨的轻质碳酸钙项目等,列入安徽省 861 行动计划。这些项目牵动力强,建成投产后,可新增销售收入 5—6 亿元,对县域工业有较大的带动力。东至有 85 公里的长江岸线,有小三线留下的深水良港,完全可以充分发挥长江岸线资源的优势,东进西联,成为长江经济带中的一支生力军[②]。2006 年 2 月,经安徽省人民政府批准,在原自强厂周边扩大征地,设立安徽东至香隅化工园,是省级经济开发区和专业化工园区。2006 年销售收入突破 2 亿元,利润 1 800 万元;2007 年销售收入 2.6 亿元,利润 2 000 万元;2008 年 1—8 月份,销售收入 2.65 亿元,实现利润 7 300 万元[③]。

另一方面,上海小三线在东至县境内留下了不少人文景观和特色建筑,是这段历史变迁的珍贵见证。对小三线遗产进行保护,既是超越功利主义的文化理念,又是超越物质形态的规划挑战。因此,我们必须以前瞻性的综合开发思维和强烈的遗产保护意识,去传承东至的“三线”军工文明。只有这样,才能创新文化载体,彰显地方特色,从而推动地域经济、社会的可持续发展[④]。

---

① 《一位上海籍安徽县长经历的上海小三线建设——安徽省贵池县原县长顾国籁访谈录》,徐有威主编:《口述上海:小三线建设》,上海教育出版社 2013 年版,第 196 页。

② 毛学农:《东至工业 东进西联》,《江淮时报》2005 年 8 月 19 日,第 3 版。

③ http://www.ahdongzhi.gov.cn/contents/23129/47680.html。

④ 盛锦朝:《“三线”遗产保护问题的探讨——以皖南东至为例》,《中国文物报》2012 年 1 月 6 日,第 3 版;参见中国文物信息网 http://www.ccrnews.com.cn/plus/view.php?aid=38719。

四、余论

就三线建设研究整体而言，目前宏观研究较多，从微观的角度进行个案研究相对较少，小三线建设兴起了一大批市县，值得引起重视。上海小三线在皖南兴建了不少军工企业，东至化工区是其中独特而重要的一部分。至于其选址问题，香隅区滨临长江，并非最为偏僻，可能这里更多考虑的是化学品和炸药水路运输的需要，可以视为一个特例。由于东至县位于皖南的最西面，相对来说距离上海最远，加上化工原料和产品的特殊性，生产运输、物质生活都比较困难，因此建成稍晚，存在时间较短，但其成绩不容抹杀，特别是其产品在对越自卫反击战中起到了一定作用。

在交接过程中，由于在化工基地工作的不少上海职工确实存在困难，尚未办理正式手续就提前返沪，而东至方面缺乏足够人力、财力和技术支持来接收经营，大多军工企业基本都陷入停顿荒废状态。不过，上海小三线企业对东至当地的社会、经济发展虽然不像绩溪、泾县、宁国等地在短时间内就取得显著效益，但从长远来看，仍有着不容忽视的潜在影响。自来水、生活用电、公路运输，对东至的长远发展都产生了积极的社会、经济效应，上海小三线在东至留下的深刻痕迹无法抹去。

东至见证了 5 000 多上海人投身皖南小三线建设的青春和热血，成了他们魂牵梦绕的第二故乡。红星厂 50 名职工于 2011 年重返东至香隅，新化工园区的设立使“这批曾在那里工作和生活过的人员没有了遗憾，见到了希望，觉得当年的汗水没有白流，感到极大的欣慰”①。其间丰富感情值得玩味。笔者以为，在研究三线过程中，理顺好三种关系十分重要，即军工企业与当地政府的官方关系、军工企业与当地民众的邻居关系、上海职工与周边百姓的私人关系，这将有助于推进对上海小三线的深层探讨。

（徐锋华，上海社会科学院历史研究所副研究员）

① 孙景春：《我的皖南上海后方化工小三线之旅》，《世纪》2015 年第 1 期。

落地不生根：上海皖南小三线人口迁移研究[*]

陈　熙　徐有威

出于备战的需要，中国在20世纪六七十年代掀起了一场大规模的以建设后方军工基地为主要目标的三线建设运动。三线建设以沿海一线地区的工厂企业迁建内地的“嫁接”方式展开，以求迅速将西南、西北地区建成稳固的战略大后方。在全国性的大三线建设开展后不久，毛泽东便决定推广广东经验，要求一线省市在省内建设自己的常规武器基地，以便战时独立作战。相对全国性的大三线建设，各省区市投资的以生产团级以下武器装备为主的地方军工则被称为小三线。由于大小三线皆以工厂内迁的“嫁接”方式开展，因此形成了规模浩大的自东向西的工业迁移流，而大批产业工人、家属和干部的随厂内迁，则构成了一股持续性的西进移民潮，或西向迁往西南西北腹地，或迁往省区市内后方山区。不同于同一时期其他以疏散城市过剩人口为目标的移民，三线移民的主要对象是生产性人口，以产业工人、部分家属和干部为主，因而在移民的动员、安置、管理以及移民所产生的影响等一系列问题上都具有其独特性。

学界对三线建设的研究始于20世纪80年代末期，代表性的研究成果包

* 本文为2013年度国家社科基金重大项目“‘小三线’建设资料的整理与研究”(13&ZD097)的阶段成果。本文原载《史学月刊》2016年第2期，《中国社会科学文摘》2016年第7期转载。收入本书时有所修改。

括美国巴里·诺顿(Barry Naughton)[①],日本的丸川知雄和吴晓林[②],他们从经济史的角度较为系统地论述了三线建设的兴衰历程、对经济发展的影响以及三线企业的调整问题。不过,由于三线建设的军工保密性质,相关的研究成果在20世纪八九十年代其实并不多,三线建设真正成为学术研究热点是2000年以后,在西部大开发的战略的背景下,学术界对三线建设的原因、发展过程、产生的影响和历史意义等一系列问题进行探讨,试图从中得到对西部大开发有益的经验,由此形成了一批具有较高学术水准的研究成果,其中具有代表性的成果是陈东林的《三线建设——备战时期的西部开发》[③]。这类研究从经济开发史的角度切入,侧重于考察三线建设对带动西部工业经济发展的作用等问题。此后,研究领域逐步拓宽,覆盖到三线建设的其他诸多领域,诸如对三线建设的决策过程与成因分析[④],对三线建设工业布局问题的探讨[⑤],以及三

① Barry Naughton. The Third Front: Defence Industrialization in the Chinese Interior, *The China Quarterly*, No. 115(Sept., 1988), pp. 351-386. 译文参见徐有威、张志军译,华东师范大学冷战史研究中心主编:《冷战国际史研究》第11辑,世界知识出版社2011年版,第268—299页。

② [日]丸川知雄:《中国の"三線建設"(Ⅰ)(Ⅱ)》,《アジア経済》34(2):61—80页;34(3):76—88页,アジア経済研究所,1993年2月—3月;吴晓林:《毛泽东时代的工业化战略——三线建设的政治经济学》,御茶水书店2002年版;吴晓林:《中国企业的生产销售模式——以安徽海螺水泥为中心的案例研究》,《政法大学小金井论集》第7号(2010年12月),第31—60页。

③ 陈东林:《三线建设——备战时期的西部开发》,中共中央党校出版社2003年版。此外还有三线建设与西部大开发编写组《三线建设与西部大开发》(当代中国出版社2003年),董志凯、吴江《我国三次西部开发的回顾与思考》(《当代中国史研究》2000年第4期),汤子琼《三线建设的理论和实践对新时期西部大开发的思考》(《西南民族大学学报(人文社科版)》2004年第3期)等。

④ 在三线建设决策成因方面,战备的需要通常被认为是三线建设的首要因素,而在经济格局上改变旧有不合理的工业布局,平衡东西部经济发展以及在意识形态上反修防修的需要也被认为是三线建设的重要动因,可参见董宝训《影响三线建设决策相关因素的历史透析》(《山东大学学报(哲社版)》2001年第1期),陈东林《从"吃穿用计划"到"战备计划"——"三五"计划指导思想的转变过程》(《当代中国史研究》1997年第2期),孙东升《我国经济建设战略布局的大转变——三线建设决策形成述略》(《党的文献》1995年第3期),黄荣华《三线建设原因再探》(《河南大学学报(社科版)》2002年第2期),[加]吕德量(Lorenz M. Lüthi)著、徐有威、张志军译《越南战争与文化大革命前的三线防卫计划(1964—1966)》,华东师范大学冷战史研究中心主编《冷战国际史研究》第14辑(世界知识出版社2012年版,第63—88页)。

⑤ 其中代表性的成果如段伟的《甘肃天水三线建设初探》,《中国经济史研究》2012年第3期。

线建设对内地经济发展的作用①、三线企业的改造与调整②等。然而，上述研究成果主要集中于三线建设中的大三线建设的研究，所谓大三线建设是针对国家层面投资的三线建设，而对小三线建设的研究仍十分薄弱。有些三线建设的研究对大三线建设和小三线建设的概念甚至未作区分。

近十余年来，小三线建设才开始进入学术界的视野。目前对小三线建设的研究主要从区域的视角着手。成果主要包括对上海、新疆、河北、福建和湖北等地的小三线的研究③。上海大学历史系徐有威团队对上海小三线建设的研究走在前列，就上海小三线问题进行的口述史，文献整理研究和专题研究④，段伟对上海小三线重镇的安徽宁国县的相关研究，认为小三线厂经改造后，对宁国县域经济和城镇发展起到积极的促进作用⑤。崔海霞的博士论文《上海小三线社会研究》利用了档案资料，口述史和文献资料，从社会史的角度比较全

① 如三线建设对四川的经济作用研究，见宁志一：《论三线建设与四川经济跨越式发展》，《中共党史研究》2000 年第 4 期；王小蓉：《略论三线建设在广安的发展及影响》，《中共党史研究》2013 年第 3 期。

② 李彩华：《三线建设调整改造的历史考察》，《当代中国史研究》2002 年 3 期；陈东林：《走向市场经济的三线建设调整改造》，《当代中国史研究》2002 年第 3 期；段伟：《安徽宁国"小三线"企业改造与地方经济腾飞》，《当代中国史研究》2009 年第 3 期；徐有威、李云：《困境与回归：调整时期的上海小三线——以新光金属厂为中心》，《开发研究》2014 第 6 期。

③ 高新生：《新疆三线建设初探》，《新疆大学学报》1999 年第 1 期；刘建民：《河北小三线建设的回顾与评价》，《高校社科信息》2004 年第 1 期；钟健英：《六十年代福建的小三线建设》，《福建党史月刊》1998 年第 5 期；谷桂秀：《闽北的小三线建设及其对当前经济建设的借鉴意义》，《福建党史月刊》2012 年第 21 期；徐凯希：《湖北三线建设的回顾与启示》，《湖北社会科学》2003 年第 10 期。

④ 徐有威主编：《口述上海：小三线建设》，上海教育出版社 2013 年版；陈东林主编：《中国共产党与三线建设》，中共党史出版社 2014 年版；徐有威、陈东林主编：《三线建设：在等待战争爆发的日子里》，《国家人文历史》2014 年第 18 期；徐有威：《口述史和当代军事史研究——以上海小三线建设为例》，《军事历史研究》2012 年第 1 期；徐有威：《刻不容缓地重视口述史，保存中国当代史不可再得的鲜活资料》，《社会科学》2012 年第 5 期；徐有威：《上海小三线口述史选编(一)》，华东师范大学冷战史研究中心主编：《冷战国际史研究》第 12 辑，世界知识出版社 2011 年版，第 253—282 页；徐有威：《上海小三线口述史选编(二)》，华东师范大学冷战史研究中心主编：《冷战国际史研究》第 18 辑，世界知识出版社 2014 年版，第 267—304 页。

⑤ 段伟：《安徽宁国"小三线"企业改造与地方经济腾飞》，《当代中国史研究》2009 年第 3 期；《上海小三线建设在县域分布特点的历史地理考察——以安徽省宁国县为例》，《中国史研究》(韩国)第 82 辑(2013 年 2 月)。

面的研究了1965—1988年间上海小三线建设的社会生活全貌①。随着研究的深入，目前对小三线研究已经从单纯的工业建设拓展到社会生活、移民、土客矛盾、调整与改造等多方面的研究。张秀莉对上海小三线的民生问题进行了梳理②，徐有威、吴静、李婷探讨了职工的婚姻和民生问题③。不过，目前的研究仍然极少涉及三线移民这一重要命题。

小三线职工在城市和后方之间的流动与小三线的兴衰起落密切相关，既是小三线建设的重要部分，也是把握小三线发展脉络的切入口。在大量的基层档案和口述资料的基础上，本文集中对上海小三线移民问题进行研究，以期达到管窥之效。

一、动员

1965年5月，时任上海市委书记曹荻秋和副市长宋季文带队到皖南进行实地勘查，并选定屯溪（安徽徽州地委所在地）为中心建设上海后方基地，即上海皖南小三线。搬迁动员的试点工作随即展开。从7月4日开始，上海市根据中共中央"关于加强战备工作的指示"，先后在上海无线电二厂、上海服装厂、建筑工程局702工程队、粮食局油脂公司、复旦大学（中文、物理两个系）、普陀区胶州里委会、上海实验歌剧院、金山县金卫公社、奉贤江海公社秀南大队等九个基层单位进行了备战动员④。在初期的宣传动员中，重点是突出战争威胁的紧迫性，并号召民众积极做好备战工作，而配合工厂内迁即是其中重要部分。

然而单一的备战理由并不足以完全说服工人内迁。工人中出现诸如"讲

---

① 崔海霞：《上海小三线社会研究》，上海大学2013年博士论文。

② 张秀莉：《皖南上海小三线职工的民生问题研究》，《安徽史学》2014年第6期。

③ 徐有威、吴静：《危机与应对：上海小三线青年职工的婚姻生活——以八五钢厂为中心的考察》，《军事历史研究》2014年第4期；徐有威、李婷、吴静：《散落在皖南山区的海派文化》，李伦新等主编：《海派文化的创新发展和世界文明》，上海大学出版社2012年版，第171—186页。

④ 上海市档案馆藏档：《中共上海市宣传部关于备战的动员报告及宣传要点（1965年7月14日）》，档号：A22-2-1288。

讲要防备打战,看看不像会打战,大搬家不合算"之类的看法[①]。从上海迁到皖南山区,虽满足了国家的战略需要,但却牺牲了个人的实际利益,不单是收入水平、粮食定量、生活条件等经济条件的下降,而且也包括夫妻分居、父母子女分离等家庭社会方面的影响。一份对三线迁厂职工的摸底报告称"许多人开始听到迁厂的消息,震动很大,吃不下饭,睡不着觉,有的哭泣,有的埋怨"[②]。"不少工人无心生产,生产逐日下降;有的女工们躲在厕所里放声哭泣;有的装疯、装病,保健室的病号也骤然增加起来。"[③]有些工人表示"工厂可以搬,自己不愿去"[④]。上海市支内领导小组将工人们的担忧归纳为"两留恋""四害怕":留恋上海大城市,留恋安宁团聚的小家庭;怕内地生活艰苦、怕降低收入增加开支、怕亲属分居两地、怕老死在外乡[⑤]。这种类似焦虑情绪在小三线的移民动员过程中同样存在。

事实上,官方对于工人内迁可能遇到的困难有着清醒认识。八机部在一份关于上海动力机厂的搬迁报告中称"对工人的动员显然要比搬迁工厂设备要困难和复杂得多"[⑥]。对此,提出的解决方案是加强对职工的思想政治教育,提高政治觉悟。政治思想教育在此后的动员工作中被放在了首要位置。一机部称"搬迁厂的职工从沿海地区迁到内地,……必须以毛泽东思想挂帅……把政治思想工作做到各种人中去,做到各个环节中去"。而"做好人的政治思想工作是做好搬迁工作的根本保证"[⑦]。上海市要求工厂和基层干部做到"建

---

① 上海市档案馆藏档:《上海市支援内地建设工作领导小组办公室关于上海市工厂企业搬迁工作的情况报告(1966年4月27日)》,档号:A38-1-394-2。

② 上海市档案馆藏档:《上海市工业生产委员会关于上海五个厂迁往三线的工作报告(1965年3月12日)》,档号:A38-1-343-98。

③ 上海市档案馆藏档:《中共上海市委工业生产委员会关于迁厂动员工作中各类职工思想特点的分析报告(1965年2月26日)》,档号:A38-1-343-63。

④ 上海市档案馆藏档:《上海市支援内地建设工作领导小组办公室关于上海市工厂企业搬迁工作的情况报告(1966年4月27日)》,档号:A38-1-394-2。

⑤ 同上。

⑥ 中国社会科学院、中央档案馆编:《1958—1965中华人民共和国经济档案资料选编·固定资产投资与建筑业卷》,中国财政经济出版社2011年版,第499页。

⑦ 同上,第503页。

厂先建人”，并强调内迁必须建立在“人的思想革命化的基础上”①。

在随后的动员当中，内迁被不断赋予新的更高的革命价值和政治含义。内迁在官方的宣传中被称为“是贯彻毛主席‘备战、备荒、为人民’的最高指示”②，“对缩小三个差别有着重大意义”③，“是为了支援世界革命，是为了彻底埋葬帝、修、反”④。通过政治宣传，“使广大革命职工树立起支内建设的光荣感和责任感”⑤，树立政治道德标杆。而在“文革”开始之后，内迁又被赋予了“文化大革命”的政治意义。第一轻工业部在1966年10月向内迁工厂职工发出号召称：“支援三线建设……乘当前无产阶级‘文化大革命’运动的东风”，教育职工和家属应积极服从国家需要，听从调动，愉快内迁⑥。

除了标榜政治道德外，政治思想动员另一面则是营造出个人难以抗拒的政治压力。通过开展阶级斗争，“以阶级斗争为纲，以革命大批判为武器，”⑦“狠抓二条路线斗争教育”⑧，从而抵消职工对实际利益的个人盘算。上海良工阀门厂在动员工作总结中称“思想教育必须面对全体职工，通过动员，使每个职工都受到一次深刻的阶级教育和识大体、顾大局的爱国主义教育，使支援内地成为群众自觉的要求”⑨。在类似的政治动员当中，工人们不得不在国家要求和个体利益之间进行权衡。动员的压力并不仅仅针对工人，有时也指向那

① 上海市档案馆藏档：《上海市革命委员会工业交通组关于支援内地建设的职工动员工作中若干具体政策的试行草案(内部掌握)(1969年9月18日)》，档号：B109-4-62-5。

② 上海市档案馆藏档：《第一轻工业部关于搬迁4个单位去陕西的通知(1966年10月8日)》，档号：A38-1-347-46。

③ 上海市档案馆藏档：《上海市后方基地管理局基建组关于后方小三线建设搬迁工作中若干问题请示报告(1966年7月22日)》，档号：B67-2-26。

④ 上海市档案馆藏档：《上海市汽车运输公司革命委员会关于加强支援内地建设的几点意见的通知(1970年6月1日)》，档号：B154-6-116-29。

⑤ 同上。

⑥ 上海市档案馆藏档：《第一轻工业部关于搬迁4个单位去陕西的通知(1966年10月8日)》，档号：A38-1-347-46。

⑦ 上海市档案馆藏档：《上海市汽车运输公司革命委员会关于加强支援内地建设的几点意见的通知(1970年6月1日)》，档号：B154-6-116-29。

⑧ 上海市档案馆藏档：《筹建上海后方印刷厂初步规划》，档号：B246-1-342-1。

⑨ 上海市档案馆藏档：《上海良工阀门厂市委四清工作队关于坚持思想第一、放手发动群众、良工阀门厂支援自贡阀门厂思想政治工作几点做法的材料(1965年)》，档号：A38-1-345-52。

些对迁厂不太热心的基层工厂领导们。一机部在西北会议上称，少支援一个人就是“反党”，微型电机厂党委副书记王震中听后，担心被人戴上本位主义的帽子，因此在支内职工的安排上任由上级安排，不敢有异议①。上海工程机械厂对内迁提出不同看法，结果“被扣了很多帽子，说支援内地不积极、本位主义等等”②。

思想政治动员的效果是显著的。“在经过厂的领导从上到下，从党内到党外层层做思想工作……百分之九十八的群众都还是响应了党的号召而奔赴内地参加建设。”③电器研究所所长崔镇华表示在迁建过程中，那些不愿意去的，后来(通过)突出政治，提高了认识，大多数人都愉快地去了④。上海九〇一厂的“工厂领导干部挨门逐户地做了家属工作，使百分之九十以上家属愉快地欢送亲人支援内地建设”⑤。还有当事人家属回忆，有的企业动员那些比较老实“听话”的职工去皖南“支内”。更有当事人回忆，受到同事刻意排挤而被迫去“支内”。

需要说明的是，在面对内迁的动员时，各色的人群之间的情况仍然十分复杂。

中年职工牵挂家庭，老年职工担心客死他乡，女职工则多舍不得孩子，对于资本家、小业主、四类分子，因为头上有顶“帽子”，不敢公开表示不去⑥。而响应党的号召在当时被视为理所当然，对于许多人来说这是一次政治上有所表现的机会，此外亦有诸如工作调动等各种考虑，不一而足。原皖南基地八五钢厂副厂长许汝钟在决定去皖南时心情是复杂的，一方面是为了国家建设的

---

① 上海市档案馆藏档：《上海市工业生产委员会办公室、上海市经济计划委员会办公室、上海市科学技术委员会办公室等关于迁建工作会议情况简报(一)(1965 年 9 月 11 日)》，档号：A38-1-345-130。

② 上海市档案馆藏档：《上海市工业生产委员会办公室、上海市经济计划委员会办公室、上海市科学技术委员会办公室等关于迁建工作会议情况简报(三)(1965 年 9 月 12 日)》，档号：A38-1-345-139。

③ 上海市档案馆藏档：《中共上海市委工业生产委员会关于迁厂动员工作中各类职工思想特点的分析报告(1965 年 2 月 26 日)》，档号：A38-1-343-63。

④ 上海市档案馆藏档：《上海市工业生产委员会办公室、上海市经济计划委员会办公室、上海市科学技术委员会办公室等关于迁建工作会议情况简报(二)(1965 年 9 月 12 日)》，档号：A38-1-345-135。

⑤ 中国社会科学院、中央档案馆编：《1958—1965 中华人民共和国经济档案资料选编・固定资产投资与建筑业卷》，中国财政经济出版社 2011 年版，第 502 页。

⑥ 上海市档案馆藏档：《中共上海市委工业生产委员会关于迁厂动员工作中各类职工思想特点的分析报告(绝密)(1965 年 2 月 26 日)》，档号：A38-1-343-63。

需要，另一方面也是为了变换当时不如意的工作环境，但只有三岁小孩又让他心有不舍，在面对国家的号召和动员时，各种因素都交织在一起了[①]。应该说，在响应国家的号召和动员时，每个人内心的考量都是不同的。

从人口迁移的角度来看，在经过思想政治动员后，职工内迁的主要推力已经形成，但上海与皖南山区之间巨大的经济落差仍是无法忽视的阻力，因此，尽可能地消除经济上的阻碍对于内迁必不可少。为此，国家经委确立了内迁职工工资“就高不就低”的原则，保证从一线迁往三线职工的工资标准不下降，即由高工资地区迁往低工资地区的，暂仍按原工资标准不变；由低工资地区迁入高工资地区的，暂按迁入地去的工资标准发给。对于粮食定量问题，1965 年 9 月 4 日召开的全国迁建工作会议上规定“职工粮食定量标准，暂时执行就高不就低的原则”，期限是一年半[②]。以此保证内迁工人在工资和口粮方面不受影响。另外，针对家庭牵挂问题，国家经委也规定，搬迁工厂的职工，最好能携带家属，如果暂时不能携带，也应争取迅速创造条件，在最短时间内搬去。留下的职工家属原来享受的医疗等福利待遇，一律不变[③]。上海市鉴于后方基地的家属宿舍尚未建造，因而对职工家属的随迁问题“采取分期分批的办法逐步解决”[④]。

在实际动员过程中，基层干部为了完成动员指标，往往对小三线地区的生产生活困难有意掩饰，“艰苦方面讲得少，好的方面讲得多”，并开出一些不切实际的条件和许诺[⑤]。这种做法虽然暂时减轻了动员的阻力，但却为职工在小三线地区的安置埋下了隐患。大中华橡胶一厂在动员时许诺，到内地每户可以发到大米、煤、木柴各一百斤，结果到了后什么也没有，工人意见很大。上海某厂党委副书记王新民到三线慰问时，被一位女工拉住大衣质问：“你说××

---

① 许汝钟夫妇口述，上海大学历史系研究生邬晓敏采访，2013 年 9 月 23 日，上海许汝钟寓所；徐有威主编：《口述上海——小三线建设》，上海教育出版社 2013 年版，第 332 页。

② 上海市档案馆藏档：《关于解决上海迁入徽州地区企事业单位户口粮食的几点意见》，档号：B67－2－73。

③ 中国社会科学院、中央档案馆编：《1958—1965 中华人民共和国经济档案资料选编・固定资产投资与建筑业卷》，中国财政经济出版社 2011 年版，第 497 页。

④ 上海市档案馆藏档：《上海市后方基地管理局基建组关于后方小三线建设搬迁工作中若干问题请示报告(1966 年 7 月 22 日)》，档号：B67－2－26。

⑤ 上海市档案馆藏档：《中共上海市委关于转发支援内地建设工作领导小组办公室〈关于访问内迁企业的情况简报〉的通知(1966 年 4 月 8 日)》，档号：A38－1－353－45

不冷，你怎么还穿大衣？”基层干部的这些做法引起了上海市委高层的警觉。上海市委在1966年的一份文件中要求基层干部“介绍内地情况要实事求是，……必须避免不切实际的宣传和许愿、不计后果的做法”①。不过，市委的文件收效甚微。对于基层干部而言，完成上级分配下来的动员指标是首要的，如实宣传内地的艰苦条件，则无疑是增加动员工作难度，对完成指标不利。因此，有意掩饰内地困难、进行不实宣传在基层的动员过程中不可避免地存在。

小三线移民是出于备战需要而由官方组织的行政性移民，而非自发性的人口迁移，因此，现代人口迁移理论在此问题上缺乏有效的假设前提。不过即便如此，现代人口迁移模型在小三线移民的动员和迁出方面仍可提供有益的借鉴。在经典的推拉理论模型中，移民的成行是对各种推动因素和限制因素综合权衡的结果，其中主要考虑社会经济因素的作用。而小三线移民中，社会经济因素依然是基本影响因素，但更显著的是政治因素的加入。

从沿海城市迁到内地山区，对于大多数的工人及家属来说，意味着实实在在的生活困难——物质短缺、生活困难、夫妻分居、父母子女无人照料等。在当时业已形成的城乡二元社会结构中，迁往内地无疑是个人在社会分层上的一次倒退。因而在动员工作的最开始，大多遇到了工人们以及部分工厂领导层的抵触。尽管这不会影响到工厂内迁的既定事实，但仍构成了迁厂的障碍。这时政治动员就成了消弭不满情绪的有力工具。在动员过程中，不断拔高三线建设的重要战略价值，赋予内迁以崇高的政治意义，增加动员压力，使得工人、家属以及干部将三线内迁内化为自觉的行动，这就构成了职工内迁的主要推力。而内地和沿海城市巨大的经济落差、福利待遇等现实利益以及家庭关系受损则是内迁的障碍。为了保证内迁工作顺利进行，就必须在国家需要和个人利益之间进行有限度的调和，对内迁工人在经济上进行适度的补偿。可以说，增加政治因素的推力，减少经济上的阻力是说服工人内迁的最合理选择。实际上，小三线移民的动员过程，尤其是基层干部的动员工作正是按照这“一增一减”的方式进行的。

---

① 上海市档案馆藏档：《中共上海市委关于转发支援内地建设工作领导小组办公室〈关于访问内迁企业的情况简报〉的通知（1966年4月8日）》，档号：A38-1-353-45。

二、进山

上海小三线移民的一个突出特征是其组织的严密性。1968 年，上海市规定“上海后方企业一律不得自行从所在地招收人员，以及从其他地区调入人员。凡需从当地招收人员的，应经主管局革委会审查同意后，送市劳动局革委会审查”①。这意味着小三线的职工主要是来自上海市的计划调配。而职工和家属在进入小三线后，即纳入到工厂管理体系中，若要调回上海工作或者通过上大学、征兵等离开小三线，亦需要劳动部门的批准。小三线移民这种组织严密的特征，使得我们可以通过职工人数的变化来精确还原小三线移民的全过程。

职工的迁入与三线厂的迁建是同步进行的。第一批 15 个迁建单位工程从 1966 年 3 月陆续开工建设②。1966 年春至 1969 年冬，上海先后在安徽皖南旌德白地、孙村、蔡家桥、桥埠和旌阳建成或开工建设 12 个小三线企业：井冈山机械厂、东风机械厂、满江红机械厂、工农机械厂、立新配件厂、卫东器材厂、延安机械厂、星火零件厂、韶山电器厂、旌旗机械厂、险峰配件厂、向阳机械厂；建设配套服务性单位 3 个：无线电计量站、材料供应站、仪电一中；并在旌阳设立了上海市后方仪表电讯工业公司，负责这 12 个小三线企业和绩溪、屯溪、祁门、黟县 7 个仪表电子厂的管理工作。伴随着小三线厂的迁建，上海职工随之迁入，到 1969 年底，小三线在旌德县内的职工人数已达 9 000 余人③。这其中包括 1968 年直接分配到皖南小三线的大专、中专、技校毕业生和学徒共计1 400 余人，其中大专毕业生 190 人，中专毕业生 290 人，学徒 910 人④。上海小三线企业在 1970 年之前是不被允许从当地或者外地招收职工的。市

① 上海市档案馆藏档：《关于后方建设劳动工资等方面问题的报告(1968 年 6 月 27 日)》，档号：B246-1-190-62。

② 上海市档案馆藏档：《上海市后方基地管理局关于后方建设搬迁工作中若干问题请示报告(1966 年 7 月 22 日)》，档号：B67-2-26。

③ 旌德县地方志编纂委员会：《旌德县志(1978—2003)》，黄山书社 2008 年版，第 315 页。

④ 上海市档案馆藏档：《关于六八年分配去上海小三线工作的大专、中专、技校毕业生和新招收学徒工资待遇、生活津贴按当地标准执行的报告(1969 年 9 月 27 日)》，档号：B246-1-211-61。

劳动局规定"上海后方企业一律不得自行从所在地区招收人员，以及从其他地区调入人员"①。因而这一阶段绝大多数的职工是直接来自上海的行政调配。

珍宝岛事件发生后，中苏之间战争危机加剧，并直接刺激了1969—1971年间三线建设出现一个新高潮，上海小三线也不例外。1969年，上海小三线实际完成基本建设投资5 200万元，土建面积18万平方米，相当于前三年工作量的总和②。而1970年为了抢建以五七高炮为重点的项目③，投资大幅度增加到12 712万，竣工土建面积39万平方米，相当于前面四年的总和。建成投产的工厂数大幅度增加，1969年基本投产的工厂是7个，到1970年增加到21个，生产品种从1969年的26个增加到1970年的78个。1971年继续投资10 086万，土建面积20万平方米④。上海小三线的军工厂主要在这个时期完成的⑤。到了1972年，基本建设投资开始回落，下降为8 588.9万元。1972年的投资主要用于扫尾、扩建和补缺，诸如修建仓库、宿舍、供水设备、冷库、粮库、中学、医务室等配套设施，只有少数如金星化工厂、红星化工厂、卫星化工厂、胜利水泥厂等是续建或扩建，而其他基本上已经建设完成⑥。1973年的基建投资进一步下降到5 425.2万元⑦。显示上海小三线的建设高潮过去，主体工程建设已大体完成。

---

① 上海市档案馆藏档：《关于后方企业劳动工资若干问题的试行意见（1968年8月15日）》，档号：B246-1-190-59。

② 上海市档案馆藏档：《上海市革命委员会工业交通组关于上海小三线1970年基本建设计划的请示（1970年4月29日）》，档号：B246-1-342-248。

③ 1970年上海小三线建设以抢建"五〇七"工程为重点，所谓"五〇七"工程即以生产五七高炮项目及其配套的炸药和化工原料，包括井冈山机械厂（主要生产305雷达）、旌旗机械厂（生产305雷达天线）、韶山机械厂（主要生产超高频管、电子束管等）、新安电工厂（主要生产数字指挥仪）和险峰配件厂（生产三米测距机）以及相关的工厂共计十六家工厂。参见上海市档案馆藏档：《上海市革命委员会工业交通组关于上海小三线1970年基本建设计划的通知（1970年6月9日）》，档号：B103-4-228-106。

④ 上海市档案馆藏档：《上海市革命委员会工业交通组关于安排上海小三线一九七一年基本建设计划的请示及中央上海市委办公室、革委会办公室的批复（1971年4月22日）》，档号：B246-1-406-1。

⑤ 上海市档案馆藏档：《后方小三线1971年常规兵器工业基本情况统计表（1971年）》，档号：B67-1-9。

⑥ 上海市档案馆藏档：《关于下达1972年小三线基建计划的通知（1972年7月24日）》，档号：B66-1-11-55。

⑦ 上海市档案馆藏档：《关于下达1973年小三线基建计划（明细项目）的通知（1973年7月16日）》，档号：B66-1-21-66。

由于小三线厂建设征用部分耕地，招收征地农民进厂的要求随着工厂完工而逐渐强烈。截至1970年，三线厂在皖南共计征地4 093亩，在浙江昌化征地187亩，主要集中在绩溪、旌德、宁国三县。如燎原模具厂所在地绩溪岭外大队泾村生产队原有土地174亩，被征124亩，占70%。皖南地区地少人多，一般人均土地一亩左右，征地之后劳动力过剩矛盾更加突出①。由于在工厂兴建之初，征地农民尚可以到工地打短工，获取工资，对征地对农民的生计影响不大，但是工程结束后，生计问题即刻凸显，因而迫切要求工厂招工。小三线企业在这种情况下，开始陆续吸收了一批征地农民进厂②。在这前后几年中，征地农民成为小三线职工的来源之一，如1972年仪表电讯公司新增固定职工882人，其中征地工244人，占新增职工总数的27.78%③。对这一时期移民规模的估计，需从新增职工人数中扣除那些来自当地的征地工人数。由于缺少1972年小三线全体职工人数，而只有仪电公司下属的20个工厂的职工数据，因此此处以仪电公司的数据进行估算。仪电公司从1974—1983年历年职工人数占小三线全体职工人数的比重大致稳定保持在21%—23%之间，而1972年仪电公司职工人数为8 703人，新增固定职工882人，如按照22%计算，那么1972年小三线全体职工大致为39 559人，新增职工4 009人。在这些新增职工当中，如果按照27.78%的征地工计算，即有1 114名征地工。这个数据与1970年档案中直接记载的招收征地工一千余人的规模大体相当④，因而1972年征地工人数的估计是比较可靠的。由此推算，1972年从上海净迁入皖南小三线的移民人数3 000人左右。

征地工基本上集中在1970—1973年间招收完毕。小三线厂的基建大体停止后，也就无需再大规模征地。此后，从农村招工进厂的人数锐减。例如，后方基地轻工局1974年新增固定职工950人，其中933人是从上海的固定职

① 上海市档案馆藏档：《上海市劳动局革委会关于皖南后方企业吸收一部分征地农民的请示报告(1970年10月17日)》，档号：B127-3-119-18。

② 上海市档案馆藏档：《上海市劳动局关于“八一二”指挥部需要安排征地农民的情况调查(1970年11月10日)》，档号：B127-3-119-30。

③ 上海市档案馆藏档：《八一二指挥部第四工区填报的1972年固定职工人数增减变动情况表(1972年9月1日)》，档号：B70-1-33-1。

④ 上海市档案馆藏档：《上海市劳动局关于“八一二”指挥部需要安排征地农民的情况调查(1970年11月10日)》，档号：B127-3-119-30。

工调入，9 人是统一分配的技校、卫校、师范学校毕业生[①]，此时新增职工的来源中，已经基本不见征地工的身影了。上海市与皖南小三线之间的人口迁移，重新回到最初的封闭状态，即人口迁移以上海迁往皖南小三线为主，皖南小三线回流上海为辅，而与外界的人员交换很少。

由于小三线的职工内迁是与三线厂的迁建结合在一起的，所以在 70 年代初期的建设高潮过后，由于没有大规模新建工厂，职工人数的增加也趋于平稳。在 70 年代中后期，皖南小三线规模最大、最集中的一批移民进入是 1975 年底上海分配一万余名无去向代训艺徒进小三线。

1975 年初开始，上海市委要求小三线厂“军民结合”，在生产军品的同时，进行民用产品的生产，同时，生产指标被大幅度提高。如遵义厂原设计每年生产单路载波机 350 台，但在 1975 年被要求生产 3 500 台；东方红厂原规划生产固体电路 5 万，此时被要求生产 50 万；为民厂原规划生产磁性材料 50 万，此时被要求生产 800 万；向东厂原规划生产电容器 80 万，此时要求生产 500 万；工农厂原规划生产电容器 100 万，此时要求生产 400 万；立新厂原规划生产电阻电容共 100 万，此时要求生产 1 000 万；延安厂原规划生产电位器 30 万，此时要求生产 130 万。生产指标被大幅度提高。为此，1975 年 3 月，后方仪表电讯工业公司便向市劳动局要求增加劳动力，调拨 1 500 人进后方。9 月份又进一步要求调拨 2 000 人[②]。

与此同时，上海市劳动部门正在为如何安排代训艺徒而感到棘手。1971 年到 1973 年 3 年内，上海为外地代训的学徒共计 4.3 万人，其中大部分陆续回到外地。但是到 1975 年 11 月，仍有 1.25 万名的代训艺徒外省市不愿意接收。尽管上海市曾就此与同外省市和国家计委劳动局多次协商，但由于各省市都在开展青年上山下乡，加之劳动指标控制比较紧，外省市仍不肯接收。麻烦不仅于此，代训学徒在进上海培训之初，便明确未来安置回外地，如此时安排到上海的工厂，则容易引起已去外地的代训学徒及其家长的思想波动。因而如何安置代训艺徒显得进退两难。而此时，皖南小三线提出增加劳动力的

① 上海市档案馆藏档：《上海市后方基地管理局 1974 年至 1976 年劳动工资年报表(1974—1976 年)》，档号：B67-1-52。

② 上海市档案馆藏档：《上海市后方仪表电讯工业公司申请劳动力及职工子女安排问题报告(1975 年)》，档号：B70-2-82。

要求，于是上海市便决定将这 12 500 名代训学徒分配到后方小三线和四个原料基地工作①。

在此影响下，小三线职工人数在 1975 年暴涨，从 1974 年的 41 577 人，增加到 1975 年的 58 146 人和 1976 年的 60 810 人。后方轻工公司 1975 年新增加固定职工 2 020 人中，1 415 人是代训艺徒；机电公司是年新增固定职工 921 人，其中代训艺徒 582 人②。代训艺徒基本上在 1975—1976 年间集中安置完毕。到 1977 年，整个皖南小三线安置代训艺徒 1 753 人，而到 1980 年安置的代训艺徒仅有 50 人③。虽然最初计划按照代训艺徒一万人，但到 1981 年，共在小三线安置了 17 200 余艺徒④。

代训艺徒的集中到来，给上海皖南小三线形成了严重的冲击。小三线一时间无法吸收这些青年艺徒，职工总数的迅速增加，直接导致了 1976 年的人均劳动生产率则下降了 12%，而作为代训艺徒主要接受单位的轻工公司和机电公司，其受到的影响更为明显，轻工公司人均劳动生产率下降了 27%，机电公司下降了 25%⑤。另外，代训艺徒在工种上并不能满足小三线企业的需求。后方仪表电讯工业公司对分配下来的 2 700 人进行摸底发现，有些工种大量过剩，尤其是车工和钳工各多余 200 多人，电焊工、无线电修理等均过剩，而对于后方有需要的炊事员、司机、漆工、泥木工、电镀、钣金、线切割等工种却缺口很大，造成安置困难⑥。此外，由于代训艺徒绝大多数是男性未婚青年，他们的集中到来使得小三线的男女比例失衡问题更加突出，加剧了小三线的婚配

---

① 上海市档案馆藏档：《关于动员 12 500 名代训学徒去后方小三线和原料基地工作的请示（1975 年 9 月 23 日）》，档号：B127－3－170－19。

② 上海市档案馆藏档：《上海市后方基地管理局 1974 年至 1976 年劳动工资年报表（1974—1976 年）》，档号：B67－1－52。

③ 上海市档案馆藏档：《上海市后方基地管理局 1979 年劳动工资年报表（1979 年）》，档号：B67－1－114。

④ 上海市档案馆藏档：《上海小三线情况汇报提纲（1981 年 7 月 11 日）》，档号：B1－9－405。

⑤ 上海市档案馆藏档：《上海市后方基地管理局 1974 年至 1976 年劳动工资年报表（1974—1976 年）》，档号：B67－1－52。

⑥ 上海市档案馆藏档：《上海市后方仪表电讯工业公司关于招收无去向代训艺徒工作小结（1975 年）》，档号：B70－2－83。

困难①。

在20世纪70年代初期建设和工人进驻基本完成后，大规模的人口流动便基本停止。除了1975年大规模的代训学徒进入外，在70年代中后期到80年代间，上海对小三线的人口输出的规模并不大，而从小三线回流上海的职工人数也不多。从20世纪70年代小三线各个工厂的职工人数变动可以清晰地反映出这个特征。小三线职工总数在1976年达到6万人的峰值（职工60 607人，家属15 901人，合计76 508人）②，此后则逐渐减少，在20世纪70年代末80年代初，维持在5.6万人上下小幅度波动，工厂职工基本稳定，既没有大规模的职工迁入，也没有大规模的职工迁出。人口流动的停滞造成的后果之一，是随着职工年岁的增长，企业技术力量和生产骨干出现断层。到20世纪80年代初，小三线干部和工程技术人员普遍超过50岁，而一线的生产工人绝大多数超过28岁，炼钢炉前工、电子仪表精细加工、机床剃刮工甚至处于无人接替的状况③。

时至1981年，上海皖南小三线共有职工56 240余人，其中从上海去的约47 400余人，占84%，包括由上海老厂动员去的老职工16 600余人，大专、中专、卫校和六八、六九届技校统一分配的约8 500余人，1975—1976年安排的无去向代训艺徒等约17 200余人，高初中毕业生分配的2 800余人，其他本市调入2 300余人④。其次是外地调入人口8 840人，占16%，包括为解决上海职工夫妻分居问题调入小三线的2 300人，从外省市回收支农工和退休顶替的3 100人，因小三线建设需要调入技术管理骨干及落实政策安排等900人，其中夫妇双方均为外地的840人，当地征地工及其家属约1 700人。⑤

---

① 上海市档案馆藏档：《上海市政府办公厅关于解决上海在皖南小三线部分未婚青年职工的婚姻问题的意见(1980年6月20日)》，档号：B1-9-257-13。

② 上海市档案馆藏档：《上海市后方基地管理局后方职工和家属人数年度统计表(1976年12月22日)》，档号：B67-2-282。

③ 上海市档案馆藏档：《中共上海市工业党委、经委、国防科工办对上海小三线调整的请示、报告(1984年7月1日)》，档号：B246-4-787。

④ 上海市档案馆藏档：《上海小三线情况汇报提纲(1981年7月11日)》，档号：B1-9-405。

⑤ 《关于上海小三线调整中人员安置意见的请示的说明"(未刊稿)(1986年5月6日)》，转引自崔海霞：《上海小三线社会研究》，上海大学2013年博士论文，第41页。

三、安置

尽管三线建设强调“先生产，后生活”，但数万人进山后，安置工作仍是首先需要解决的问题，而住房又是最为基本的问题之一。小三线厂按照“靠山、分散、进洞”的原则，选址布局多在隐蔽的山区密林间，缺乏必要的生活设施。为了优先保证生产建设，职工住房建设被置于相对次要的位置。按照“节俭办工厂”和生活用房节俭的原则，职工住房多就地取材，以仿照皖南当地农村的“干打垒”或者砧木结构的住房为主。相对于城里的楼房，农村“干打垒”便显得十分简陋。房屋多为平房，按定制，地面一般做 10 厘米厚灰土地面或原土夯实，铺上 5 厘米的卵石。墙体则为全空斗墙，内墙刷柴泥，外墙做纸筋面层或清水墙。木门、木地板、木楼梯等刷桐油①。多数房屋不做地基，只用原土夯实，因而房屋并不牢靠。即便如此，为了尽可能减少非生产性支出，各厂在建造职工宿舍时，仍以单身宿舍为主，按全厂人数 85%计算建造，每人 3.5—4 平方米，而家属宿舍则按全厂人数的 15%计算建造②。这种以单身宿舍为主的住房结构，在很大程度上抑制了职工家属的随迁。而在有限的家属宿舍中，又以中小户型为主(小户为一间卧室，两户合用厨房，建筑面积 22.0 平方米；中户为大小各一间，厨房合用或独用，建筑面积 33.0 平方米；大户为两间卧室，并有厨房，建筑面积 44.0 平方米)，大、中、小户的比例，一般按小户 45%，中户 40%，大户 15%③。因此，小三线在住房问题上具有明显的政策导向性，尽管官方意识到家属随迁对于职工扎根山区的重要性，也曾在不同场合要求尽可能地创造条件让家属随迁，但是在职工住房的建造和安排上，却背道而驰，严重制约了家属的内迁。上海市政府对此曾表示宜“采取分期分批的办法逐步解决”④，然而整个 20 世纪七八十年代，小三线的家属人数比例始终未超过

① 上海市档案馆藏档：《上海市革命委员会经济计划组上海市革命委员会工业组关于生活用房建筑标准的批复(1967 年 12 月 21 日)》，档号：B246-1-106-22。

② 同上。

③ 上海市档案馆藏档：《八一二指挥部关于调整后方工厂生活用房建筑标准的通知(1970 年 2 月 28 日)》，档号：B154-6-116-26。

④ 上海市档案馆藏档：《上海市后方基地管理局基建组关于后方小三线建设搬迁工作中若干问题请示报告(1966 年 7 月 22 日)》，档号：B67-2-26。

20%，由此看来，这个问题并没有得到很好的解决。家属宿舍的短缺后来逐渐演变成小三线安置中一个突出的矛盾，后方基地管理局在给上海市的一份报告中称："有的已结婚仍住男女集体宿舍，如火炬厂在国防工业大检查中发现一间妈妈宿舍中住三位已结婚的带孩子的女同志，晚上三顶帐子实际上住有三户人家，影响很不好。"而即便是这样的集体宿舍也十分紧张，有些职工不得不住在厂的活动室、招待所、办公室、仓库等房之内，甚至住在单位的理发室、豆腐坊等①。

住房条件的限制不仅影响到已婚职工的家属内迁，也影响到了青年职工的婚姻问题。随着年岁的增长，青年职工结婚的要求越发强烈，但是家属宿舍的短缺却是一道难题。"家属宿舍的建设仅七四年、七五年安排过二千户，七六年、七七年均未安排。目前（指 1978 年）已结婚没有住房的达九百多户，今年要结婚的近一千三百户，除了已在建设的家属宿舍解决六百户外，今年到年底结婚无住房的将近一千六百户。"②

青年职工结婚难在 70 年代前期出现，之后逐渐成为安置工作中一个突出的难题。住房的限制仅仅是一方面的原因，更重要的是小三线厂特定的生产方式和布局结构。小三线厂所需工种以男性为主，造成企业内部男女比例严重失衡。例如贵池钢厂职工人数 5 000 余人，其中绝大部分是男工，而女工比例极少。而 1975 年上海市将万余名代训艺徒集中安置到后方基地，造成小三线的男女比例严重失衡，进一步加剧了小三线的婚姻困难③。加之后方工厂地处偏僻山沟，对外联系困难，青年职工难觅对象。据统计，到 1980 年整个上海皖南小三线共有未婚男青年 13 072 人④，其中 30 周岁以上未婚的男青年1 015 人⑤。婚姻问题无法解决，使得"未婚职工长期不能安心三线建设，因而向中央、

① 上海市档案馆藏档：《上海市后方基地管理局办公室基地党委关于后方小三线体制和急需解决几个问题向市委请示报告，附件二之四关于职工生活用房问题的情况和意见（1978 年 8 月 1 日）》，档号：B67－2－370。

② 同上。

③ 上海市档案馆藏档：《上海市政府办公厅关于解决上海在皖南小三线部分未婚青年职工的婚姻问题的意见（1980 年 6 月 20 日）》，档号：B1－9－257－13。

④ 上海市档案馆藏档：《上海市政府办公厅关于解决上海小三线未婚青年职工婚姻问题的意见和本局贯彻意见及情况汇报（1980 年 7 月 9 日）》，档号：B67－2－595。

⑤ 上海市档案馆藏档：《上海市劳动局关于小三线男青年婚姻问题修改意见（1980 年 6 月 25 日）》，档号：B1－9－257。

市和有关部门反映情况的来信、来访日益增多，要求调沪工作的也越来越多”①。

然而婚姻问题在20世纪70年代并未引起上海市政府的重视。早在1973年，贵池钢厂曾就1 000余名青年恋爱、婚姻困难突出的问题向上海市有关部门请求解决②，但并无下文。婚姻问题逐渐成为小三线职工无法安心扎根皖南的原因之一。直到20世纪80年代初，小三线面临军工订单大幅度下降和“军转民”的严峻形势，作为使小三线职工安心扎根皖南的补救性措施之一，上海市才开始着手修补小三线职工的婚姻问题。1980年6月20日，上海市国防办出台《关于解决上海在皖南小三线部分未婚青年职工的婚姻问题的意见》，提出解决方案：① 劳动局每年下达给后方招工指标；② 从市属农场招收未婚女青年为正式职工进小三线；③ 小三线职工自找对象后可到三线厂落户、工作；④ 从市区街道里弄找对象，办理结婚登记手续后，如愿意将户口迁入三线厂，可吸收为正式职工；⑤ 35岁以上仍找不到对象的可找农村姑娘，婚后转吃商品粮，并吸收为三线生活福利集体事业职工③。此后，小三线厂纷纷开始扮演“红娘”角色，积极为厂青年职工寻觅对象。1981年11月，上海后方基地管理局团委成立了24个婚姻介绍所，并在上海《青年报》等报刊上刊登招收女职工启事④。据称，上海小三线先后有3 000名青工在这前后解决了婚姻问题⑤。

上海皖南小三线职工日常生活所需的粮食、副食品、日用品等主要由上海

---

① 上海市档案馆藏档：《上海市后方基地管理局办公室基地党委关于后方小三线体制和急需解决几个问题向市委请示报告，附件二之十九关于后方30岁以上职工的婚姻问题（1978年8月1日）》，档号：B67-2-370。

② 厂文档73-13卷-17号-1《关于解决本厂大批男青年对象问题的报告》，上海八五钢厂编：《上海八五钢厂大事记（未刊稿）》，1987年，第47页。

③ 厂文档82-13卷-101号“沪后委（82）150号”，《上海八五钢厂大事记（未刊稿）》，第144页。

④ 曹晓波：《满腔热情做红娘 皖南迎来好姑娘——后方基地成立二十四个婚姻介绍所》，《新民晚报》1982年2月1日；《为本系统男青年寻找对象 后方和基地团委成立婚姻介绍所》，《青年报》1980年11月14日。

⑤ 史志定：《后方基地三千青工喜结良缘》，《劳动报》1983年2月25日；徐有威、吴静：《危机与应对：上海小三线青年职工的婚姻生活——以八五钢厂为中心的考察》，《军事历史研究》2014年第4期。

供应。其中粮油指标是从上海转拨到安徽，再由安徽省粮食厅下拨到基层①。而自1970年6月起，对肥皂、香烟、食糖、胶鞋、牙刷、牙膏、面盆等30种商品，由上海商业部门采取临时供应的办法②。除了当地的商业网点外，各个厂都设有自己的小卖部，日常生活用品通过小卖部自行销售。蔬菜供应相对困难，主要从当地县城购买，或者通过搞“五七生产”，由工厂自行开荒种地，补充蔬菜等副食品，据不完全统计，到1978年底，上海小三线共开垦荒地3 000多亩，收获各种蔬菜1 733万斤，养猪2万余头，在一定程度上缓解副食品供应困难③。此外，小三线职工也在闲暇时间捕捉鱼虾、螃蟹、田鸡、黄鳝等，或者私下向当地农民购买鸡蛋、山核桃等土产，作为副食品的补充④。

前文已述，为了减少动员阻力，中央曾于1965年规定内迁职工的粮食定量标准“就高不就低”，为期是半年到一年⑤。这一政策在后续的执行过程中逐步被调整为“向当地看齐”。1969年11月10日，安徽省在《关于上海市在我省进行三线建设人员口粮供应问题的通知》中规定：“凡上海市三线厂的职工及其家属的粮油关系转入我省的，其粮油供应标准，职工暂按原上海定量，食油一律按我省当地标准供应。”⑥职工的粮食标准虽然维持不变，但食用油的供应标准已向安徽看齐，而三班制生产的工人的夜餐粮补助，也是按安徽省的标准执行。副食品供应方面，1974年，上海市革委会财贸组要求“上海小三线的副食品供应，原则上应按当地标准供应”⑦。日用品方面，尽管上海市要求“凡上

① 上海市档案馆藏档：《关于上海市在我省进行三线建设人员口粮供应问题的通知(1969年11月10日)》，档号：B135-4-178-26。

② 上海市档案馆藏档：《上海市革命委员会财贸组关于615所、573厂、大屯煤矿、金山石化总厂、上海小三线、上海后方基地等商品价格、供应问题的请示及中共上海市委批复(1974年11月21日)》，档号：B248-2-683。

③ 上海市后方基地管理局党史编写组：《上海小三线党史(未刊稿)》，1988年4月，第53页。

④ 蒋美珍口述，上海大学历史系研究生邬晓敏采访，2014年6月10日，上海峨山路蒋美珍办公室。蒋时任上海后方基地长江医院司机。

⑤ 上海市档案馆藏档：《关于解决上海迁入徽州地区企事业单位户口粮食的几点意见(1968年12月29日)》，档号：B67-2-73。

⑥ 上海市档案馆藏档：《关于上海市在我省进行三线建设人员口粮供应问题的通知(1969年11月10日)》，档号：B135-4-178-26。

⑦ 上海市档案馆藏档：《上海市革命委员会财贸组关于615所、573厂、大屯煤矿、金山石化总厂、上海小三线、上海后方基地等商品价格、供应问题的请示及中共上海市委批复(1974年11月21日)》，档号：B248-2-683。

海货源有可能，尽量挤一部分给以支持……但与上海市场相比，还有一定差距”①。1975年，上海市提出“后方基地供应标准，原则上应向当地看齐”，在粮油、日用品、副食品等全面降低供应水平②。这让小三线职工普遍觉得“吃亏”。到20世纪80年代初，上海市准备对小三线存在的问题进行调整时发现，工人们对物质供应水平的降低积怨已久。“群众意见比较大的是生活标准上‘就低不就高’，工资标准安徽低于上海，照安徽的；粮食定量上海低于安徽，照上海的；布票安徽不发专用券，照安徽的，等等，这些看来是小问题，但关系职工切身利益，使三线职工感到吃亏了”③。

此外，为了满足小三线职工子女教育需要，后方陆续成立了9所中学、39所小学，教职员工和学生共6 000余人，但是限于师资力量和资源有限，教育质量堪忧④。医疗卫生方面，小三线从1970年起先后设立了四家综合性医院（瑞金医院、古田医院、长江医院、天山医院），同时，每个工厂设立医务室。对于一些服务性的行业如理发、修补等，则通过组织职工家属自力更生解决⑤。每星期一到两场的电影，是主要的文娱活动。

在空间布局高度分散且封闭的条件下，小三线厂不仅是一个生产性单位，也是一个社会保障机构，不仅承担了职工住房、婚姻等问题，还承接了教育、医疗、食品、生活物质供应等各方面的社会福利保障职责。由于小三线厂车间散布在群山之间，厂与厂之间、车间与车间之间的交通联系不便，因此各个厂就形成了“小而全”的后勤保障体系。贵池的八五钢厂在厂区附近建有西华、大冲、28K、八五新村四个家居区，除了81 494平方米的住宅外，还有食堂、菜场、小卖部、理发室、托儿所等生活设施和小学、技校、幼儿园、卫生保健总站等教

---

① 上海市档案馆藏档：《上海市革命委员会财贸组关于615所、573厂、大屯煤矿、金山石化总厂、上海小三线、上海后方基地等商品价格、供应问题的请示及中共上海市委批复（1974年11月21日）》，档号：B248－2－683。

② 上海市档案馆藏档：《上海市革命委员会办公室关于后方基地商品供应问题的意见（1975年6月4日）》，档号：B109－4－459－82。

③ 上海市档案馆藏档：《中共上海市国防工业委员会办公室关于召开小三线上海市人民代表座谈会的会议纪要（1982年4月5日）》，档号：B1－9－837－10。

④ 上海市档案馆藏档：《上海市后方基地管理局办公室基地党委关于后方小三线体制和急需解决几个问题向市委请示报告（1978年6月）》，档号：B67－2－370。

⑤ 上海市档案馆藏档：《上海市革命委员会财贸组关于商品供应措施和“小三线”职工供应等问题的请示、通知及市委的批复（1971年6月6日）》，档号：B248－2－340。

卫生设施，形成了一个无所不包的“小社会”①。

四、回城

20 世纪 80 年代初，国内外形势发生了明显的变化，战争的阴云已逐渐散去。以备战为使命的三线建设继续推进的必要性大为降低，军需订单随之大幅下降。1980 年上海小三线的军工生产任务较上年度下降了 44.8%，1981 年再下降 21.2%，总产值从 1980 年的 4.1 亿元继续下降到 3.2 亿元。上海小三线 54 个工厂中处于停建缓建、全停工和半停工状态的约占厂数的 63%，人数的 50%②。1979 年，全后方上缴国家利润 6 770 万元，亏损企业 4 户，1980 年上缴利润 3 023 万元，比 1979 年下降了 54%，亏损企业增至 10 户，1981 年，上交利润仅 203 万元，又比上年下降了 93.3%，亏损企业扩大到 23 户，约占全部企业的 44.4%③。在此形势下，对小三线进行战略性调整势在必行。国务院国防工办和国家计委、总参、五机部等在 1980 年对华东和华北地区小三线军工厂进行了调查，并于当年 11 月在北京召集各省、市、自治区国防工办的座谈会，着手布置小三线的调整事宜④。此后，上海小三线便进入了 1980—1985 年“军转民”时期。

需要说明的是，在“军转民”时期，强调的是小三线从军工向民品生产转型，政策意图层面仍然希望巩固和发展上海小三线，而不是解散和放弃小三线，是希望职工扎根皖南，而不是撤回上海。1980 年 11 月上海市即着手准备调整工作，最先开始调整的是直接生产军品的 17 家军工厂⑤。这 17 家军工厂中，除了九三三七厂和九三八三厂因其生产的新四〇火箭筒和新四〇火箭弹

① 《上海八五钢厂大事记(未刊稿)》，第 4 页。

② 上海市档案馆藏档：《上海小三线情况汇报提纲(1981 年 7 月 11 日)》，档号：B1-9-405。

③ 《上海小三线党史(未刊稿)》，第 60—61 页。

④ 上海市档案馆藏档：《国务院国防工办关于调整各省、市、自治区小三线军工厂的报告(1981 年 4 月 6 日)》，档号：B1-8-178-26。

⑤ 上海市档案馆藏档：《上海市人民政府关于上海市小三线军工厂调整的意见(1980 年 12 月 12 日)》，档号：B1-8-176-155。

质量稳定且军队仍有需求外，其他 15 家军工厂均进行大规模的调整①。

“军转民”本身即表明此时中央和上海并未打算放弃小三线厂，而是试图继续开发。1982 年 12 月，上海市要求各小三线单位“做好广大职工的思想政治工作……研究今后的发展规划，进一步搞好小三线的建设。各有关部门要大力支持小三线的工作，切实安排好小三线厂的生产”，只不过，这时对小三线的发展思路从不计成本的备战转为经济开发上来。韩哲一强调“开发皖南，任何单位都要看经济效益，有经济效益的项目就搞，没有经济效益的项目就不搞”，要求小三线企业提高经济效益，扭转亏损局面②。

然而“军转民”并非易事。原本依赖军工订单的小三线在转向市场的过程中遇到了极大的困难。小三线企业“山、散、洞”的地理分布格局极大地增加了生产成本，导致产品在市场上缺乏竞争力。以贵池钢厂为例，“从上海到贵池的运输费，再由贵池到工厂的运输费，光运输费就消化不了。生产民品都很难盈利，到最后民品生产也很难搞下去”③。在计划经济体制下，小三线企业的生产原料需从上海运进皖南山区，形成产品后，又必须运回上海进行销售，往返 800 余公里的路程极大增加了运输成本，因此，“军转民是一个难关，转型之后负担更加重了”④。加之闭塞的山区也造成企业对市场信息不灵敏，销售困难。1983 年，小三线厂的全员劳动生产率 6 296 元，仅为上海市平均水平的 22%，百元固定资产实现的利税 6.2 元，只有上海市平均水平的 9.1%，企业亏损比例和规模继续扩大⑤。

形势的变化已使小三线职工的回沪意愿越来越强烈。1979 年 2 月，贵池钢厂少数青工以“68 届半中技 419 联络站”名义，在该厂驻沪办事处门口张贴海报，要求“落实政策”“重新分配”，安排回沪⑥。而有些青工则私下回沪设摊

---

① 上海市档案馆藏档：《上海市人民政府关于调整本市小三线军工厂的通知(1981 年 11 月 3 日)》，档号：B1－8－178－26。

② 上海市档案馆藏档：《韩哲一同志在小三线党员干部会议上的讲话(1982 年 10 月 19 日)》，档号：B1－8－276－9。

③ 徐有威主编：《口述上海：小三线建设》，上海教育出版社 2013 年版，第 139 页。

④ 同上，第 147 页。

⑤ 上海市档案馆藏档：《中共上海市工业党委、经委、国防科工办对上海小三线调整的请示、报告(1984 年 7 月 1 日)》，档号：B246－4－787。

⑥ 厂文档 79－1 卷－12 号《后方情况》第 9 期，《上海八五钢厂大事记(未刊稿)》，第 106 页。

做生意，经营女式手表带、裸体石膏像、沙发、河鲜等①。同时，也陆续出现小三线职工通过私下渠道回上海市区工厂企业就职的现象。对此，上海市政府发文明令禁止此类私自招收三线职工的做法，并要求市区各个单位在处理大、小三线职工要求回沪问题时，“应教育职工安心三线建设，并积极动员其家属调往大、小三线地区团聚，而不是擅自将职工调来本市工作”②。为了将小三线职工稳定在当地，上海市政府针对小三线存在的诸如婚姻、户口、待遇、医疗、教育等实际问题，出台一系列的政策，例如自 1980 年起给小三线职工发放每人每月 5 元的“进山津贴”③，为小三线招收适当的女工、从市区选派医生和教师支援皖南等④。然而这种小修小补的措施并不能从根本上解决问题。

沿海城市与内地山区之间的经济落差在很大程度上决定了小三线职工无法长期扎根山区。1985 年 7 月，时任上海市常务副市长朱宗葆到小三线调查时，听到小三线干部职工们说的最多的一句话是：“我们在皖南工作是献了青春献子孙。我们青春献给祖国也就算了，要我们子女也和父母一样，我们心里不平衡。”⑤毛德宝当年在上海后方基地管理局从事党委信访工作，每年收到职工来信 1 000 多封，其中最多的就是要求回上海。一方面山区条件艰苦，“山沟里实在是枯燥了，条件实在是太艰苦了”，另一方面，许多小三线职工的父母小孩都留在上海，老人需要照顾，小孩需要教育，“家庭困难的加剧，大家更想回上海”⑥。

“军转民”的困境并非上海一家独有，其他省市的小三线同样面临着严重的困难，这使得中央不得不重新思考小三线的未来出路。转折点出现在 1984 年，这年 3 月 10 日，时任国务院总理赵紫阳在视察湖南小三线时，对小三线企业的发展方向、管理体制改革等做了新的指示。此后，上海市开始转变对小三

① 上海市档案馆藏档：《一个值得注意的动向——后方青年中弃工经商问题严重(1979 年 12 月 31 日)》，上海市后方基地管理局党委办公室编：《后方动态》第 29 期，档号：B67-2-436。

② 上海市档案馆藏档：《上海市人事局、上海市劳动局关于支援大小三线建设职工调沪问题的报告(1980 年 5 月 26 日)》，档号：B127-6-90。

③ 上海市档案馆藏档：《上海市后方基地管理局关于试行竣工三线进山工作津贴请示和市劳委的批复(1980 年 9 月)》，档号：B67-2-599。

④ 上海市档案馆藏档：《余琳、席炳午、张梦莹关于巩固和提高小三线的工作当前需要解决的主要问题的汇报(1980 年 4 月 19 日)》，档号：B1-9-194-51。

⑤ 徐有威主编：《口述上海：小三线建设》，上海教育出版社 2013 年版，第 43 页。

⑥ 同上，第 170 页。

线厂的政策，提出让小三线厂与郊区工业企业实行联合，将小三线厂和职工逐步接纳回上海①。

1985 年 1 月 28 日，上海和安徽省签订协议，约定在此后的 3 年时间内，将上海在皖南小三线的资产无偿移交给安徽，就近就地利用改造②。1985 年，上海市对小三线职工回城仍较为审慎。在关于小三线调整的市委常务会议上，上海市市长对此表示"原则是，发展安徽；以联营的名义到郊区，进市区这个口子决不开"。朱宗葆则在皖南调研时表示："我们来的时候，有先有后，走的时候也要有先有后。"上海后方基地管理局党委书记王昌法称"不能一哄而上搞回城风"③。为此，上海市制定了"三先三后"的原则，即先企业、后机关，先工人、后干部，先职工、后领导，分期分批地安置职工返回上海市郊，安排职工分期分批地返沪④。在此后的 3 年中，数万小三线职工陆陆续续回到上海，回城过程大体是平稳有序的。

表 1　上海轻工系统在安徽小三线职工安置情况表

单位：人

职工/工厂		利民	曙光	红星	红光	光明	光辉	燎原	万里	公司	小计
在册职工	总数	357	459	744	597	1 518	1 410	1 025	1 365	68	7 543
回沪职工	小计	350	458	721	576	1 454	1 332	978	1 292	68	7 229
	全民	340	447	707	567	1 409	1 306	943	1 247	68	7 034
	集体	10	11	14	9	45	26	35	45	—	195
留皖职工	小计	7	1	23	21	64	78	47	73	—	314
	全民	7	1	23	19	61	77	45	71	—	304
	集体	—	—	—	2	3	1	2	2	—	10

资料来源于《上海轻工业志》编纂委员会：《上海轻工业志》，上海社会科学院出版社 1996 年版，第 440 页。燎原厂外调 2 人未统计在内，另有光明厂 2 人劳改留皖

① 上海市档案馆藏档：《中共上海市工业党委、经委、国防科工办对上海小三线调整的请示、报告(1984 年 7 月 1 日)》，档号：B246－4－787。

② 上海市档案馆藏档：《关于上海在皖南小三线交接工作结束的报告(1988 年 8 月 20 日)》，档号：B67－1－316。

③ 王德敏(时任上海市常务副市长朱宗葆秘书)：《上海皖南小三线调整时期工作笔记》，徐有威、陈东林主编：《小三线建设研究论丛》第 1 辑，上海大学出版社 2015 年版，第 223—234 页。

④ 《上海小三线党史(未刊稿)》，第 107 页。

到了 1988 年,绝大多数的小三线职工都已回沪。上海机电系统在皖南的 11 298 名职工中,96.87%都按政策回沪①。上海轻工系统在皖南的在册职工中,96.88%也都回到上海。整个后方基地回沪职工 50 994 人,去外省市 216 人,安置留皖职工 1 469 人②。1989 年底小三线返沪干部、职工 52 654 人全部落实了安置单位。上海市为小三线职工安排建造了 100 万平方米的新房,分布在闵行、吴泾、莘庄、泗塘、吴淞、桃浦、浦东、松江、南翔、青浦等 30 个规划地区。同时,前方主管局、联营老厂和后方企业还通过搭建临时过渡房、内部调剂、购买商品房等办法解决了一部分特困户,缓和了住房矛盾③。到 1990 年底,已有 80%的职工分到了新房,返沪后的各项调整工作也基本结束④。

五、结语

从 1965 年陆续进山,到 1988 年全部撤回,7 万余上海皖南小三线职工和家属经历了从城市到山区,再又回到城市的流转过程,前后共计 24 年。在最初动员进山时,曾号召职工扎根三线⑤,并在后续的思想教育和相关政策中不断传递“扎根三线”的理念⑥, 然而,上海小三线职工和家属在皖南落地长达 20 余载,却依然没有在当地生根。

在体制上,上海小三线虽然地处皖南,但本质上是上海的一块飞地。后方基地的职工由上海输入、资金由上海提供、工厂的原材料来自上海,产品也重新运回上海,工人们的粮食、蔬菜、香皂、香烟、自行车等日用品都由上海供应,甚至于电影放映都与上海同步。上海专门成立了一个和其他局级单位平行的

---

① 当代上海研究所编:《当代上海大事记》,上海辞书出版社 2007 年版,第 372 页。

② 上海市档案馆藏档:《关于上海在皖南小三线交接工作结束的报告(1988 年 8 月 20 日)》,档号: B67 - 1 - 316。

③ 《上海小三线党史(未刊稿)》,第 110—111 页。

④ 《上海市后方基地管理局 1990 年工作回顾和 1991 年工作打算(1991 年 1 月 10 日)》,档号: B67 - 1 - 313。

⑤ 徐有威主编:《口述上海: 小三线建设》,上海教育出版社 2013 年版,第 59 页。

⑥ 如贵池钢厂在一份征地报告中称,贵池钢厂职工和家属过万人,请求征用梅街大队 420 亩的毛草山、林山等用于建设“五・七农场”,自行种植蔬菜,以弥补副食品供应不足的问题,目的是“使广大职工和家属扎根三线”。参见安徽贵池县档案馆藏档:《关于征、拨土地申请书、协议书(1976 年 2 月 29 日)》,全宗号 15,卷号 90。

后方基地管理局，来管理皖南山沟里的那些工厂和单位。虽然皖南的后方基地与上海市相隔400余公里，但仍然是上海的一部分。上海小三线工农器材厂安徽征地工王志平回忆称，“当地人好像和上海人不搭界，上海人管上海人，当地人管当地人。经济上没有什么关系”①。“安徽认为小三线是上海的厂，他们不管”②。在性质上，小三线企业仅仅是上海企业在空间上搬迁到皖南而已。加之小三线厂的军工性质，具有高度保密性和封闭性，因而并未融入地方经济体系当中。城乡二元分隔体制造成小三线职工与当地农村人口之间并未发生实质性的融合。小三线的职工和家属属于吃商品粮的城市人口，尽管三线厂地处农村山区，但他们不可能融入到皖南的农村体系中去，而当地农民除了少数征地工外，更是无法逾越城乡壁垒，进入小三线厂的城市体系。小三线厂的男青年尽管找对象困难，但却极少娶当地女性，正是这种分隔的例证之一。体制上的分隔在无形中给小三线厂包裹了一层隔膜，使得它们几乎与皖南山区完全隔离开来。

依靠行政力量动员的小三线移民，缺乏必要的经济基础，一旦外在的行政动员压力消失，人口迁移便出现反弹。尽管并不能否认部分职工在内迁时是完全自觉自愿的，但同样也不可否认，外在的动员和政治压力是将职工从上海推送到皖南的主要力量。支内行动要求职工们为了国家的战略需要而牺牲了个体的物质利益，这种集体主义的做法在当时是一种被鼓励和赞扬的政治道德。然而政治道德并不能完全取代经济和物质的需求，对移民个人利益的损害，在根本上决定了小三线移民无法持久。“其实，到小三线大家都是不安心的，都想回上海。在那个地方，扎根比较难的，扎不下去。”③鉴于皖南山区与上海在生活、教育、医疗等各方面存在很大的差距，许多小三线的职工选择将妻儿子女留在上海而只身前往小三线。当时这种两地分居的状况相当普遍，因此，尽管许多小三线职工身在内地长达10余年甚至20余年，但其家庭、子女、父母等都在上海，因而根也还在上海。

当20世纪80年代初外在形势发生根本性变化时，小三线职工回沪的意愿便集体宣泄出来。1985年上海方面着手准备将小三线撤回上海后，上海后

① 徐有威主编：《口述上海：小三线建设》，上海教育出版社2013年版，第213页。
② 徐有威主编：《口述上海：小三线建设》，上海教育出版社2013年版，第154页。
③ 徐有威主编：《口述上海：小三线建设》，上海教育出版社2013年版，第139页。

方基地管理局下属的企事业单位的干部和工人都非常兴奋，他们激动万分地对担任上海小三线调整小组副组长的李晓航说："小三线调整是众望所归，没有一个人反对，都赞成，你干了一件大好事。"甚至表示待他们回到上海，要给李晓航树碑。与20世纪60年代层层动员不同，小三线的职工们为了自己的企业能早点回上海，"大家拼命生产，赚足回上海重建的钱"，这时候"是不用动员的"①。

（陈熙，复旦大学中国经济研究中心·智库博士后；徐有威，上海大学历史系教授）

① 徐有威主编：《口述上海：小三线建设》，上海教育出版社2013年版，第31页。

上海小三线与皖南地方关系研究*

李　云　杨　帅　徐有威

根据中共中央和国务院关于加强战备、巩固国防的战略部署，从1965年起上海在皖南先后建立了80家企事业单位，涉及钢铁、机械、仪表、电子、轻工、化工、电力和运输等行业，形成了一个以地方军工生产为主的全国小三线最大的综合性后方工业基地。上海在皖南的小三线从1965年筹建，到1988年完成调整结束，前后历经24年。在此期间，上海小三线与皖南建立了良好的互助关系。目前，学界关于上海小三线研究已有一些成果①，但涉及小三线与地方关系的学术成果尚不多见②。鉴于上海小三线是全国小三线建设各省区市中最主要最大的输出方，因此有必要进行全面深入的研究。

---

* 本文为2013年度国家社科基金重大项目"'小三线'建设资料的整理与研究"(13&ZD097)的阶段性成果。本文原载《安徽史学》2016年第4期。

① 主要成果包括徐有威、陈东林主编《小三线建设研究论丛》第1辑(上海大学出版社2015年版)；徐有威主编《口述上海：小三线建设》(上海教育出版社2013年版)；徐有威、吴静《危机与应对：上海小三线青年职工的婚姻生活》(《军事历史研究》2014年第4期)；徐有威、李云《困境与回归：调整时期的上海小三线——以新光金属厂为中心》(《开发研究》2014年第6期)；张秀莉《皖南上海小三线职工的民生问题研究》(《安徽史学》2014年第6期)；徐有威、陈熙《三线建设对中国工业经济及城市化的影响》(《当代中国史研究》2015年第4期)；徐有威、杨华国《政府让利与企业自主：20世纪80年代上海小三线建设的盈与亏》(《江西社会科学》2015年第10期)。

② 学界有关研究包括段伟《安徽宁国"小三线"企业改造与地方经济腾飞》(《当代中国史研究》2009年第3期)；王小蓉《略论三线建设在广安的发展及影响》(《中共党史研究》2013年第3期)；崔一楠、李群山《1965年四川广元对三线建设的支援》(《当代中国史研究》2014年第2期)；陈熙、徐有威《落地不生根：上海皖南小三线人口迁移研究》(《史学月刊》2016年第2期)；徐锋华《东至化工区建设述论——上海皖南"小三线"的个案研究》(《安徽史学》2016年第2期)。

一、相互支援，携手共建

上海地处长江中下游平原，地势坦阔，没有可供战略防备的腹地，根据"靠山、分散、隐蔽"选址原则，上海市委和市府经过多方调查和研究，最终确定皖南（包括浙西的临安）作为上海的后方建设基地，尤其是以皖南山区作为自己的小三线基地①。这为沪皖之间建立长达24年的关系奠定了基础。

（一）安徽对上海小三线的全力支持

上海小三线建立、生产与职工生活离不开安徽各级政府和人民群众的支持和帮助。

提供建设用地。上海小三线建设选择厂址时，严格按照"不占高产田，少占可耕地，不迁居民，便利居民"的原则②。尽管如此，小三线建设仍不可避免地占用了大量的可耕地。为了支援小三线建设，安徽专门划出9.27平方公里的土地，其中包括一部分良田，供上海小三线单位征用③。只要是小三线需要，当地政府和社员均全力支持和配合，作出了很多的牺牲和贡献。正因如此，上海小三线才得以在皖南山区有一个生存和发展的地域空间。

组织劳力参与小三线建设。上海在皖南建立80家企事业单位，建筑工程浩大，仅靠上海工人根本无法满足劳动力的需求。安徽为小三线建设组织两个建工大队、约400人和大量的民工，他们参与了修建公路、平整场地、架设电线、铺设石道、开沟护坡、建筑房屋、擦洗机器、装卸搬运和设备安装等工作，其中在抢建507工程中，贵池、东至、青阳和石台等县6个民兵团和副业队有1.5万人参加基建工作④，有的甚至为此献出了宝贵的生命。"仅据协同、协作、联

---

① 上海小三线共有81家企事业单位，其中80家建于皖南，另外有一家企业协作机械厂建在浙江临安。本文研究对象为上海小三线与皖南之间的80家企事业单位。

② 上海市档案馆藏档：《关于小三线地方军工厂的厂址选择和厂区布置的几点意见（1966年4月27日）》，档号：A381－351－93。

③ 上海市后方基地管理局党史编写组：《上海小三线党史（未刊打印稿）》，1988年4月，第49页。

④ 同上，第18、49页。

合三厂统计，当地农民在三线建设中牺牲的就达 11 人之多。”[①]由于皖南人民的积极参与和大力支持，小三线建设得以顺利展开，并以较快的速度完成了其基础设施建设。

供应建材。在基本建设时期，小三线基建所需要的大量材料，除钢材、木材、水泥和建设小五金由上海自己负责之外，其他材料如砖、瓦、石方、黄砂、石灰、毛竹等，均就地取材。安徽方面共为小三线支援砖 2 617 万块、瓦 581 万块，并帮助解决了建设所需的沙、石、木材、毛竹、煤、石油等问题[②]。由此可见，皖南在建材上保证了小三线基建需要。

加强小三线的保卫工作。小三线单位占地广而分散，道路长而迂回，保卫工作难度不小。为了维护小三线的生产秩序和社会秩序，安徽和上海于 1976 年 3 月在屯溪成立了后方基地中级人民法院(1979 年 3 月改设保卫处)，行使地市级审判机关的职权，业务上受上海和安徽高级人民法院的双层领导[③]。此外，小三线单位还与皖南联防，组织治保联防机构。安徽各级政府以及公安部门还协助上海小三线管理部分职工和家属的户口，处理一些较为紧迫的或涉及工农关系、地方的社会治安事件。这为上海小三线顺利实现军工生产和职工稳定生活提供了重要保障。

当地政府和民众为职工提供了大量的副食品供应，保障了职工的生活需求。在小三线基本建设时期，安徽省各级党政组织对上海小三线的基本建设给予了极大的支持，皖南专区、县以及公社、大队均有人员参加上海小三线各级基建组织的领导和现场工作，帮助解决基本建设中人力、物资、交通、用地等方面的困难，为小三线基建任务的完成提供了良好的社会条件。

(二) 小三线对皖南的无偿援助

上海小三线建设在得到皖南各级政府和广大群众支持和帮助的同时，也一直把支援皖南的企事业单位、政府及农村作为自己的一项日常工作。

---

① 上海市后方基地管理局党史编写组：《上海小三线党史(未刊打印稿)》，1988 年 4 月，第 50 页。

② 同上，第 49 页。

③ 《和汪道涵市长协商接收上海小三线》，徐有威主编：《口述上海：小三线建设》，上海教育出版社 2013 年版，第 17—18 页。

1. 加强地方基础设施建设

上海皖南小三线 80 个企事业单位，大部分位居深山密林中，这些地方缺乏必要的生活基础设施。随着上海小三线建设的全面铺开，这些情况均有所改变。

电力方面。当时皖南基本没有供电系统，仅个别地区通电，乡村山区则完全无电可供。小三线建设全面展开后，除扩建屯溪发电厂外，新建 3 家发电厂和 1 家供电所，并在皖南山区建成输电线路 1 483 公里；8 座 110 千伏变电站，共 21.79 万千伏安；17 座 35 千伏变电站，共 8.1 万千伏安①。小三线电网的建设彻底改变皖南无电、缺电的状况，为促进山区社会文化的提升、工农业生产的发展、山区居民生活的改善作出了贡献。尤其是 20 世纪 80 年代，上海将后方的 3 个电厂和 1 个供电所全部无偿移交给安徽，进一步强化了皖南电网的运行能力，令皖南工业发展得到保证。

交通方面。皖南境内四周皆山，交通相对闭塞落后。上海小三线所到之处，广大建设者逢山开路，遇水架桥。以 1965—1969 年为例，上海方面投资 120 万元，在绩溪修建专用公路 12 条，长达 46.2 公里②。位于贵池梅街的八五钢厂投资 60 万元，建造了长 208 米、宽 7.1 米的白洋河大桥③。皖南交通条件的改善，为促进小三线所在地的发展奠定了基础，同时扩大了皖南与外界的交流，也加强了皖南城镇之间的联系。

供水方面。在上海小三线到来之前，当地村民喝的都是没有经过过滤的井水和浅沟水，水源里含有血吸虫，血吸虫病发生率较高。小三线企事业单位将自来水接到工厂附近的农民家里，这为生活用水，以及农业生产用水提供了方便，同时改善了他们的卫生条件。

医疗卫生方面。小三线企事业单位先后在皖南建起了长江、瑞金、古田和天山职工医院，各单位也配有相应的医务室，其医疗力量、设备条件均相当于上海市级医院。小三线医院除服务于所属职工外，还将服务对象扩大到皖南

---

① 《上海后方电力处》，http：//www. shtong. gov. cn/node2/node2245/node4441/node58160/node59666/index. html。

② 绩溪县地方志编纂委员会：《绩溪县志》，黄山书社 1998 年版，第 315 页。

③ 宝钢集团上钢五厂档案室藏档：《近三年来我厂职工生活改善账（1982 年 5 月 30 日）》，档号：82－3－44。

民众，并将门诊费和医疗费价格调至低于小三线职工。这不但大规模提高了皖南的医疗卫生水平，而且改善了皖南民众看病难的状况。小三线医院还为皖南的医疗事业提供了无偿帮助，上海赴皖医疗队于1972年无偿赠送给宁国县2 000余件计划生育器械。

小三线企事业单位的浴室、食堂、小卖部等也定时向皖南民众开放，给当地人创造了讲究清洁卫生的条件，改善了他们的生活。

2. 扶植地方工农业的发展

上海小三线一直得到皖南各级政府和广大群众的大力支持。尽管上海小三线不属于皖南地方政府管辖，但是为了建设和生产的顺利平稳进行，上海小三线特别注意搞好工农关系，把支援地方工农业发展作为一项长期的工作。因此，上海小三线自建立之初就对当地源源不断地提供人力、物力和财力方面的援助。

人力方面。每到农忙时节，小三线各级党团组织经常专门设立支农领导小组，派出支农突击队帮助农民抢收抢种，同时组织运输队为社队运输物资，还调派机修队从事机械抢修，成立医疗队为人员卫生提供保障；为农村兴修水利，在灌溉农田、筑坝围垦等方面有所贡献；对皖南工业的发展提供技术人员，帮助培训技术人才。与此同时，上海调拨支援地方制砖机、轧石机和变压器等，并请来制砖技术员帮助各县砖、瓦窑厂提高制砖、烘烧技术，使砖、瓦质量有了很大提高①。小三线的新光金属厂为屯溪高压阀门厂培训炼钢工、化学分析人员，并派老师傅到该厂现场指导，传授技术②。据1972年不完全统计，812指挥部系统支援地方劳力近万人次，帮助地方收种面积1 200余亩、修理各种农具和农业机械1 800多台(次)、运输7万多吨③。

物力方面。小三线定期或不定期的对皖南给予物资上的支援。据1977年不完全统计，上海小三线共支援皖南小化肥厂设备6套，支援社队大拖拉机、手扶拖缆机300余台，汽车53辆，水泥2 000多吨，钢材376吨，还包括农

① 上海市后方基地管理局党史编写组：《上海小三线党史(未刊打印稿)》，1988年4月，第19页。

② 新光金属厂厂史编写组：《上海市新光金属厂厂史(1965—1986)(未刊打印稿)》，1986年12月，第29页。

③ 同注①，第47页。

机配件等[①]。在 1978—1980 年间，小三线定期支援的物资有钢材 4 185 吨、水泥 2 300 吨、载重车 53 辆、拖拉机 78 台，还有玻璃、汽车拖拉机配件、农用水泵、变压器、电动机、轴承、电线等[②]。小三线每年还为地方提供不定期的物资支援。可以说，对于皖南地方上提出的要求，小三线基本上能做到有求必应。

财力方面。为帮助地方建设，小三线在财力方面给予了许多支持。上海胜利机械厂 18 年间给所在皖南各方面的支援达 114 万元[③]。在扶植皖南当地企业工作中，八五钢厂从 1972 年投产至 1973 年 7 月不到两年的时间内，与皖南地方 102 家单位建立协作关系，支援地方工业 93 个品种，发生金额 17.8 万元[④]。当皖南干旱、洪涝等自然灾害困扰农业生产时，小三线便伸出援助之手，积极提供财力援助，为农民排忧解难。1983 年贵池县境内的小三线从企业基金中筹款 11 万元，外加上海市府拨救灾款 10 万元，支援贵池县恢复农业生产，战胜自然灾害[⑤]。

小三线建设时期，安徽各级政府积极响应"备战、备荒、为人民"的号召，动员和组织广大干部和群众积极参与到上海小三线的建设工作之中，并在土地、劳动力、物资方面给予了有力的支援。同样，上海小三线建设在发挥巩固国防建设和社会稳定作用的同时，对皖南山区的工农业、基础设施建设投入了大量的人力、物力和财力，为皖南的发展奠定了坚实的基础。安徽与上海在携手共建小三线的过程中建立了良好的互助与协作关系。正如一位当事人回忆的，"每当生产生活遇到困难，当地全力支持。他们（指当地）物资遇到短缺，我们会倾其所有"[⑥]。这是当时两者关系的真实写照。

---

① 上海市档案馆藏档：《关于上海后方基地建设的情况报告（1977 年 10 月 27 日）》，档号：B246－1－936－1。

② 上海市后方基地管理局党史编写组：《上海小三线党史（未刊打印稿）》，1988 年 4 月，第 47 页。

③ 同上，第 48 页。

④ 宝钢集团上钢五厂档案室藏档：《上海八五钢厂大事记》，1973 年 7 月 28 日，《情况汇报》第 21 期，档号：73－1－3。

⑤ 同注②，第 48—49 页。

⑥ 《生产，搬家，安置三不误的小三线调整》，徐有威主编：《口述上海：小三线建设》，上海教育出版社 2013 年版，第 62 页。

二、滋生矛盾，着力调解

小三线进入军工生产时期后，职工和当地人在文化娱乐、水电供应、土地征用和青年恋爱等方面有着愈加频繁的接触，由于工农、城乡之间差异的客观存在，当地人与三线职工、工厂与社队之间不可避免地会产生矛盾和利害冲突，这在一定程度上影响了两者关系。

（一）生活资源的纷争

日常生活中引发的风波主要体现在细微之处，如小三线职工与农民因看电影抢座位、买票引发的矛盾较为频繁。在享用小三线资源上，小三线职工认为皖南不应该无偿、优先占用他们本该享用的资源，这便为两者产生冲突埋下了伏笔。位于旌德县的小三线韶山电器厂，部分职工与当地社员因进厂看电影买票问题发生纠纷，引起严重冲突，两个月后才得以解决①。群星材料厂有部分职工和附近社员在看电影时为争座位闹起纠纷，发生械斗，被打的多至 29 人，其中重伤 9 人，造成厂、社群众相互戒备，对立情绪严重②。这些冲突严重影响了小三线正常的生产、生活秩序和工农关系。

为了让职工安心工作，小三线在职工伙食上下足了功夫，品种丰富花样多。皖南当地人喜欢隔三差五到厂里食堂消费，这样一来，厂里的职工就不够分了③。小卖部供应的商品，当地民众也会争相抢购，他们尤其喜欢抽上海出产的香烟，很多香烟被当地人买去，小三线职工对此有意见④。工厂与农民争夺水资源的摩擦也时有发生，其中八五钢厂与梅街村的矛盾最为突出。随着地方工农业经济的发展，地方对供水要求也越来越高，当地农民便在白洋河上游层层拦坝阻水，厂区四周的农民也有不少擅自接自来水进户，有的还要求厂方扩大放水

---

① 上海市后方基地管理局党史编写组：《上海小三线党史（未刊打印稿）》，1988 年 4 月，第 50 页。

② 上海市档案馆藏档：《关于群星厂认真解决工农纠纷 搞好工农关系的情况通报（1979 年 6 月 15 日）》，档号：B67 - 2 - 437。

③ 采访史志定（原八五钢厂团委书记），2011 年 2 月 24 日，史志定家。

④ 采访王金忠（原红星化工厂征地工），2012 年 7 月 23 日，王金忠家。

量，以满足农田灌溉。这样就造成工厂用水紧张。而且有的农民用水浪费严重，仅1984年4月至6月间，皖南地方用水竟达64.83万吨。为此该厂调小阀门，结果水管阀门被农民砸坏，有的农民甚至拔刀阻挠八五钢厂调节阀门①。

（二）由土地征用引发的冲突

皖南素有“八山一水半分田，半分道路和庄园”之说。上海小三线建设征用了当地的大量土地，其中包括一部分良田。这些被征地地区大多地少人多，一般每人平均只有土地一亩左右，有关社队在征地后劳动力过剩的矛盾比较突出。如绩溪县汪村生产队原有耕地174亩，被征用了124亩，剩下耕地50亩，人口155人，人均只有3分多土地②。征地引发的矛盾虽然以招工方式解决一部分失地农民的就业问题，但多数农民还是要自谋生路。因征地而失地、没有出路的问题加剧了双方关系的紧张，甚至上升到武斗、肢体冲突的程度。较为严重的一次发生在1973年5月13日，万里锻压厂的工人和社员发生冲突，起因是该厂为筹建而征地，造成农民失去土地，又因地方上没有及时做好工作，农民就把路拦断，不许厂里的人进出。此事两个星期左右才得以解决。另外，上海小三线某些企业的三废问题，也给双方关系带着困扰③。

（三）由青年恋爱引发的风波

上海小三线由于工厂性质和历年需要增加劳动力的关系，男女青工比例严重失衡。因各种条件限制青工的婚姻始终无法得到根本解决。同时，小三线部分已婚职工因长期分居过着无性生活，这些导致了小三线强奸、通奸和猥亵等现象时有发生。这种现象不仅限于小三线职工之间，还有小三线部分男职工与皖南女性发生两性关系。如一些青壮年男职工利用肥皂和牙膏这种小恩小惠和皖南有夫之妇进行性交易④。利民机械厂一位车间主任和本厂一位

---

① 宝钢集团上钢五厂档案室藏档：《地方与我厂争水矛盾进一步突出(1984年8月15日)》，档号：84-1-1。

② 上海市劳动局革命委员会：《关于皖南后方企业吸收一部分征地农民的请示报告(1970年10月17日)》，王昌法提供。

③ 《地区组组长眼中的上海和安徽的两地关系》，徐有威主编：《口述上海：小三线建设》，上海教育出版社2013年版，第97页。

④ 采访马斌昌(原利民机械厂工会主席)，2011年11月10日，上海大学A506室。

职工皖南农村的配偶发生婚外恋，在当时的高压政策下，女方服毒自杀，这位车间主任割腕自杀未遂[①]。由男女比例失衡、夫妻长期分居问题诱发的不道德和犯罪行为给两地关系蒙上了阴影。

两者的矛盾与冲突还贯穿于日常生活与交往中。小三线给当地带来了不少福利，但有些农民希望得到更多的实惠。一般说来，皖南提出的要求小三线方面总是设法予以满足。但有时候因提出的要求过多、过高就无法满足，一旦他们提出的要求得不到满足时，就会发生各种各样的刁难[②]。与此同时，小三线的优越生活让皖南民众羡慕乃至嫉妒，这种心态有时会转嫁到对两地关系的处理上，出现“敲竹杠”现象。八五钢厂职工由于操作不慎，误将少量污水溢进附近池塘，引起农民不满，最终以答应给该村安装两只生活用水阀门和在干旱季节帮助地方解决灌溉用水的条件，矛盾才得以缓和[③]。

皖南小三线 80 个企事业单位，分散在皖南的 50 多个公社 100 多个生产大队之中，厂区与农民田舍形成交错接壤的格局。因此，本着“加强工农联盟”的原则，小三线在发展生产与解决职工生活等方面都与地方有着密切的联系。如看电影，成为那个时代特有的文化娱乐方式，对职工和当地老百姓来说就像是盛大节日一般。当时小三线规定：凡小三线单位放映电影或演出文艺节目等，都给当地民众以方便，一起观赏。每次放映电影，当地老百姓就会携老带幼，无论严寒酷暑，都会赶来观看。上海话剧团、上海滑稽剧团和上海沪剧团等时常来后方演出，小三线企业的文艺队也会到地方乡镇进行演出，这些文娱活动让小三线工厂方圆几十公里的老百姓得到了精神上的享受。小三线建设需要大量的劳动力，这为当地人提供了挣钱的机会，一大批农民利用农闲时间到小三线建筑工地做小工，或者是到工厂里做临时工，赚取一笔不薄的收入。小三线建设者的到来扩大了对皖南农副土特产品的需求，“这些产品遭到（小三线职工的）哄抢”[④]。看到这种情况，当地人就把老母鸡、鸡蛋、芝麻、核桃、花

---

① 采访史志定（原八五钢厂团委书记），2011 年 11 月 8 日，史志定家。

② 《艰苦创业的小三线人》，徐有威主编：《口述上海：小三线建设》，上海教育出版社 2013 年版，第79 页。

③ 宝钢集团上钢五厂档案室藏档：《地方与我厂争水矛盾进一步突出（1984 年 8 月 15 日）》，档号：84-1-1。

④ 《一位上海籍安徽县长经历的上海小三线建设》，徐有威主编：《口述上海：小三线建设》，上海教育出版社 2013 年版，第 194 页。

生、蔬菜等带到小三线厂门口摆摊叫卖，这无疑增加了他们的现金收入。此外，小三线先后从当地招收1 000余农民成为工厂正式职工，他们享受与小三线职工同等待遇，成为当地高收入人群。显然，皖南民众成为小三线建设的最大获益者。

由上文可以看出，摩擦与利害冲突主要局限于工厂与社队、职工与社员之间，上海、小三线与地方政府为了维持后方安定团结的局面，始终保持着密切的关系。虽然上海小三线与皖南地方存在矛盾与冲突，但在主流上，两者的关系还是较为融洽的。为巩固和加强小三线与地方的关系，保证小三线在安定的环境中进行生产，后方各级党组织与当地各级干部每年在春节前夕相互拜访、召开一次联席会议，互相征求意见和要求，不断增强工农团结，小三线的主动支援促使了企业与地方的和谐融洽关系的持续。在工农关系、两地关系问题上，沪皖政府均以“巩固工农联盟”的原则对待与处理，从而使得上海小三线在“厂社不分”格局下与当地农民保持相对稳定的关系。同时，上海小三线给当地民众带来了很多好处，当地民众也对这些好处产生了依赖。小三线军工生产需要当地政府与人民的支持和保护，安徽各级政府也以实际行动确保了上海小三线军工生产的顺利进行。因此，基于相互依存和相互支持的关系，两者实现了相对融洽的共处。

三、文化碰撞，渐趋融合

传统的二元经济结构，造成中国城乡的经济社会差异较大。20世纪六七十年代的皖南基本保持着“日出而作，日落而息”的农耕社会状态，工业文明程度较低。三线建设者对当地的初始印象是山区既没有路、没有电，也没有水，绝大多数人连县城都没有去过。有的老百姓甚至穿的还是长袍马褂，竟问现在是民国几年①。随着小三线建设者的进入，汽车、电灯、电扇等工业文明产物开始出现在皖南山区，当地农民对此是闻所未闻见所未见，甚至作出了令人匪夷所思的举动，如“用灯泡点烟”、“给汽车喂草”，就连女职工穿裙子也被认为

① 采访王洪志(原后方基地管理局局长)，2011年4月14日，王洪志家。

是有伤民风之举[①]。这些让上海小三线干部和职工感到“荒谬”和“不可思议”。

上海作为全国最为发达的工业城市，其经济、文化和物质生活水平均比皖南地区发达和优越。在工业文明熏陶下长大的小三线建设者，从发达、繁华的都市进入落后、闭塞的山区，因生活水准、价值观念的差异，文化的冲突、误解与碰撞难以避免。上海人对当地农民存在歧视心理，而且这种歧视无处不在。如大部分小三线青年职工即便找不到对象，也极不愿意与当地青年结婚，否则“感觉会抬不起头，会被人家瞧不起”[②]。小三线职工一般是在下班后洗澡，而当地农民摸清规律后很多提前去洗澡，他们对此就有意见，原因是嫌他们脏[③]。上海人的优越感让他们“不屑于与之(农民)交往”[④]。小三线职工工资高，待遇好，吃得好，穿得好，生活质量与当地有着天壤之别。相形之下，皖南民众的生活和条件则要艰苦得多，这种强烈的反差极易导致部分人的心理失衡。因此，在当地“上海佬，有钞票，吃得好，穿得好，死得早”的顺口溜不胫而走[⑤]。上海人则回击道:“安徽佬吃猪草，死得早。”[⑥]由于小三线的特殊性，长期处于保密状态，且在生产、行政和业务上不受安徽各级政府管辖，这自然也限制了小三线职工与当地人的交往，这种关系很难由疏离、隔绝转变为接近、融合。

尽管如此，皖南民众与小三线建设者渐趋融合的迹象日益明显。随着小三线保密性的弱化，三线建设者与当地民众的交往逐渐增多，在“小社会”中上海作为都市文化和时尚元素的先行者和引领者，其生活方式、文化习俗、思想观念对皖南民众产生了潜移默化的影响。尤其是征地工，从饮食、语言、穿着、发型、卫生到工作直接受到上海人的熏染。同时，一部分小三线建设者也主动与当地人保持着密切关系。

上海人精致、时尚的着装风格成为当地民众学习和效仿的范本。皖南人从衣着的衣料上、衣服的式样上进行模仿，“上海人当时穿的裤子，很窄的裤脚，只有五寸或五寸半，……我们这里原先穿的是大脚裤，但此后也逐步改为

---

① 采访袁福龙(原红星化工厂总务科科长)，2012 年 7 月 3 日，袁福龙家。
② 采访佘牛生(原八五钢厂货车司机)，2012 年 6 月 28 日，佘牛生家。
③ 采访郑金茂(原后方基地管理局党委副书记)，2011 年 2 月 14 日，郑金茂家。
④ 徐国利:《我记忆中的皖南上海小三线》，《世纪》2013 年第 6 期。
⑤ 采访毛德宝(原后方基地管理局宣传组副组长)，2011 年 5 月 7 日，毛德宝家。
⑥ 采访朱仁锡(原后方基地仪电公司工会主席)，2010 年 5 月 20 日，朱仁锡家。

小裤脚了"[①]。"以前我们农村里是不穿胸罩的，后来上海人来了，我们就懂了，我们就跑到三线厂小卖部去买，我们附近的小女孩也跟着穿了。确实，我们这里的小女孩出去，感觉总比其他人都洋气一些。"[②]通婚、学说上海话亦是两地文化趋向融合的体现。由于小三线男女青工比例严重失衡，部分职工通过与当地青年通婚来解决婚恋难的问题。当地青年与小三线职工结婚后，久而久之，穿着打扮和上海人一样了，上海话也都会讲了。不仅如此，征地工、附近村民因与小三线职工经常接触，也都能听懂上海话、会说上海话。上海人也能听懂、会说一些当地话。

受到上海小三线的影响，皖南居民的饮食习惯也发生了改变。当地居民一向不吃黄鳝、甲鱼、螃蟹、螺丝等，这种饮食风俗自从小三线进山之后有所改变。他们逐渐吃起这些曾被视为禁忌的食物[③]。此外，上海小三线企业的制度规范和职工严谨踏实的工作作风，潜移默化地提升了当地干部和群众的文明素质。

小三线企事业单位小卖部的日用百货种类繁多，且质高价廉，很受皖南当地居民欢迎。他们会通过关系让小三线职工在厂内小卖部购买或从上海捎带一些稀缺或高档物品，这在很大程度上满足了他们物质生活上的享受。同时，小三线职工也会经常到农民家里买一些土鸡蛋、老母鸡和茶叶等。久而久之，他们在生活上形成了你来我往的现象。这种民间的交往与互动直接推动了工农、城乡之间的交融。

小三线的建设，改变了皖南以前封闭式的生产、生活方式，小三线建设者带去的生活习惯、都市文化和先进理念，无疑对皖南山区民众拓宽眼界和提升素质起到促进作用，而且这种作用随着时间推移愈加明显。"时间一长，安徽本地和我们小三线逐步趋同"[④]。上海作为先进文化、现代文明的引领者、传播

---

① 《我要嫁人了，和你说一声》，徐有威主编：《口述上海：小三线建设》，上海教育出版社 2013 年版，第 203 页。

② 采访张要华、杨爱玉（原上海小三线龙江水厂所在地村民），2012 年 7 月 31 日，安徽省东至县龙江水厂龙江饭店。

③ 采访王秉福（原跃进机械厂党委副书记），2015 年 7 月 20 日，上海丰收日饭店（普陀店）。

④ 《生产，搬家，安置三不误的小三线调整》，徐有威主编：《口述上海：小三线建设》，上海教育出版社 2013 年版，第 62 页。

者，具有极强的影响力和向心力，融合必然成为两者关系的一种新趋势，这种关系为小三线建设与生产创造了良好的外部环境。

四、顺利交接，共同改造

在 1978 年 12 月召开的中共十一届三中全会以后，国家的国防工业政策发生变化，上海小三线在前方的大力支持下，采取多种措施积极发展民品生产。但随着经济体制改革的深入，企业的困难和弊端愈加凸显；加之小三线企业远离上海，青工婚姻、夫妻分居、子女教育等问题长期得不到解决，使职工无法安心于后方。为妥善解决这些问题，上海市相关人员多次深入皖南小三线进行调查研究。根据国家小三线工作会议精神，立足于"开发山区，建设皖南"的原则，上海决定撤销或转移军品生产任务，并将小三线资产无偿移交给安徽就近就地改造利用，绝大部分职工回沪参加联营建设。

上海移交给安徽的固定资产原值 56 103.08 万元，净值为 37 441.29 万元；国拨流动资金 7 876.96 万元（内含货币资金 1 415.55 万元），企业流动资金 9.72 万元；留皖职工安置费 1 322.1 万元①。这些小三线资产对于安徽来说是笔不小的财富。如徽州地区有上海小三线企事业单位 48 个，固定资产原值 3.2 亿元，净值 2 亿元以上，原值相当徽州地区工业企业固定资产的总和②。安徽本着"保护和发展生产力，择优搞活现有企业，提高经济效益，使其成为当地工业的骨干力量"③的指导思想，立足小三线的现有条件，立足当地资源和产品优势，大力发展县域经济。至 1988 年 8 月，皖南 53 个小三线企业有 48 个得到了利用，共办成全民企业 50 个、乡镇集体企业 25 个，从业职工 1.5 万余人，其中新招收职工 5 500 余人。在这些企业中，有 25 个企业已成为县（区）、

---

① 宁国市档案馆藏档：《关于上海在皖南小三线交接工作结束的报告（1988 年 8 月 20 日）》，档号：85－15.W－1－32。

② 宁国市档案馆藏档：《徽州地区积极改造利用小三线企业（1986 年 6 月 21 日）》，档号：85－15.W－1－12。

③ 宁国市档案馆藏档：《上海市人民政府 安徽省人民政府关于上海在皖南小三线调整和交接的商定协议（1985 年 1 月 28 日）》，档号：85－15.W－1－46。

市的骨干企业①。

改造利用最为成功的当属宁国县。宁国小三线经改造利用后，新办 19 个全民所有制和集体所有制企业，初始就取得了较好的经济效益，1988 年创产值 6 138 万元，利税 887 万元②。宁国将小三线企业与县内的乡镇企业发展结合起来，为该县经济腾飞奠定了坚实的基础，使该县不仅成功摘掉了贫困帽子，还一跃成为全国百强县。另外，依托于小三线自强化工厂原有的水、电、交通基础设施和厂房、设备、资金发展起来的东至县香隅化工园，是安徽省最大的精细化工产业聚集地和重要的化工基地。宣城接收小三线资产近 3 个亿，以及一批上海技术人员，三线资产和技术人员为宣城地区的经济发展奠定了坚实的基础，20 世纪 90 年代，宣城地区的经济发展出现了“一江春水向东流”的大好形势③。

这些成就得益于上海小三线奠定的工业基础，更离不开上海在调整改造过程中给予的支持和帮助。上海根据分批交接的时限，通过帮助和配合安徽培训技术工人，提供技术资料，协助衔接供产销渠道，动员部分管理人员、技术人员和生产骨干留在皖南一段时间等措施，支持和帮助皖南改造利用小三线企业。同时，上海有关工业局的领导亲自到皖南小三线考察，并和地方政府磋商，就部分企业的改造、利用签订了发展横向联营的协议。如贵池以“贵申情”为纽带开展联谊活动，与上海先后洽谈了意向性的大小项目 12 个，接受了一部分扩散产品加工业务④。有些单位为发展皖南经济，还从资金上支援地方发展通讯、旅游、文教事业等，如 260 通讯站为帮助皖南地方进行并网技术改造支援 150 万元，将小三线 13 条直通上海的电话线路分别并入当地的通讯网，改善了当地的通讯条件⑤。

---

① 旌德县档案馆藏档：《接收、利用皖南小三线 发展安徽经济(1988 年 8 月 19 日)》，档号：9－53。

② 宁国市档案馆藏档：《宁国县沪属小三线调整交接工作总结(1989 年 3 月 11 日)》，档号：85－15. W－1－46。上海小三线对宁国企业的贡献情况，详见段伟《安徽宁国“小三线”企业改造与地方经济腾飞》(《当代中国史研究》2009 年第 3 期)。

③ 顾许胜：《敬亭山下，一江春水向东流——安徽宣城地区一瞥》，《解放日报》1995 年 7 月 2 日。

④ 《贵池县小三线调整交接工作总结(1988 年 5 月 4 日)》，张维德提供。

⑤ 上海市档案馆藏档：《关于小三线调整工作的总结报告(1991 年 9 月)》，档号：B67－1－312。

20 世纪 80 年代，正值安徽大力发展全民所有制和集体所有制经济之际，上海小三线资金的注入无疑对当地乡镇工业发展意义重大。历经多年，在依托上海小三线的基础设施、机器设备和流动资金的基础上，皖南有的企业成为县内的工业桥梁和经济支柱。时至今日，这些企业仍然是推动皖南城镇经济发展的重要力量。在上海小三线建设期间，不少皖南民众通过和上海小三线企事业单位的接触，学会了不少现代企业的管理方式和理念，同时接触到了皖南山外的世界，这些给他们发展带来的益处，更是潜移默化。“好山好水好风光，好人好马好刀枪”曾是两者关系的写照，这种关系并未随着 20 世纪 80 年代中期上海小三线建设的结束而终止，因小三线建设结缘的三线人与皖南人在当今仍在延续与传递着这种情缘。

综观上海小三线与皖南长达 24 年的关系，经历了协作与互助、冲突与矛盾、接纳与融合的演变过程，可以清楚地看到，协作与融洽是主流，矛盾与冲突是支流。在两者关系的构建过程中，上海小三线在为国防现代化建设和国民经济建设作出贡献的同时，根据“厂社结合，以厂带社”的要求，改善和提升了皖南山区交通、教育、医疗、娱乐生活等，带动了落后山区的社会进步，推动了皖南地方经济发展和技术水平的提高，对皖南山区的建设和发展产生了深远的影响，而且为当地留下了一笔宝贵的国有资产和设备，为其后续发展作出了较大的历史贡献。另一方面，安徽各级政府和民众积极响应党的号召，充分调动社会各方力量，全力以赴地做好各种支援工作，推动上海小三线建设和生产顺利开展与进行。显然，在两者的关系中，上海小三线主要起到支援与推动的作用，安徽则肩负着援助与配合的任务。尽管两者因经济、文化上的差异产生了种种矛盾与冲突，上海小三线各级党组织与皖南地方政府共同努力促使两者关系，始终沿着支援与协作的主流方向发展。需要特别指出的是，这种相对稳定的关系使得双方在整个小三线建设时期达到了共赢的目的。两者多维关系对新时期沿海与内地经济关系的构建、发达地区与落后地区关系的处理也具有一定的借鉴意义。

（李云，上海大学历史系博士研究生，淮北师范大学历史与社会学院讲师；杨帅，上海大学历史系硕士研究生；徐有威，上海大学历史系教授）

北京小三线建设研究

李晓宇

北京小三线建设是在中共中央号召下作为全国三线建设的补充而进行的。自 20 世纪 90 年代开始有学者对三线建设进行研究以来，成果颇丰，但多集中在全国大三线建设，而对各省市的小三线建设关注不够，关于北京的小三线建设的研究更是寥寥无几。北京市委党史研究室张惠舰近年发表的《20 世纪 60 年代北京小三线建设》①和《鲜为人知的北京小三线》②均是介绍北京小三线的文章。前者是一篇北京小三线建设亲历者的口述文章，口述者苏兆林曾历任北京市计划局基建科科长、市计委基建处负责人兼任市小三线建设领导小组办公室主任及市基本建设委员会副主任等职，文中介绍了北京小三线建设的两个主要建设项目以及其他配套项目的情况，但不甚详细。后者将北京小三线建设分为快速建设阶段、稳步推进和局部调整阶段以及全面调整和结束阶段三个时期，简单勾勒出了北京小三线建设的始末，但不够深入全面。笔者在占有众多一手档案资料和厂志资料的基础上，对 20 世纪 60、70 年代北京小三线军工厂建设的情况做一梳理。

一、北京小三线建设的规划

1964 年中共中央和国务院在提出三线建设的过程中，对各省市开展的小

---

① 苏兆林、张惠舰：《20 世纪 60 年代北京小三线建设》，《当代北京研究》2014 年第 1 期。

② 张惠舰：《鲜为人知的北京小三线建设》，《前线》2014 年第 2 期。

三线建设做出了部署。毛泽东在6月8日的中央政治局扩大会议上提出:“沿海各省要搞些手榴弹、炸药厂,军工厂”,“每个省都要有一、二、三线嘛!”①随后,地方小三线军工建设,是在中共中央、国务院、中央军委统一部署下,由国务院有关部(委)具体组织,各中共中央局、大军区和省区市直接领导下进行的。为了加快地方军工建设,做好组织领导工作,各中共中央局、各省区市和国务院有关部门都确定和成立了由各级领导亲自挂帅的专门领导机构。北京市当时成立的地方军工建设领导机构称为“北京国防工业委员会”,由副市长贾庭三任主任,副市长韩伯平、王振武任副主任②。1964年10月,根据中央小三线建设精神的指示,在市委副书记刘仁的亲自指挥下,北京后方基地建设开始选址、规划③。

(一)选址规划

北京小三线建设是在全国小三线建设的部署要求下,根据本地区的实际情况进行规划的。根据中央建设小三线要求“靠山、分散、隐蔽”的原则,北京的后方基地只能在离海远、距山近、地形复杂的地区进行建设。1964年北京市战备小组向市委的一份报告中阐述道:“北京辖区现有面积一万六千八百平方公里,东西长一百六十九公里,南北纵深约一百七十公里,从战略上来看,显然不易部署。因此,北京北部白河沿岸只能作为北京的第二线,北京的三线需要部署在张家口地区和雁北地区。张家口地区和雁北地区应当成为北京后方屯兵机动的基地,担负支援和保卫首都的作用。”④

---

① 陈夕总主编、陈东林执行主编:《中国共产党与三线建设》,中共党史出版社2014年版,第52页。

② 《当代中国的兵器工业》编辑部:《地方军事工业(内部发行)》,1992年印刷,第28—29页。

③ 关于北京地区具体何时开始小三线建设的,目前笔者并未找到相关档案文件显示。此说法系960厂厂长张绍先在回忆文章中所述,但在档案中有一份市战备小组向市委的《关于建设北京后方的初步规划意见的报告》,时间是1964年11月25日,与前1964年10月相悖。笔者在此做出解释如下:由于建设工作在当时的紧迫性,且选址工作繁复、耗时,因此可能提前进行选址工作,而书面报告则于其后形成。

④ 北京市档案馆藏档:《关于建设北京后方的初步规划意见的报告(1964年11月25日)》,《市战备小组、华北局计委、市计委有关三线建设的计划、投资物资等有关文件》,档号:005-001-01385。

北京市委1964年12月制定的《关于建设后方的初步规划的报告》对北京市后方建设作了初步规划：北京东南为开阔平原，西北是山区，回旋余地小，除了在门头沟的斋堂地区和密云水库西北地区发展一些小规模的建设外，还需要和河北省的张家口地区、山西省的雁北专区共同组成起来，进行后方建设。据我们初步研究，三年中迁一部分工厂到下列两个地区：一是白河上游的龙关、赤城一带。这一带向东可以与冀、热、辽相连，向西可以与张北地区相连，可以作为北京的后方基地之一。二是蔚县、广灵地区。因此，北京市小三线建设的选址计划定在河北省赤城县和蔚县①。

(二) 项目规划

北京市后方建设基地确定较早，因而小三线建设开工早、见效快，其重点是在山区建设能够保证战争时需要且保密性较强的项目。为了实现地区经济和军事工业的自给自足，在主体建设军工项目的前提下，北京市在这些地区还发展了小电力厂、小化肥厂、小电站等小型配套工业，力图建成"小而全"的工业体系。

1964年，北京市小三线领导小组根据具体情况对本市后方基地建设做出了初步规划。根据建设项目的性质，可分为军工项目和配套项目。此外，还对迁建工厂作了规划。

1. 军工项目

军工项目主要是指生产供应部队战时所需常规兵器的军工厂。根据全国各大军区协调发展的要求，北京市计划两年内建成五个军工厂，即年产56式7.62毫米半自动步枪15 000支的枪厂，年产枪弹2 300万发、爆破筒一万支的子弹厂，年产手榴弹一百万个、地雷十万个的手榴弹地雷厂，年产82迫击炮2 000门的炮厂以及炸药厂。其中，枪厂、子弹厂拟建在后城地区，手榴弹地雷厂、炮厂和炸药厂拟建在蔚县。为配合以上五个军工厂的生产，另外迁几个木材厂，铸、锻厂，修理厂，既为当地农业服务，又和军工厂协作。

---

① 《当代中国的兵器工业》编辑部：《地方军事工业(内部发行)》，1992年印刷，第32页。

2. 配套项目

配套项目主要是为辅助以上五个军工厂的建设和生产而规划的。其中包括山区道路和通讯设施建设、物资储备和仓库建设、后方农业建设、文教卫生建设等。

建设山区道路是建设北京后方的首要环节，不但可为建设后方创造条件，而且是战时部队调动人口疏散所必需。小三线建设开始之前，北京有公路3 000公里，远郊区公路只有2 000公里，其中山区道路只有800余公里，北部西部山区均不能畅通。因此，三年中除原平公路已经列入交通部计划外，还计划在北京境内修建主要公路400公里，主要包括：一是打通北京到北郊山区、西部山区的三条主要干线（北苑经小汤山、秦城、九凌、四海至琉璃庙一条，怀柔至丰宁公路的北段一条，三家店至雁翅一条）；二是修建两条沿山公路，即怀柔至昌平、温泉至三家店；三是修建部分山区内部的贯通线，主要是清水至堂上、色数坟至谭拓寺；四是修通近郊区南部的环路，包括长辛店跨永定河至黄村一条、南大红门至马驹桥一条。在桥梁方面，除将城区主要干道上载重量过小的桥梁（如木樨地、广安门、复兴门、广渠门、阜成门、西直门、永定门等）加以改建外，还计划修建马各庄、拒马河（在张坊）、潮河（在密云县城东）等三座大型桥梁。关于通讯问题，计划将郊区县与县间的环路修通，对已有的质量太次的加以改建。此外，新建从北京经延庆到后城、从北京经怀柔到官帽山修两条十二路的载波线路。另外，增设小型电台30部。

物资储备和仓库建设主要是为保障军工厂职工生产生活而规划的项目。北京市计划第一步先建设能储备20万人（第二步50万人）一年用的粮食、食油、盐等生活资料的仓库，并相应地建设储存钢材、木材、水泥、石油等生产资料的仓库。

后方农业建设可以保障军工厂战时的粮食供应。在后方基地进行造林、水利等建设外，还计划建设两个年产五千吨的合成氨厂，生产硝铵，以提高粮食产量。

关于文教卫生建设，计划在后方办六个至七个半工半读学校，必要时还考虑将工业大学、农业大学迁去一部分，并且在后方建设三个小型医院。

以上各项建设的投资，据初步估计约需一亿六千五百万元，其中地方军工2 800万元，迁建工厂约需6 000万元，道路通讯（铁路未计在内）4 700万元，仓库建设(地方投资)2 000 万元,文教卫生建设 1 000 万元①。

表 1　北京市后方基地三年建设计划项目表

项　目	地点	建设性质	建成时间	规　模	投资(万元)	备　注
共计					7 190	
一、地方军工					1 730	
1. 7·62 半自动步枪厂	河北后城	新建	1965	年产 1.5 万支	650	包括木工及铸锻车间
2. 7·62 枪弹厂	河北后城	新建	1965	年产 2 300 万发	450	
3. 82 迫击炮厂	河北蔚县	新建	1966	年产 2 000 门	300	1965 年先在人民机器厂试制 1966 年建厂
4. 手榴弹地雷厂	河北蔚县	迁建	1966	手榴弹 200 万支,地雷 10 万支	230	
5. 炸药厂	河北蔚县	迁建	1967		100	
二、配套工厂					590	
1. 蔚县电厂及输电线路	河北蔚县	迁建	1966	安装 1 500 KW 发电机组	200	
2. 延庆到后城输变电线路		新建	1965	架 3.5 万伏线路、45 公里并建设电站	150	
3. 蔚县铸锻机修厂		迁建	1966		150	
4. 蔚县木工厂		迁建	1966	加工手榴弹柄及包装箱	90	
三、后方公路建设					3 470	
1. 军庄到蔚县西合营(北京段)			1966	新建 65 公里,整修 35 公里	1 100	

① 北京市档案馆藏档:《关于建设北京后方的初步规划意见的报告(1964 年 11 月 25 日)》,《市战备小组、华北局计委、市计委有关三线建设的计划、投资物资等有关文件》,档号:005-001-01385。

续 表

项　　目	地点	建设性质	建成时间	规　　模	投资(万元)	备　　注
2. 清水到堂上			1966	长 20 公里(包括打洞 15 公里)	150	
3. 延庆到赤城			1965	新建 30 公里,改建 23 公里,建 160 米长桥梁一座	500	
4. 昌平到怀柔、密云巨各庄到墙子路		新建	1966	长 69 公里	350	
5. 北苑到小汤山,泰城到九渡,四海到琉璃庙到对营子			1967	新建 90 公里,改建 45 公里	1 000	
6. 温泉到三家店		新建	1967	长 12 公里	60	
7. 密云潮河桥		新建	1966	150 米/1 座	150	
8. 马各庄桥		新建	1965	100 米/1 座	160	
四、防空指挥部		新建	1966		300	1965 年施工
后方通讯					1 100	
1. 延庆—后城架线及建局		新建	1965	线路 50 公里,装三路载波机	100	
2. 板桥—西合营架线		新建	1965	线路 150 公里,十二路载波机 1 套,三路载波机 2 套	130	
3. 板桥—门头沟电线		新建	1966	电缆 40 公里,三路载波机 5 套	124	
4. 板桥建局		新建	1966		60	
5. 西合营建局		新建	1966		70	
6. 玉皇庙—西合营架线		新建	1866	线路 170 公里,三路载波机	130	
7. 玉皇庙建局		新建	1965		40	
8. 板桥—百花山建局		新建	1966	装三路载波机	30	

续 表

项　　目	地点	建设性质	建成时间	规　　模	投资(万元)	备　注
9. 北京市内环架线		新建	1966	线路 180 公里，三路载波机 4 套	110	
10. 板桥—固安架线		新建	1967	线路 50 公里，载波机 2 套	49	
11. 火头山—延庆褂线		新建	1967		40	
12. 西合营修配厂		新建	1967		60	
13. 购设备		新建		购车 11 辆，小型电台 15 个	75	
14. 京张线改道		新建	1967	立杆 60 公里，改线 720 公里	40	
15. 京承迂回线路		新建	1967		42	

资料来源于北京市档案馆藏档：《北京市计划委员会报送北京市后方基地三年建设计划(1964 年 11 月 25 日)》，《市战备小组、华北局计委、市计委有关三线建设的计划、投资物资等有关文件》，档号：005-001-01385。

（三）迁厂规划

北京除了根据国家统一安排将一部分重要的关键工厂迁到全国的三线地区以外，还计划迁一部分比较重要的工厂到北京的后方，平时支援当地生产建设，战时生产军需品。根据 1964 年 9 月 3 日拟定的文件《关于迁厂的初步意见(草稿)》，当初设想的是尽先迁建经济建设、国防建设和人民生活必不可少的重要短线产品，按照专业化生产和协作方向，尽可能成组、配套地迁建。文件还讨论了主要迁哪些工业、如何成组配套的问题①。在这份草案的基础上，北京市战备小组在《关于建设北京后方的初步规划意见的报告》中对迁厂问题作了初步规划："(1) 要尽可能成套，从原料、材料、原件、组装，要尽可能基本上在当地解决。(2) 迁去的工厂主要采用一分为二的办法，将现有工厂的主

① 北京市档案馆藏档：《关于迁厂的初步意见(草稿)(1964 年 9 月 3 日)》，《市计委关于小三线建设迁厂问题的有关文件》，档号：005-001-01380。

要车间(工段)迁出一部分,人数一定不要多,在后方建设几组精干的、小型的、专业化生产的工厂。(3) 迁到后方的工厂有的需新建厂房(或打山洞),有的则尽量利用当地的已建厂房,有的可以将技术力量和工艺装备合并充实到后方的现有工厂中去。(4) 此外,已经列入计划的新建扩建项目,凡不适于再在北京市区内建设的,应当坚决改在后方地区建设。”报告还提出,根据以上几点原则,初步规划三年中要迁到北京后方 60 个工厂,人数约为 1.5 万人。主要涉及六个组:① 无线电、半导体工业组:将生产中小型无线电收发报机(民用产品为收音机)的工厂迁一组去。将七七四厂、七一八厂、广播器材厂、北京无线电厂、电子仪器厂的部分车间迁出。另将北京化工厂生产硅的原料的车间(三氯氢硅、钨酸铵、钼酸铵),北京玻璃厂生产硅单晶的车间、椿树整流器厂、北京半导体研究所、电池厂各迁出一部分。② 机电工业组:主要迁一些精密机械工厂,如精密机械研究所、仪表机床厂、机床二厂等,另外迁一部分生产电机电器的工厂,如低压电器厂、开关厂、微电机厂和必要的电气材料。③ 冶金工业组:利用张家口未建成的工厂,迁建一个年产 5 万吨到 10 万吨的钢厂,既能冶炼和轧制一般钢材,又能冶炼、轧制部分合金钢材。④ 仪器仪表工业组:主要迁一部分生产精密仪器仪表的工厂,如光学仪器厂、北京电表厂、北京仪器厂、气体分析器厂、地质仪器厂的一部分。⑤ 化学工业组:将化工厂的超纯试剂精密试剂部分、化工三厂的助剂溶剂部分以及工业橡胶杂品等工厂迁去。⑥ 部分轻工业工厂及修配修理厂:主要是利用张家口、大同地区的现有工厂或者当地的原料迁一部分解决吃穿用的工厂和一部分修理厂①。

二、北京小三线军工厂的组建和生产

北京小三线军工厂是全国三线建设的一部分,其规划建设、选厂定点、工厂设计和施工管理工作,是在中共中央、国务院、中央军委关于三线建设的方针和原则指导下展开的。自 1964 年,中共中央、中共国防工业党委、国务院陆续制定了三线建设的方针和原则。一是布局上必须执行“靠山、隐蔽、分散”的

① 北京市档案馆藏档:《关于建设北京后方的初步规划意见的报告(1964 年 11 月 25 日)》,《市战备小组、华北局计委、市计委有关三线建设的计划、投资物资等有关文件》,档号:005-001-01385。

方针。厂区布置尽可能按照自然地形，沿山分散布置，结构外观要乡土化、民房化，从而将其建成“瓜蔓式”、“阶梯式”、“村落式”、“民房式”的工厂，隐蔽在山区农村之间。二是要坚持“小、专、新、协”的原则。“小”即企业的生产规模要小；“专”即产品专业化和工艺专业化；“新”即采用国内和五机部部属企业中成熟的新工艺设备、新技术进行设计，防止地方军工厂刚建成投产就需要技术改造；“协”即按协作的原则进行设计，包括地方军工企业之间的协作，地方军工企业同五机部部属企业、兵器动员企业以及地方民用企业之间的协作。三是要加强工农联盟，建设地方军工厂的过程中必须贯彻不占高产田，少占可耕地，不迁居民，便利居民的原则。四是要坚持勤俭办企业①。在这四个方针的指导下，北京设计院、建工局、市政工程局、电力局、安装公司、运输公司、邮政、电信等各行业、部门在指挥部的统一协调下，全部参与到了北京的小三线建设中。

（一）军工厂的组建

北京市的军工企业，最早由 1953 年 4 月北京市工业部下设置的军工组领导。到“文化大革命”时小三线军工企业由市委工交城建组领导，1969 年又组建北京市小三线建设领导小组，后又改为北京市革委会、北京卫戍区小三线建设领导小组②。北京小三线建设的规划秉承了国家关于三线建设的精神，可谓完整、严谨。然而，在具体的实施过程中，根据实际情况会对原来的规划进行部分调整。北京后方基地建设过程中，除了半自动步枪厂（即九六〇厂）、子弹厂（即九五五厂）和炮厂（即三一七厂）是按原计划在河北张家口后城和蔚县北口村建设的以外，原计划建在河北蔚县的手榴弹厂（即五〇六厂）和炸药厂（即五四一一厂）在实际建设过程中分别建在了北京市门头沟下苇甸和房山地区。此外，在原计划建设的五个军工厂的基础上，另外从生产手榴弹的五〇六厂分出部分人员和设备，在门头沟青白口兴建了反坦克枪榴弹厂（即九一二三厂）。

---

① 《当代中国的兵器工业》编辑部：《地方军事工业（内部发行）》，1992 年印刷，第 12—16 页。

② 根据国防工办原办公室副主任郭瑞久口述以及《当代北京工业丛书》编辑部主编的《当代北京国防工业》一书的附录《北京国防工业大事记（1949—1987）》整理。

1. “边基建边试制”①

北京小三线军工厂是按照“边基建边试制”的原则组建的，主要为了能使地方军工厂尽快建成投产。“边基建边试制”是指在后方基地建厂的同时，在城市中组织班底厂或技术力量较强的民用工业企业，采取广泛协作的办法，进行产品试制和生产。工厂建成后，参加试制的人员和设备，再全部搬到新厂址投入批量生产。这种做法可以缩短试制周期，较快地拿出合格产品②。北京小三线军工厂厂址选定、基建工程开始的同时，上述六个军工厂也在北京市各工业企业的配合下开始生产试制。例如，五〇六厂是由第二机械工业部三局（后改为三机部五局）于1962年在接收原北京市冶金局沙河炼铁厂的旧址改建的。它以铁厂的部分职工为主体，调入一〇四厂的技术人员为骨干，再补充进华北光学仪器厂的青年工人，组建起手榴弹厂的试制团队。九六〇厂由北京第三机床厂负责筹建，再从市机械局下属的工业企业中抽调部分政治可靠、技术过硬的职工组成班底。三一七厂的前身是北京人民机械厂的53式82迫击炮动员线——五车间，1965年在河北省蔚县北口村选址建厂。五四一一厂是由“通州区化工厂”转型而建的。它原位于市区，于1960年4月迁至房山，改名为“房山县瓦井化工厂”。1966年划归北京市机械局，改称“房山化工厂”。1970年转型为地方军工厂，隶属于北京市国防工业办公室，改名为“红光机械厂”，即北京小三线五四一一厂。

2. 指定对口厂协助试制

由于新建和迁建的军工厂职工都是由市机械局从下属企业里抽调的，这些工人大都来自普通工业企业或者民用产品生产企业。尽管他们已经是各厂中技术过硬的生产骨干，但对军工产品生产的流程并不熟悉，没有接受过军工产品生产的专门培训。因此五机部③按专业对口原则，在部属同类工厂中为地方军工厂指定对口厂，对口厂的主要任务是帮助有关省进行工厂建设计划的

---

① 《当代中国的兵器工业》编辑部：《地方军事工业（内部发行）》，1992年印刷，第46页。

② 同上。

③ 地方军工建设的业务归口工作，由国务院有关部门负责组织和管理。关于地方军工厂建设、产品试制和生产、技术的业务归口管理等由五机部成立的地方军工局（简称第七局）负责。

编制工作，为对口的地方军工厂提供经上级批准的、完整的、定型的、成套的、正确的产品图(包括总图、部件、组合件图、零件图)、技术条件(包括产品制造和鉴定验收的技术条件，有关材料的技术标准，产品包装箱的规格尺寸与要求等)、工艺资料(包括工艺规程、工装图纸、原材料消耗定额等)，以及其他业务资料等。地方军工厂在试制期间需要的毛坯、锻件、半成品、零件等由对口厂供应，具体数量以及供应时间，可根据地方军工厂投入试制的先后顺序由双方进行商定。此外，对口厂还要为地方军工厂培训职工并接受地方军工厂的参观实习，并对地方军工厂进行技术指导工作，协助解决技术关键问题等。北京的半自动步枪厂、迫击炮厂和枪弹厂的对口厂分别是五机部二九六厂、三〇七厂和六七一厂①。

以北京小三线军工厂规模最大的九六〇厂(半自动步枪厂)为例。它是由北京第三机床厂具体负责筹建的。自 1964 年 10 月选址建厂，北京第三机床厂就开始试制等各项准备工作。重庆老牌军工企业二九六厂作为对口厂，不仅为枪厂提供了成熟、完整的技术资料和图纸，还选派 20 多名技术和生产骨干亲自来北京协助建厂。作为九六〇厂的承建单位，北京第三机床厂选调了 200 多名技术骨干、生产骨干和管理干部支援该厂，另外从机电局系统的 20 多家企业中抽调部分骨干力量共同构成建厂初期的职工队伍。这些职工都是经过层层政审选拔出来的政治可靠、技术过关的中坚力量。1965 年初，三机床厂按计划抽调技术人员和青年工人到重庆二九六厂学习培训，为开工生产做准备工作。九六〇厂投产所需的工装设备需求量大、品种多，技术要求高，为确保按时完成工装制造的任务，除由机电局组织下属企业协作生产外，市里领导还调动了市属以及在京的中央企业协助生产、调剂、外购。在五机部和对口厂的帮助下，经过全体职工的日夜奋战，九六〇厂仅用了半年时间，就完成了厂房建设、设备安装、生产技术准备，以及生活后勤等准备任务，初步具备了搬迁进山、试制生产的条件。当年国庆节后，第一批职工陆续进山，开始生产试制。在"奋战五十天，攻下试制关"口号的激励下，于当年 12 月中旬提前完成任务，试制出完全合格的 17 支半自动步枪，并通过产品鉴定，使该产品具备了批量

① 北京市档案馆藏档：《中华人民共和国第五机械工业部关于印发对口厂和地方军工厂工作关系试行办法的通知(1965 年 1 月 11 日)》，《国家计委、经委、五机部：关于军工生产方面的通知指示》，档号：005-002-01146。

生成的条件。在全体职工的共同努力下，九六〇厂实现了“当年建厂，当年打响”的目标①。

地方军工厂的产品试制成功后，要经过转产鉴定，合格后才能正式投入生产。地方军工厂的产品工艺鉴定定型工作，是按照1964年1月国务院颁发的《军工产品定型工作条例》进行的。五机部根据部属厂在产品试制生产中的经验及地方军工厂的实际情况，于1965年下发了军工产品“六试六定”的办法。六试六定，即试工艺规程，定工艺的合理性、完整性、一致性；试工艺装置，定工艺装置的可靠性、正确性；试机床设备，定机床设备的精度、型号、规格；试操作方法，定操作人员；试材料，定材料的规格、型号和消耗定额；试加工精度，定外观质量标准。这种作法为试制定型工作明确了技术要求，达到了产品试制后生产质量稳定的目的，一直沿用至今②。

（二）军工厂的生产

地方军工厂的任务是生产团以下的轻型武器和弹药，装备民兵、地方部队和供应野战军③。北京地区小三线军工厂的产品从试制投产到20世纪70年代中期，基本是按照20世纪50年代制式化的产品图纸和技术资料组织生产的。

1. 主要产品和研发工作

北京小三线军工厂生产的产品主要有7.62半自动步枪、7.62毫米枪弹、62－1式木柄手榴弹、53式82迫击炮、枪榴弹和单兵反坦克火箭弹以及导火索等。除主要的军工产品生产外，各厂还要根据情况生产部分工装工具。例如，7.62半自动步枪的零件有8个部件和96个主件。要做出合格的零部件，需要专用刀具621种，专用量具2 217种，夹、模、仪具894种。由于备战任务紧，这些刀具、量具等工装必备工具供应不足，严重影响步枪产量。因此，九六〇厂技术科开始在工艺技术上不断创新、探索、试制。到1970年，各种成行铣

① 张绍先：《回忆建厂初期和发展历程的那些事》，第九六〇厂厂志编辑部：《第九六〇厂厂志》，2011年印刷，第136—140页。张绍先原为北京第三机床厂副厂长，建厂初期任九六〇厂长。

② 《当代中国的兵器工业》编辑部：《地方军事工业（内部发行）》，1992年印刷，第49页。

③ 同上，第6页。

刀、深孔钻头等关键刀具都自制成功，陆续满足工装需求。1973 年，整个工具、工装产量达到刀具 7 万件，量具 7 104 件，夹模具 200 套。这不仅满足了自己的需求，甚至还能援助兄弟厂①。

此外，在新环境、新条件下试制出符合本厂情况的生产流水线也是一项艰巨任务。对于新生的军工厂来说，得到对口厂技术上的帮助无疑是莫大的助力。但成熟的图纸和工艺技术资料并不是拿来就能用的。首先，军用产品对工艺的精确度要比普通的机械产品要求高得多，对于初涉军品生产的工人来说，熟练掌握工艺是很重要的职业素质之一，这关系着是否能在最短的时间里转产鉴定成功，投入生产。此外，一些特殊的工艺对温度有特殊的要求，而南北方的差异就会造成原有的实验数据不可用，这就需要进行新的实验，制定出新的工艺标准。例如九六〇厂的 610 产品，其工艺技术来自老牌军工企业重庆二九六厂，虽然从重庆抽调了 20 名技术骨干对新厂进行技术指导，但北京与重庆气候不同，日常平均温度差异大，这些客观环境的变化，使很多技术程序都需要重新测量计算。例如冷加工、热加工以及热表处理（电镀、氧化、磷化、钝化）等工艺都对温度有很精确的要求②。

随着生产的发展和生产效率的提高，技术人员对产品性能不断熟悉和掌握，技术素质有了很大增强。自 20 世纪 70 年代中期开始，全国各大专院校和中专学校逐渐恢复办学，专业学生陆续分配到军工厂。军工企业职工的专业素养普遍提升，在对原来产品工艺的不断熟悉和探索中，开始对一些生产工序、加工工艺和检测方法进行技术改造，并在此基础上研究设计新产品。例如，五〇六厂在第一代产品 62-1 式木柄手榴弹的基础上进行改进，生产出 62-1A 式产品，后又改进为 67 式木柄手榴弹。该厂的第三代产品 82-2 式无柄手榴弹还荣获了兵器工业部重大科技成果三等奖。三一七厂根据国家战备需要，在原来的工艺基础上试制出了新 40 火箭筒，它与老 40 火箭筒相比，增设了光学瞄准镜，从而增加了射程、提高了瞄准射击命中率。1973 年，三一七

① 杨正本：《第九六〇厂技术工作回顾》，第九六〇厂厂志编辑部：《第九六〇厂厂志》，2011 年印刷，第 155—157 页。杨正本建厂初期担任厂技术科科长，主管技术工艺工装工作。

② 根据原九六〇厂技术工刘长森师傅口述整理。刘长森系九六〇厂第一批职工，从产品试制开始参加九六〇的组建，原为北京市第三机床厂职工，小三线调整后担任五〇六厂厂长。

厂又研制出新的轻型82迫击炮，与老式的53型82迫击炮相比，在炮座结构上有了较大改进，使炮体重量由50公斤降至30公斤，并增加了平射的拉发机构，提高了战术性能。九一二三厂为进一步提高单兵火箭弹的破甲性能，自行设计出带调整器装置的新型单兵火箭弹，使破甲率达到98%以上。该项成果获得了五机部重大改进三等奖。五四一一厂为节约原料，试验以三层纸代替棉纱生产导火索，获得成功。九六〇和九五五两厂的产品虽然一直以半自动步枪和枪弹为主，但在具体工艺技术和制造细节上也在不断探索改进，提高产品性能，更好的服务于备战①。

2. 军品质量检查制度

军品不同于民品，它对产品质量有着绝对严格的要求，因为军工产品的质量关系着战场上战士的生命。作为生产军用产品的军工企业，制定严格的质量管理和检查制度是保证军品绝对高质量的必要条件。为贯彻军品生产"质量第一，在确保质量的基础上求数量"的方针，地方军工企业建成投产后均设立了技术检验科，作为工厂的产品质量监督检验机构，负责原材料、部件、零件、标准件、协作件进厂检验验收，产品加工过程中的技术监督，以及产品出厂质量检验验收工作。生产过程中的专职检验人员，统一由技术检验科管理和技术业务领导②。1970年8月5日，北京市革命委员会北京卫戍区国防工业办公室转发了三机部《质量检验工作制度》(试行草案)。三机部在这份草案里详细制定了八项检验工作制度，分别为器材入厂验收、保管和发放制度，工夹量具、线值计量器具检定制度，试验设备、标准测试仪器鉴定制度，产品标准样件选择制度，首件产品三检制度，不合格品管理制度，产品质量分析会制度和产品质量档案管理制度③。

北京地区军工企业从产品试制到批量生产，都十分重视产品质量。每个军工厂都建立有一套比较严格的军品质量检查管理制度。"文革"开始

① 《当代北京工业丛书》编辑部:《当代北京国防工业(内部发行)》，北京日报出版社1990年版，第184—189页。

② 《当代中国的兵器工业》编辑部:《地方军事工业(内部发行)》，1992年印刷，第53页。

③ 国营五〇六厂藏档:《关于转发三机部〈质量检测工作制度〉(试行草案)的通知(1970年8月5日)》，《关于转发第三机部质量检查工作制度(试行草案)通知》，案卷顺序211。

后，军工企业曾一度受到波及，技术管理和质量检查工作有所放松。值得庆幸的是在紧急时刻，北京市北京卫戍区果断对生产武器的军工企业派驻军代表成立军管会，实行军管。这使军工企业生产能够避免大规模的武斗，军品检查工作也在短时间内恢复正常。除军工企业自行对产品进行检验以外，国家从1970年开始实行向军工企业派驻常规兵器验收组的制度。1970年9月10日，中国人民解放军北京军区后勤部和北京军区国防公办[70]后装字第741号《关于派驻常规兵器验收组的通知》中指示："根据总参谋部、总后勤部指示精神，军区决定：为了坚决贯彻落实伟大领袖毛主席'要准备打仗'的号召，加强国防建设，保证中国人民解放军按照国家计划得到质量优秀的军事技术装备，有利于使用、生产、科研更紧密结合，在承制常规兵器的工厂（动员生产军工的总装厂），实行按地区划片派驻常规兵器验收组。常规兵器验收组相当于团级单位，在后勤部党委直接领导下进行工作，同时接受国防工办和工厂党委的领导。常规兵器验收组的主要任务是：宣传毛泽东思想；协同工厂提高产品质量，验收军工产品；负责部队与工厂的联络工作等。"①

以九六〇厂为例，建厂伊始，厂党政工团就合力对职工进行了坚持军品质量第一的思想教育。厂部管理制度里，制定了各项质量管理制度，特别是质量检查制度。例如，制定专群结合的检验制度，即检验站普检制和机械加工工序中的自检、首件检查及中间流动检查三检制；建立定期质量分析会制度和质量事故分析制度，处理事故中坚持"三不放过的原则"，即找不到原因不放过、找不到责任者不放过、没有采取有效措施不放过等。在贯彻落实质量管理制度中，厂部还组织成立了QC小组，专门负责质量检查工作，力求做到"严"、"细"、"试"、"改"、"新"五个字，并以"严"字当头②。

1969年，军工企业受到"文革"的影响，厂部技术科和检验科一度被撤销，技术管理和质量检验工作下放连队，质量检查工作有所放松。1970年9月17日，北京军区后勤部和北京军区国防公办[70]后装字第741号联合通

① 国营五〇六厂藏档：《关于派驻常规兵器验收组的通知（1970年9月10日）》，《关于军代室隶属关系及派驻常规兵器验收组的通知》，案卷顺序101。

② 杨正本：《第九六〇厂技术工作回顾》，第九六〇厂厂志编辑部：《第九六〇厂厂志》，2011年印刷，第158—162页。

知关于“在承制常规兵器的工厂实行按地区划片派驻常规兵器验收组室”的精神，规定自1970年11月10日，由北京军区后勤部驻北京市第五常规兵器验收组，负责九六〇、九五五两厂生产的常规兵器验收工作。自此两厂实行驻厂军事代表验收制。厂革委会也迅速恢复了检验科及各项质量检查制度。

北京军区后勤部驻北京市第五常规兵器验收组，编制9人，设正、副组长各1名，助理员7名。验收组在北京军区后勤部党委的直接领导下进行工作，同时接受北京国防工办和工厂党委的领导。1979年，验收组更名为中国人民解放军九六〇厂军事代表室。编制14人，设正、副总代表各1名，军代表4名，技术助理员6名，财务助理员1名，司机1名①。驻厂军事代表验收制度与厂部质量检查制度相结合，对产品进行双层检查机制，共同确保了每一件军用产品的高质量。

（三）军工厂管理体制

地方军工的管理体制是在建设过程中逐步建立健全的。由于建设时正处于“文革”时期，它走过一段艰难曲折的道路。其管理的基本形式是：全国地方军工工作，由国家计委和国务院国防工办组织与管理。技术业务工作由五机部归口管理，省区市国防工办直接领导和管理②。北京军工企业的领导机构几经转换，从最早的工交城建组，再到北京市革委会、北京卫戍区小三线建设领导小组，直到1969年12月才正式成立市国防工办，主管北京军工常规武器的生产建设和地方军工管理工作。由于部分工厂建在省外，人事关系和户口归属是职工十分关心的问题。经市委讨论决定，户口不随人走，所有职工的户口按就近原则由北京周边县市公安局代管。例如，九六〇厂职工的户口即由延庆县公安局代管。关于北京军工企业内部的管理体制，这里主要以半自动步枪厂为例进行剖析。

---

① 翟康乐：《打开尘封的档案，品味当年的苦乐》，第九六〇厂厂志编辑部：《第九六〇厂厂志》，2011年印刷，第184—185页。

② 《当代中国的兵器工业》编辑部：《地方军事工业（内部发行）》，1992年印刷，第83页。

九六〇厂作为北京地方军工企业之一，由北京市国防工办领导①，实行党委负责制。建厂初期，在党委下设置管理科室8个，分别是厂部办公室、生产计划科、技术科、检验科、财务供应科、劳动科、行政科、基建组；政工科室5个，分别是组干科、宣传科、保卫科、工会、团委；生产车间7个，即机加工一车间、二车间、装配车间、木工锻压车间、热表处理车间、工具车间、设备维修车间。职工总人数为851人、生产工人445人、检验人员38人、领导管理人员146人以及医护人员7人、教师3人和商店管理干部1人。

随着规模不断扩大，生产和生活步入正轨后，随着实际需求的变化，相应的职能机构应运而生，原有的科室也将职能不断细化。到厂部撤、停、并、转，九六〇厂先后增设了总工程办公室、劳资科、技术监督科、援外科、膳食科、技安科、节能领导小组、卫生所、职工子弟学校、派出所、教育科、武装部、纪委等。年产能力的不断提升也促使了车间数量的剧增。为满足年产30 000万支的生产能力，厂部在建厂初期仅有的两个车间的基础上又新组建了三、四、五、六、七车间，还设置了技改车间，专门负责技术工作。人作为重要的生产要素之一，是企业发展过程中举足轻重的部分。从1967年开始，厂部在建厂初期的职工人数的基础上又陆续调入职工上千人。尽管这些职工来源多样，但都是经过严格政治审查的优秀人才。其中有工业学校、建工学校的毕业生，有1967、1968、1969届初高中毕业生，有历届职工子弟学校毕业生，还有8341部队和北京卫戍区的复转军人以及北京市统一布置在厂转正的临时工②。

三、北京小三线军工厂的调整

中共十一届三中全会以后，全党工作的重点转移到以经济建设为中心的社会主义现代化建设上来。随着国际形势逐向平稳，全国"备战备荒"的紧迫感有所缓和。中央军委裁撤军队、压缩国防经费，兵器工业的军品订货量随之

① 九六〇厂的隶属机构几经变换，由最初的北京市机械局，到"文革"初期实行军管，"文革"后期成立北京市革委会、北京市卫戍区国防工业办公室，1973年北京市又将其移交给机械局管理，直到1977年才正式宣布小三线工厂有北京市国防工办第二办公室领导。由于军工厂的特殊性，其业务和行政有时是分属于不同的机构管理的。

② 第九六〇厂厂志编辑部：《第九六〇厂厂志》，2011年印刷，第11—66、187—188页。

大幅度减少,这影响到地方军工企业的生存。在新形势下进行调整改革势在必行。地方军工厂调整的总原则是:着重调整产品结构,保军转民。由单一军品型企业转为既能生产军品,又能生产民品的军民结合型企业;由生产型企业转变为生产经营型企业;由封闭型企业转变为横向联合型企业。对极少数厂址不好、生产条件差的厂实行关停并转①。

北京小三线军工厂的调整从1977年开始,第一个调整对象是三一七厂(即曙光机械厂)。由于其距离北京较远,管理不便,经国家计委、国务院国防工办批准,在与河北省协商的基础上,将三一七厂移交给河北省管理。工厂移交后,原设计纲领不变,国家下达的各项计划指标继续由河北省国防工办负责组织实施。1977年12月15日正式交接。从此,三一七厂的生产、生活全部由河北省负责②。此后,其他五个小三线军工厂也陆续走上了调整改革之路。

(一)第一次调整——民品开发

为了有利于"军民结合"、"军转民"工作的顺利开展,经北京市委、市人民政府批准,从1981年1月1日起,北京五〇六、九五五、九六〇、五四一一和九一二三等五个小三线厂正式从市国防工办划归市机械工业管理局领导,市国防工办负责归口管理军品生产和小三线调整等工作③。剩下的五个军工厂没有采取"一刀切"的调整方案,而是根据各厂具体的情况,采取不同的调整办法。国务院国防工办对北京市五个小三线厂的调整方案经北京市人民政府同意后开始实施。这个调整方案的内容是,五〇六厂和九一二三厂保留军品生产线,九五五、九六〇和五四一一厂保留军工厂番号,改产民品。

在转产民品的道路上,各厂根据自身优势,利用各方门路"找米下锅",进行民品开发和销售,以创造利润,维持生存。九六〇厂根据北京轻工业进出口公司提供的信息——中东地区的产油国家郊游打猎盛行,需要大量的猎枪和大口径的气枪,决定与青龙桥气枪厂合作生产气枪。由青龙桥气枪厂提供技

---

① 《当代中国的兵器工业》编辑部:《地方军事工业(内部发行)》,1992年印刷,第96页。

② 《当代北京工业丛书》编辑部:《当代北京国防工业(内部发行)》,北京日报出版社1990年版,第256页。

③ 同上,第259页。

术资料，九六〇厂还进行改进完善。然而，市场需求的有限致使供过于求，产品积压，从而导致亏损。在民品开发道路上，九六〇厂曾考虑过工业缝纫机，但经市场调研和设备平衡，最终放弃①。九五五厂先后设计转产过台式风扇、气枪弹、电子琴等产品，五四一一厂生产过汽熨设备，九一二三厂开发过铜壶、火锅、洗衣器等产品，但由于厂址偏远、交通不便、信息不畅以及成本高等原因，都很快下马。在转产民品的道路上，这些军工企业并没有实现自赢、自救。

（二）第二次调整——就地转型和"关停并转"

由于原来的调整方案在实际开展中并没有想象中顺利，企业对产品结构的调整，只顾眼前"找米下锅"缺乏长远发展规划，在转产民品的道路上步履维艰，个别企业不仅没有盈利，反而处于亏损状态。1984 年 8 月，国家计委、国防科工委在北京联合召开全国地方军工工作会议，研究地方军工厂的进一步调整问题。会后，国务院办公厅转发了《关于研究三线企业调整问题的会议纪要》，《纪要》对小三线军工企业的进一步调整提出：不再保留小三线军工生产体系，绝大多数企业都要转产，转产可以有先有后，逐步进行；转不了、办不下去的企业要关停，关停后好的设备和技术人员调出，余下的设备和人员逐步处理②。

1. 就地转型

五〇六厂和五四一一厂地理条件相对较好，因此在调整中采取了就地生产军品、开发民品、建设"军民结合型"的办法。五〇六厂拥有无柄手榴弹第一底图，是全国手榴弹的骨干厂。因此作为全国仅留的手榴弹厂之一被保留下来，仍承担一部分军品任务。而五四一一厂则就地改造，全部转产民品。1986 年 11 月 10 日，市经委、市财政局、税务局、工商银行等 8 家单位联合制定了对这两个厂扶持的"九条优惠政策"，为其就地转产民品，建立"军民结合型"创造了条件。此外，根据中央的规定，对全部转产民品的五四一一厂，由省国防科工办对其军工专用设备、工装、产品图纸和技术资料进行封存和维护。

---

① 第九六〇厂厂志编辑部：《第九六〇厂厂志》，2011 年印刷，第 219—221 页。

② 《当代中国的兵器工业》编辑部：《地方军事工业（内部发行）》，1992 年印刷，第 101 页。

2.“关停并转”

在国务院办公厅转发的《关于研究三线企业调整问题的会议纪要》精神的指导下，北京市对九五五、九六〇和九一二三厂的调整实行“关停并转”，即关闭、停产、合并、转产。当初进山职工是抱着扎根山区的心态进厂的，很多都携家带口，放弃了城里的原有住宅。因此，调整时期职工的安置问题十分复杂。

根据国务院国防科工委的安排，九五五厂并入北京制笔工业公司，成立北京制笔零件三厂。九五五厂职工全部安置在零件三厂。九一二三厂合并到市液压工业公司，职工分别安置到公司所属的各工厂就职[①]。九六〇厂规模大，职工人数多。早在1971年时，就对实际困难特别突出的职工采取对调的办法，即每年解决20名职工回城，但同时又调入20名职工。到1979年后，申请回京的人数增多，经厂党委研究并报上级领导批准，决定在当年时间、任务过半之后，集中解决170人的困难，单调回京。被批准的职工原则上是自找接收单位，劳资科只负责联系办理调动手续[②]。之后，由于企业逐年亏损，开始实行缩小编制、保留骨干的政策。职工回京的政策也开始放宽，只要经过厂里同意便可回去，但要自己解决回京的安置问题。其中只有30名1950年以前参加工作的老职工分到厂党委和北京三机床合建的宿舍楼。1986年10月27日，北京市机械工业总公司下发[86]机规字第629号文件《关于第960厂和北京粉末冶金一厂合并报告的批复》。至此，最后一批职工和设备财产（含原厂址）连同原建制与北京粉末冶金一厂合并，市财政局贴给的调整费用500万元，其中440万元留给北京粉末冶金一厂包干使用，用于安置回京的职工。其中，16名职工搬入了北京重电机厂宿舍，单身职工住进了大兴龙河路宿舍楼，剩余职工分配在机械局在大兴购买的117套住宅楼房，即大兴黄村镇富强西里小区和富强东里小区。

虽然撤厂、回京的道路走的步履维艰，但北京小三线军工厂的调整改革最终完成了。1985年4月经国务院国防科工委批准，正式撤销小三线九五五、九六〇厂军工番号。根据国务院办公厅转发国家国有资产管理局、国务院三线

---

① 《当代北京工业丛书》编辑部：《当代北京国防工业（内部发行）》，北京日报出版社1990年版，第262、264页。

② 翟康乐：《打开尘封的档案，品味当年的苦乐》，第九六〇厂厂志编辑部：《第九六〇厂厂志》，2011年印刷，第182—184页。

建设调整改造规划办公室《关于三线搬迁单位处置原址国有资产的实施办法》的精神，三个厂的资产（包括动产及不动产）经过清点造册，分别交由合并厂负责接收管理使用。

结语

北京小三线建设的规划秉承了国家关于三线建设的精神，可谓完整、严谨。但规划毕竟只是设想，在具体实施过程中多有改动。1966 年“文革”开始后，动乱波及小三线建设，很多项目都半途而废或者留于纸面①。然而，在全体小三线人的艰苦奋斗下，经过 20 多年的经营，北京后方基地建设还是取得了一定的成绩，建成了六个设备齐全、技术过硬、生产能力强的军工厂。这六家军工厂分别是东方机械厂（代号 506）、第一农具厂（代号 960）、第二农具厂（代号 955）、曙光机械厂（代号 317）、青山机械厂（代号 9123）和红光机械厂（代号 5411）。这些小三线军工厂从组建以来到 1986 年止，共完成产值近 5 亿元、实现利润 1.05 多亿元、上交国家利润 9 000 多万元，共生产半自动步枪近 20 万支、枪弹 4 亿余发、手榴弹 4 000 万枚、单兵火箭弹 64 万余发、反坦克枪榴弹近 10 万枚、迫击炮 2 000 余门、火箭筒近 2 万具②。

北京小三线的创建、发展到撤并是全国小三线建设的一个缩影，折射出那段时期我国国防战略部署的侧面。它是在紧急战备情况下建设的，就这个意义来说，它是一次战备动员，这场建设活动使相当一部分干部和工人，熟悉了在战时体制下，迅速扩大轻武器生产能力的一整套措施和办法，对未来一旦发生反侵略战争，迅速扩大兵器工业生产能力，是一个有益的借鉴。然而，由于当时受“左”的思想影响和缺乏山区建设经验，也有失误和挫折。例如，具体的建设规划和项目论证没有经过科学论证、调查研究和民主讨论，便匆匆上马，只重眼前利益，导致后期发展问题重重。即使发现问题，在极端的政治环境

---

① 北京市档案馆藏档：《关于北京市小三线和后方建设的情况和处理意见的报告（草稿）（1966 年 7 月 10 日）》，《市计委关于小三线建设迁厂问题的有关文件》，档号：005-001-01380。

② 《当代北京工业丛书》编辑部：《当代北京国防工业（内部发行）》，北京日报出版社 1990 年版，第 189 页。

下，问题也得不到及时纠正和根本解决，造成一定程度的浪费。作为北京小三线建设重点项目的九六〇厂，建厂选址时“估计附近有煤矿可采，要规划建独立电厂，建一定数量的工厂自成小体系”，而后证明“这些均不能变为现实”，并且该厂位于密云水库上游的白河河畔，对北京的水源有一定的污染。

（李晓宇，北京师范大学历史学院硕士研究生）

山东原小三线企业民丰机械厂今昔

王吉德

1965年，出于国防的需要，国家根据战略位置的不同，将我国战略防御区划分成三线，作为全国战略大后方，大批原来处于一线的重工业企业特别是军工企业，向西部和西南部山区搬迁。小三线建设即在相关的一些省份，建设一批省属军工企业，形成支持长期战争的工业基础。当时的山东省革命委员会（即后来的山东省人民政府）与济南军区联合成立了"山东省国防工业办公室"（简称省国防工办），着手把十几个军工企业设在山东腹地沂蒙山区。遵照中央小三线建设要"靠山、分散、隐蔽"的建设方针，在沂蒙山腹地的蒙阴县，先后建设了六家小三线军工企业、一个医疗配套服务机构：山东民丰机械厂、山东光明机器厂、山东工模具厂、国营泰山机械厂、鲁光化工厂和国防办计量站、山东省军工局中心医院（当地人称"新建医院"），以及与蒙阴县毗邻的沂水县山东机械修理厂、山东前进机械厂；沂源县山东第一机械修配厂、山东第二机械修配厂、山东裕华修配厂、山东红旗机械厂等17家小三线军工企业，形成了以南坦公路相串联，左右两侧5公里区域内集中建设小三线军工厂的格局。从地域上看，蒙阴县是全省小三线军工厂建设最集中的一个县。当时，来自全国各地的管理人员、各类技术人员、工人、后勤保障等数万人云集于此。此后直至改革开放初期，上至中央领导，下到省委、省政府主要负责人都在时时关注、牵挂着这些企业的建设以及生产管理情况，这些军工企业与国防安全息息相关，曾是国家核心战略布局的重要组成部分，但其详细信息对外保密，鲜为人知。即便如此，为了国家建设需要，当地党委、政府和人民群众积极响应，在沂蒙山区土地贫瘠、珍贵、稀缺的情况下，完全按照国家要求为军工企业提供了必要建厂条件，做出了无私奉献和牺牲。20世纪八九十年代，随着国际形势的变化和国民经济工作重点的转移，小三线军工厂根据“保军转民”的方针，陆续进行生产重心的调整，融入改革开放的大潮中。工厂建制、组织机构历经变化，工厂陆续撤离原址，人员分散于全国各地，原本红火喧闹的生产、生活场景渐次沉寂，供水、供电、排水、厂房、宿舍等基础设施完全废弃，旧址和那段历史逐渐被岁月侵蚀，淹没于荒草和残垣断壁中，甚至在各种文献及网络上，对小三线的记录少之又少，难觅踪迹。

国营山东民丰机械厂同样也经历了这样一个历史过程。国营山东民丰机械厂始建于1965年8月，位于沂蒙老区腹地的蒙阴县岱崮镇笊篱坪村，是原山东省省属小三线军工厂（县团级），隶属于原山东省国防科学技术工业办公室领导，在业务上归口于原第五机械工业部。企业在1970—1973年人员最多时达1 500多人，到1985年底，全厂共有正式职工1 315人，厂区占地总面积662 475平方米，总建筑面积86 164平方米，分为行政管理区、生活区、生产区。1967年达到上级建厂设计生产能力，正式投入生产，当时基建累计投资2 760余万元，主要担负着54式12.7毫米、56式14.5毫米高射机枪弹的生产任务。两种产品轮换生产，年产2 000万发。1967—1985年，累计生产54式12.7毫米高射机枪弹1.415 2亿发；56式14.5毫米高射机枪弹3 790万发；外贸出口1 000余万发。

据不完全统计，当时山东省共有小三线军工企业25家，国营民丰机械厂虽然在其中的规模不是最大，但产品质量和技术水平处于当时全国先进行列。从1967年开始，民丰厂年年超额完成国家下达的军品计划，在全省小三线企业中为国家创造的利润最多，贡献最大。1978年被原第五机械工业部命名为“大庆式企业”，1983年企业整顿达到“五项工作要求”一次性验收合格。弹壳的磷化电泳涂漆技术作为历史性的技术革新一直沿用至今，曳光管引燃剂钝化配方工艺，被五机部纳入工艺流程，确保了曳光弹生产的安全可靠性，为国防安全做出了重大贡献。

1984年，国营山东民丰机械厂开始“军转民”，国家停止下达军工生产指标后，开始根据自身情况自主上项目，生产自行车链条、饮料罐、民用电度表等民品。由于受交通、区位、市场经济等因素的影响，经营困难，举步维艰。1993年，原山东省军工局将国营民丰机械厂移交地方，隶属原临沂行署第一轻工业局。其后，临沂行署派工作组将该厂一分为三，即山东民丰瓷厂、山东轻工安装公司、山东民丰机械厂，设备一分为三。山东民丰瓷厂和轻工安装公司搬到临沂就地安置，山东民丰机械厂留守原址，直到 2001 年搬迁完毕。原职工投亲靠友，各奔前程，散布在济南、上海、青岛等全国各地。蒙阴县境内小三线军工企业全部搬离后，临沂市将原址及设施委托蒙阴县托管，蒙阴县交由各驻地乡镇管理。

近 30 年过去了，由于遗留基础设施与当地经济发展缺少契合点，许多遗留问题尚待解决，虽然对于蒙阴小三线来说，在产权、使用权等方面较容易理顺，但鉴于保护利用投入大，短期内难以实现预期回报等原因，原厂址遗迹、遗存任其颓败、坍塌，因此闲置、荒废至今，也没有农业复垦的价值。可以预见，不远的将来，那段特定历史时期有着深厚人文内涵的小三线工业遗址、遗存将不复存在，成为青山绿水间历史遗留的疤痕。随着国家经济社会的高速发展，特别是党的十八大以来，习总书记为首的党中央提出的美丽乡村建设在全国范围内全面展开，这些军工工业遗址遗存的该如何利用？如何与当地经济建设相结合？从全国范围来看，成为原小三线旧址保护利用以带动区域经济发展共同面临的难题。

2012 年，在蒙阴县委、县政府，原国营民丰机械厂驻地镇岱崮镇领导的关怀和大力支持下，山东东蒙企业集团对此进行了有益的探索、尝试和实践，初步确定了依托独特优越的旅游资源，把三线历史内涵融入当地文化符号，兼容并蓄，发展复合式乡村旅游。当年 3 月 20 日，东蒙企业集团与岱崮镇人民政府签订了《岱崮地貌旅游景区保护性开发协议书》，由东蒙企业集团按照上级有关部门的规划要求进行科学、有序的保护性开发，并由上海社科院旅游研究中心对岱崮地貌进行了总体旅游规划，制定了的阶段性目标：计划投资 12 亿元，三年内初具旅游规模，五年内形成休闲型综合旅游区，十年内成为国内外著名的综合型风景旅游名胜区。2012 年底，岱崮地貌景区的开发建设正式启动。

岱崮镇群崮簇集，崮型独特，被中国科学院地理科学与资源研究所命名为“岱崮地貌”，与喀斯特地貌、丹霞地貌、嶂石岩地貌、张家界地貌并称中国五大岩石造型地貌。这里风光秀丽、一步一景，古木古迹、历史悠久，从汉代故城、山寨、寨堡；龙须崮暴动、南北岱崮保卫战、大崮保卫战等革命遗址；六七十年代“上山下乡”、“知青文化”、小三线建设，到新的历史时期“中华蜜桃第一镇”，形成了独具特色的“崮乡”文化，第一批入选中国最美小镇，保留有完整的原生态自然生态系统，具有极高的地质研究和旅游观光价值。

开发建设之初，原民丰机械厂遗留设施有些被当地村民居住，并作为羊圈、猪圈、鸡舍等。有些被当地作坊、企业占用作为厂房、库房，军工生产用的山洞用于蘑菇养殖。由于受资金、利益等方面的制约，得不到基本的维护修缮，即将失去保护价值。为此，东蒙企业集团投入大量资金进行了搬迁安置，修缮保护和旅游开发：将原民丰厂分片规划：办公区职工大礼堂保留原功能，配备现代化媒体光电设备，作为景区会议和各类演出、团体活动场所；行政办公楼改建成集贵宾室、多媒体会议室、客房为一体的“梦里崮乡”客房楼；招待所、文化楼改建为知青旅社；原职工食堂作为人民公社大食堂餐饮区，各功能区组成上山下乡旅游度假村核心服务区，可同时容纳 1 000 余人餐饮食宿、会议休闲。北山职工生活区作为崮乡度假养生苑，配备医疗服务中心。在景点开发建设上，利用原军工生产使用的山洞(民丰人称 14・5 山洞)开发建设了国内首家洞穴式地质博物馆——岱崮地貌地质博物馆，与军工文化相契合，由山东省公安厅批准设立了室内外实弹射击场；围绕上山下乡旅游度假村周边，开设了三处拓展运动基地、点将台，滑草、滑雪场正在规划建设中；在连接生活区和办公区的光明桥两侧，正在开发建设崮乐园和崮乡老街，以传统地方民间工艺与休闲娱乐相结合，使原民丰机械厂南北两区融为一体。小三线军工博物馆正在积极规划与筹备建设，打造全国小三线军工遗址再利用的典型范例和全国小三线军工工业遗址旅游基地。在地貌奇观保护性开发上，先后对外开放了崮上草原、神佛崮、将军树、南北岱崮保卫战遗址，实现了小三线军工文化、红色传统教育与自然景观的有机结合，增强了景区休闲度假的层次结构和内涵外延。

开发建设两年多来，岱崮地貌景区配合政府“一事一议”项目，修建及改造道路 46.68 公里，清理河道 6 300 米，修复、新建顺河坝、拦河坝 22 处，修建公共文体活动场所 10 处，栽植绿化苗木 32 万余株，带动周边农村的生产生活环境的综合治理，在保留原生态乡村的固有美感的同时，当地群众得到了实惠，形成了景区、村居融合发展的复合型乡村旅游新格局，对当地经济发展和环境综合治理起到了很好的促进作用。

岱崮地貌现为国家4A级旅游景区、全国沂蒙红色教育旅游产业知名品牌示范区、山东省省级地质公园，先后被授予山东省首批省级原生态景区、山东省生态农业与乡村旅游示范点等几十项国家及省级荣誉称号；以原民丰机械厂遗存改建而成的上山下乡旅游度假村被评定为山东省省级五星级农家乐。2015年，岱崮地貌被联合国教科文组织选定为创建世界地质公园的核心园区，验收工作将于2018年进行。

军工建设是书写共和国历史不可或缺和难以绕开的章节，也是共和国在特定历史时期国家安全的基石和保障。如果遗址遗存得不到有效的保护，那种在火热激情中迸发的创造力和号召力、那些"要献青春，献了青春献终生，献了终生献子孙"的责任感和使命感，将会永远失去传承的载体，成为缺失和遗憾。因此，遗址遗迹的保护，不但是原民丰厂老军工人的翘首期盼，也是社会各界有识之士的共同愿望。基于优秀文化传承和发展的需要，东蒙企业集团在开发岱崮地貌、知青旅游项目基础上，正在原民丰厂旧址，着力打造小三线军工文化旅游项目。目前，在保护开发民丰旧址的同时，已预留了军工文化开发项目的空间，包括：岱崮地质博物馆(即14·5山洞)尚有50%以上的空间；原民丰厂生产区两个山洞、两个大车间等。在今年的两会期间，上海政协委员《关于开发利用"小三线"军工遗址的提案》，引起了国家有关部门的重视。4月底，国家工信部还派专员到民丰旧址进行了实地调研，就建设全国小三线爱国主义教育基地，与东蒙集团一起打造小三线建设历史博物馆等重大事项进行了座谈讨论。山东省科工委对岱崮地貌景区原小三线军工山东民丰机械厂的保护和开发予以了充分肯定。可以预见，有国家政策的支持，有社会各届特别是小三线军工人的热心积极参与，山东东蒙企业集团一定不负众望，尽快地把军工文化旅游项目列入规划，早日实施。

建设好军工文化项目，无论从现实意义还是长远意义都是巨大的，山东东蒙企业集团有信心、有能力、高起点、高标准、高规格，把这一项目建设好：定格文化符号、传承工匠灵魂、保留精神载体。同时，也让为国家安全作出历史性贡献的山东小三线乃至全国小三线军工人及其后来者，有一个寄托乡愁、驻足休憩、见证历史的温馨家园。

(王吉德，山东东蒙企业集团总经理、山东崮乡旅游集团董事长兼总经理)

手稿

三线建设日记选编(2)*

(1991年4月22日—11月22日)

宫保军

4月22日

(1) 抄出成都会议情况反映简报。

(2) 姚振隆(司机)送参加座谈会。

4月23日

(1) 张大荣来接班。

(2) 下午讨论潘正祥党员转正问题。

(3) 计委办公会议(三楼中会议室)。

郭琨主任:两件大事:粮食涨价;省委几个问题的大调查情况。

① 国发[91]12号文:1990年补400多亿/年,从1991年5月1日起,玉米、面粉、大米提0.1元/500克,油1.35元/500克。继续凭票证,5月1日后执行新价格。补偿纳入基本工资,6元/人,大中专学生4元/人。玉米0.058元/500克,粮米提高15分/500克。每年浪费粮食25—30亿公斤。要加强管理。防止有人套购国家补贴。兰州市现存粮5亿斤,河西有粮食。有困难

---

* 作者1991—2005年期间历任原甘肃省三线建设调整办公室副主任、主任。该日记手稿由宫保军提供,上海大学历史系硕士研究生杨帅整理,经宫保军审定。宫保军的回忆录《调整三线存量,为国家发展出力——回忆甘肃的三线建设和调整》一文收入徐有威、陈东林主编的《小三线建设研究论丛(第一辑)》,上海大学出版社2015年出版。该文第245、249、251页照片释文有误,第245页照片释文应在首都钢铁厂,第249页照片释文应在805厂工地,第251页照片释文应在4502厂工地。特此更正,并向作者致歉。——编者注

的可以反映一下。大家都注意买粮秩序。

② 省委[91]17 号文，要求解决的突出矛盾和问题：大中型企业效益大幅度下降的原因，只有 67%；农业要保持稳定发展；地县经济，扭补；一厂两制；资金与筹措，预测，管理办法；社会治安；社会主义精神文明建设，思想政治工作。

上述重点课题调查要分层次，分工协作。周一、三、五，七省计委负责。

学习吉化，鲁，苏，首钢，组织代表团去。

过五一后，一个处一个处的过十年规划和"八五"计划。要加强纪律。各地区各部门对计委意见越来越大，要抓紧调查处理。我们上班还有打扑克的，玩电子游戏的。

4 月 24 日

办务会议。

马世录：丰收厂今年一定要建成，彩门窗线要加快进度。外购，外协件问题，轧滚加工，宝鸡进展，技术上有问题否？要经常反映。平凉 45 所今年建成科研楼，不铺新摊子。"创三新"经验已经列为"甘肃省之十二"。

跟 45 所商议进京日期。

4 月 25 日

平凉丰收机械厂(978 厂)，二楼会议室。

张宝华(厂长)：对外 978 厂，地方军工。职工 1 600 人，厂区面积 206.5 亩，新投资 2 100 万元，建筑面积 62 000 平方米。

沈学友(副厂长)：已完成 2 518 万元，除厂前区，全部开工。今年六个项目共 500 万元，10 月底前工房搞完，年底全部竣工。省建委发文，11 月工办验收，12 月省三线办组织验收，建议明年一季度总验收。

9 号、10 号宿舍楼，办公楼，道路完工不了。集资楼是另外一回事。5 月 1 日后接着搬来，10 号楼完后迁来 600 户，总计 688 户，其中集资户 84 户。施工力量充足，完成有把握。问题：① 资金，彩钢门窗线是单独的，省 312 万元，建贷 100 万+50 万元，自筹 96 万元，总 500 万元过一点。省上只给了 50 万元，说 100 万元等计划，50 万还是争取来的，产品税 40 多万元，能源交通基金，更改基金，96 万元问题不大。② 办公楼 2 000 平方米，60 万元建不成。

毛科长(财务科)：① 双增双节 5%，2 100 万×5%，50.5 万。② 建贷贴息没落实，近 60 万元。(1989—1991 年)总共 90 万元。③ 1986 年 12 月下计划，今年要还款（建贷）120 万元，希望能顺延 2 年，因为还没有建成。

沈副厂长：自筹 60 万元建一栋宿舍，3 371 万元。原包括彩窗，现单列技改，利用此指标，希望省再批点面积。

李金龙（党委书记）：当时违心地压了些，如空压站、下料工段库房、住房 80 多户、冷却水、卫星所、招待所、工具总库等。资金到位时间晚了，省上去年的 25 万转至今年。没入基建的税，费约 30 万元，这都是概算外的。

座谈至晚 10 时零 5 分，住红峰厂招待所 10 号。

4 月 26 日

到机电部 45 研究所。

张前仪（副所长）：从事半导体专用设备研究，现主搞三大门类：一是半成品，包括光扩设备、切割设备、制版设备、测试设备；二是元件设备彩电、电容、电阻等；三是光电设备。总人数：1 342 人。

精密机械，光学器械，计算机，突出光学。1978 年改名研究所。研 4 000 台设备，其中 60 多项获奖。长沙 48 所，不到 900 人。

总职工 1 342 人，专业技术干部 540 人，技术人员和行政人员比例 1∶1，孔雀东南区，我们所反倒增人了。

体制分三大块：① 科研部，10 个研究室，元件切割，光电光删（在天津窗口）；② 工厂部 7 个车间，零部件加工，铸锻，热处理；③ 机关管理 11 个处室。工厂占地 200 亩，5 万多平方米建筑，有些是平房。1964 年归国防科工委领导，65 年归院部四机部，曾经两军西北机电，正地级单位。1978 年归科委时就酝酿搬迁，这几年没有一点资金，一直没搬成。

“七五”准备用 600 万元迁兰州，征地 100 亩，5 万/亩，是基础产业，效益很低。

剩 1 000 万元资产，搬不成，上级同意就地改造，在沿海或中心城市开窗口。

5 大块：科研楼，5 800 平方米；宿舍楼 10 000 平方米；动力（锅炉）管道，变电室；喷漆间；工业设备。

总投资 1 500 万元，按照 4∶3∶3 比例，部电由 900 万元减到 450 万元。

于司长最近说，1 050 万元结了也行。

去年投 170 万元，其中国三办 150 万元，部 20 万元，实际花了 210 万元，用了行政科研款 40 万元。今年国三办 300 万元，部 50 万元，现到位 100 万元。

科研究楼。宿舍楼去年 10 月 1 日 48 户，10 月 31 日 60 户。108 户均建了 69 m^2。

存在问题：一是资金，自筹 450 万元不落实，喷漆、动力、电路、变电。如果 1 050 万元结账，宿、科、锅炉可完。部的资金到位差，1 050 万元没五年下不来。二是超概算：① 材料不落实，西安库都是混合价，没平价。库边赚钱盖大楼，1 300 元/吨，他卖 1 700 元一吨。② 宝中铁路正在修，砖价提，水泥涨。③ 没有储备资金贷款。④ 设计院设计很保守，钢筋多，小窗户，我们要求他改。我们自身的基建队伍力量差。

平凉的支柱是服务行业。我们的运输费 80 多万元/年，差费 50 万元/年，行政事业费以 1986 年为基础，递减 10%每年，只减 15%。1 500 元/人，现 200 万元/年，1986 年工资 140 万元，1960 年的行政标准，现工资 350 万元。

科研费每年 100 万元，全系统 50 多科研单位，倒数第一，不往黄土山沟里投资，绍兴 2 个亿，天光 8 000 多万元，长沙 48 所也工资开不出。

横向收入，1984 年 28 万元，去年 580 万元产值，收入 380 多万元，正负不欠债，人欠我 300 多万元，我欠人 100 多万元。今年好些，收入 50＋50＋120 万元。

今年抓 5 件大事：① 科研，争 3 个 DSW 项目；② 生产；③ 改造；④ 窗口；⑤ 为职工办实事，宿舍，待业青年。

中午在 45 所食堂吃午饭。

下午，驱车到丰收厂老厂，翻山入沟，行程大约 2 个小时。张宝华厂长、沈学友副厂长、王家五办公室主任陪同。

住 978 工厂老厂招待所。

杨总工：彩窗，机修全面组装，27 万元，工具车间，进入 9/32 装，10 几万产值，电气部分，5 台基本装完，部分装 5 月 1 日，总装 7 月 1 日。成窗 30 万元，二套生产线，给珠海一套。

外购付出 17 万元，565 种外购件，除 36 种自己可制外，其余全购到了。外协付出 8.96 万元，共 26 万元。天水星火厂 5 个台件，平凉的都加工完了，近日可全部提回。还要付 20 万元，山东潍坊。

流动资金已投入 28.5 万元。轧滚还没回来，四川长城钢厂生产，19/23 完。总共花 196 万元，全完成 320 万元，技改资金 488 万元，自筹 38 万元。

问题：资金，450 元，先 170 万元，催工行资金，重剪机，轧滚，宝鸡制件工厂组装，6 月试车。

希望能够帮助推销钢窗，三线企业使用最好。

4 月 27 日

乘坐丰收厂车到 5204 厂（前进机械厂），丁英杰厂长陪同览厂区，看靶厂。

丁英杰：平凉市政府 1991 年 4 月 8 日对迁厂优惠条件意见：① 征地综合费 4.5 万元，50%，2 亩 1 人，征地费 1800 万元，800 亩。② 增容 6 元/亩，40%，178.4 万元。③ 配套费，菜地开发费，免。④ 耕地占用税万元，133.34 万，报批可以减。看 5204 厂窑洞式住宅，阴湿。

丁厂长、郑书记、张总工、吕厂长助理、王红祥秘书陪吃午饭。

下午，沈学友副厂长陪游“回山降西王母处”，看三珍碑，窟中迴，壁尽佛。有诵经者，此为“秦陇分界处”。

晚上，与潘正祥攀登西侧小山，新绿，宁静，返归大自然中。

4 月 28 日

晨经过 5203 厂招待所。

袁凤祥主任：全厂 3 774 人，生产炮弹皮等，总装。2 008 户，210 000 平方米，厂区 99 000 平方米。

田副厂长（5203 厂，胜利机械厂）：平凉厂址，总投资 1.2 亿元，已搞了六年调迁了，职工殷切盼望，太慢了。目前主要是选点，下一步程序，国计国防司批设计任务书，开工报告省上批。政府、设计院、厂家三家组成选点组，写报告。兵器部第五设计院一机电部工程设计院，榆中夏官营点，水是一个问题，尽快做可研。两个点，5204 夏官营，5203 平凉，定哪里都要做工作。平凉，地方好，条件跟丰收厂差不多，条件需要落实。夏官营点，离兰州近，改造工作量重，锅炉、管道、水，院子 720 亩地，不够。我们服从决定。宋书记是组长，丁厂长是副组长，正在做工作。要求设计院要参加。现址华亭矿区要给多少钱还没商议，15 公里到华矿，现值 2 700 万元。

宋高平书记（5203 厂）：公司定 5203、5204 合并选点，职工要求尽快出去，平凉地价太高，带人 400 人不能接受。希望省上再做平凉工作。夏官营水和价格都是问题，省上下决心前要考虑水的问题。希望省上有专门组织，系统研究，理直气壮地抓起来，现在渠道不太顺畅。

5207(跃进)厂

张副书记：现727户，1 300人，迁天水5 206人，帮修锅炉房。

康润副厂长(5207)：托儿所，今年能自筹200万元，今年10月1日迁一部分，明年再迁一部分，后年10月1日迁完。

去安口镇"大发饭店"吃晚饭。

4月29日，晨9时出发，晚6:20到兰州家。

4月30日

下午到办，委里组织看电影《中国霸王花》。读报摘录。

搭省府办公厅车到东方红广场西口，又在搞展销。

5月2日

办公室研究工作：

学习国家"八五"规划中三线建设调整部分。

汇报平凉工作。丰收厂先按原批复干，年终验收；45所不铺新摊子，5207厂先做前期工作。甘肃省，首钢联合报文国三办，5203、5204厂由西北公司再做化工工作。

让人买票去成都，去北京。小樊去西安。

(1) 国三发[1991]28号《关于印发1991年三线调整基建投资计划的通知》。

(2) 国计计投资[91]418号《三线国补投资通知……》

一九九一年四月二十三日

45所	1 500	1 500	500	(拨450　部50)
平凉三厂	13 000		13 000	
西北铜	2 500	3 228	830	
西北铝	800	1 406	275	
丰收厂	2 100	853	(建100　省312　自441)	

其中无"八五"新开项目。秦安三厂(749、860、871)、796、792、天锻、天水风动。

国家总盘子：批准20亿元，扩初30.378 8亿元，1990年完成累计22.599

亿元，1991 年度 7.989 9 亿元，组成为，国补 12 318 亿元，其中拨 2 034 万元，拨改贷 2 966 万元，建贷 7 318 万元。

部 28 804 万元，省 2 562 万元，企业自筹 36 215 万元 。

(3) 国家机电轻纺投资公司文件：机轻设计[91]23 号《91 基建投资计划通知》，根据国计计综合[1991]30 号文《91 基建计划(草案)》

一九九一年三月七日

871 厂	总 2998	365 建贷	(综合厂房 271，住宅 74，息 20)		
860 厂	2660	410	387		23
749 厂	2676	330	273	动力站 39	18

下午到兰铁分局取 148 到成都车票二张之凭据。

召集省属企业开会，按季度报产量，经济指标按国家统计局统一报表。

5 月 4 日

(1) 孙均鹄(省地矿局总经济师)打电话来，让提审查意见。

(2) 到邵克文副秘书长办公室，《纪要》他看后已交给张省长。

5 月 5 日

乘 12:14 148 赴成都，张大荣(司机)送兰州站。

5 月 6 日

13:40 到蓉，有车接。住“转业军官培训中心”。见 113 厂张志国总工，见河西堡铁厂王明德书记等。见国三办孟宇处长，黄义埔处长处报到。

5 月 7 日

上午与 113 厂张总志国步转附近商场，下午省上单位来齐。

河西堡	王明德，马占良	住 106	884 厂	王，刘	住 105
5207 厂	莫显法，张	住 106	丰收厂	沈学友	住 330
45 所	孔令玉	住 413	华兴厂	柴仰愚	住 330
113 厂	张志国	住 328			

晚上 215 会议室预备会

向嘉贵(国务院三线办副主任)：应到 108 人，现 86 人。意图，“七五”项目 121 个，少数未通知，交出去的。去年 12 月七中全会，今 3 月人大，研究收尾工作。“七五”项目今年要完，今年 9.6 亿元，这次是“七五”项目最后一次会议。会后在座同志留下，座谈一下“八五”项目。不安排参观。分六个组，掌握引导，怎样收尾，有什么困难问题，免税（1992 年），发言不一定是照稿子念，结合主题，最后鲁大东主任总结。

分组：滇、重、川、贵、豫、甘肃在 415 会议室，鄂、湘明天下午、后天上午分组讨论。

晚上，113 房间，刘涤华、王春才局长来，莫显德厂长在。

刘涤华：省计委并三线办到国家计委国防司王毅韧处长处，要三厂的笼子，资金怎么下，5 200 万元是通过国三办还是通过建行？其余的 7 800 万元是否拨地方？要到北京跑，省上报文，国家计委批下与首钢、北京市、冶金部联合报，跟首钢协商好，转省上是国家计委意思，首钢是企业，没有计划权。

5 月 8 日

向嘉贵副主任：121 个项目 12 个合并，13 个就地改造，96 个搬迁。全迁的 40 个，部分搬迁 4 个，正在施工收尾的 49 个，加未动的平凉三厂。

效益提高了，稳定了队伍，创三新初见成效。李鹏、刘华清讲话肯定。

经验：关系全局，各方支持，多方筹资金，创三新，自力更生，艰苦奋斗。“一压，二改，三代，四干”，施工承包，政府重视。

今年：要集中力量、资金，主管部门增加一些力量，政策优惠，新旧点协调（指搬出搬入地），转让，工农关系，调改创一体化。

今年安排 9.6 亿元，迁 40 多个项目，启动“八五”的部分项目。

鲁大东主任：从此以后，主要力量抓“八五”项目。①“七五”优惠政策按国家批文执行。②“八五”，85 个中 19 个可以先行（其他不能动）。没有云南、重庆、贵州、四川的。国家计委没批的，一概不许动。19 个中，辽宁 3 个，江西 2 个，宁夏 1 个，这 19 个项目作样板单位对待，要搞好。③ 没定的项目由部、总公司和省定上的时间。

④“八五”会什么时候开？现在定不了，待国家计委定后，等北京指示。19 个项目可按北京一月会议上我讲的“学亚运，创三新”的办法搞。

刘涤华局长：北京情况，我们在北京希望国家计委尽快批准我们的方案，原则同意。现仍有人在北京，会后还会去人。军品线，江总书记讲，军线要出来一定要经国防科工委同意，航天、兵器、电子等，要主动跟科工委汇报。限额以上的要经国计批，资金情况如何交换？19 项中，甘肃的 796、792、天锻、749、860，希望国计尽快下达，委托地方建行评估一下。

于锡涛(国务院三线办秘书长)：5 月 30 日，丁衡副主任找我，谈到在四川开会，061 的洞子好，扔掉不力。讲到毛主席三线方针是正确的。军品要搬，需经国防科工委同意。

鲁大东：是军品，北京说不调整，咱们不调整就是了，三线办没有那么大本事，20 多个人。

赵达(云南省三线办主任)：要善始善终啊！

鲁大东：前功尽弃就尽弃，再说严重点也没办法。

优惠政策正在办文。

下午，415 组讨论，豫甘组

781 矿罗建书矿长(许昌地区，驻马店)：向主任的讲话好，有个重要遗漏：存在问题和今后的工作，转工业硅。现在 5 000 元/吨，试成本 11 000 元，6 300 kva/炉，2 500 吨/年。后降 5971 元/吨成本，价 5 150 元，1 500 度/吨耗电。

1990 年亏损 353 万元，100 万元/年利息，两地生活、办公。运费 50 万/年，150 km 距离，总亏欠 1 700 多万元。

搬迁不彻底，企业负债累累，“奋力救活工业硅”，回收粉尘 0.4 吨，总 1 000 吨/年，每吨可卖 1 000 至几万元。

开发聚丙烯高强工业用瓷，纺织部介绍。

358 厂华夏光学仪器厂：十功能相机，结构简单，成本 100 多元，售 300 元，4—5 万台/y，比常州红梅要好些。甘肃先引进，我们是自搞的，华夏 851，凤凰 303，十功能新加坡订 10 000 台/月，南阳，信阳。

378 王厂长：军品变零，望远镜，出口美国等国家，7 万架/年，锁、电器柜，迁南阳。资金只能迁走 1/3，集资 280 万元盖住宅，3 500—1 000 元解决一户，15 000 平方米，希望再送一程，薛总(兵器部薛义流)向部谈谈支持一下。建行有钱，但没笼子。

548 厂马厂长：我们是部分迁，属航天，分建学校，留的职工不安心。

薛义流总(兵器总)：兵器“八五”20 个项目中，14 个是部分搬迁。

邓兆麟局长(国三办)：是投转入产出比较好的问题。

河西堡铁厂王明德书记：我厂属于小三线，矿源不足，10 万吨铁，二台炉子，一台吃不饱。能力已经形成了。

丰收厂沈学友：选址，产品方向耽误了时间，1990 年亏了 127 万，采煤支架，彩板门窗，602 所技术。10 万平方米×200—220 元/平方米，加工型材。

平凉 45 所孔令玉工程师：一科研楼，二宿舍楼，三锅炉房改造。资金到位差，让在沿海开窗口。存在的问题：资金、指标、设计问题。

白银 884 厂王风久总：倒搬家，已征地 17.5 亩，每亩 6 359—8 400 元，外欠 1.3 亿元，150 人在外边催款，1 326 万元税外可建设。1965 年至今，已调走 1 200 人，中专以上 300 人。按 4 层 3 层设计，7 500 元，6 000 元，集资 106 万元，尚有 780 户无房。去年 8 月 8 日全国企业政思座谈会，利税 3 573 万元，思想工作列承包中。生产不停，搬迁不等，三比，四爱教育，四从严，有个“创三新”办法。问题：计划下不来，动不了，资金困难，三角债，拖欠施工队伍钱。

陇西 113 厂张志国总经济师：粉车间迁，1990 年 8 月验收。

（谢：他一怕引进花钱多，二不愿卖旧设备。）

（邓兆麟：他的经验好，鲁大东同志批了好长一段话，可推动“八五”项目，供借鉴，这是甘肃的光荣。）

张：2 000—5 000 吨箔材。广州、连云港、南京，签了三家外国合同，订我们的货，原来已经断了的用户送品试生产，都复订了，现在货供不应求。今年计划 500 吨，4 月份生产 60 吨。

鲁大东主任：甘 4，陕 3，豫 1 个，5 家，总 16 个。找这些厂，如果搞得好，还可再增加些，带动其他，更好说话。前期工作还得抓紧做（刘涤华：792 矿抓紧些），集中力量，搞快点，争取比“八五”多搞点，好说话。有个问题，自己钱少，摊子太大。

谢某某（河南省）：4 000 万元，省上决心把收尾工作做好，还有很多事情要做，技改。安排项目，铍青铜近亿元，问题还不少。

邓肇麟（国务院三线办局长）：结尾，资金，政策，窗口，国三办 25 人，于锡涛，孟瑜牵线，引资金，出口，服务，配合主管部门协调解决问题。

于锡涛：优惠政策，地方免税，不一定发红头文件，计委，科委，科工委联络组，4 个人。

5 月 9 日

下午，大会交流 。向嘉贵主持，鲁大东、周长庆、于锡涛在主席台上。

豫 4057 厂张副厂长：搬家用公安汽车，每家平均安装 4 800 多元东西，抓赌、绿化、利税。“八五”达到2万元/人，联营，收录机推销，比“燕舞”好，仅次于“星球”。

鲁大东插话：国家肯定三线调整，跟农民关系要搞好，政府出面，公安车护送，可以，无工不富。

四川4403厂王庆如：庆光、旭光、红光。

鲁大东：产值大幅度升，三新有复辟的可能，不要紧，继续抓。调整改造创三新是一场革命，是对的，但为什么好的企业可能不到30%，认识上有问题。

贵州011基地荣剑钰：国补5 270万元，倒排计划。

鄂4504厂杨中奎：仪表，无线电专用设备。省三办应该评为先进单位。

陕西航天210所……

5月10日

上午分组讨论。

重庆453厂陈正龙：左邻右舍互相配合，从万县到重庆。

柴仰愚(甘肃华兴厂)：多头产品，经得住市场考验。1986年10月—1988年6月建设，1990年产值1 802.3万元，销售收入1 385万元，利润65万元，税80万元。

湘330厂贺厂长：……

兵器工业总公司李炳炎副司长：怎样收尾，交账？“七五”14个，“八五”20个，全迁4个，还要1.7亿元才能全部迁出，部里资金到位了。

鲁大东：航天部创三新抓的最早，督促、管理、奖励有一套办法，要总结个材料，搞得不错。

贵州143厂：迁贵阳，1987开建，1990年12月交工，大面积投产。

四川816厂：核燃料基地，1966—1984年，投资5亿多元。1984年宣布转产民品，从戈壁滩来的，5 000职工，1万多家属，争化肥项目，三峡省。

下午大会。

鲁大东，讲四个问题：

(1) 121个单位，近六年的艰苦奋斗，大多迁完，效益倍增，816厂讲的生动，总体上讲基本上完成了调迁任务，有的讲的好，国三办不要对我们关门，不会的，关系要保持，尾巴经过努力可去掉。要逐步走向以部门管理为主，今后归口管理收尾，我们继续管，但不多加干预，行不行？老战友了嘛。

小组讨论提的问题，主要有：① 继续享受政策，还本付息到期了，负担重，改造任务大，但要体谅国家财政的困难，不能享受，做不到。主管部门和地方支持。国三办的工作转入到“八五”。② 拨改贷豁免。③ 推迟还本付息，有关部门支持三线，可以申请，按建行意见办。④ 原址处理，有个文件准备下发。⑤ “八五”，目前还没定下来，会暂时开不成，除这次定的 20 个项目，其他的只能做准备，不能开工。

(2) 八字方针正确，要加上技术改造，否则难以发挥作用。我个人感受，调整改造创三新一体化，时间合适。随着调整发展逐步提出的，121 个单位，只一个人反对，不算啥，牺牲点个人嗜好，把工厂办好，4403 厂把烟缸去掉了，戒烟。

(3) 只有改革开放，才能把工厂办好，引进先进技术。与国外合作，是拿手好戏，闭关自守没出路，沿海、沿边全方位开放，三级跳，一厂两制可以用，三来一补，否则死气沉沉，要增加供销干部，提高其地位，供销师不亚于工程师、经济师。李鹏讲“销售是企业的生命线”。我们三线的市场开拓能力弱，上天入地能行。

集体企业销售人员只占 30%，国营企业 10%，国外 15%左右，要办销售培训班，往前抬。

(4) 120 个企业，可不可以参加企业集团？应该可以有勇气牵头组织，可提高专业水平，形成规模能力，合厂后领导要大度。今后十年是关键，“八五”，十年里，第一年，做好我们的工作，收尾和开头衔接，“质量品种效益年”，对个人和单位都是历史重要时期。

向嘉贵：大东主任讲话很重要，是总结、方向。会议精神回去要向领导报告一下，向企业传达一下。从调研始，第八年，计划第六年。国家部委理解支持，尽快搞好收尾工作。

刘涤华：填表，计委，险情，资金，效益，排队，10 天以内报来。

陈功文：办个培训班，在深圳党校，一个单位 2—3 个人，以后可增加。怎么办？大家提意见，组织工作交省三线办，大于 50 人。广州荔枝节，6 月底以后。次序是陕、云、重、川、鄂、甘、豫、湘、贵，一个月一次。

周长庆：是看、学、说三结合。

陈功文(国三线办局长)：三线活动，青岛邀请，周主任带队，连云港，豫陕甘，秦皇岛，三季度，深圳，落实去年 11、12 月项目活动，厦门，各省有什么想法，到那儿去可以联系。

赵达主任(云南)：邀请大家到中缅边界。

向嘉贵：总结“七五”的调查表，陕、甘、湘报来了。

邓肇麟：同步规划，同步效益，照顾三线企业，模底，建行有点机动钱，500万元以上的技术改造项目，9张表，国防司曹司长要来的。

周长庆：江总书记视察四川，待的时间很长，讲多数要在沿海开窗口，鉴于海湾战争，好洞子不要丢了，三线战略决策，毛老人家是对的，由于干扰有些问题，现调整的是这部分。产品外向，下决心的不多，培训要重视。我昨天在陕西组，报名的多，开发，可带点样品去，带点资料。

5月11日

下午到国三办新华东路190号。乘5路汽车到青羊宫，0.3元。

上午买夹克衫28元，买皮鞋25元。

5月12日

7时出发，到大邑县安仁镇刘文彩庄园参观。

下午买草莓等。晚7:15去车站，乘146返兰州。

5月13日

晚10:30到兰州，河西堡铁厂车接。知桂英5月9日送岳母回鲁。

5月15日

借款500元，晚122次7:31，和丰收厂毛国宝科长及温少良一同赴京。

5月17日

(1) 住西四白塔旅馆，下午到国家建行。

国家建行信贷部刘正凡副主任打电话给王景旭副处长(甘肃建行信贷处)。

王建军(国家建行)：总行下1 000万计划，他们(指甘肃建行)收1 500万，500万中给丰收厂50万元。

知南礼土路核工部招待所264号住国三办李忠德处长。

(2) 到西单商业区转，在甘家口牛肉面馆吃饭。

(3) 晚给李忠德打电话，邀请去甘肃，丰收厂780万，请国三办给指标解决。

5月18日

上午到天安门广场，前门吃午饭后天太热，稍休后返白塔旅馆。

下午5时到东四十条看刘文德。刘莉今年考大学。

5月19日

6时出发，乘103电车转2路到海户屯，坐车到任丘。午到家，正收玉米。

5月20日

锄花生于桃园苹果林中，沙地、绿草、麦苗、阳光蓝天，农村自有其惬人处。

21日

再锄地，一家已三分。

5月22日

旧城看大姑，张燕夫白杰被车撞重伤。天转凉。

5月23日

上午去旧城中学，下午村东栽山药。纪晓返校。晚宝玉来，共小酌。

5月26—27日

天晴。傍晚离家，近6时挤车到高阳，转客运，近8时到保定，121次回兰州。在7厢口，见社会事业处王玉林。

识中铺之青海西宁华欣商店王艳凯。

5月29日

三线办商量工作。

丰收厂温少良来。地震局周俊喜来。国家地震局丁国钰来。

5月30日

上午792矿张传江，刘总工，电子公司徐永新经理等来办。

下午，到罗锅沟看4502厂址，祁、杨、孙等城关区开发办主任在。

6月3日

(1) 带天水风动康厂长等，找李文治主任谈免电贴问题，李不在。

(2) 办公室研究工作：征地、用电、三新、选址事项。

召开工作会议事项：① 进一步贯八次成员会精神；② “七五”收尾问题；③ “八五”新开项目；④ “创三新”问题。

编制省三线手册。

(3) 下午报账：借500元，报461元。

6月4日

(1) 西北铜，于夫昌总，王凤久总来。

于：今年 4 个项目：① 两台 5 吨炉，紫黄铜炉 4 台，1.5 吨炉共 9 台炉，5 吨炉子设计有问题（洛阳院做），750 kw 井式炉一台，今年将陆续投产；② 天窗；③ 铅材；④ 环保（白银矿院做）。

20 000 平方米，先开 1 万平方米，拆 11 栋楼，开 3 栋，6 000 平方米。白银东站一栋，8 层，4 000 平方米。预 1991 年来可完工 4 300 万元，明 650 万元，总 3 228万＋946 万元，4 174 万元。

资金构成：更改 90 万元，折旧 110 万元，减税 650—710 万元，20 000 万元产值，1 321 万元税金。

征地 8 400 元/亩，其中荒地 43 亩。

三材居高不下，民建达到 275—280 元/平方米造价。

“三不”产品 2 万吨，产值 2 亿元，税金 0.2 亿元，盈利 200 万元。一季度盈 21.3 万元，加二季度 100 万元。

生产：订货满，板箔好。

三角债，外边欠我 7 500 万元，我欠人 3 000 万元

小王：今年 10 000 平方米，能完 2—3 层；明年 1 万平方米，4 栋明年一起交工。标准：40 平方米，三室一厅；40 平方米，二室一厅。83 户拆迁户，74—55 平方米建筑面积，还有 49—39 平方米，使用系数 0.75，工厂：全民 5 600 人，集体 1 700 人。

宫保军：① 建设内容，要有科研教学楼；② 标准，要明确三室与二室的比例。

潘正祥（省三线办）：审方案，项目程序有点不合适。人均 10 平方米住房，宽打宽算。工作配合，从铅材开始。

马世录：教学楼要列入统筹，可用大修理费。

(2) 核工业 792 矿王书记等 4 人来。

王书记：跟美国环球公司谈，用湿法，反应法也可以转让。产品原 300 吨氨，包纱，1 吨包 3 吨，市场好。总投资，树脂，报 930 万元，砍削 15%，估计 800 万元，合资，老少边穷，技改可减免，700 多万元关税可免，总投资 8 400—8 600 万元，向国家计委报 7 350 万元。按行业报，轻工业部计划司，外销为主，补偿贸易 20%，西德、香港不成问题。

100—200 吨 MTEG，150—250 吨。部纺织院已经考察过白银厂址。近日

再来考察皋兰。

6 月 5 日

（1）问电力局供用电处，用电取费问题。

（2）甘光厂可研会委托机械总公司主持。

（3）徐永新副经理（省电子公司）：

4502 厂已与九州开发区草签了协议，正在打印。土地，亩，元/亩，水，电，路，标高。

提出：部＋院来看，要他们认可，不能再来一票否决权。

（4）10:10 去甘光公司，其厂址毗邻电影机械厂，有菜地 38 亩。

（5）用电费用制表，傍晚大风，小雨。

6 月 6 日

（1）问考出国进修生事，刘继源。

（2）792 矿刘工等三人来办，到轻工厅引进处，联合上报。部文，7 350 万元，同意上报，会签。

6 月 8 日

平凉三厂来，田、谭副厂长、张总、徐主任、赵主任。

田厂长：

到国计国防司投资处王贻韧处长处谈：厂址，笼子，程序。议论：兰空，平凉，皋兰，≤3 000 万元，平凉，李萍副省长写信，要求进一步优惠。5207 厂省批，5203、5204 兵器五院做。自筹不足，总投不够如何办？

6 月 12 日

（1）悉贾恒珍一家四口人被杀。

（2）到罗锅沟九州开发办张慕国经理，梁鸿斌副区长，15 000 亩地，已投入 5 000 万元，卖 500 余亩，收入 2 000 万元，成本 20 000 元/亩左右。看水池，4 000 吨×4，黄河边看净化船。

（3）到工办陶兴福副主任家，谈及丰收，5203、5204、792 矿调迁事。

6 月 13 日

到甘光厂参加审查其可研报告，通过纪要。

6 月 14 日

（1）海林陈总二人来。

(2) 皋兰县杨祖铭县长来。

(3) 市政设计院宋工、小冯来谈：榆中县夏官营和皋兰县一带水文情况。

6月17日

(1) 5203、5204厂来谈情况，宋、丁、袁、杨、王等人。

丁厂长：① 领导意图；② 两点均受阻；③ 留不住人。20日前，希望领导跟我们一块跑，今年不迁，明年难度更大。

宋书记：兰空3 000万元，人家不谈了，除非领导出面。

马主任：要有战略眼光，支柱产品。兰州市只榆中、皋兰，天水不要去。

决定：明天上午看皋兰厂址，后天和兰空继续谈判。

(2) 兰空崔红军来，同意继续洽谈。

(3) 和平化工厂来人：总投资2 145.9万元，要求免“二金”（指能源交通基金和预算外调节基金）。

6月18日

(1) 到皋兰县西北，与5203、5204厂五人，看拟选厂址和周围环境。

(2) 下午，兰州空军司令部李渥然副部长、张传书、崔红军来，仍要价4 000万元，谈情况。

6月19日

(1) 甘光袁经理王总来，《纪要》正好印好。

(2) 天水锻压厂可研定下星期一开。通知机械总公司计划处毛。

(3) 5203、5204厂研究选址问题，比较平凉、皋兰、罗锅沟。

6月21日

下午，兰州军区生产部请到八一宾馆，鲁、俞部长在。

6月22日

(1) 看参加党的知识竞赛决赛情况。

(2) 下午，发社会主义理论考试题目。

6月23日

(1) 办公室答题，11:30交卷。

(2) 到清理在建项目办公室。

6月24日

省机械总公司四楼会议室，张从吾（机械厅计划处长）主持，设计院汇报天水锻压机床厂新建问题。

机电部第六设计院(郑州),周主任介绍:① 全厂 1 400 人,8 个车间。重点抓出口,就地重建时间长,多花 1 000 多万元,职工思想不安定。新厂址,弯道突岸处无切滩现象。8.16 公顷,比农技站厂址节省 298 万元。距天水站 2.5 公里。月牙形,长 1 000 米、宽 137 米,海拔1 086 米,高差 2.5 米。地震裂度 8°,砂砾层原 1—4 米,地下水埋深 1—3 米。在道南新建三栋宿舍楼,9 300 平方米。② 建筑面积:峡口 41 257 平方米,利用原厂区 1 989 平方米,建筑占地 23 615 平方米。③ 每亩 80 元的管理费,2 080×130 亩=27.04 万元。

张工:结论三符合,调迁与技改结合,买设备,资金构成。征地 131.5 亩,建筑面积 31 957.2 平方米,宿舍 9 300 平方米,由企业筹措,集资解决。

6 月 26 日

(1) 金城宾馆,与机电十院孔昭定总设计师、吉增祥高工谈 4502 厂址问题:

徐永新副经理汇报:749、860、45 所设计中的问题,窗子太小,钢筋太多。

孔昭定:九州开发区这场地不错,交通方便,供电短,地质稳定,主要放红砂岩上,不会有泥石流,吉工很满意,总图已经画出来了。

吉增祥高工:上星期六到罗锅沟,看后觉得优点多,地价便宜,不招工,外部条件,坡不陡,不会有滑坡,洪水淹不着。但沟边建议他们加地质稳定带,不会低于 15 吨/cm^2,先用挖方地,后用填方地。我们比较满意,不容易选到这个地方。

(2) 到政府礼堂看电影《开天辟地》。

6 月 28 日

(1) 拟文甘光,天水锻压,审可研报机电部,下午李文治主任审签。

(2) 下午 3:00 在四楼开表彰优秀党员,优秀党支部暨新党员宣誓大会,之后,代表在省政府楼前照相。

(3) 报发天水锻压机床厂文件。

(4) 坐风雷厂(4502)车到靖远厂区,住招待所 5 号。晚饭后看生活区及职工住宅。老式,紧小,直楼梯。此地清凉,安静。

6 月 29 日

(1) 冉世才厂长、戴工陪看车间,磨片机、印染滚筒印花机,先进。厂房坍陷，墙裂。职工工作态度好。在厂办座谈，王向东书记、张、韩副厂长、王总会计师等参加。民品5%产品税，15万元(1991年)。

(2) 下午到隔壁看春光器材厂，吴经理接待。原330人，现80余人，其中52人户口在兰州，无住房。现址，资产处理要500万元，给过250万元。总占地118亩，厂区70亩，生活区40多亩。

(3) 晚看风雷厂庆“七一”歌咏比赛。

4502厂，始建于1970年，1978年投产，1985年下放给甘肃省。

6月30日

王师傅车送返兰州。在皋兰县境内，遇送车祸小孩，急送医院治疗。

7月1日

发文。下午集体看电视：江总书记讲话100分钟。

7月3日

皋兰县杨县长、榆中县王县长等来。

7月4日

(1) 电子公司徐永新副总经理，询问哪位对我们下投资计划有意见?

(2) 下午，继续集体学习江泽民讲话。

(3) 研究工作：① 征地；② 工作会议、经费，文件；③ 优惠政策；④ 与建设银行商议资金到位问题；⑤ 职责范围与理顺关系问题；⑥ 向省长、主任和办公会议汇报问题。

(4) 广场最后一天展销。“第六届黄河之夏”群众演唱会。

7月5日

5203、5204厂宋高平书记、田厂长等来。联系皋兰县政府。

7月6日

地点：皋兰县政府。

与省科工办陈安祥处长、5203、5204厂宋、郑书记、田厂长等一行12人到皋兰县府。

与会，县上政府杨县长、巨洪程副县长及土地局局长、公安局长等若干人。

厂方介绍简况，对建厂提条件。县上针对性地介绍，必要时现场看，先厂方谈。

宋、郑书记：上次看，感谢，希望早定厂址。

田副厂长：① 第二次在此开会，变化大。两厂原1.2亿元，净8 500万元，流资2 700万元，占地2 800亩，设备3 300台，5 840人，380名技术人员。② 迁厂主要指标，6 000职工，家属1 600多人，总投资1亿元，征地800亩。用水6 000方/天，其中工业3 500方，生活2 500方。装机1 000 kw，主变4 000 kva，内电话500门，希望有直拨。③ 过去走弯路，省上要求7月定点。供水方案，供电，水文地质工程地质，气候气象，给排水，环保。恳请县上出个东西，地域、优惠条件、地价、跟地方有关的费用、人员安置等。

杨祖铭县长：欢迎，要具备条件，否则对谁都不利。皋兰县一片净土，不要担心污染。三大提灌工程，19万多亩水浇地，农产值4 100多万元，人均收入492元。省市每年要补助400万元。全县160多个提灌工程，用电保证，水，580万元，7 500立方米，4400，引大入秦（引青海大通河水，入皋兰县秦王川）工程10万亩，保8万亩，10—12万立方米，现作为鱼塘。工业用水，镁厂，792用水。目前2 000立方米/天，县用。镁厂1 000—1 500立方米，792矿顾书记、李省长说，放甘肃，任选。1 000立方米，增加二泵房，可以增加3 000立方米水，生活水，二级标准。

宫保军：是否具备条件？还有什么问题，能不能解决？

宋高平：我们认为皋兰基本符合条件，今天来人是为了做更深入的工作。

看第四泵站，选比厂址。

中午在水利工程指挥部招休息。

下午4:50继续议论：能集中意见在一起更好，否则，可提二个方案比较供选择。

7月8日

（1）到省土地局建设用地管理处，与徐容副处长谈用地项目，14个项目中，4个比较急，问题大。

（2）海林轴承厂来谈可研初步方案。

（3）下午，马去开规划办公会议。

7月9日

（1）兰空崔红军来，说谭厂长说过给4 000万元，分期付款。

（2）海林厂毕工、郭工等人来。

毕：项目提出，投资必要性，1982年省部决定从李子园迁出，“七五”转改，

1982—1985 年批准 1 280 万元，实际完成 2 675 万元。1986—1990 年轴承公司，兰州、天水三家，总投 3 200 万元，完成 1 080 万元。遗留问题：搬迁未完，生产场地不足，料房不够。今年技改资金部里批了 350 万元，结论性意见 6 条。

7 月 10 日

(1) 桂英下午走河西调研。

(2) 财政厅给 2 万元会议费。

(3) 商量与会单位及参加会议代表名额。

7 月 11 日

(1) 5207 厂张总、高工等汇报：

设计，省院(西北院 06 设计室，天水)，2 410—2 713 万元，待批厂址。

(2) 5203、5204 厂长吕助理、徐主任：

① 地价，未谈及；② 用电局尚未与白银联系；③ 水的补救措施无书面材料。生产用水难度较大，厂区地 450 亩，住宅区 350 亩在南，生活水没问题。冬季三个月解决办法，一是加压，7 500 立方米/天，管 13 000 立方米/天；二是修 20—30 万立方米水池，需 230 万左右，生产水价 0.55—0.43 元，生活水价 0.30 元，增容 200 元/kva，电站 120 元/kva。

7 月 12 日

讨论工作会议参加单位及名额。拟抓紧写出“创三新”文件。

7 月 13 日

省工办二楼会议室。

陶兴福(工办副主任)：他们昨天上午 9 时至下午 2 时在皋兰。万德镛经理认为具备建厂条件，同意选点皋兰。有两点需要进一步敲定：① 优惠政策，不带人，每亩地不超 7 000；② 水，缺 3 500 吨。这两点定了，才可以进行设计。三个点中选一个，平凉情况，条件苛刻。

宫保军：这是“七五”最后一个要定点的，总图设计尽量不要占好地，或集中，或转向。

潘正祥：我们这两个厂效益都不太好。

陶兴福：要抓紧，水是个大问题，布局请你们再考虑。地价，要考虑地方意见定，还要上报，至迟 7 月批下来。

7 月 14 日

屋外太热,家中看书,写文。步小沟头买菜、杏、桃等。

7 月 15 日

(1) 到宁卧庄 108 房间,问何时与国家计委来人衔接。国防司郑庆苏副司长来兰州。

(2) 5207 厂送来 5206 厂同意迁并文件。

(3) 下午,省工办二楼会议室,研究 5203 厂、5204 厂拟定皋兰县选址方案。

(4) 和马主任到宁卧庄宾馆,自助餐后到 321 房间郑庆苏副司长处,交谈我省军工情况。

郑庆苏副司长有点担心:① 资金有缺口;② 一厂变二厂或者两厂变一厂,麻烦比较多;③ 平凉三厂事让首钢出面。

7 月 16 日

(1) 丰收厂温少良来兰州:已经要到 50 万元超回收贷款。

(2) 宋高平、丁英杰、田永祯、吕吉庆来。

宋等:5203、5204 厂。

田:上午到省水利设计院,7 500—15 000 吨水完全可能,增加 400 万元水泵,变压器,沿沉沙池要扩大。尽早定,给建委打个招呼。增水处理,在 1—2 泵站间建设(尚无投资)。

7 月 17 日

(1) 马、潘和工办、两厂人一起到皋兰洽谈厂址。

(2) 下午在解放电影院看《毛泽东和他的儿子》。

(3) 给北京市西城区皇城根 9 号汇去 50 元钱,支援灾区。

7 月 18 日

(1) 郑司长电话:明上午 10 时从 805 厂返回后去 504 厂,要人陪。

(2) 考虑减免电费事。

(3) 下午,省工办陈安祥,精密公司万德镛、丁厂长、宋书记等来办公室,商议迁厂事。

万:项目批复,水要先给钱。

宫谈六点意见:给政策,财政部。① 厂址;② 可研;③ 程序;④ 资金;⑤ 善后工作;⑥ 组建调迁班子。

7月20日

与物委田处长等人一起到电影公司看《血滴子》和《险地求证》。

下午,委内买瓜,119斤×0.11元。晚上与孩子对弈。

7月22日

收到纪莲信。下午3:00委内募捐,共收到3 700多元。

7月23日

到电影发行公司看电影《大决战》。

7月24日

(1) 给排水设计院小冯、地震局研究院石院长及周俊喜高工来办公室。

(2) 9:30乘车到和平化工厂(995厂)。

姬厂长、沈总、康厂长陪看厂区,车间,生活区。

7月25日

(1) 从和平化工厂出发,2:30到永登金城机械厂(9912厂)。

(2) 金城机械厂孙国安副厂长:1970年8月投产,生产地雷、手榴弹,与陇西几个厂合并,每年40万颗雷。1978年停产,现759人,中级职称以上31人,553工人,党员155人,28个科室单位,31.5万平方米,建筑s=4.04万平方米,原值1 311万元,军品、塑制品、胶带共4 000万元产值。1971年至1989年每年军品产值3 100万元,另有秃钉生产线。1980年后至1982年亏损,1983年至1985年盈利,1986年至1990年亏,盈300万元,亏500万元。实亏235万元。去年最困难,只有70多万元军品。370万元流动资金,背贷款238万元。有能力,但没活干,1—6月只完成产值的19.5%。电石桶钱,8月前完成土建主体,总512万元,落实350万元。生产200公升桶和100公升桶。

高总:困难大,职工不安心,丢东西,新来的学生不愿留,成本大。生产"八一式"地雷。

认识孙国安副厂长、高巨峰总工、马副厂长。晚看影片《雇佣警察》。

7月26日

早饭后出发,12:00到河西堡铁厂。邓开源厂长、王明德书记接待。住招待所4号。下午看生产线,1号、3号高炉,日各生产120吨生铁。

晚上王书记介绍情况:

1 450名职工,其中女413人。1号、3号炉10万吨,2号报废。宁夏精铁矿 e，东大山 5 万吨，金塔 2 万吨，河北 1 万吨。本地碳酸钙，运量，20 万吨进出，电 8 800 kva，260 度电产 1 吨铁。1989 年利税 166 万元，1990 年 245 万元，1991 计划产 8—5.5 万吨，上交税金 130 万元，返回 30 万元。

存在下列问题：① 承包形式，产供销不畅，紧时要，不紧时不管。东大山矿涨价精矿 245 元/吨，售 780—720 元/吨，兰钢压价职工集资拟盖一栋宿舍楼，总 520 户，目前 4 栋楼 149 户，厂无权分配。② 原料紧张，河北矿 210 元/吨，入炉 250 元/吨，55％品位。东大山 63％品位，精粉 129 元/吨，金塔 155 元/吨，成本要求 800 元/吨，实际 1 000 元/吨，900 元/吨，两台炉子开，高进高出，物委定价。碳：铁体积 5∶5，重 1∶2.2。③ 设备陈旧，厂房简陋，外欠 400 万元，离退休职工多。

7 月 27 日

（1）与兰钢公司郝文义副总经理谈河西铁厂四个问题：① 进售价；② 金塔矿投资 30 万元；③ 设备老化，设施陈旧，要注意技改；④ 住宅应批准建设。

（2）膨润土分厂殷厂长（工会负责人）来接，杨、杨厂长，任书记。

任书记：金川来土 83％—92％纯度，280 元/吨，活化，水冲净，烘干，磨粉，装袋。售 540 元/吨。销路不太好，流动资金无，全厂 338 人，82 位女职工。

（3）东大山铁矿，杨、曹、罗厂长，270 余人，进矿 20 元/吨，品位 20％—23％，磨水中，磷选，易，精 63％—65％（实际 61.4％），125 元/吨，群采，目前夏收，无矿，开采难度日大。

（4）汽车行 30 多公里戈壁河滩路，到 796 矿矿部。办公室副主任伍××安排住招待所。

段发昌副矿长介绍情况：

① 1 400 人，总 2 600 人，土矿，临泽（160 多人）去了些人，现总部近千人。1967 年筹建，1975 年一厂区部分建成，二厂区报废了，15 万吨/年，批金属 1 600 吨，矿石 180 万吨，定员 2 000 人。1976—1979 年 7 月，厂房下沉，1980 年 3 月关闭，279 厂 1970 年到清远，最多时 1 720 人，铀矿 1.5％品位。西北 6 000 吨，青海，山丹，采 207 吨金属，每吨 18.5—26 万元。

吃水问题大，40 km，3 级泵，取自山丹县老君乡。

② 待业青年问题大。

③ 1984 年转民，原来供应好：新建高台盐化公司，花 680 万元；建设临泽

玉米淀粉厂 1600 吨，花 1 380 万元。二期上柠檬酸，共 3 100 万元。安排 400 人在制药，食品和造纸。年 100 多万的利润。

金昌膨润土厂，单投 1 000 万元，我方单独管理，市场不好，质量差些，资源也有些问题。石油脱色，去杂质，60 万元，交 30 万元，报告有问题，打官司败诉了，赔了 8 万元利息、上万元官司费等。

④ 堆浸铀矿厂情况。

⑤ 办过硅铁厂，生产 400 多吨，没有卖出去。

⑥ 去天祝，肃南淘金，海拔 2 300 米，收获不多。

搬迁项目情况：1989 年 7 月批准项目书，1990 年 7 月批准可研，12 月批准初设，1991 年 4 月重新评估，嫌规模小，让重新找项目。氨碱由 10 000 吨/天增至12 000 吨/天，化工部说国内“八五”缺口 117 万吨，能建成 80 万吨最好，基建 20 万吨，技改 60 万吨，烧碱。

涤纶短纤维，原料解决不了，投资要 1.6 亿元。

宫保军：由 1.2—1.5 万吨，分两个渠道要钱，要盘子。一期上，或者分两期上。不要害怕国家计委批复，今年争取启动。

7 月 28 日

早晨行进在 312 国道上，距山丹 29 公里处南行经永昌，在河西堡路口 2 555 公里处小休。乌鞘岭翻过后吃午餐，牛肉面片，小饼子。晚 6 时到家。

7 月 31 日

办公室研究工作。

马主任传达 7 月 27 日办公会上贾省长主持召开的全委会内容。大中型企业，三角债，地方产品销售不好，吃广州饼干，喝珠江水。

学兰铝、兰化，科技进步，上起点高的产品。顾金池书记在省委处级以上干部会上的讲话。

讨论：省上军转民谁管？要调整增补三线领导成员，请潘正祥拟文。

“八五”项目、“七五”项目的进展，要明确职责，既不越权，也不失职，给国杰主任谈谈。

办公室移到后面，跟薛福林（计委办公室主任）讲，报名（外向型研讨班）时间：11 月 4 日—11 月 17 日。

对外协作项目，拟文会签经协办。三线手册事。

给张省长汇报一下工作。5203、5204 选址事。免电费的事，抓紧整出来。近期开一天三线企事业单位领导会，通知在计委三楼会议室，定 8 月 7 日召开。

8 月 1 日

计委领导分片开“衔接会”，国家计委来 7 个人。

下午到石油招。

8 月 2 日

省三线领导成员增补名单提出。

8 月 3 日

下午，委里组织职工在解放影院看《大决战》。

8 月 6 日

连续两天汇总各三线企业减免电费材料。昨晚在滨河路见张吾乐副省长，谈到 5203、5204 厂选址事。

8 月 7 日

三楼会议室，三线调迁项目工作进展交流会。

(1)“七五”项目基建进展情况：

884 厂王凤久：环保，铅材，住宅分 80 平方米和 60 平方米。资源落实，2 万吨，销售收入 7 186 万元，1 505 万元税金。应回款欠债 8 593 万元，欠人家 3 000 多万元。

113 厂(西北铝加工厂)：275 万元，1—7 月 完 27 万元(48 万元)，开 4 栋家居楼，已经交 3 栋，完成情况不好，拆，建。问题：① 资金 ＋8 000 万元，－4 000 万元，50 多人催款；② 住房；③ 施工力量差。

河西堡铁厂(王明德)：1988 年始建烧结机线，10.5 万吨/天，按两台设计的，再上一台要 1 024 万元。改造 1 号高炉，计划本月验收，850 公斤焦比，高炉利用系数 1.4，东大山 5 万吨，河北迁安 8 万吨。东大山矿列入计划但没钱来，100 立方米×2。

丰收厂(李金龙书记)：9 月交工。办公大楼明年开工，技术改造，彩钢，搬迁，5 个车间，100 多人。存在问题：① 增 700 万元，4∶3∶3 比例，国家的 4 不落实；② 1986 年列计划，1989 年开工，还款期到了；③ 施工队伍，说的好，不交钥匙，要钱；④ 自筹资金困难。

华兴厂(柴仰恩)：主要创三新，与春光厂合并，1989 年亏，1990 年略盈利，电子玩具，复杂的上不去，成本高，产值 70%，2 800 万元，实际产值 1 037 万元。力争三新合格。遗留了一些工程，削下一些项目。

860 厂(唐惠慎)：希望请省建委与会，我们厂调迁属天水市建委管。筹"等"建，"愁"钱。1987 年开工，完成 800 万元，省上给 3 100 万元，万事俱备，只欠东风(资金)，请国三办资金，计划双到位。各种收费太多。

749 厂(杨科长)：完 850 万元投资，今年 60 多万元，施工没人，资金到来晚，省上好，已拿 285 万元，天水市要办很多证，交钱，国家部里资金未来。城市增容费 10 元/立方米，尚未交，要做工作。

871(梅厂长)：省上资金给够了 1 070 万元，部里 570 万元，今年 365 万元，部贷，希望这一块早到位。已交 6 万元，差 20 万元增容费，市里有文件，原址处理，一些人在旧址无事干，年耗资 100 万元，400 人看厂子，400—600 万元给秦安县，县上租一块地 15 万元/年，自己的地方县干预。

4502 厂(冉世才、张春发)：1984 年开始调迁，生产、生活难。新址，7 月 3 日区文件批转让土地，28 460 元/亩，先付 30 万元，马上还要付 70 万元(原限 10 日内)。水、电、通讯启动需要自有资金，需要计划，互相牵制。

省电子公司(王)：① 享受优惠政策，871、860；② 4502 厂，初设批复迁兰州，没说大沙坪，要重批初设，部里答应 8 月 20 日批。

海林轴承厂：可研，地点兰州好，八运会 20 日前召开。

天水锻压：河滩地，水工试验，9 月 25 日完，六院(郑州做)，7 月 23 日部批文下来了，征地 30 亩，1 200 米堤，150 万元，工厂先交 100 万元。利税 547 万元。生产自救情况，出口 91 台，692 万元，生产任务与去年相等，销售好。到厂资金 500 万元。征地，10 月开工，回填量大，修简易路，治理方案 300—400 万元，设计费 30—40 万元。危及陇海铁路。

甘光厂(袁润琨)：等文件，征地尚未正式接触。

下午

风动厂(范荣喜)：电线改造，电站，建贷指标，今年拿 300 万元。设计，征地，勘探，征 168 亩地，国有，已经征过，省市土地局重视，区里慎重，通过协调解决。怕拖。今年想用上自筹资金(免两金等)一块。

5207 厂(张乃正)：做可研，市支持。① 环保；② 委托设计 2 743 万元，水增容费 300 元/吨，水资源，城建费，电上，要求项目快一些。

5203、5204 厂(田)：申请定皋兰，水电可以解决。① 水 6 000 吨/天，自建水处理站，花 600 万元。② 电，厂外 300 万元，增容，贴费 160 万元，变电所 100 万元。可研，初设，下半年需 800 万元。水 240，地 1/2，400 万元。首钢 400 万元，5203 厂 250 万元，5204 厂 150 万元。争取国家投资。问题：定点批文，设计院 8 号进厂。电贴，增容，免 160 万元。国家给点钱，动起来。

792(赵贵锁副矿长)：送部，不安心，文没批怕，轻工部核销。

796(张志刚)：上什么项目还没定，杨矿长还在北京。

219 大队(矿冶局雷处长)：上什么产品未定。

机械总公司(魏)：项目要有通用性。

工办(陈安祥)：进展不理想，792 矿，行业管理，要外销，原料是日本的，贵。796 矿又不定，平凉三厂进展情况。

王萍(省财政厅)：丢的 6 个变通一下，"七五"也是按原函。

王云鹏(省税务局)：超基数的部里可以考虑减免，照顾。建成的已经是超照顾了。比如华兴厂。

王济(省建设银行)：一旦启动后列入计划，对三线倾斜，企业要经常跑跑，说明情况。项目管理在我们省行投资处。信贷处只管业务。

宫保军讲四件事：① 程序；② 用电优惠；③ 办三线学习班；④ 六家有优惠补助。

马世录：丰收厂一定要建成。884 厂，给林厂长封闭起来。113 厂，人员要迁下来。

资金到位，增容大，各单位要搞三线调整快报。

宫保军：会后各企业来办公室核对自己单位的用电量和电费数据。

8 月 8 日

(1) 就 5203、5204 厂选址事与兰州市联系，柯茂盛市长病，黄康康约谈产品结构问题(丁厂长、田副厂长、王主任在)。

(2) 郭琨要出国日本，张国杰要去大连开会。

(3) 5207 厂委托西北市政设计院做工作。

(4) 风动厂范荣喜主任：机电投资公司下达计划 300 万元：建贷 150，拨改贷 100，自筹 50 万元，电贴李主任已批，免征。

(5) 三线领导成员调整增加文件,交省长办公室陈士轰秘书。

8月9日

(1) 4502厂冉厂长、张总来。

(2) 到218室找陈陇光处长,请示增马主任为领导成员事。

(3) 河西堡铁厂邓、王来:1990年生铁不变价610元/吨。省文件,省内铸铁780元/吨,炼钢720元/吨,市场价835元/吨,要求归酒钢管理。否则总是亏损,利润转到兰钢头上了。金塔铁矿选厂,在城北70公里。

8月10日

(1) 研究"七五"项目和"八五"项目,当前几项工作。

(2) 甘编(1984)139号文:省三办机构设在省计委。

(3) 要求"八五"资金继续切块下达。

(4) 下午3:00,计委三楼会议室。

前天下午省政府召开处长会,给27张票。

贾志杰(省长)讲话:吾乐的报告是代表省政府的,狠抓机关作风转变,五个方面不同程度都存在。领导作风很重要,根子,上行下效。"懒"6小时上班,天水变压器坏了,不能上夜班修理。① 要出满勤,干满点。② 克服门难进,脸难看。③ 掌好权,明文规定,结果要公开。

张吾乐(副省长)讲话:7月13日政府召开处级以上干部会,布署,估价意见:主流是好的,问题也不少。开会主题不明,请领导。思想意识不健康,争名利,诬陷人。应尽职尽责,了解下情,善于协调。综合部门协调,政府协调。身教重于言教。

郭琨(计委主任):琢磨了这么几条:大家还是勤奋工作的,给政府的建议是不错的。征求了人大意见和一些领导意见,对计委意见小了,计划透明度高了,监察室办案认真,处分了不只一个,"四难"有改进,总有一些同志上班一碗面,九点上班,碰到人,领导也有"谁好使,多抓谁",难做,批项目,要钱,一年十来趟河西,检查卫生,办公室要整齐、整洁。不团结,个别单位存在。要抓好:① 学习;② 明确指导思想;③ 率先垂范,纪律,制度,带好头,负责,不胜任管理;④ 从具体事做起,督察办。上班琢磨人,不琢磨事。热情接待来人,石油,市长司长科长,50吨救灾油,制度公开,倒卖了,自杀了。抄出7万多现金。物资处三个月公布一下办事结果,这法子可以,学习制度不落实,检查笔记。担心，到京，形势，坚持下去，资产阶级自由化，四项基则，核心是政权。

抓好机关作风，对计委干部要求，思维中提政治，业务素质。

刘光祖(计委副主任)：贯讲制定规章制度，有的制度可能还没有。

8月13日

地点：西北宾馆4号楼3层中会议室。

内容：天水海林轴承，可研报告与省上交换意见。

部委托省机械总公司主持(公司李仁文、张从吾在)

毕庆华(机电部十院项目设总)：海林是骨干企业，“六五”搬迁，“七五”转改，轴承是机械部重点发展的“四基”产品(基础机械、工艺、零部件、元器件)，产品出口产值占厂总产值的50%，创汇名列行业第七位，1988—1990产值递增25.5%，利税73.2%，出口45.3%。1966年新建，1970年建成投产，生产滚子轴承200万套，投资3 029万元，总产值1 000万元。“六五”期间(1982—1984)搬迁，投资1 280万元，实际完成2 675万元。“七五”技术改造1 080万元，“八五”技改，部列800万元，正在实施。总规模200万套—750万套—990万套，按800万套设计，人数4 731人。

讨论：

计委工业处施路生：① 还欠多少款没还？② 总规模，什么算达标？③ 三废标准？④ 综合楼里放什么？搞4 840平方米，那么大！

毕庆华：计量单位，现二级，外贸单位，技改还款资金：① 折旧；② 大修理基金；③ 留利。

环保局：水、气、渣、声，重要是水。

机总财务处：利税总额，1990年，756.71—200？要补充经济分析，效益。

张从吾处长：指导思想，脱险目标。

师(财政厅)：对债务考虑得少。“七五”欠款1 450万元，总公司450万元，既不还款，也不付息。20万元拨改贷，965万元贷款1987年开始，去年贷款250万元。

潘正祥、宫保军(省三线办)先后发言。

天水市规划局：利用了原厂子，危房，改造拆建。

张从吾：讨论性意见，基本可行，做修改说明：① 指导思想，脱险，遗留问题；② 生产纲领；③ 建筑面积；④ 利税；⑤ 债务和效益。

宫保军：不形成纪要，修定后报总公司，报设计任务书批准后，工厂要抓紧技术改造。

郭德生总(海林厂)：感谢支持，“七五”、“八五”的投入要发挥能力，土建核准后，抓紧搞技改。

8月14日

(1) 研究工作：传达办公会，转变机关作风。

(2) 到李主任办，签发“创三新企业”文，张大荣(司机)调动让办公室出意见。

(3) 冶金厅柳宏克副厅长换陈治平为省三线领导成员。

8月15日

风雷厂张总来，让其到建委设计处审议批准。

郭主任要皋兰的水电条件。

8月16日

(1) 到机械总公司商议《三线建设甘肃分册》编纂事。安文迟、刘海峰、曹玲在。

(2) 在张从吾处见毛丽云，其7月12日已经开始起草文件：

机电部：已经商请省计委同意，天水锻压机床厂脱险项目的资金来源作如下变更：总投资2 980万元，其中国家预算内拨款2 000万元，国三办建设贷款980万元。(根据李连维厅长电话记录稿整理)

(3) 晚上到宁三号楼三层张省长家谈近期工作，其妻唐永仪系地院勘查系煤炭专业1960年毕业生，现冰川所工作。

8月17日

机电部毕工、陈工、郭总、黄主任来谈海林厂可研修改问题。

毕工：怕使工厂陷入另一种险情，工厂没有从根本上摆脱险情。另有800万，240万套，300万元，技改资金中20%可搞土建工程。

8月19日

(1) 送报甘肃省三线领导成员调整增补文件。

(2) 拟和省经协办联合发文。提交准备外协项目目录。

(3) 到刘宗福处长办谈编制和进人问题。

(4) 到清办301室，和几位老同志搞体育活动。

8月21日

上午，让任丰寿(省地矿局总工)报送全国区调会参加者名单。

下午，到地矿局招待所看望张先生，校友众多。

8月23日

下午到电影公司看《铁腕小子》《孤岛情报战》。

5时到地矿局招待所，唐永仪、陈爱玲在。晚送李东旭老师，金振威、顾德林、姚忠杰、马澄清亦在。

8月24日

(1) 到工办接陈安祥处长共去皋兰。

兵器部第五设计院林希九(设总)、关工(女)、刘工、小梁；

县委王书记、政府杨县长、陈巨副县长。“五二工程”指挥部人员。

谈项目定点情况。

田厂长：今年800万元，5203，250万元，5204，150万元，首钢400，要求院15—20天拿出可研报告，争取今年初设。

林总：厂址，电，水，水处理后1元多/吨，地质情况钻探，现建筑影响福利区规划，能否在其北边另给一块，噪音影响南新村规划区。

关工：土方量30—40万立方米，量较大，生活区可以，厂区占了一些企业，能否北移，免一拆二建，节省投资快，对县损失亦不大。

刘工：供电线短路参数一起带回去。

小梁：6 000吨，可以保证。7 500—13 000吨，出资240万元。

杨县长：农水价0.055元/吨，工业多一些，出钱应早一些。

王书记：欢迎搬迁，我们投资环境改善了。

(2) 收到国家捐款救灾回条。

(3) 到清办。

8月26日

(1) 4502厂初设审查事。

参加人员：省电子公司徐永新、王宏、4502厂张春发等。

张总：水，船，净化，日处理3万吨，电：双回路，兰州供电局，靖远电厂，地，1/2平坦，100万已给了。初设21号回，十院(电子工程设计院)，小角度低护坡，节省投资。三个平面，三个通道。原批准进兰州938人，这次759人，实际 1 043 人，另退休职工 137 人。投资 2 738 万元，实 2 978 万元。

技改 2 000 万元，由机电部给，按石英晶体协振器项目给。1 000 万元专项贷款，1 000 万元自筹。

论证：9 月 5 日前安排有困难，大致安排在 9 月 10 日左右。

(2) 5203、5204 厂搬迁事宜。

田厂长：院里人拟月底回北京，勘测分两步走，1，打 10 个眼 2，打 20 个眼。

资料都有，倾向由西北市政院搞，提交厂址复查报告。

市政院：1.5 km^2　2.48 万元　　勘 36 孔　　8.04 万元

省勘院：0.5 km^2　1.5 万元　　勘 29 孔　　6.3 万元

渗水分析已优惠了 25%，能否再优惠，由 10.52 万到 8 万元？水项目批文能否再快些？五院希望带走资料。

8 月 27 日

(1) 机械总公司财务处，谈四家税务情况。

梁纪明处长：① 甘光厂，1990 年增值税 71.47 万元，产品税无，营业税无。其中 20 万元的，欠 9 000 多元，希望 0 基础。② 天水铸压厂，76.32 万元增值税，去年免缴了，先交的 40 万元，8 月 11 日后，36 万元豁免了。③ 天水风动厂，1990 年 248.99 万元增值税，超交 60 多万元 。1989 年 178.24 万元，让税务局认可。④ 天水海林轴承厂，1990 年增值 335.4 万元，营业税 0.14 万元，新产品免税，今年 7 月批下来，退税 41 万元，实际基数 294.4 万元。

(2) 通知原定今日下午 3 点张省长召开的领导成员会议不开。中午到西北宾馆一号楼告诉李文治主任。

(3) 要切块资金的文件报各主任处。

(4) 5203 田等来谈，生活区西面的省储备局有火工库，化工库和转运站，对工厂，生活福利区造成威胁。

8 月 28 日

(1) 委办公会议，张国杰主持。

张省长在大连，参加国家计委召开的第十四次研讨班，学习计划管理法，内容：讨论计划法方案、座谈形势、部署明年工作：① 计划法，三种意见：一是大法，覆盖全社会，仅次于宪法。二是部门工作法。三是计划管理法，各有倾向。这次是第五稿,共十章八十六条。② 当前形势:国家计委王春正副主任讲:生产,市场,外贸,都有困难,机制不健全,农业脆弱,财政困难。③ 明年计划,滚动,重点是农业,提高效益,由我牵头抓。

李平(省计委综合处处长):总量平衡,资源配置,速度,效益。

张国杰:① 计规划法拟 9 月 16 日过;② 生产;③ 内部建设;④ 整顿作风,纪律,效率,"四难",民主作风,互相通气。

(2) 建设银行,王景旭,王济来,天锻 1 800 万元建贷评估问题。

(3) 丰收厂沈学友副厂长来。

(4) 5203、5204 厂,设计院来人。

田厂长:厂区西面有火化工转运站,省储备局一个,西固有一个,也迁到皋兰,县上没同意,杨县长说明天就去找他们。装车 2 个小时,待运最不利的情况下是 6 小时,总计 8 小时。

(5) 定后天上午 9:00,在计委三楼会议室开会:解决转运站问题,参加单位:省储备局,物资局,工办,皋兰县政府,工厂,设计院。

(6) 海林厂,可研报告。

郭总:三线 2 000 万元与技改 800 万元资金(240 万套)相结合,300 万元,原两个工厂中,危房搬出,临时厂房 18 处,有能力还款,总产值 15 124.5 万元(90 不变价),销售收入 13 992 万元,利 660 万元,税 864 万元,出口 750 万美元,实大于此,去年出口 229 万套,创汇 285 万美元。按 800 万套,产值 1.13 亿元,收入 1.2 亿元,利税不变,以 1995 年前预计。

8 月 30 日

皋兰县政府招待所三楼会议室,研究 5203、5204 厂皋兰厂址西侧火化工转运站问题。

马主任讲会议宗旨,兵器设计院关工介绍情况。

储备局姚鼎处长:作生活区不合适。汽车来了直接装大车拉走,1953 年以来没有发生过任何小爆炸事故。110 米×2。如果厂里有钱,站可搬进去,如果省市规划要迁,我们也同意。225 米/吨,如何变通? 限制首量,可以做到。

关工:一车皮 60 吨,一次只限一车皮。

胡春旭副处长(274 处):可以变通,每次一车皮,50 吨,一部分民用,站台上基本不存。

物资局基建处孙处长：2 400 亩库，11 火工，12 燃料，13 化工，建了 3 个硅铁厂，放 805 厂产品，我们正常用的就是 13、雷管、导火索等。代表局里表个态：① 服从国家省上决定；② 如果用我们的地方，服从大局，可以腾；③ 274 变化我们也变化。兰铁也考虑，相中 11 线作运输危险品，县里不同意。29 个库只用着 4 个库，其余闲着。

公安厅二处吴雅丽副科长：支持工厂调迁需要我们做的工作，汇报，做好。

姚：请示汇报，特殊情况。

杨祖铭县长：对这些问题的看法：① 选厂是根据市批准的规划定的，给省政府备案的，431，274，从没讲过是危险品站台，新县城在东部。规划是任震英，宋春华主持搞的，不能随便改。② 查档案，没给政府报告过库，台，只有一个要地报告。③ 431 不用了，欢迎开发，硅铁厂也应处理一下。6 300 kva 炉子，35 000 千伏高压线，影响了县发展。两库影响皋兰人民的生命安全。县在前，431 在前，强烈要求 274 库搬走。④ 5203、5204 厂址还可变动，可重新选址。

姚鼐：杨县长谈的是事实，共同做工作，1 公里钱 500 万元，能保证一次一车皮。

关：请提建设性意见，总体想法是，2 公里，150 万元，迁移站到向西的山沟里，向北移动。

岳宏庆(工办)：先按 50 吨考虑，以后要搬。

宫：可先按 50 吨重新定，搬，报文，争取立项。资金，200 万元，2 公里，要搬主要储备的物品，采取防范措施。

姚：① 临时措施要上办公会；② 报文，国家储局拿不出钱来。

9月5日

4502 厂初设审查会

徐永新副经理介绍与会人员，省三办宫保军……

韩学正主持会(省建委)

徐永新(省电子公司副总经理)：三线厂，切磨，1986 迁年决定迁兰州。

张春发(4502 厂总经理)：1 040 mm—120 mm，0. 3 um，小滚印，3 月收报。

孔昭定(设总)：电子重点，集成电路是重点中的重点。1989 年 1.11 亿块，只占总量的 0.3%，中低水平，落后 15 年，更新 3—5 年，靠买技术不行，也买不来。按 1987 年甘肃省批文(1987 甘计工 263 号文，甘建[88]162 号文)，钱少。

设备 380 台，总面积27 233.96 平方米，其中：生产，13 769.96 平方米；生活，13 464.0 平方米(宿舍，单身宿舍，食堂，招)。规划面积，31 344.79 平方米，其中：生产，9 024.79 平方米；生活，2 320 平方米。总投资，2 978.15 万元，其中：建筑工程，816.62 万元；设备，186.5 万元；其他，937.52 万元；安装，37.51 万元。按性质划分：厂区，1 583.13 万元；生活区，448.0 万元；其他工程，805.7 万；预算费，141.8 万元。占地 13.33 公顷，其中：厂区，10.33 公顷；生活区，3.0 公顷。用水 514.5 立方米/天，其中：生产，486.5 立方米/天；生活，28.9 立方米/天。用电 4 562 千万度。

张春生(设计院)：8 度设防，湿陷性大黄土，白色喷涤，铝合金门窗，中空玻璃，主要 2，3，6，7，8。大起居，小卧室。

徐静(设计院)：根据甘肃工程造价，1983 年概算定额，(北京压了些)，单位造价含空调，给排水，管钱都摊进去了，显的高，其他含土地，贴费，水电集资，绿化，勘测等。生活区是估算的。

讨论：

兰州市建委单处长：怎样预防泥石流？进人要交增容费，5 000—10 000 元/人，一亩地交增容费 6.8 万元。污水怎样处理，排放？锅炉的，烟筒，污染大。土地批文，只有区政府的一个，没有市规划局批文。

下午：

韩学正处长(省建委)：1988 年 6 月 6 日评过，重点是总图，水，电 。

张慕国(兰州市开发办)：宽 1.7 km，长 3 km，15 000 亩地。多次论证，市[88]32 号，实施方案批复，省[91]106 号，泄洪 240 立方米/秒，庙滩子桥 132 立方米/秒。

杨局长(市区土地局)：9 万 4 千亩菜地，3 万多亩耕地，区上可以批，报市里备案。总体规划要报市规划局和市土地局批。

王秀槐(室主任)：欢迎迁来，有些手续要办，市没给范围，补办土地，转让要划拨。

韩学正：两证一书，选址意见书，用地过户通知书，8 月 8 日一个月有分歧了，应协调。这不是第一家，是第十家，用地七八十亩的。

吴彩霞(市环保局)：没有环评报告，要补办。违反基建程序，委托。

蒋瑞琦：最少用一二个季度，可先建设，盖章，补评。按什么类区，规划部门批，统一考虑热源，集中供热，消防。开发区，环境评价要做，兰州市集中供热管理站。

周祥(省消防局)：是好事。① 开发区怎样布置，油库，液化气进去了，不清楚。② 平面布局，全面可行。车库靠1号楼，8号、15号楼应靠外墙。③ 已经进的单位，消防没有单批，权力什么文件下放了？

许振铎(建行评估处)：应结合技改，搬迁是大政方针，利息应计入总投资，投资方向税，经济效益，要上技术改造，总投资要五六千万元。

金福玲(市建行)：要结合兰州情况，费用里应有配套费。

李允恭(省计委工业处)：紧迫。① 土地，涉及费用；② 总投资超240万元，可甩掉一批子项，产品拿不出来算什么项目！效益，还款。走技改。

陈秋云(省计委工业处)：食堂，学校，生产生活内容均有缺失。

宫保军：① 八五项目；② 不能分期留口子；③ 压缩造价；④ 有些可与技改捆在一起迁建；⑤ 设计费；⑥ 地勘工作。

9月6日

(1) 5203、5204厂与北京设计院来，林总、关工等提问题，催促274站搬迁。

(2) 到长城宾馆开4502厂初设审查会。

韩学正：① 初设基本可以通过；② 生活区448万元，总图另委托设计部门，注意衔接，服从总体规划；③ 环保，规划补充，不影响设计。

徐永新：① 市开发区事；② 小区内事；③ 自身问题；④ 修正概算。

(3) 省政府307会议室。

孔令鉴秘书长，张国杰主任主持三线领导成员会议。

宫汇报三线工作进展情况，分10个问题。

马汇报9月16日会议组织准备情况。

张国杰：有些事要定一下，会议，“七五”、“八五”，措施。有的问题有难度，如切块资金，占工业投资50%，但又得落实，有些我们定不了，如投资方向调节税。

马世录：两金情况请崔正华厅长发文或发函。

宋冠军(省税务局局长)：有具体问题，已照顾了，张家川人大问，为什么要照顾厂子？陇西也提113厂，不能一刀切，合理审定。去年税欠交的怎么办？基础，投资方向税，乡镇企业，内参上免了，我们没权力，这个先进我们少当，别闯这个红灯。

张国杰：5203、5204的到会，连皋兰县，榆中县政府也反映。

徐永新：会上，请省综合部门的发个言。

张国杰：国家人讲话不？移第二天，定半天开专业会，结束时要不要给张省长或秘书长讲，政策，经验，抽晚上开领导成员会，听汇报，看看还有什么问题。

孔令鉴：张省长最后的讲话，先准备个框子，提纲。

陶兴福(工办)：5203、5204定点放到会上，小三线纳入省调整改造，赞成，我们同去拿个意见，首先享受政策，其次是军转民问题，8个项目五个工厂，两个迁了，通过转民项目达到调整。

孔令鉴：税上免了，他不竞争了，效益不行，个别困难的三线企业可以批。

9月7日

(1) 收纪莲电报，母病速回来，心神不安。

(2) 9时，三楼中会议室处级以上干部形势传达：苏俄局势紧张。

(3) 到长城宾馆找张春发，买火车票。

(4) 下午见到纪莲信，心稍安。

9月8—10日

晚，上122次，8号厢15号下铺。

关中秋野莽莽。过看郑州黄河大桥。石家庄以后未睡，3:30到保定。父独自在家，谈至6时，睡一会儿。去任丘县医院，见莲、斋陪母旁。

9月12日

到省会石家庄。下午送母亲到省三院看骨病科，曰骨髓炎，或疑有结核。晚上住在纪晓处。

9月14日

上121次，登记3车厢17号下铺，京4组。

9月16日

上午休息，清洗。下午到宁卧庄会上，住南306房间。晚去飞机场迎接国三办向嘉贵，刘涤华和机电部肖清华。

9月17—20日

孔令鉴主持大会，到会100余名代表，李文治讲话。20日上午，国家工行等发言(李)，最后，宫讲创三新要求。

下午大会，李文治主任主持。向主任、张省长、葛世英主席出席，马世录主任讲话。

9月21日

晨8时从宁卧庄出发，经海石湾到西宁。到政府找青海计委吴正云副主任。在西宁宾馆旁吃饭后，住青海宾馆后边胜利公园招4号楼2,4,6号。西北铜加工厂王振华、邱师傅。

9月22日

由张师傅开车，青海计委郝季术陪同去青海湖。海南州计委小王等候，看水面，有零星鸟。吃鱼宴，返在草地，日月山照相，遇雨。

9月23日

上午到塔儿寺，湟县计委赵，王陪，小马讲解。县招吃午饭后返甘，绕机场到白银7:00，住招412室。

9月24日

看车间，铅材场地，听厂汇报。方厂长、薛书记、王、于、魏、小陈等在。

方厂长：1—9月，税金1 650万元，利润50万元，26年来最好一年，三创一保(创文明企业，创新技经指标，创环境美，保升级)，三二一盈2万吨产量，2亿元产值，2 000万元利税，盈利1 102—1 327万元，55 400平方米住宅。加铍青铜1.06亿元。再盖一二栋房子。

于总：防铅中毒，预计1992年2.7亿元，增税1 150万元。

午饭后看白银西区，市政府王秘书长，计委孟主任陪同。到皋兰县看“五二”拟选厂址，晚饭后返宁卧庄。

9月25日

到办公室，重填新电新价优惠表，交用电处王玑处长，晚回到宁庄，送别向主任，刘局长回成都。

9月26日

(1) 西北有色冶金机械厂朱泽一厂长来办公室，政策研究室朱作勇主任陪同前来。

朱泽一：1968 年建厂，以 113 分厂立项，现独立核算。年产值 2 700 万元，利润 500 万元，税 100 多万元。非标设备，政策性亏损。

（2）下午，补送三线企业新电新价减免表。

9 月 27 日

上午分买冻鸡 2 只、买面。下午邓家花园全委职工联欢娱乐，看树花，展览，打台球，跳几曲。

4502 厂资金：国家投 1 000 万元，机电投 1 000 万元，省投 600 万元，其余自筹。

9 月 28 日

给唐永仪送校友照片，张省长刚从北京回。到老干部处小郑，行政科赵俊卿处要房子。

9 月 30 日

昨天，西铜给苹果两箱。

上午签 5203、5204 文，科工办打印文件难看，不规范。下午兰园看电影《周恩来》。

10 月 3 日

上午和小牛同到电力局计划处，为新电新价事。

办公室研究工作：

（1）外向型研讨班事，11 月 4—17 日，带项目。

报名情况：工办：丰收 2 个，和平 2 个，红峰 2 个，万里 1 个，新兰 2 个，机关 1 个，207 厂 1 个，报 14 个人。

核工业：792、796 矿各 2 位，聚氨酯 1 个。缺 5207 厂，219 大队，核矿冶局。

电子：860 2 个，4502 2 个，749、871、45 所各 1 个，机械总司 3 个，总公司 1 个，海林厂 2 个，风动，锻压各 1 个，甘光没报。有色 2 个，西铜 2 个，连云港 2 位。

（2）电力上情况。还有五项，资料准备好。

（3）792 矿，定点，准备文件，7 号走 3 人，项目资金要落实，外销品。

（4）会议结算账目这一二天办完。向、刘住房 280 元/天。

(5) 修改792矿氨纶厂址批复报告。

10月4日

(1) 重写核工业792矿厂址事,向张省长报告。

(2) 到行政处赵俊卿科长处及陈明处长处要房子。

(3) 到财务上报西宁,白银账目。

10月5日

(1) 792矿曹华副矿长、皋兰县杨祖铭县长来办公室。

(2) 赵俊卿科长答应给二间地下室。

(3) 兰空张传书,崔红军来。

10月7日

早晨8时,乘矿冶局车去迭部县792矿,11时到临夏甘光厂。午饭后,在袁厂长、孙处长陪同下看厂区,危房小二层。总4 000人,在兰州1 000人,临夏1 000人。

晚饭后,游甘光厂区内小公园。

10月8日

阳历生日。8:25出发,经夏河县到拉不楞寺,看佛殿,听经文。内部未看。10:40走合作,12点差10分到合作,住甘南招待所。吃午饭,三个菜只吃了两个。车向迭部县城,下路,转碌曲县城,在草原上照相。翻贡苍山,沿白龙江源向东走。先到792矿510Ⅰ区,张文厚、张文东二区长在。环境好,林木茂,上有藏族寺院。550名职工,共2 000余口,属四川省若尔盖县阿坝州降扎乡。年产铀60吨(矿含金量),产值700万元。品位好,可再开6—10年。70公里土路,尘土飞扬。

5:30到县矿部,张惜秋矿长,陈石安副矿长,张文生总,何秋生主任,毛德仁科长等陪同。晚7:30看矿上十一节日精选。

10月9日

792矿沿白龙江分布长约80公里,上午看运输科,水冶厂,汽修厂,5‰—3‰品位,碎,磨0.017米,加纯碱,压力15 kg/m^2,110°蒸汽,熔解铬合物,>41%品位,蛋黄状,装运。

下午,穿迭部县城东行,看泥什峡电站:5 000 kw×2。1号井机5 200 kw,2井机4 300 kw,1974年建成发电,投资3 500万元。2—6分/度电。80名职工,只一名技术员（刘站长）。爬 396 米台上看渠道口，三口：1 井，2 井，泄水坝。看生活区，返看拦水坝。整个沟里，翠松林、黄桦叶、红青枫、黄叶白杨，十分漂亮。傍晚，风一吹，湿润，阴凉，有南方气息。

晚：792 矿二楼第一会议室

张惜秋矿长：1967 年始建，1.4 亿元，尚有 1.28 亿元，1 935 名职工。待业青年 500 人。东西延伸 80 公里，有学校、医院、托儿所等等。3 处在四川，5 处在甘肃，510 I 区 3600，部 3060，地震多发区，5.9 级山洪，泥石流，今年 5 月 23 日，1978 年 9 月 5 日，一个多月不返。雹，风，自然灾害，少数民族区。成本上升，汽油，木料，今年亏 400 万元，去年亏 270 万元。跟地方上关系比较难处理。

干部队伍老化，技术干部缺，待业多，有的人 30 岁没工作，教好地方人，医药，物资，用电，四面八方向企业伸手。民品非搞不行，离合作 250 多公里。

刘占德总，高工刚从北京回，2 个任务：选点，外汇担保已解决，省建行，国际部。

张文生：总公司要求再上一个民品项目。

10 月 10 日

今日夏历九月初三。八个人分乘 955 号谢师和 41—0126 刘师北京越野老吉普车，沿白龙江上溯，经 510 工区，到热当坎南拐。翻热二郎山，到若尔盖草原，照骑马相。在若尔盖县招吃午饭，而后寻路。到松潘县元坎乡川主寺。在红军长征园照相，看碑。又翻越一大山，40 公里到黄龙。住食堂上面二楼通铺，围天井双排铺，136 个人一室。天阴冷，好在人少，有多余被子，一夜尚可，只是头上风太大。

10 月 11 日

早餐稀饭、馒头、花生米。之后上黄龙沟。昨夜雨，山上白雪，莲盆，蓝水，黄龙，十分稀罕。原始大树吊寄生草。无柄杜鹃，紫果杉。进黄龙寺，四周银枝素覆，绿、黄、红、白皆有之，出门遇见国三办李处长。翻山，在川主寺松川饭店吃饭，喝青稞酒。

下午 5 时进九寨沟，住荷叶寨一个体店，二楼室 5 人，木结构，新。户主果络嫚，实被一南坪人承包，1 000 元/月。安顿住处后开车进东叉沟，看长海，五彩湖，天黑返。

10 月 12 日

进右沟，从原始森林返看景点，北面进时平如明镜，倒映群山树，前所未见，返时有风，朦胧影，看熊猫瀑布，诺日朗，树正瀑布。万口喷珠液，十分壮观。湖水清澈见底，死树如标本。秋色山林。

在诺日朗吃午饭后出沟，加油。住成都空军招待所 3 号，价 17 元。

晚饭后发冷，抖得厉害，于是躺下，自我按摩，被内呼吸，到半夜始有汗流，后半夜稍好。但腰酸麻，怎么躺都不舒适。10 月 13 日晨有小雨，饭后 7:15 离，经川主寺上山，见野鸡十多只，草原，牦牛，马，羊，帐篷，路边藏胞，又在若尔盖县吃饭，邮电局前一四川人开小饭店。买瓜，牛肉 2.2 元/斤×4。穿草原，下山到热当坎转入迭部沟，5:40 到 792 招待所。

县上请王国祥（省财政厅厅长），王一兵（504 厂厂长）等，见王、张等人。

10 月 14 日

离开迭部，向东沿白龙江，经花园、代古寺向北入腊子沟，在腊子口看长征碑，照相。上大山，到岷县吃饭，在临洮小停，晚 7 时到家，桂英正感冒。

10 月 15 日

上午睡至 10 时，洗衣。

下午到办公室，商议工作。拟将国三办二万分寄来，交给财务审核。

792 矿址事张省长已批。

10 月 16 日

办公室碰头会：① 宫报告临夏，甘南，四川之行。② 马谈会议账结了，张省长，向主任讲话整理出来了。

深圳办班事，报名，再催一下。792 定点事，做白银工作。

03，04 厂，皋兰火化工转运站，一级库 TNT，黑索金。

805 厂 TDI 聚氨酯，500 米，50 吨，避开。

甘光，领导全出来了，留下的不安心，3 000 万台/y，太少。产品质量不够，pandex 又停了。

792，又要上项目，要写个材料。办班事，人员，准备材料，经费。海林厂，批设计任务书事抓紧。

电 792：要留下材料。

领导的两个讲话稿，打印转发。

天缎的初设审查在天水召开，21 号报到；针布的验收会，18 号报到。

下午，792 矿胡总、李总来；海林厂胡总来；马师带看地下室。

10 月 17 日

（1）准备转发向主任，张省长讲话，交付送审稿。

（2）小侯书店买党的知识竞赛，下午借小吕书，去党委办取回。

10 月 18 日

（1）签发转张省长讲话文稿。

（2）海林设计任务书拟出批复。

（3）四楼会议室。

张国杰副主任：纠风，地州市有反映：① 委内处室协调不够。② 对下（地州市计委）关心不够。经费、住房、车辆、业务指导均不够。要求交流干部，上下互调，自身建设，信息系统。③ 下去的较少，尤其是帮地县出主意更少，调研。④ 规章制度不清，建设上乱，资金，程序，体制，相当部分钱盖了房子，包括农业，生产到生活。⑤ 工作作风，待人接物，有的人耐心不够，朱某事，检察院在查。

10 月 19 日

海林厂设书批复汇工业处，施提 3 条意见未签。李主任批李允恭商处。

10 月 21 日

昨全天阴冷，英感冒久不愈。与李允恭处长议海林厂批复事。

10 月 22 日

（1）拟改海林厂批复第一条。

（2）5204 厂吉、皋兰县杨来。

（3）风动厂范荣喜主任电：准迁证已开出。

10 月 24 日

（1）印出并让胡总带走海林设书批复。

（2）到储备局同魏万进局长，姚处长谈 274 问题。

（3）看顾书记 10 月 19 日讲话。

10 月 25 日

（1）发本委 3 个主任和 4 处室文件。

（2）让小樊取回张、向讲话稿，打印稿校对（应强调工作第一，服从指挥）。

(3) 吴远庆主任问 792 矿氨纶事。

(4) 小熊又回计委，在财金处。

10 月 28 日

下午马主任等从平凉回来，交换情况。

10 月 29 日

(1) 给陈文学写信。

(2) 甘光，部 11 设计院王工：

仪表低谷，牵涉政策，初设要做。投资方向税。1 398—1 500 人，欠住宅 5 000 多平米，兰州，临夏有矛盾。

(3) 白银 884 厂王振华：明年 1350 万元，工作搞完，教学楼 400 平方米。

10 月 30 日—11 月 16 日

128 次到广州，71 次到深圳。带队，办 25 人经济研讨会学习班，住园岭招 604 房间。

去沙头角、珠海，参观银海、兰光（甘肃三线的窗口企业）等。14 日 76 次到广州，16 日 10 时飞返兰州。

11 月 18 日

办公室碰头会。给小常、小熊带的衣皂类交付。见吴鉴信。晚王、包二位（吉林省九台市供货公司经理）来家坐。写金昌、白银帮助推销大米介绍信。

天变冷，漫咳凶。

11 月 19 日

上午看文件，给英买的上衣不合适，拟转让。

下午到吴远庆主任处，其父逝。

新疆经协办卡玛丽亚（乌孜别克族）换 Pentax 相机，到甘光厂。

11 月 20 日

上午开完吴文追悼会后随车去机关。

甘光厂袁、王来，初设征地事。资金须落实省上一块。

下午找李主任不在。到物资局管理处冯永哲办公室。在省国防科工办旁见 5203、5204 厂汤厂长、王主任。

谷镇山主任（省科工办）做藏头诗一首。

11月21日

(1) 5203、5204厂汤、王来,物资局要求,“正大”集团利中让一些地盘给自己。

(2) 和平厂沈总、牛科长来,免税无他。

11月22日

(1) 到兰州大学逸夫馆,听昌天启讲经济运行及当前热点。

(2) 灌气等久,和桂英同到曹家厅买沙发布。

(3) 识办公厅老干处金多铎处长、郑培兰刚从南方回。

11月23日

上午9:30,委办公会,张国杰主任主持:昨天省委讨论“八五”计划,咱们的计划定下来了,各处排项目排指标,发一份。

顾书记讲:先搞完“七五”,财政困难,29个县缺工资2个亿元,一要吃饭,二要建设。

李省长讲:“七五”好,为“八五”打下了基础,精神状态好,计委做了大量工作。① 财政补贴;② 清理小钱柜,化公为私,每个处室,车间都有小钱柜,要集中到财务上,不然出了问题对谁都不好。预算外的预算外,2 000多万元,包括专项,一定要通过总财务。在沿海办企业,把资金挪到南方,自己能办的事,把我们的钱转到沿海了,有人想去,为了自己,省没得什么好处。抗税漏税,很多应没收。东部市场一年1 000万元销售收入,税金400万元,漏了很多,广河县也是。办企业,先生产。搞矿泉水,用不了几千万元。外国人搞,愿意花就算了,榆中县就是如此。

黎中(省人大副主任):计划缺口,80亿元,保不了吃饭和建设。老周,我们省的财政是收支有余,平衡,亏还是赤字不小,历史上,除1961、1962年赤字是3.1亿元、2.9亿元。四大工程,引大入秦,景电二期。先上疏勒河,还是先上黑河?要比较,疏勒河流域有30万亩盐碱地。串换资金,明年一年有多少?

葛士英(省政协主席):① 针对后劲,工业,能源交通上拿不了钱,拿钱的没投入,加工业照样没有什么项目,对比例有意见。从财政上拿4 500万元+1.97亿元,专项资金,两西,两分钱,煤炭,养路费等,银行贷款,为什么不加技术改造?应把中央的加进去,不是80亿元,应该是340亿元。花那么多钱搞能源,到嘉峪关,靖远二期,为什么不上平凉电厂,保护一小摄。新疆煤靠不住，华亭煤不能西运。拿一个亿发工资，电力可卖债券，金昌磷肥缺口，30 万吨合成氨。我们论证了你们不听。

张国杰解释：12 亿度电中，6 亿度是 2 分钱，每度电费增加 2 分钱，作为电力发展基金，多是中央企业的，每年 1.2 亿元收入。中央、地方各占多少，能源处有底。中央项目，合资项目我们看效益，争取不争取？

葛世英：② 财政，我们困难，为什么还上 2274 工程，背包袱，敦煌研究院，乡镇煤矿。从 2 分钱中拿出 1 000 万元搞水电和输电线路，能源征集金，战线长，跟我们安排项目有关。要地县配套不行。64 个财补县，29 个工资发不出，不要地县拿 2/3，实际情况不允许。

张吾乐副省长：电厂建在省内有好处。

韩正卿（省委常委）：二热，煤制气，镇原啤酒，引大入秦，只要有钱，后年可以建成，明年需要 2 亿元。

马谦卿（人大副主任）：中小学课本印刷，儿童医院要上，不然人家不给钱。

省妇联主席：妇女项目太少。

王金堂（省人大副主任）：教育，公检法，要稳定，情报。

李萍副省长：80 亿元不能再少，小钱柜，集中闲散资金，下功夫于技改项目，效益重要。非生产，丰收厂钢门窗，搞那么大办公用房干什么？各种补贴要清理一下。

张吾乐：财政增长按 1.5%，原则算通过了，课本，小钱柜，20 个单位清出了 2 000 万元，要统一认识。

顾金池：综合指标统计口径，不能太低，80 亿元，保重点，要留余地而不是留缺口，要突出效益，论证好，把好关。

张国杰：民勤糖厂，天水床单厂，每次都列，人家否定，葛主席说，如果确好，写报告，省上负责。

顾金池：对财政扭补项目要管好用好，注意资金，人才，管理跟不上。景电二期要继续包。扶植小水电，小康，30 万氨，不讲退出合资。儿童医院先上门诊行不行？工业上统一平衡一下。

（我们的工业上，都是贷款，19.7%利率，开发贷。）

中小学课本降成本，粮食不出台价格。

专项资金在厅局不能分下去。对企业的要慎重。对企业要通过诊断的办法解决问题。

到地县去吃住要交钱，不搞专场舞会。陪人应该少。

张国杰：各处一份，挪到本上。计划会，2 号报到，3 号开会，内容，计划，效益，张，张，李文，柴竹，张忠。其他能去的处室都去，农业，工业，外经，物资，事业。

① 要政策，以工代赈，治贫，倒三七，贫困地区怎么搞？财政。② 各处室去人要准备汇报材料，情况，要求。③ 专题材料：一是转到提高效益上来，组织几个人，法规张奇令负责；二是实情；三是以工代赈；四是其他建议。

压贷挂钩，否则影响技术改造。省计划会议争取在节前开，24 日到 28、29 日，5 天。家里要准备计划说明。

吴远庆：国家的企业进步会，朱镕基主持。

② 弄到表上去，落实到人。

下午：在办公室传达上午会议精神。

宫讲几点：① 企业诊断：红峰厂，丰收厂。② 外向型项目抓紧做工作。③ 学习及组织纪律性。

11 月 25 日

(1) 5204 厂汤厂长、王主任来，杨县长来电话。

(2) 甘光厂初设预汇报。方案，经济分析，2 950 万元方向税未计。12 万元/亩征地，增容费未计，利息未计，价差加 16%，会超 3 000 万元投资。来源中地方 680 万元，“六五”、“七五”积累有 9 000 万元未还。IN(内部收益率)=14%—13.6%。

(3) 下午 4 时，三楼小会议室。

国杰主任主持，尹留明布置填 92、93 基建计划，12 月 7 日前交。

张国杰讲：基建规范化、制度化，提高透明度，会稿，审签，不要出问题。先收尾，次在建，严格控制新开。

宫保军：提问题，提要求：① 方向税率；② 要求资金切块，以便统筹安排。

张国杰：钱少，以后再说，填表先交工业处汇总。你们只管地方军工，机械电子工业处熟悉，他们一直管着，就让他们管算了。

三线办职责应该弄清楚，否则很难办事。

(4) 傍晚到省储备局，见到魏万进局长、郑振本副局长、刘主任(办)、王处长(基建)、×处长(公安)、吴处长(274)、张书记(274)等。谈274迁建问题，大致意向是：① 向北西移1.5—1.8公里，投资250—300万元，5203，5204，正大，储备局按4∶4∶2比例投。每公里轨道以110万计，县上在征地，搬迁上优惠，免地价。② 先期租用物资局431站台，为5203、5204厂出文。正大运量43万吨/年，5203、5204厂15—17万吨/年。吨货17元，扣除成本后，净赚一些。

11月22日

兰州大学逸夫科学馆，讲投资，参加在座340人。

夏天启(国家计划学会秘书长，中科院经研副所长，研究员)谈关于当前国民经济运行情况和经济理论研究若干热点问题。(讲座)

(1) 两个值得注意的会议：① 今年5月，江讲，科技是第一生产力，以经济建设为中心。② 关于搞活全民所有制大中型企业。中央抓经济建设的决心。

今年1—9月，总供给，总需求，供>求，21%。工业增长比较快，工业总产值13.9%增长，增库压减慢，农业生产总值比上年增2%。投资结构，预算外增幅远远大于预算内增幅。“八五”期间，西部>中部>东部。市场销售回升，城市稳定，农生资售增长大，物价3.5%，储蓄增缓，9月持平，现汇顺差200亿美元，以上七个特点说明度过了最困难时期。

不稳定因素问题：大中城市物价上涨过快，8.5%生活必需品，信贷超经济增长，加重了货币投放压力，通货膨胀压力。社会集团消费增快，财政负担过重。新开工项目增多，投资缺口很大，三角债。

(2) 热点问题：理论上有很多突破，表现在六个方面：

① 所有制结构和方向：国营以2%下降，产值由1980年到1989年76%—56%。城市个体0.2%—5%，集体。公有制为主体位置受动摇，对此存不同看法。

② 赤字，700亿元，加偿还内外债。

③ 人口，增1 700万人/年，就业压力大。人均国民收入低苏浙粤集体所有制成分大，但人均1 500元，甘肃84%，但只700多元/人收入。

④ 增强企业活力，做到“四自”：自负盈亏，自主经营，自我改造，自谋发展。

企业利税费负担都很重，税种太多，1978 年只有 2 种，到 1989 年增加为 60 种。多种税赋太重，企业留利很少，所得税 55%—33%，中央工作会议上定。负债经营，体制问题。投资制体过多，过大，相互拖欠，深层次混乱。金融体制，贷款生产，产品积压。

片面责怪企业很不公平。政府以整顿为名，收了企业一些自主权。

企业管理水平很低，厂长说了算，“说你行你就行”，“主人翁精神差，老雇工”隐形失业队伍。

完善两权分离理论，解决生产资料所有权与经营权问题。税利分流难度很大，因为负担重，亏损。股份制，中央十三条，用三资企业经营方式。竞争机制，独立自主地位，矛盾很多。

对首钢经验：承包上别的企业很难做到，15%的自销权，别的 2%，实际 35%。

利改税他得不少，跨行业经营，从轮船到宾馆，兼并了很多企业，是政策典型，不是经营典型。

二汽，承包了一年，三年才纠正过来。承包，基础与短期化，随意性。

普通推行一个模式不行。

⑤ 计划与市场经济。“大计划，小自由”。这是陈云讲的，以私有制为基础的市场经济，如日本、法国。计划经济与市场调节相结合。“运行派”，资源配置。计划指导下的市场，市场调节维护局部利益，价格扭曲，市场运行缺乏必要的规则。社会总需求压力始终存在。价格，市场体系，产权关系，整体利益与局部关系。

完善指导性计划，以市场为基础。

公有制为主体，不要两级分化，不要两条道路。

农村经济：取消一大二公，取消人民公社，取消统购派购。

经济结构优化问题，分权造成地方工业趋同化，轻型化，农业滞后，内涵，外延，结构型，以 1.3 为主，中央利益与地方利益兼顾，财权重要。

收入分配：经济劳动生产率增 2.4%，工资增 14.2%，贷款发工资。新平均主义，差距缩小，发实物。非法收入 3 400 元/y 人均。

三次工资改革基本上都是失败的，南方百万富翁增多，通货膨胀反弹，信贷增大。

⑥ 信贷结构优化问题。分权造成地方工业趋同化，轻型化。农业滞后，内涵外延无力。结构不合理，以 1・3 为主，……

中央利益与地方利益矛盾加大，财权过于集中……

有关人员及电话：

皋兰县：杨祖铭县长、王振家书记、巨洪程副县长。

甘光筹建处：袁润琨副经理、杨克东、王能兴(214)、丁海东、贾东琪处长。

498980—303，—305

都本忠　　　甘农广播电视学校　23911—365　　623 室

和平化工厂：朱光宝厂长　沈主德总　牛光宇科长

省电力局：李成久局长，电话：34986(办)，35760(宅)

党长生副局长，电话：35450

燕玉梁副局长，电话：33529

杨连一总工，电话：35585

王振中总经济师，电话：34371—2106

上海小三线新光金属厂工作日记(1)*

(1982年1—3月)

孟繁德

1月4日

9:00,厂中层干部会议(三楼会议室)。

汪益仁:传达上述计划会议精神,在国家计划会议上胡耀邦同志讲了三点意见:① 不要算细账;② 不得过多让人民生活拖后腿;③ 不要争投资、争吵。

计划科:1982年已接到任务:冷轧带234吨(其中精密34吨)、热轧带686.5吨、制品172吨(其中150吨开口合同)、铝合金34吨、磁钢500千克、铁芯1 000只;1981年:冷带381吨、热带800吨、制品300吨、铝合金100吨。要求1982年要超过1981年,要降低成本、提高管理水平。争取用户要从三点入手:质量、价格、服务态度。

质量:热带的夹杂,自82年起售价降为8 200元/吨

HЯ0丝的碳

冷带的表面质量

扩大品种　Я1 T×Φ6—Φ10元钢

汪:几位厂长分工问题。

陆:如下几方面要进行整顿:责任制整顿、劳动纪律检查整顿、整顿劳动

---

* 本文由孟繁德提供,由上海大学历史系硕士研究生杨华国和杨帅整理,经孟繁德审定。文中无法辨认的字体用"□"代替。

组织。(包括定员定额)多下来的人读书,整顿财政纪律。

我厂的奖金与钢研所相同。

1月4日

12:30,劳安科。

(1) 征地进厂临时工,合同一式六份。临时工条件:年龄、文化、身体、政治表现。工资33元,副食补贴,劳防,本人医疗公费,本人享受病假工资50%,粮油关系不动。

(2) 张秋同志的工作调动问题。

(3) 阮祖胜病退:缺3个月工资单。

(4) 张炳如工作调动调令。

(5) 四车间陈××调昆山。

(6) 陆××之妻、王××之妻的结婚证书发出。

(7) 戴××、王××调动未报到。

1月7日

上午绩溪公路监理所:关于刘根发与铁四局撞车事故。

监理所:38#桥附近,天下毛毛雨,新光交通从上海,铁四局大修厂车去宁国(解放)。

铁四局:刘道行、邹维洪。监理所:胡。

1981年上海钢铁研究所全所上缴利润:4 454.5万元。

1月8日

上午8点钟,上海钢研所来厂商议1982年生产安排:

所部:周保国、桂步清、徐中德、邓云虎、朱玉祥。

厂部:陆、汪、冯、孟、许、金、邱、袁、蔡。

周保国:① 产量:Я0(不锈钢——苏联牌号,即:0Cr18Ni9)手表料新光厂备料情况。② 质量:手表料。③ 成本:新光厂比所部每吨手表料成本高2 450元。

计划料邱:已生产好的手表料;锭,300吨;方扁坯,66吨;热带,200吨;0Cr18Ni9不锈钢带坯,166吨(后盖及表带)。④ 0Cr18Ni9不锈钢丝,Ø8.5,28吨;Ø55,32吨;锭,10吨。

下午,讨论明年计划问题。

汪：关于明年炼钢安排。

金：我厂钢的质量问题比较多，电炉需要技术改造，今年上半年不要炼钢，要么进行改造，钢包喷吹，热轧用锭上海来料。

周保国：所里今年两个指标问题较大：① 成本；② 劳动生产率。如果有困难，热轧、电炉可以不动，钢研所锻造抽 40 人左右。

小结：新光厂自己解决单排料（手表）锭到坯，单排手表料今年 600 吨，Ø55→ Ø40×20；炼钢在目前情况下，夹杂不能降下来，不能大批投产；热轧：单排料立即投。

1 月 23 日

关于进厂征地农民工手续。

下午考试语文、数学。

参加 23 人。

监考：孟、袁启祥。

2 月 1 日

溪口公社党委书记与杨、王两人来厂商谈。

他们意见：择优录取，考试分数需通知。

汪益仁厂长电话：由冯文瑞参加国防工办企业管理学习班。

2 月 3 日

上午许家传送考分到溪口公社。

三车间潘兴亚去上海工交师资班培训一年。

2 月 15 日

下午 2:00，厂党委扩大会议。

厂中层干部会议：研究春节后工作。

陆才良：一季度工作比较重，数量产量，品种做些调整，一月份完成的不好，只占去年的 45.5%（去年 1 450 万元，今年只有 650 万元）今年的任务比较足。丝：标准件公司需要量比较大，铝合金：金属二站需要 100 多吨。

明天各部门召开一下班组会议，做些动员工作，正常生产马上正规化起来。

公假值班到今天 5 时结束。保卫工作要正常起来，赌博还要抓一下。

徐宏海：春节期间保卫工作情况，大的问题没出现，但小的问题也发生一些。

许家传：今年任务很艰巨，奖金受生产任务影响，生活系统要正常起来，劳动纪律也要正常起来。

金永康：3月份任务，所部在抓，争取一季度不低于去年，我厂冷轧接合同200多吨，所里上半年冷轧接了250吨，3月份冷带40吨，热带要轧单排料，丝65吨。

吴金木：留厂人员的津贴发放办法：① 节日工作每人每天1.50元。② 值班人员每人每天1.20元。③ 1月9日—2月15日值班天数做到奖金单子中。④ 中夜班放在3月份工资中发。⑤ 春节3天加班工资（指工作）3月份发。⑥ 春节3天值班的每天发调休一天。⑦ 22日将单子送到劳安科。

陆：今年要吸取去年的教训，工作抓在前面。

收函：

① 82.2 精密合金质量攻关协调组。

工作总结——1981年度，大连钢厂。

② 82.1 国家仪表总局——永磁材料测试标准。

③ 贵池钢厂何文灿——共同参加氢标样试制。

④ 上海机电二局供应处——关于我厂定高强度低膨胀合金技术条件的修改意见。

2月17日

(1) 关于保卫科春节期间人员工作待遇，经孟、许、袁研究，陆同意，通知徐宏海及徐圣安同志：今后节日期间保卫科有2人作为正常工作上班，待遇按正常工作工人发加班工资。如与钢研所规定有矛盾，则取消此规定。科长及其他值班的保卫人员按值班发调休。

(2) 下午2:00召开全厂中层干部会议：

① 汇报各部门近二天劳动纪律等情况。

② 研究、讨论如何尽快使全厂工作走向正规。

(3) 关于公休期间部门、厂组织家访待遇：

① 按实际天数报销出差补贴，0.80元。

② 公修不补，亦不发留厂人员1.20元值班津贴。

以上各点在2月19日上午支部书记学习会上宣布通过。

2月18日

关于设备和工业建筑安全检查。

冶金局沪冶机(82)085＃

(1) 贯彻部钢铁司冶(82)钢机10＃文件。

设备和工业建筑安全检查。

(2) 2月20日前准备,2月20日—3月15日自查、复查,3月25日前报局,一式两份。

2月19日

三车间吴丹红描图:上海锅炉厂6.5 T锅炉。

上海财政局82-21＃文件:

新产品列支费问题的通知:82年起新产品试制费用列入新产品成本。(81年列入新产品试制费用),但不得摊入正常成本,但由于费用过高,一次计入有困难者、可分批分年摊入。

冶金部外事司:我厂送寄广州二盒氢标样为广交会展品。

2月20日

与吴金木、祁荣山二科长走访:

(1) 红旗厂:

李玉春:厂实行季度奖,另外厂对车间实行加奖,全厂在一个车间实行减产扣发工资,计划完不成不得奖,完成90%减发5%工资,完成80%减发10%。

(2) 向东厂(上无七厂):

鞠福弟:我厂任务饱满,从外边招一部分临时工,去年在主要生产车间实行经济责任制。包产到车间。完成计划不得奖,完成90%以下减发5%工资,完成80%以下扣发10%工资。

(3) 跃进厂:劳动工资科。

2月22日

三车间来乃仑同志去上海四方锅炉厂验收6.5 T/H双水汽包锅炉。

来乃仑:因总部件全部装箱等待发运、部件到厂由新光厂验收、缺件一个月内报出,由四方厂补齐。堆放要300 m^2, SHL6.5-25,双横锅筒水管锅炉。

春节公休假，40 648.50 元(补贴)。

2月23日

下午祁荣山、吴金木、孟商讨奖金方案：

祁：每月车间平均数不公开，基本奖压低。

孟：几个原则：① 贯彻按劳分配，完不成任务不得奖，超产多得奖。② 达到各项指标得满分：

	产	质	消	设	成本	卫生	安全
	40	30	5	5	10	5	5
加分	30	10	3	0	4	2	2

③ 扣奖。主考：产量完成 90%—99%不得奖，完成 80%—89%扣工资 5%，完成 79%以下扣工资 10%。超产 20%，加 10 分，40%加 20 分，60%以上加 30 分。

质量：达不到指标不得奖，最高加 10 分　附考指标达不到按规定扣分。

④ 扣发工资规定：一、二、四、五车间，两种主要品种(或两个主要部门)同时达不到 90%。其中一个达不到只扣奖金，不扣工资。

⑤ 奖金核算：按 3 月 1 日车间实际人数核算(减去长病假)，今后人员只有在厂劳安科调进调出情况下调整。短期借人也由需要车间发奖，借出车间不扣。

⑥ 产量核定：定计划定量由计划部门与车间在上月末商定，既要先进又留有余地。如全月无计划只发给部门 60%奖金，如任务不足 50%，减发产量基本分。

⑦ 程序：每月初由各部门填写上月奖金申报表送科室、各指标完成情况及分数由有关各科室填写，由车间送劳安科，由劳安科 20 日前汇总，由厂长审批印发各部门。25 日发到部门。

⑧ 加奖：对正常生产厂部不实行加奖，对革新、节能、重大课题成功等，可由厂长办公会议或厂长填写奖金批拨单，由劳安科发有关部门。主要生产车间当月生产成效显著，由厂长办公会议或党委会议讨论对车间干部给予奖励，其奖金由厂长填批拨单，劳安科发给。该奖金不颁发给工人，如发给工人则厂部全数收回。

⑨ 奖金的结转：各部门奖金可以延续结转使用，但结存最高款额不得超

过在册人数×5 元。

2 月 24 日

后方基地生产处朱同志电话。

邀刘祖德参加理化协作组核心组。

2 月 25 日

关于奖金草案讨论，向陆、汪汇报。

陆：扣工资要向上层通个气。

汪：利润下半年要考核起来，其他各款项均同意草案。

下午 1 时，3 T 汽锤大修验收。

四车：冯阿莫、赵连琦、陈洪福、郑德丰。

三车：徐道广、付百林、叶瑞德、唐东明。

厂部：袁佐才、金永康、孟繁德。

问题(四车)：① 漏气；② 上下铁蹬错位；③ 操纵杆不活；④ 汽锤太死。

落实：今明两日，以上①③两项由三车间修好，④为正常现象。下周一周为试用期。

2 月 26 日

关于奖金方案制定的几点说明：

(1) 原则：① 贯彻“按劳分配”“多劳多得”的原则，达到“完成任务有奖，完不成不奖，多超产多奖，完成差的扣工资”的目的。② 水平：正常生产可得奖，不努力拿不到奖，松松垮垮扣工资，奖金拿到顶很艰苦。③ 方法：在总结 1981 年奖励的经验教训基础上，学习兄弟单位先进经验，结合本厂的具体情况而制定。分主要生产车间、辅助、科室。

(2) 奖金与政治思想教育工作的关系，要层层落实，发动群众，在厂条例基础上各车间要考核到工段、班级、炉座、轧机、车、个人，但仍要贯彻厂部的原则。

(3) 车间得奖金，但个别班组、轧机、个人可能不得奖。

(4) 产量与质量的关系：当前存在做与不做的矛盾，同时也存在做好与做坏的矛盾。同此产量、质量列为主考指标。在奖金中占比例较大。

(5) 辅助部门不扣工资，但奖金中水平正常情况低于主要生产车间，改变了过去无拘无束的情况。起码安全，卫生列到计奖中去，对食堂锅炉饭菜质量服务列到质量奖金中去。

(6) 加奖：① 对正常生产不实行加奖，超产列入奖金分数之中、对突出的节约原材料(生产上消耗不在内)、节约能源、革新、设备改造成功之后可由厂长讨论拨奖，但要填写书面奖金批拨单。② 主要生产车间干部加奖、压力大，制定加奖办法。

(7) 程序：由下到上、各考核科室要在月初及时统计上月各主要生产车间数据，各车间在申报时有异议当场核算，不再带到会议上，一般情况下，每月不再召开奖金会。各科室的指标依据参照1980、1981年两年、再考虑到1982年产品的调整、项目和范围：目前七个指标，四个主要车间，四个辅助部门，二个科室部门拟考虑对四个主要生产车间加考利润，消耗占比重要减少。对各科室及机动部门也要考核起来。

(8) 奖金结转规定上限目的，减少厂部透支、各部门不要矛盾。

(9) 借人的控制与现状：

各部门正常开人员普遍不足，今年部门任务都比去年有增加，更多的抽出劳动力是很困难的。但必要的，该抽的还要尽量调剂，主要是靠内部调剂，方针是鼓励输出，减少输入。

(10) 实行日期：3月1日按讨论初稿(4月定稿)，今后在实行中积累教训，不断总结改进。先不传达、讨论修改、各部门同时要制定相应的办法，如无办法只发80%奖金。

下午3:00厂长碰头会。

汪：① 1982年目标，下周召开党委扩大会议，中层干部会议及班级长会。② 1981年先进个人、集体(放在什么时间开)。1982年口号：振奋精神，艰苦奋斗，提高经济效益、整顿企业、改善经营、抓好两个文明建设，抓好3 000万元产值，1 000万元利润，为四化而奋斗。

钢	2 000 T	(不锈1 200 T)
感应炉	50 T	
手表料	800 T	(其中600 T单排料)
冷轧	380 T	(其中精密50 T，实接33 T)
丝	400 T	(实接184 T)
Al合金	200 T	(实接123 T)
磁钢	4 T	(实接600 kg)

铁心　　　10 000 T(只)(实接 1 600 T)

冲制件　　氢标样

3 月 1 日在全厂干部会上公布。

2 月 28 日

(1) 劳安科吴金木同志汇报摘要:

① 基地劳安处杨义: 扣工资 5%—10%, 奖金可以扣,工资不要动,因为干的好工资也不能加。

② 朱宝善之女工作问题: 招工指上海社会青年,户口在后方暂时不报,叫他温习将来可以考工。

③ 朱××、蒋××之妻,从集体到全民问题,不能动。

④ 放假工资问题,冶金局查问: 值班津贴。

(2) 技检科周阿康关于用户质量问题:

① 上海钟表材料厂: 81－4－82(合同),Я1T 碰头不平,4.7 不能用。

② 余杭县超山公社农机厂: 1980 年 6 月,4J29,0.2×100 mm, 107 公斤缺 4 kg,派员处理,缺货退钞票。

③ 英雄金笔厂: 该厂抽查,第一次不合格不收货,萝卜丝,大刀弯,超公差, 最近一批 C 太高 0.13—0.14%, 81—362, 8—362,391.3 kg 派员: 降级或退货。

④ 用户还有 4.7 T 手表料要求退货。

⑤ 上海手表厂 Я1T 81－4－18,0.11×22 mm,262 kg,硬度出格,上次混钢种,要求重新热处理。

⑥ 南京长虹无线电厂,Я1T 丝,Φ2.5 、0.6 、0.45 、0.40 共七种要求取消合同退料。原包不动退回上海。

⑦ 上无八电: 1J50 丝,200 kg,朱诚荣、陶喜才去过。

⑧ 杭州表壳厂: 手表料退货 20 T,要求单排料。

⑨ 表壳料抛光号的试验: 8 好,2 差,一平。

⑩ 技术标准:我厂发一套到上海。

(3) 处理:

钟表材料厂对我厂 0.8 mmЯ1 有几点意见。

① 退货 4.7 T,改发外地用户。

② 上海手表厂，硬度高，软化处理无法解决。

混钢种 18.5 kg 退回。

③ 由计划科处理，由蔡湘泽结束处理。

④ 上无八厂 1J50 丝梱径小，由朱、陶再处理商量。

⑤ 杭州手表厂，全部改单排科，与计划部门商量 20 T。

(4) 下午党委扩大会：

① 传达基地工作会议精神，加深对六中全会精神的理解，进一步认清政治经济的大好形势，要两手抓：精神文明、物质文明，今年分二线：前方（业务由上海管）后方（生产业务由后方管），市经委要求今年后方不低于去年。新光要达到 3 000 万元，利润达到 800 万元，群星利润 85 万元，要搞好两项建设六项要求，要求厂长书记重点学好 2＃文件，重点整顿，办公室要配备 3—5 人、计划要报上去，在现有班子中搞整顿。

② 当前生产中的几个问题：

57 砲、能源的节约、环境保护、抓产品质量、安全、编制“六五”规划；

新光厂达 4 000 万元；

1982 年两个进一步：进一步调整，进一步安定团结。要敢管敢抓、不要认为后方调整就是关门；

整顿党风、厂风、在年内要有决定性好转、大抓增产节约，产值不低于 3 亿 7 千万元；

组织读书班、轮训班、开展遵纪守法的教育；文化娱乐活跃、厂纪厂风、年内要开展争创先进党员的活动；

1982 年奋斗目标：任务超额完成；

1981 年估价、生产指标，产值利润突破指标；

认真总结改进提高。

1982 年指标如前：品种调整、精密少了，新品种要求多。

(5) 晚上：汇报奖金制度方案，党委原则通过。

许：各部门没有发放办法、只拿 80％奖金。

陆：整顿要振奋精神。

3 月 1 日

上午 8:30，奖金方案讨论会。

参加：孟、袁、黄能文、贺之龙、付伯林、冯阿莫、王碧楼、吴金木、祁荣山、章国宝、华寿良、吴仲轩、张秀举、袁启祥、潘三第、陆锦华、金永康、金宝珠、陆才良、汪益仁、张宝华、陈世鑫。

(1) 祁荣山谈奖金方案。

(2) 孟作几点说明。

(3) 讨论：

黄能文：受其他因素限制而影响产、质量。

贺之龙：定产指标、定量、定员还要定，坯料质问题而造成废品。

金永康：劳动纪律是关键问题，厂里要先抓一下，可以先抓几个班组，可以改按定额人数发奖、鼓励在场人员代替、外借人员不应由我厂发奖。废品回老家，由于用户无理取闹由厂部吃。

陆锦华：① 审批办法各部门送上来兜一圈不好，由劳安科送上好；② 劳力借出的政策、要双方鼓舞一下、借入部门也要把一点好处；③ 退货有关部门要扣当月的质、产量。

冯阿莫：制度比以往完善一些：① 我们车间两个部门应分开；② 借人问题同意陆锦华意见，缺勤人员的奖金岗位津贴应分到班组；③ 锻打另件要加分；④ 劳动纪律、厂里前一段任务不明确、制度不明确。

张宝华：车队考核指标忙闲不均，厂部每月应下达指标。

陆：以后厂部应根汽油数量定吨公里，油耗分数太低，应强调一下。现有在油耗有虚报的现象。

王碧楼：制度蛮好。

潘三第：试制产品如何奖励?

徐道广：制氧车间如何考好?

陆才良：各部门都要制定指标。

王碧楼：Al 合金生产周期较长，当月计划当月出成品难以完成。

汪益仁：逐渐补充完善，原则要坚持，方法要注意。工作要有信心、劳动纪律要抓、厂里在想办法。

下午 1:00 厂中层干部会议：1982 年奋斗目标。

汤伯祥任二车间副主任，沈林根、郃孝伦工作安排，冲制件划归五车间，高忠盛任五车副主任、薛任副支书。

汪益仁：传达中央工作会议精神。生产设施要求：① 250 轧机二季度上去；② 变电所；③ 手表料退火炉。

生活方面：① 二级泵房沉淀池；② 工房；③ 小卖部。

3 月 2 日

下午全厂班组长、党员会议。

(1) 1981 年的回顾。

(2) 1982 年目标。

(3) 当前的任务。

三车间电工孙再林工伤后工作安排问题，待与施永良同志协商。

一车间借 4—6 人到二车间支援 1—2 个月。

3 月 4 日

下午节能会议：一、二、三、四、五车间主任、车队、供应、技术、技检、崔政华。

厂节能小组：许(冯)、孟、金宝珠、张宝华、陈德云、施永良、金永康、袁启祥。

(1) 金宝珠讲局节能精神：

厂能源小组：金宝珠、崔政华。

上海市节能先进单位——上钢五厂。

① 整顿节能小组。

② 抓重点、推向面。

③ 计量手段齐全。

④ 向生产技术措施要能源。

(2) 局节能情况总结：

① 加强管理、全面定额、全过程、定面计量、全员参加、全面配套。

② 节能工作 58 条指令。

基础工作，节能奖惩制度，工业锅炉，工业窑炉，通用电器设备的节能措施，气、水的节约，燃油、煤场，管理工作等。

(3) 今年节能工作要求：

① 燃油制度：

机电科洪才生：关于节约用电的精神。

我厂用电大户：电炉、水泵、热处理：

我厂电炉，1 400 度/天；

热处理用电接近电炉用电，15—20 万度/月；

水用电，16 万度/月；

全厂，80—90 万度/月；

去年共用 948.8 万度/年；

全年罚款 10 万元，原因：利率低、超负荷；

现在我厂功率因素低、要求达 0.85；

照明浪费大、电炉。

建议：＜600℃加热可远红外加热。

打算：

1982 年对电加热设备进行普查、对集体宿舍能装小火表；

对低效能加热设备作些调查；

对 100 A 以上的接触器要改无声接触器；

对全厂电动机、变压器的负载率的测定和调整；

对负载率特别低的要调整，＜40%，＜30% 的要拆掉。

许家传：① 各车间要成立节能小组，由 2—3 人组成，由一名主任负责；② 健全能源计算；③ 对电炉要进行普查；④ 单人宿舍要进行查。

计量：陈赛燕修柴油流量计。

上午袁、陆二科长：废品回老家，不超过 1%。今后要专门开一次质量会议讨论质量管理问题。

下午召开技措会议，一、二、三、四、五车间技术、生检、技检、车队、基建。

主持：袁佐才。

一车间：

制砖设备

单梁 3 T 行车

闭路电视报样　0.5 万

MQS O-N 联合测定仪　1.7 万

原子吸收分光光度计　0.5 万

1 T 铲车　1.5 万

100×50 颚式破碎机	0.1 万
冶炼气包 1 只	
M1050 磨床大修	

二车间：

1#开坯机，今年开坯要 500 T	1.5 万
改造+新造	1.5 万
抛光机吸尘器一台	0.16 万
650 牙箱 2 台，3，4#车备件	0.16 万
1 T 叉车	1.5 万
拉丝 5 T 桥式行车	2.5 万
四头修模机	0.5 万
多头记录仪	0.2 万
M1314 外园磨床	1.5 万

四车间：

油压锻钢机（自制）	3.0 万
热轧辊道	
手表料退火炉	10 万（另拨）
电平车	1 万
3 T 加热炉风机风量不够 2 台 7#	0.5 万
车间更衣室 4 间	
3 T 磅秤 2 只（研磨、锻造各一名）	
运料运输车	

五车间：

5 T 拉拔机	
校直机　Φ20—80 mm	8 万
立式校直机（自制）买一只油泵	
100×50 颚式破碎机	
示波器 1 只	
窗式空调器二台	
中间合金炉厂房已危险	

线切割厂房
拉丝轧头机，马达
淬火炉大修　　2—3 万

车队：

大修汽车五部
36＃交通
37＃交通
21＃交通
35＃七一
33＃平板车
上半年两部，后半年 3 部

新建一个坑道

生检室：

扫频仪 BT－3　　0.2 万
超高频毫伏表 DA1－1　　0.06 万
膨胀电阻恒定 20°±5
硬磁测试仪 Ch－6　　2 万
晶体管测试仪

技检室：

试料加工车床 w6140　　0.8 万
滚卷机(铁芯)
剪刀车
去油机

三车间：

大修，牛刨(试样)
磨床(二车间)
一部车床
一部牛刨

基建：

立式拌和机或买一台卧式

翻斗车

吊车

Al－Mg合金熔炼炉

老冷库屋面

老冷轧披屋

石田房子

行政：

食堂冰箱，0.5万

买米设备，放米设备（上海粮食机械厂），0.4万

切肉机

抽油泵，0.01万

幼儿园厨房翻造

浴室

托儿所

行政仓库太分散，200M2

食堂桌凳改造

医务室

供应：剪刀机　汽配仓库

计划：行车改造

搭披（放成品箱）

厂部：静电复印机，0.4万元

光洁度测试仪

工会：幻灯机

许家传：冶金工业局，设备、危险房屋检查。

3月7日

日班劳动纪律检查。

成员：袁佐才、郭朝贤、曹金兰、张成才、贺之龙、付伯林、李文华、潘三弟、顾荣生。

早班迟到一人。查拉丝、车刨、熔炼。

日班，十人左右。

上午，与车队张宝华、徐中仁谈考核指标。

各部门节能小组名单：

一车间　田品山　王朝俊　张海石

二车间　贺之龙　孙万洪　张元生

三车间　施永良　许志林　潘兴亚

四车间　陈德云　赵连琦　金发华　郑德丰　顾荣海

五车间　李名冠　汤梅林　顾永平

行政科

下午研究2月份奖金分配办法：① 五，后勤，中学，一车间水平连注基础6.00元；② 一、二、三、四、科宝（包括下属部门）5.50元。另外加全勤奖（公假也按出勤论）。

3月8日

上午劳安科祁荣山，组织科魏安卿。

市关于教育、文娱、体育增加工资。

1981年10月下旬，教育、卫生部、体委召开会议。

调资方针指导思想：陈云同志提出集中重点，不撒胡椒面，中小升级面80%，主要是教师，医疗主要是护士，体育优秀运动员，优秀教职员，从1956年起调资要搞，一道搞，今后要分系统调，因为国家经济还有困难，一个季度拿出3个亿，这三个部门这次加了，下次就不再加了，邓小平1978年就提到了，1980年胡耀邦同志也提出了中等学校教员工资偏低，教育对国民经济是关键，爱护护士是千家万户的需求，搞体育的人体力强度大，体育战线实行新工资。

内容：从1981年10月份起，每月1亿，包括民办教师共2亿5千万元，加卫生4 600万元，体育250万元，共2亿9千500万。

范围：① 教育部门：中小学，中专技校，幼儿园，托儿所，专职青少年教育职工。② 卫生部门：各级医院，门诊，疗养所，医务室，保健所。③ 体育：专职的运动员。

集体所有制由省市拟方案。

中小学单位有普调性质：1978年底以前参加工作的，除长期病假或有严重错误，一般升一级。

医务进行部分调整：一类：1978年参加工作的护士、医生、药剂士；另一类：1976年底前参加工作的高级卫生技术人员、医师、药师、行政管理人员在规定在范围内可以升级。

加法：补，靠，升。1977年工资调整的受7元级差限制差额的不上去，教育级低于行政级的补上去，不是标准级的不可靠行政级，教育战线直升二级，一般升一级，根据指标，大家摆平后直升二级，不能扩大范围。

卫生升级要低于卫11级（不包括11级），政治思想好，工作突出，1968年底参加工作，1966年底应届本科毕业，至今仍在技术岗位，坚持正常工作，经厂部提名，工会委员会通过，可升二级。

工厂、企业单位在上述范围，职工根据国务院通知原则参照有关规定，企业教职工：郑州会议：① 凡独立自治的职工学校，专职教师，属调资范围。兼职教育，科室和学校合一的应属于科室人员，不属教师。

② 必须是1980年9月底前列入1980—1981年学年教师名单，独立自治的中小学，技校教职工，执行中小学国家行政机关的工资标准的，执行其他标准多数来自干部，职工的由各省市自治区设定政策。

组织领导，工作步序：二部一委会议要求，要加强领导，中央成立调资办公室，上海市先搞专职教师单位，其他后搞，上半年结束。

上海市贯彻意见，上海由陈锦华、杨堤挂帅。

这些人占职工总数的2%，要求本月12日报基地基础工作。

上海市职工中有2个子女在市属农场的可抽长子，1980年—1981年应届毕业生要上报。

3月9日

下午与袁科长商议1982年技术问题：

① 炉内喷粉。

② 钢包潜吹。

③ 19-9M0转产。

付：包内喷粉，电渣，吹Ar 2，4J461热工成品。

余：包内喷粉，电渣，吹Ar 2。

陶：19-9M0+N，19-9M0，3J材料，冷加工成品。

黄：耐海水，无磁不锈，1J材料。

宋：Al-Mg合金工艺。

张：Al－Ni－Co 试制，生产工艺，Fe－Cr－Co 铸造。

徐：……

密：技术管理，标准。

3 月 10 日

工艺所陈立新、赵才和、周友桃。

关于水平连注中间包。

① 参加组装的人到轧钢厂，钳工 2 人，冷焊 1 人，电工 1 人。

② 设备要陆续进厂，估计 20 T。

③ 4 月 15 日组装结束，安装的人进来，先试感应炉，二方面人一起出去，希望月底能出去。

④ 电工方面陈龙弟安排。

⑤ 水池问题，设计周友兆。

下午劳安科工作人员分工，3.14 上午召开科务会议通过（张根伯出差）。

史：劳动工资，表报统计（包括岗位津贴）。

林：内勤，粮食定量，探亲管理，科室探亲报销。

宋：调动劳力，外勤，退休，劳动组织，开介绍信。

张：安全，环保，营养菜，保健食品，高温饮料。

冯：防护用品，奖金分配，计算。

吴：劳动工资。

祁：安全，环保。

3 月 13 日

与一、三车间谈水平连注出差要求。

人员：一车电工 1 人，焊 1 人，三车间钳工 2 人。

时间：3 月中旬—4 月中旬。

工具：由轧钢厂提供。

接头时间：3 月 18 日下午 1 时卢家湾赵才扣。

劳动工资、安全人员要求：

① 业务熟悉，分工协助。

② 坚持原则，工作方法要灵活，态度要和气。

③ 以身作则。

2 月份奖金分配方案：个人以 5.50 元—6.00 元，另加 1.00 元全勤奖。

① 出差＋出勤都作为出勤考虑。

② 五车间，后勤，中学，一车间水平连注基础，热轧，拉丝，发：6.00 元。

③ 一、二、三、四车间，冲制，科室，包括附属部门，发 5.50 元。

3 月 15 日

上午三车间张吟雁同志谈：

(1) 液压牛刨 B1000 一台调换二台 C620，价 18 000 元 C620 每台 7 000 元。

(2) 技检：C6140 车床大修推迟到 83 年；三车间 B650 刨床大修推迟到 83 年；一车间 M1050 列明年技措项目。

下午 1.003 T 汽锤大修座谈会，三车间叶、马、唐、陈、曹，四车间冯、陈、赵、郑参加。

袁：① 大修告一段落，因为新气缸没调上去；② 大修做了一定的工作，底盘，垫木，门龙架等；③ 但新的大小气缸，锤头等未调；④ 下一步工作如何进行，大汽缸判定工作由谁来做。

叶瑞德：时间比较仓促，基本按原来要求，但汽缸有关问题。

冯阿莫：三车间大修抓得比较紧，开始还是不错的。买新气缸由曹银宝去沪，孟发信给沈阳王瑞华，到沈阳重型厂联系。大气缸有毛病，铁蹬还不平行，动力比原来少。

汪：① 大修有美中不足，大修有一定效果，验收再晚一个阶段。② 下一步对新气缸进行鉴定，尽快努力，把新的气缸装上去，新气缸的经济损失由曹银宝与对方商谈。

3 月 16 日

上午农民工进厂报到，计 22 人。厂部参加：吴、祁、宋、孟。

(1) 吴金木谈关于劳保待遇问题、交报到通知单、宣读合同。要求双方信守合同。

吴：工资 33 元＋2 元(副食补贴)。无奖金和进山津贴、补贴；中夜班费用与正式工同样发；劳防用品与同岗位工人同样享受，草纸、肥皂、同样发；医疗，个人免费，病假工资 50%，工伤工资按 100%；户口不动，粮食由本人解决。严重违法乱纪的要辞退。

(2) 社员提出问题：① 翻班是否可以住厂里？② 奖金上次讲厂里可以考虑一下。③ 户口问题，我们饭没吃。④ 工作期间要长期。

下午汪厂长与袁、吴、祁、孟研究农民工问题。

吴金木汇报情况：石田一队提出四个条件，由于厂方做不到未中止。

下午研究(征地工分配)方案。

女

一车　2

二车　8　1

四车　6

五车　2　1

供应　2　1

后勤　2　1

3 月 17 日

石田一队叶队长等 6 人来厂。

叶：① 厂方过去同意进厂为正式工，许、陆同意；② 有去年 10 月份的协议书；③ 现在也没法退回，因为钱已分了。

孟：① 希望社员平静下来；② 等许回来再继续谈判。

3 月 18 日

(1) 上午继续核定奖金方案(试行)：

3 月 1 日厂劳安科起草第一个草案，对总则大家基本上肯定。

3 月 1 日至 3 月 8 日各科室做了大量工作，参照去年水平，根据今年品种，规格，3 月 9 日下达到各部门。

3 月 12 日后各科室收集，各车间认真研究讨论，提出一些修改意见，经过收集汇总，又重新到各科室。

产量指标下达情况

计划科：各车间班产	实际	定产
四车间：50×80	班产 3.7 T	修改 3.2 T
30×106	带坯 2.8 T	2.5 T
精密坯	2.0 T	2.0 T
方 55×50	3.0 T	2.6 T

方 48(包括 19－9M0)	1.0 T	1.0 T
其他品种实报实销		
手表料开坯,实测	9.2 T	班产 9.0 T
成品	5.9 T	5.0 T
不锈带坯,4×120,3.3 T	3.0 T	
精密	2.0 T	2.0 T
丝坯,开坯	7.5	6.5 T
成品	3.9	3.3 T
精密丝坯(19－9M0)	开坯成品皆	1.5 T

二车间：>Φ5.0,1.24 T

4.0—4.9,0.94 T

3.2—3.9,0.73 T

3.1—2.5,0.43 T

2.4—2.0(包括<2.0)0.36 T

试制,3 T,实报实销

冷轧：< 0.24

0.25—0.39

0.40—0.79

>=0.8　4、5、6 试三个月

五车间：棒材 Φ25 每支锭 9.7 分钟,每班 6.5 h,40 支

异型按截面积计算：品种已生产过的铝种

熔炼上半年每班 1.5 炉,18 天,每月 27 炉

一车间：电炉每炉令不锈钢 90 T,炭钢 30 T,返回料按碳钢计算

每月 230 T,其中不锈 135 T

冶炼：每月 70 炉下达(包括做漏,打炉)

磁钢按时间比例扣分

磁钢按 1/3 时间

各科室又根据大家意见,反复核算,征求意见,按原计划 3 月 15 日要确定下来,今天会上要发布的指标,从全厂综合考虑,对各项指标的估价的说明,各科室讲。

大家基本算定来，但为什么又要听取意见，小的地方不要过分多谈，对大的出入，或全厂性的改进意见再补充一下，希望从全厂考虑，要多得奖，不压指标，提高生产。

压指太低完成全年任务有困难，只有靠提高生产，提高生产除多发一些奖金外，还要靠思想工作。

(2) 下午奖金方案确定：

劳安科：总则部分修改意见；五车间还要考虑工作量。

计划科：金永康。

技术科：各品种合格率，收得率。

供应科：朱。

财务科：沈。

机电科：付柏林。

下一步工作：各部门意见。

① 定稿；② 各部门制定细则：一是按劳分配，二是结合本部门情况。

③ 修订：各车间，车队，补充项目。制定：各科室，机动。这两项工作放 6 月底。

讨论：

一车间黄能文：① 借人补发奖金金额；② 原料损失造成的成本损失；③ 真空炉金属料收得率考核，数据不准。

二车间贺志龙：① 冷带指标；产量定太高，关键是人员不足；② 我车间有一部门完不成产量指标也应扣工资，但超产也要加工资；③ 长期病假奖金厂部不应收；④ 借到钢研所的人奖金应放到车间发；⑤ 拉丝产量也较重；⑥ 废品回老家，产量如何计算；⑦ 技检不是当班检验，发现废品已经来不及了；⑧ 中丝麻袋布不够 20 卷/吨；⑨ 丝收得率去年 Φ2.5 较少。

四车间冯：① 油耗：从来不准确(一年至少两个月油表坏)；② 砂轮指标达不到；③ 产、质量指标不算太高，但当前难以达到。

行政科韩：食堂大炉间考核，我们有考核指标，这个数值由工会掌握。

机电科付：……

汪益仁：① 各部门做了大量工作，见了效果；② 兼顾国家、集体、个人利益；③ 希望科室深入下去，解决指标问题，各科室要因地制宜制定细则；④ 提供管理水平，原始记录，计量水平；⑤ 不断完善，修改。

3 月 18 日

江西仪器厂远红外加热展销：

崔政华：徐志林参加。

技术科老陶：1982 年 19－9Mo 及试制。

19－9M0 共计 13.15 T，四个规格 8.5 固，2.4 软，2.6 冷，0.61 软。

充 N 订 0.6 T 带，1.2×34.04×34。

19－9M0 最近炼 85 炉×123 KG。

真空四炉待进厂后排产。

3 月 19 日

上午与贵地钢厂何火灿同志签订《气相吸收法试制钢中氢标样》协议。

3 月 21 日

(1) 上午厂部干部碰头会，汪主持：

① 职代会；② 文明礼貌月，卫生，新四楼；③ 生产问题：产值、3 T 锤气缸、二只 6.5 T 锅炉、1＃车、质量。

与二车间李正芝、汤伯祥、贺之龙谈二车间生产指标。

(2) 下午与石田一队谈征田。参加：石田一队叶队长等 7 人，本厂许、孟、吴、黄根福。

孟：简介上星期谈的情况。

许：要想长期这是合理不合法的，以前我们可以提前申请，协议我们从来没签订过，我们能够办的事情尽量办，办不到的事就是办不到，奖金要按在厂人数，到银行就拿，因此拿不到，我们现在还没有使用土地，因为用地要经过省里批准。

叶队长：共产党讲话是算话的，许讲过：分两步走，第一步，临时工，第二步：争取转正，我们厂在人在，不会叫你们回去的，也不会退你们回去的，奖金没有，许厂长是讲过的，我们教育社员要遵守厂里的制度，退一个我们顶一个，我们签订过征田协议，叫我们不能种，你们种我们不赔偿损失，你的人数摆不平不能种，我们到劳改队还给饭吃呢。

汪敏勤：我们认为是分期合同工，所以拿出来 8 万多元。

众："什么时候能转为正式工我也讲不清"这个话许厂长讲过。

许：还有什么问题？

汪：奖金许讲超额劳动可以得奖。

黄根福：你们不放心，上级没批文，怎么办？

吴：3 月 14 日我们去大队，支书讲我要给他们开个会。大家对合同没意见，大队和公社再盖公章。16 日你们来报到。

许：我讲话不拉，到时我们打报告，万一我就难讲了。

叶：我们要考虑我们的生活问题。

许：你看怎么办？

叶：你们厂的事我们怎么知道。请你们再签一个协议。

许：这个合同我不能签订。

叶：孟厂长可以讲吧，我们是否可以长期做下去。

孟：我按批文精神办。

3 月 23 日

上午石田一队代表进厂找许。

3 月 24 日

上午全体人员进厂，许、孟、祁、吴参加。

吴：上次大家提出的四个问题，厂里做了研究：① 宿舍过一个阶段调整解决；② 奖金按规定临时工作是没有的；③ 工作时间问题，到时我们打报告批下来继续做，批不下来的就不能做；④ 粮食问题也是没有办法解决的。其他问题如医疗、劳保都讲过了，米贴、进山费是没有的，大家还有什么问题，还可以继续提。

许：大家进厂我们是欢迎的，一般征地不进厂的，因为考虑到本地人多地少，对一些问题的意见都答复了，有些不在厂方权利之内。

农民：你的厂工人放公假我们有没有？

孟：不一样。

许：大集体都没有，你们没有公假。

祁：我们到时安排你们工作，发工资。

众：同意。

吴：进厂时间(发工资时间)从 3 月 16 日算起。

祁：讲一下厂里的有关制度和规定，安全知识。

各车间负责人：顾加良、李正艺、汤伯祥、徐道广、(付伯林)、胡少鹏、王碧楼、潘三弟、郭朝显、陆锦华、朱宝善、刘彩生、吴金木、祁荣山。

目前干部，工人调动中的问题：① 11 个省、自治区不能调进。② 进来的工人干部不服从分配、身体不好，今后要填写申请表，注明上面两条。③ 干部调动(内部)要经组织部门批准(包括科室、小班子)。④ 上海——新光厂之间调动，由劳动部门出面，到沪后待遇应相同。⑤ 工人在车间内部调动，要到劳安科备案，部门之间调动协商之后要提请劳安科，组织科批准，由二科出面调动，但调出、调进部门负责思想工作。⑥ 外单位调进的配偶，各车间由调进人数安排，但有特长的例外。⑦ 本厂职工四级工，技术员以下，外单位接收，上报领导批准，我厂开放行，但上海郊区，浙江支农工上级不批。⑧ 外借人员奖金 6 个月以内按原车间发，超过 6 个月按业务科发。云南、贵州、四川、甘肃、山西、宁夏、江西、湖北、广东、广西、内蒙，大三线肯定不调。

顾光华电话：

① 顾加良——黄传海劳动；

② 黄佩娣材料；

③ 阿邱明日电话；

④ 孙扣山病卡。

曹银宝电话：

新气缸可能无毛病，清砂未清。

下午讨论职代会上报告

今年的主要技措项目：① 250 轧机；② 1＃轧机，今年造一台；③ 6.5 锅炉、人员培训；④ 中央变电所，3 季扫尾结束；⑤ 手表料退火炉。

刘彩生：关于干部调动的规定：① 对现有科室，小班子进行一次清理。② 现有办事人员已做办事人员补办手续。③ 今后增加办事员首先向组织科申请，新进人员要经组织部门批准。各车间小班子增加人员需向组织科申请，组织科备案。④ 干部调出我厂，写申请，由部门转交组织科。干部在本厂调动由组织部门出面调。干部借用最多不超过三个月。

祁：① 各车间报一下降温风扇申请数字，要求 4 月中旬。② 专业工种要报名单，行车，电瓶车，电工，电焊工，制氧，锅炉。③ 安全员专职。

吴：关于进厂征地临时工分配名单。

3月25日

技术科会议(密病假未参加)。

袁启祥：去年我科工作情况：① 共试制51项。② 工艺革新：电炉炼钢工艺。③ 新材料：19－9M0，上海钟表元件三厂，南京钟表元件厂，磁钢，牛胃吸铁器。④ 认真总结，参加学术交流，二次参加全国性学术交流会，提供长篇论文。⑤ 参加标准修改工作，去年参加苏州标准修订会，4J49阳极帽鉴定会，通过六只显像管材料。⑥ 技术服务工作，资料室工作。

还存在问题：

今年分工，基本维持原来分工：

黄　1J，无磁无锈。

陶　3J，19－9M0。

付　4J，不锈，钢包潜吹，电渣，冷带。

余　不锈，喷粉，表壳料工艺质量。

磁钢，张，徐，铸态可加工永磁。

图书资料，整顿一下，要加深流通，推广情报工作。

技术部门的任务：① 新试材料：软磁、耐海水、发条、4J、磁。② 技术管理工作：工艺制定、审核、技术数据设计、技术成果、标准管理、修订、资料情报。③ 技术改革、质量提高：新工艺实验、设备改进。④ (技术服务工作)待定。

余：① 技术管理工作力量要加强一下。② 科务会议要经常，集思广益。攻关、革新。

陶：科里工作要明确，计划科有干扰，19－9 Mo加N 。技术问题不和技术科通气。

徐宝田：① 多极充磁机已加工好，至今未安装。② 科里应年初有分工，年底有总结。科里应和车间技术组定期开开会，把生产中的问题。③ 技术服务工作我们做的差，应该建立。④ 成本核标。

小余：今后和科里面的同志一道工作、共同学习。

付：① 技术管理工作力量太薄弱，应该由一专人专门管理，掌握动态。② 访问用户太少，解决质量的根本。

余：今后质量退货要建立传递卡。今后要把着眼点放在大生产口。

张：关键是技术质量落后，我们厂不负责质量，对用户要热情，价格太高。

下午技检科蔡湘泽,汇报局厂长质量学习班情况。

局 4 月份到本厂抽查热轧手表料。

① 各厂成立“质量管理委员会”。

② 办事机构：质量管理办公室。

3 月 26 日

晚上 7 点,上海(出差)。

(1) 与厂内韩和明电话：

① 告张秀举或顾,通知金玉明 3 月 30 日上午 8 时到五厂部食堂办学习班一个月,带工作衣等。

② 告丁坤林,牛肉冷藏车明日到,咸肉不买了,最多买 500 斤。

(2) 与袁佐才电话：

告曹银宝,去五厂等单位再联系一下 3 T 气缸,所内一只暂不定论。我厂三车间意见是不要。

3 月 27 日

下午碰头曹银宝：3 T 气缸。

再去上重联系一下,尽量找到生产。

下周回厂商议定下来后再出来。

上午 8 点 30 分,市文化广场,韩哲一主持,国栋、立教、道涵、杨士法参加会议。

下午展览馆、科技馆。

余琳(市国防工办主任)：先由三个单位介绍经济。

东风厂长：

贯彻单位军民结合,我厂 800 多人,主要生产步话机,军用产品,在完成计划生产同时自找门路,进行调整,三年上缴利润 750 万元。

(1) 扩大产品的内容：以前有国家下达计划,后方厂远离市区,无任务,思想将混乱,在保证军工计划时,扩大门路。

① 大力发展消费品,先后为交通、矿山提供无线电话机,提供美乐牌收音机。

② 从整机转向自己配套化产品,为用户着想。

③ 从内销转为外销，军用电话出口，向国外出口美乐牌收音机，产品已占全厂的 80%。

(2) 根据市场需要发展品种。

① 积极发展有生命力的产品。

② 根据本厂特点发展新品种。

③ 从实际出发，选择竞争对象，占领中等城市、农村市场。

④ 做到产品降价与市场需求相结合。

(3) 积极开展产品广告和技术服务工作，成立经销服务科。

有针对开展宣传。

做好闹市、交通要道的广告服务工作。

帮助用户使用无线通话机，帮助使用、维修，为用户举办培训班。

(4) 不断提高产品的质量，降低成本提高竞争能力，按 PDCA 循环经行总结。

后方永红机械厂：

(1) 我厂有 300 多人，原设计搞描准仪，现在我们搞煤矿液压柱，经过五年的努力，去年我厂搞的单体液压柱列为煤炭部 17 个重点厂。

(2) 原因：

① 以质量求生存，以成本降价格。

② 以服务求名誉，以品种求发展。

③ 不靠后台、后门、邪门歪道。

1977 年我们初搞，送到山东 250 套，质量有了问题。我们组织了十几个人上门服务，使对方很受感动。

签订合同一定要信守，把用户作为帝王。

组织技术服务队有 24 人参加，来客要热情接待，要走出去、请进来。

价格要低廉。

(3) 今年的任务和决心：今年 4 500 根，比 1981 年增加 20%，但这有一些危机，有一些不稳定因素。

3035 厂副厂长，为轻纺手工业服务。

我们航空发动机的叶片厂，现在为钟表行业生产钟表机床的刀夹架，化工行业的泵体。

22134：2 个风气(厂风、领导)，2 个水平(效益、成本)，1 个(工业缝纫机生产线)3 个增长 30%，4 千平方米住房。

今年的打算，提高产品质量，工作质量，建立厂全面质量管理委员会，建立QC 组，现在全厂有 16 个组。

实现经济责任制，确保整个企业的经济效益。

工办副主任席炳午同志：

原计划 4 月上旬开个会，因为小三线的人都来了我们就提前开了。二季度的工作，振奋精神、埋头苦干、切实为提高上海国防经济效益上下工夫。

(1) 面临的形式，贯彻军民结合，平战结合，军品优先，以民养军的方针，经济形势比较好。

① 扭转下降、开始回升，今年计划产值 9 亿零 7 千万元，比去年增加 4.9%，造船增长 4.5%，五机减产 23.3%，航办增 4.9%，后方小三线减少 14.9%

② 产品结构进行了调整，发展了一批试销对路的产品，军品历年占 51%。1981 年军品占 30.3%，民品 69.7%。

③ 经营管理改善。

④ 一些产品打入国际市场。

⑤ 摸着了多种经营的经验，也有较好的经验，如工业缝纫机、太阳能热水器。

国防工业在调整中前进回升，但还有问题：

① 生产、科研任务严重不足，分三类：一是产品方向明确 43 家占 50%；二是产品方向的明确但目前任务不足有 29 家占 33%；三是产品不明，任务严重不足，处于停工状态有 15 家占 17%。

② 我们系统的技术经济指标大大低于全市独立企业的指标，全员劳动生产率，全市 21 000 元，军工只有 800 元，百元产值利润，军 12 元、市 21 元，每百元产值耗电，军 2 800 度、市 1 859 度。

③ 我们政治思想工作也较薄弱，指导不利，解决不及时，有的单位决心不大，行动不快，缺少挤进去的精神，有的单位涣散软弱，一部分职工中向钱看，生产任务安排不下去，消极怠工(余讲话，他不干就旷工，再不干就开除，不管他是工程师还是什么)，化大公为小公，化公为私。

(2) 一季度预计完成情况，一季度可完成2亿多元，是全年22%比去年同期增加6%，国防科研有提高，质量有保证，大型客机已起落了8次，36小时，进行六个项目，比较正常。

(3) 今年2月12日—3月15日全市科技成果交流会，我市国防工业第一次公开参加展出。

我们面临的任务还是艰巨、严峻的，重点科研项目任务重、关口多，关系到国威、军威问题。

(4) 二季度任务和要求：

全市确保增长4%，一天也不能放松，要埋头苦干，狠抓落实，做到时间过半，任务过半。

市委领导对小三线工作指示：

① 韩哲一：建设小三线是为了打仗，这是中央、国务院的决策，同志们开发皖南是关荣的，现在坚持在小三线也是光荣的(余讲：你们讲工办啥事不办，我们上星期三不是向市委汇报了)，因为事很多，韩讲下一次再安排。

② 陈锦华：后方各级党委把后方建起来很辛苦，搞了十多年建起来，小三线在这次调整中要稳定，把工业推向前进，1982年还差500万元(1981年3亿2千万元，1982年2亿7千万元)。汪道涵在计划会上讲，小三线可以内联形式。

(5) 几件工作：

① 进一步打击经济犯罪，最近中央专门发了17号文件，这是关系社会主义事业成败盛衰的斗争，统一决心，统一目标。

② 抓紧贯彻全国工交会议精神，要联系本单位实际分单位的经济效益如何。引导职工加快生产，提高质量，提高效益，降低成本，正确引导，积极贯彻，推行经济责任制。

③ 企业整顿，2号文件都讲了，各单位要认真学。这是综合治理，全面整顿建设性的整顿，学习首钢经济，逐步完成经济责任制。

④ 关照几件：全民文明礼貌月经常化、制度化。安全生产、治理三废、住宅建设、防暑降温、关心职工生活。

3月29日

劳动局楼上。

郑金茂：会议准备开两天，今天传达，明天讨论，回去还要传达。

黄彪：市委工作会议三个内容：学习 17 号文件，根据 9 号文件进行两案审理，根据 5 号讨论上海治安情况。传达 17 号文件(略)(传达到 18 级，赵、胡讲话)。

黄彪：关于社会治安问题今天来不及传达，现在犯罪有 40%在工厂、60%在社会。

胡耀邦、紫阳、乔木的讲话不要到 21 级传达，只传达到 18 级。

各单位排除问题，往往容易疏忽，认真思考问题，特别是基础部门，认真查一查，以搞协调工作为名，财政制度混乱，发动业务部门，他们比较熟悉。

关于后方的整顿问题，要自我整顿，还要经济责任制落实。

职工教育问题：中央发了一系列文件，上海去年又专门召开了会议，后方有 55 个单位开展了，3 000 多人参加，去年开始下降，只有 25 个单位，人数 800 人。

① 领导要重视。

② 安排个计划。

③ 创造物质条件，4 月初要专门开会研究。

保守国家机密问题。

明天讨论地点：直属厂在贵州路 77 弄 85 厂办事处。

4 月 4 日回厂向陆才良、汪益仁同志汇报。

4 月 5 日向各部门支书、主任传达。

(孟繁德，1942 年出生，1961 年入鞍山钢铁学院[现辽宁科技大学]读本科，1965 年入北京钢铁学院[现北京科技大学]读研究生。1966 年加入中国共产党。1968 年分配到上海钢研所工作，1969 年到上海后方新光金属厂，历任炼钢车间主任、副厂长、厂长[党委委员]。1988 年新光厂资产整体移交给安徽省休宁县，回沪后到上海钢研所工作。历任上海钢研所总工程师、副所长兼总工程师、党委书记。曾获上海后方基地局先进工作者，上海冶金局先进科技工作者，宝钢集团优秀党务工作者等称号。获上海市科技进步二等奖二项，三等奖多项。)

上海小三线自强化工厂厂部会议记录(1)

(1977年10月13日—12月26日)

陈耀明

10月13日中层干部学习班继续(第三天)

内容：在学习彭冲同志讲话基础上，揭我厂矛盾，拟定今冬明春的工作计划。

施：我们开始吧，议一议今冬明春的基建工作。

季：要有切实的措施。食堂要整改，做到热菜、热心肠。201队临时到我们这儿，路很不好走，一下雨无法走路，还有煤油缺失的问题，待调查清楚了再在会上讲，这样比较好。关键要加强思想教育，不要拖拉作风，昨天我们为考勤问题发生争论，去天山医院开病假单，要扣奖金，去宿舍睡觉不扣奖金，也是病假。

王：我们医务室也开病假单嘛。

张定甫：请假制度确实要修改，回来的人超过天数蛮多的。

胡：今冬明春整顿着重是班子，在座都是骨干，要靠核心小组来管，过去政工组是打混仗，现在不行了。就组织方面来讲，有的党员上班睡觉我们很难管。我当干部，工资比同样工龄的人少，想想没劲。首先要揭批"四人帮"，组织部门要加强，保卫工作要加强，这些事做起来做不光，不做也就不做了。如东西被偷掉，可以去查，但没人去查。要管起来，事情很多，这两个方面一定要加强。干部也是一样，不行就下去，基础要打好，生产班子基础要打好，现在有新工人进来，免不了要哭，哭过就算，像我们慢慢习惯了，矛盾总是有，没有，要干部干什么。三车间围墙被弄掉问题，主要也是没有保卫人员去管。还有彭冲提出的要清查人和事问题，任何人不能说没有，一定要查。

核心小组要对干部加强训练，必要时学习学习，参观参观，熟悉业务。像我们业务工作没人带。本来不扣奖金，现在扣奖金，将来要扣工资，要逐步使情况好转，高标准严要求。有人睡觉，去劝说，他说，我没事干。支部书记在干什么？驾驶员考试，何深年讲，我不考，不开车只有舒服。

杨：这不是心里话。

胡：这要注意，反映一种思想。有的部门抓得紧，有的部门比较松，要相互交流。我厂首先要揭批“四人帮”，我们干部中存在着不想当干部的思想。

范：事情很多，要抓主要矛盾，班子要整顿，这包括两方面，一是核心小组，一是中层一级，关键在厂一级。中层这一级，思想和其他问题也很多，但还是好解决的。组织机构要调整，政工也好，组织也好，要调整，不合适的调整，一个支部搞来搞去一两个人，我这个副书记也是应付。

为什么自强厂歪风邪气占上风，为什么有些事下面比核心小组权力大？你们讲话等于零。有些人下面对其议论很多，但他还在上面指手画脚的。因此，核心小组要进行初步整顿，如等上级的话明年不一定轮到。有些矛盾马上解决还是可以做到的，有些人不是为党工作，而是搞关系，比如没有卡在小卖部可以买到糖。

抓来抓去要抓主要的，批判大会还是要开。贪污盗窃，投机倒把，这些事自强厂就没有？好多事情没有去抓，有些是抓了芝麻丢了西瓜。

歪风邪气存在与我们干部有关系，包括中层干部，有些歪风邪气中层干部支持，变成合法。有些公物没有交通工具运不出去，不是没有根据。越说他越猖獗，可以跳，什么道理？就是歪风邪气占上风嘛。大多数人请假办手续，有些人就不办手续，说走就走，说来就来。别人搭车办公事还有要求，有些人私事说搭就搭。上次部统贤家孩子办事，联系车子费了好大的劲，老杨布置的事，下面可以不执行，反过来为了私事车子开了就可走，好多事变成了合法的。有些歪风邪气还不敢碰，碰了下次就对你不起。大家见了就当没见，得过且过。当然有些事在这儿讲。

施：在这儿把问题敞开。上次出车单子还未出来，司机过来说姚志成的老婆不带。司机有什么权力带谁？他不应该知道。

范：有人讲，自强厂有实力派，想想也有道理。就干部来讲，有些人阴一套，阳一套，有次好多人在那喝酒，老闵说了一下，他们就把老闵骂了一顿。

胡：陆忠勤开吊车，没有执照，不出事没什么，出了事情来不及了。

左：要求是对的，我的意见是在厂里开，不要到外面去开。

王：这种情况要区别对待，小陆开吊车还是可以的。因为是吊设备，如一定要安排一个驾驶员，开一开就到旁边休息，另一个人去吊设备，也不大现实，小陆这个要区别对待，到厂外就不能开，上次桥上工作就是这样的。

张振明：问题是这样，人家对小陆有意见，是小陆开了吊车，别的事情就不要管了，你问他设备，他就说不知道。

王：这是真真假假，你真的要他解决什么，他也会管的。

施：班子问题，提了一下，基本建设呢？

沈：基本建设这样下去也不行，班子要搞好。有些概念要明确，部门与车间的关系也要明确。车间的技术交底，厂部从来没有叫我们施工组去，我们来的人都是技术员，但未对上口，业务不够熟练，真正设备安装时就搞不好。还有，我们工作规定，总体的设备我们负责到底。现在总体的概念还不清楚，凡是堆在外面的设备，都是总体的，这样只有房子里的设备才不算总体的。安装队对口的是施工组，施工组不熟悉，变成空架子。像电工问题，车间没人，施工组没人。小马不是说他不好，年纪到底轻，经验还少。当然自强厂一定要变成厂，不会变农场，但问题怎么样解决呢？还有些事情，不明确，一碰到问题就扯皮。供运组方面也有问题，如氧气没有了，仓库里早就要做好准备，等到没了再去催一催，不行的。有些事到时候施工组到底签字还是不签呢？我还不知道出车证一定要老施签字。

刘：你弄错了，不是这么回事，是厂部盖个章，通个气，具体由业务部门决定。

沈：主要是各方面工作与施工组要协调起来。

吉：明年开车问题。

刘：你提嘛。

吉：我就提明年开车这个目标。

王：按原来计划早就开车了。

施：基建方面还有什么问题？

张振明：培训问题，明年上半年要抓起来。

施：明年可以搞到什么程度？

张振明：上面要我们怎么办，我们就怎么办。

沈：现在条件有些成熟了，房子差不多了，设备到得差不多了。过去有规定，设备到60%，队伍可开进来。

王：设备要保养好，有些设备要油漆。

张振明：我们车间明年能安装好不错了。

王：明年的关键决定于我们。

施：明年安装基本完成能行吗？

王：这个不是我们达得到达不到，是人家安装，是我们要和安装队打交道。设备订货订到了，不到场没有用。

沈：要求可以提。

施：安装到什么程度，向安装公司提出要求，但有好多事是我们事，今年管道保温安排一下。

今天时间又差不多了，几个事初步定一定。设备安装能不能基本完成？设备已经60%到厂，到这样的条件，我们要做什么准备工作迎接安装，大家切实排个队，有什么问题要解决。还有配件问题怎样解决，人员问题怎么样配合，各部门需要进哪些人，有多少人员进现场。今年四季度要为明年安装做好准备。

第二个，机构作适当调整。厂里的指挥调度进一步健全起来，四季度准备解决一些。刚才大家提了政工组大粗了，完全健全不可能。

第三个，企业管理的制度要健全起来。

另外一个问题，生活问题要解决。家属宿舍大家普遍要求快些，有人提出一养小孩就分中户，这样小户意义就不大了，后勤组要专门成立小组研究。要照顾得很合理、很周到，目前还有困难。托儿所、小学要开办，要积极创造条件，需要什么人怎么安排，我们杠杠定了，具体怎么做？易的先解决，难的慢一些，今天这几方面定一下。

10月16日上午8时会议

出席：施屿、刘培源、顾广遂，胡长发。

内容：关于建立新的考勤制度方案。

胡：有两个问题，一是病假问题，一是绕道出行问题，是按最低标准还是最高标准报销费用。

顾：家属到这儿来一月以上，职工探亲假没有了，这点有没有疑问？

刘：关于大礼拜的休息使用，是否可二次使用？上半年的大礼拜天，下半年要安排使用光，下半年大礼拜延续到明年上半年。

胡：化工研究院享受公费，可以请事假，还有这个问题。

刘：有人是公费，有人不是，享受 15 天事假，主要是指机关人员。

该文件发到包建单位，有些要注意。上次讲一个月探亲假问题，化工院回信说这不符合国务院规定。

施：职工家属原是城镇户口的迁进我厂应享受劳保。还有一些劳动考勤制度要明确，有些经过劳安部门审批，有些由劳安部门提出意见，报厂审批。

顾：还是权力下放由劳安部门负责，不要厂部批。中层干部一级由厂部批。

施：厂部的事厂部负责，车间的事车间负责，劳安部门要检查。

顾：还有沪办不实行大礼拜，加一条。

施：绕道问题提一下，我意见按水陆路区分，是水路按水路报销，是陆路按陆路报销，目前不要把问题引到这上面去，以后再由制度定。

刘：大礼拜安排问题，主要由车间办理。

施：大礼拜不能提前使用，原则上当年使用光，特殊情况延长到一季度。还有有些人的子女医药费问题，迁进厂的可以报销。

刘：这不行，工资基金没有这笔支出的。

施：户口问题，不能够有正规手续的不办，不合手续的倒办了。工人的事假一定要扣工资。

顾：支内职工的考勤要不要寄老厂？

施：这个要的，要写明。

胡：还有人提出，不请假到东至县城去，还有上班去宿舍，怎么处理？

施：这，车间实行考勤制度。没什么的话，抓紧时间修改一下，拿到车间讨论。

胡：沈光琦的工作安排，我意见安排在供运组搞设备。

刘：人是需要的，但大学生分配到仓库当管理员适合吗？

施：我看这个人放在机修车间算了，因为正在落实政策。

刘：先使用一下，熟悉一下。

施：电视机再申请三台16寸，财务负责监督，具体由部门办理。

胡：户口问题。家属报户口，要核心小组讨论。张定甫儿子户口要报到厂里，我说这不行的，这样，人家插队可不去，把户口迁到厂里了。

10月17日晚上全体党员大会

传达邓副主席八·八讲话及韩哲一讲话。

10月19日上午7:30中层干部会议

内容：讨论考勤制度。

施：今天讨论一下考勤制度，基本精神参照上级规定，结合具体情况，比过去严了一点，你们(指劳安组)先谈一谈。

胡：考勤制度参照上级文件订的，上次发过讨论稿，后来没有讨论下去，意见是工厂造好了再执行，大礼拜问题也发文到下面去过(读考勤制度)。

李：职工在外结婚三天假，有探亲假加上去吗？

众：这加上去(众讨论关于职工双方探亲的路费报销问题)。

沈：如职工慢性病开一个月病假到底同不同意？

张：如职工有急性病开了一个月病假，到底给不给到上海？

左：今后我们供运组和后勤组要碰到加班费问题。

施：化工区平时加班当场调休的。

王：大礼拜假在生产之前，生产后我厂是连续生产，不能实行大礼拜。加班产生的假期，一天不用不行，全部用也不行，要实行折中。把礼拜天都拿去作探亲用，将来车间不能开车了。

张振明：慢性病七天假一条，是否要灵活一点。

(谈论慢性病、急性病的界限问题，支内职工的家属劳保在原单位问题)

左：我说加班一点不照顾是有问题的。

王：在宿舍就算旷工，晚到车间就算迟到，没事就应在工作岗位，走了就算是早退，否则怎么执行法？

李：昨天我们有人把病假单撕掉，说她到天山看病有病假单算病假，在厂里看病的人在宿舍休息，但没有病假单倒不算病假。

施：关于加班加点问题，实行大礼拜就是解决这个问题，因此不能照顾。

年度出勤情况要统计一下。还有考勤要搞好。

王：加一条，慢性病一般在当地看，如特殊情况可去上海检查，最多不超过七天。

施：定下来后，把我们的考勤制度寄给包建单位，照此执行。大家没有什么的话，再修改一下，根据意见，还要加两条：① 加强思想工作，同揭批“四人帮”结合。② 当前考勤方面矛盾很多，要强调治，要态度坚决，车间的班子、厂部的组室一定要起表率作用。

（刘读关于取消住勤费的通知）

施：今天晚上开个党员大会，6 时整。

10 月 19 日晚 6 时全体党员大会

布置今冬的明春工作。

10 月 22 日上午核心小组会议

先由老施、老闵传达昨天去后管处开会内容（关于王伯清检查等），然后讨论我厂中层干部去后管处参加十一大文件学习班名单，明天批判“四人帮”大会事宜。

施：吉全松要求再回上海，上次去沪看病未算探亲假，如同意有矛盾，在设备就位时，没什么事不应该回去。我意见做做工作，当前设备就位，回去的话其他人肯定有意见，如设备就位差不多了，有事可回去一两个星期。

还有今年的机构问题，怎么弄法。

刘：机构现在要配备人、物色人。组织、劳安、民兵、保卫、政宣要分开，财务要独立。后勤的力量要加强。我意见目前施工组暂时不要了。

施：现在政工先分开，财务独立。

闵：运输队要不要了？

刘：我意见目前不要了，干部也安排不过来。

施：明年真正能安装完成的话，施工组明年也要分。人选问题。

刘：人选问题有两条：一把中层干部材料看一看，二是其他人。

施：已明确进工地的人选，档案材料、组织关系应进来。下个星期抓紧时间讨论一下，我估计支内职工的材料不是在局里就是在厂里。另外还适当弄个材料组，干部排好后，再安排下面人员。

今年除配合安装外，还要做什么工作，要研究。

10月24日晚6时

全厂揭批"四人帮"大会(批反革命政治纲领)。

10月25日中层干部生产会议

施：今天开个会。安装队进来后，把我们的工作说一说。

沈：目前配合安装队工作，管架问题比较多，设计上有问题，还有一处少了一根支架。还有2寸塑料管安装，安装公司的安装质量不过如此。管子长的要挖深，短的再加长，需要民工，我们给了10个人，第二天他们又不要了。我说不行，你们表态，要么要，要么不要。电线杆还有些小毛病，我们没办法一根根检查。等到坑挖好了，找到了毛病，有返工现象。

土建方面，耐酸混凝土有一批出毛病了，大多数是三车间，要进行分析，可能发货发错，201队准备给我们做掉，因为现在天暖还好做，否则一拖就是半年。

左：一个是人员培训，汽车修理、电工、钣金工要培训。七个汽车修理工，两个身体有病，还有五个，是否考虑再给些人。起重工、装卸工我们考虑先来几个吧。

第二，用车明年不搞制度看来不行，一会儿这有病那有病，这样两辆救护车也不够，我考虑明年不收费不行。现在是我有事你就得派车，不派车就不去。我们有时讲你不去就不去。是否内部收费，外部也考虑收费。

第三，采购工作。施工组没有材料就推供运组，我们也可推给上海。有些材料叫上海买，就是不办。蒋红金也忙不过来。山内指挥山外，有些只是讲讲罢了。应想想办法改革机构问题。

第四，司机身体状况问题。最后两批不行，开车吃不消，今后要考虑身体。现在小青年比不上老司机。今后培养一定要棒小伙子。现在有16个司机，小万的身体，医生检查下来有毛病，准备叫他开吊车。

季：机修车间的工作比较多。一台横臂钻床有问题，好几档齿轮油进不去。厂大门基本做好了。供运组仓库门正在做。下一步准备做食堂的凳子，准备做两种式样，放在食堂里叫大家评一评。预埋螺丝的工作量比较大。月底月初准备进来十几个人，三个女同志，住宿问题要解决。考虑春节以后，进来泥工、电焊工，男的，还有钳工2—3个人。

另外260通讯站的民工打钢钎要不要收费？他们来打，不同意付费，要不要证明？

刘：叫负责这方面施工的人领来嘛。我讲几桩事情：

第一，安装队进场了，各部门工作比较紧张，精神状态等与过去大不一样。尽量不用民工，正在执行。安装队进场前工作有所准备，但准备不足。有些手忙脚乱，有点急，这也是好事。

第二，我们的工作要按照会上商量好的干，不要再改，就是加班也要想办法完成。要改，要在会上提出，商量解决。现场管理问题，有些毛病不是不可避免的，最近施工组开会，争论比较大。对工程的质量问题应做到心中有数。有些同志可能工作比较多，忙不过来，但有空多走走有好处。做好了再发现问题，返工比较麻烦。

第三个问题要注意的，有些设备方位定位时，要注意互相影响问题。一些技术问题，我们比较生疏，要图纸实物对起来。非标设备大多数不带底脚螺丝，定型设备带螺丝，要查一查，不要找不到东西。

当前重点在一车间安装，设备一定要核对好，比如泵，其他部门的泵也可以代用，这样其他部门要用泵就不对了，一笔乱账。还有一些外表相同、肚肠不同的设备。当前主要的是底脚螺丝，机修要加紧加工，也可以接，短接长。

技术问题。上水外电，管道就位，我们请设计人员来，生活用水估计马上好，月底试压，有几条管线改装了一下，大家知道一下，省了管子，少挖土方，我认为是合理的。接通后要开泵房，要配备人员马上解决管道保温问题，浴室外水管，我意见用玻璃棉包。

人员问题。配备、培训问题，各车间要排一排，到底哪些要配备。现场安装不配合好不行。各部门要适应明年安装形势。有些问题如要超设计的，现在不要搞，如果理发室要装水汀，设计上没有的，不要搞，但要留个头子是可以的。这方面我们有经验，有些还要牵涉国家标准。还有一个，同施工组商量一下，家属宿舍沿路围墙先打起来，里面的要打报告后才能动。

办公室问题。待电话通了，我意见都搬进办公室，必要可住几个人，还可解决后勤床铺紧张问题。有人的，电话要装进去，没有的不装，主要是考虑工作。

还有一个生活问题相当吃重，食堂有一个班不错，晚去还买得着饭菜。还有一个吃肉问题，要统计一下，肉已经不多了，我意见用肉票。

张：最近后勤工作压力比较大，最突出的是食堂已增加到四百多人，有安装队、201 队、260 通讯站的人，家属也多起来，炊事员紧张，一部分还未来，现有 12 人，2 人调休，5 人一班，负责 400 人吃饭是比较紧张的。山里与上海不同，鱼鸭都要自己加工，一天有三顿饭。我厂吃肉不凭票，所以 683 车队司机都到我厂来吃，收缩性大，一会儿多，一会儿少，今天粥为什么不好，主要是昨天的粥烧的。现在肉、咸肉、鸭差不多都要光了。可见食堂是一个艰巨的任务，我估计明年试样要到 600 人。

刘：要超过。

张：超过的话食堂起码增加七八个人。

刘：要按照 800 人来考虑人数。

张：现在豆制品、肉、粮油关系在厂的才分配，有 200 人左右。201 队的粮油关系全部迁回了上海，所以没有豆制品，安装队也是这样。我们考虑明年猪要多养些，所以五七田明年至少要增加 3 个人。现在猪不敢杀，杀一头猪一天就吃光。

吉：配合安装队运设备，底脚螺丝大部分没有，工作量比较大。设备方面比较凌乱，集中起来配套，人员问题我们还没有很好讨论过，我想一个工段至少 2 个人，另外要求车间班子配齐。

张振明：配合安装队安装问题，哪些应该配合好，配合到什么程度？

刘：什么程度这谁也讲不清楚。

沈：主要抓质量。

刘：甲工的东西我们要准备好。

汽车问题。车子停在宿舍门前，凌晨一两点钟、三四点钟就开了，妨碍了大家休息，有几个师傅蛮激动的，要用水泥墩子砌起来，我说这样不好，还是要商量。

左：我还想提一个问题，看电影时门卫没有人，不巡逻。希望政工部门做做工作。

施：群众积极性是高的，甲工材料我们负责，其余就是要检查质量，还要对工地人员加强责任心。估计一车间设备就位一个月差不多吧？一台台设备要检查。接下来三车间，可以就位的设备要一台台检查。一个配合工作搞好，一个质量工作抓住，有些部门如机修车间，要精力转过来，配合安装，人员能进来就进来。有些事，如吃肉，要研究，不够的话要发肉票。当前一仗首先要配合好安装。

人事劳安部门要搞好工资调整。人员要进来，后勤部门要准备好住房。

10月27日全体职工大会

传达中央(77)39号、40号文件。

10月29日下午1时中层干部会议

研究部署批“四人帮”。

10月30日下午1时核心小组会议

施：到后方基地开了两天会，是经验交流会，还有《材料之三》。把会议精神谈一谈。先把贵池325厂经验说一说。

(1)“三大讲”揭批“四人帮”。怎样统一思想，发动群众，开始有些顾虑，着重统一思想认识，在此基础上领导带头讲。

(2)领导带头讲，突出问题重点讲，联系厂里一些现象讲。讲清思想，肃清流毒，进一步揭批“四人帮”，围绕厂里十一个问题，如打黑报告，挂党委书记牌子等。重点人重点讲。如有个党员中毒比较深，在批林批孔、另搞一套时问题严重，“三大讲”讲得比较好。

(3)列出专题专门讲。第二个介绍的是党委副书记，他们厂里的生产二起二落。南京会议时好，批林批孔三箭齐发时差；七五年下半年好，另搞一套时差。他们今年着重抓三件事：厂纪、厂容、厂规。厂纪抓了六个方面，严格学习纪律，劳动纪律，国家规定纪律。这个厂是不错的，我们第一天去，晚上小分队演出，厂里工人没有一个人挤在前面。

刘：规定了三点到六点钟参观代表洗澡，我们五点三刻去，厂里职工没有洗澡的。

施：抓“三老四严”作风，班组着重抓了十个方面，即十大制度。下午由机电公司、协作公司、光辉厂等根据325厂经验，怎样办成大庆式企业在会上发言。第二天传达中央文件《材料之三》，同时学习了《工交情况》和《工交通讯》上关于上海手帕厂揭批“四人帮”的经验。

王祥举(音)同志谈了两个方面：

(1)关于中央37号文件。根据37号文件的精神，先把文件发到支部，要认真学习，结合华主席政治报告，“两报一刊”社论，要开始训练骨干，在此基础上定出本厂的作战方案。要充分认识揭批“四人帮”的意义、重要性。要解决哪些问题，要进行分析，要抓紧批判，流毒不会自行消失，要批纲领、路线、理论，纲领是“四人帮”全部问题的要害，要作调查研究，为下一步作准备。还要结合大批判，掀起学习高潮。

(2) 关于工业学大庆。首先要搞清目的意义，要建成大庆式企业的单位要进行研究，今年不能建成大庆式企业的也要对照规划检查。要全面完成国家计划，亏损企业的面要缩小。市里科技单位准备表扬先进个人 700 个、1 500 个项目。明年要做好开门红准备工作，防止敌人造谣。

内容大致如此，我们研究一下。我看材料下来后，先办学习班，意义要说一下，决心要下，初步部署，要把第三战役打好。批反革命政治纲领时，怎样联系实际、联系流毒，批纲领时结合查人和事。《材料之三》怎样传达？是全厂还是班组传达？还要宣讲，怎样宣讲？把《材料之三》先发下去，给大家先看一看，明天下午、晚上学习一下，后天放在下午学习，对象是中层干部，先学两个半天、一个晚上。明天 1 点钟学习。

(10 月 30 日施屿从贵池开会回来带来《材料之三》8 本。10 月 31 日从四分部再拿到《材料之三》25 本。)

10 月 31 日下午 1 时中层干部开始办学习班

学习《材料之三》。

11 月 1 日中层干部学习继续

首先施屿同志传达市委[77]64 号文件(关于传达、宣讲《材料之三》)。

施：怎样学，怎样训练骨干要讨论讨论。

张振明：第一部分反革命政治纲领方面，看了比较懂，以后几部分比较难懂，要好好学习。

施：第二部分是“四人帮”全面篡改毛泽东思想，在各个领域推行修正主义路线。

高：对“四人帮”的反动思想，搞懂还要花力气。

施：走资派是肯定存在的，问题是指什么……

刘：什么叫走资派？毛主席说得很清楚，是党内走资本主义道路的当权派。

胡：“文化大革命”犯走资派错误，糊里糊涂，到现在还弄不清楚。

施：一个，是不是开个动员会。第二，要训练骨干。组织各车间班组长学习。第三，我们是否到各部门进行试讲。各支部在本部门进行试讲。可能星期五开始正式向群众宣讲，可能要有三次会来宣讲，甚至还不够。宣讲时，重点抓住第一部分。第一、二条，是"四人帮"推行反革命政治纲领，把广大干部都推到敌我矛盾上去，第三到第七部分是"四人帮"全面来揪"走资派"，在条条战线都要揪。他们要"层层揪"、"揪一层"，重点是要对毛主席为首的党中央。第八部分是讲他们的目的是什么。重点要抓住"四人帮"反革命政治纲领这个要害，掀起揭批"四人帮"的高潮。要联系实际，肃清流毒。明天先传达一下，后天把各车间班组长等召集起来议一议。在联系实际肃清时，要清查人和事。另外，理论小组最近还要活动一下，有些问题要议一下。要用哲学、政治经济学、科学社会主义方面的理论来揭批"四人帮"，在揭批"四人帮"中要肃清流毒。

宣讲的事大家要准备一下，第一次，支部书记在的由支部书记讲，第二次可分工，政宣部门几个同志要研究一下。

（讨论决定：星期四由施屿等到后勤组进行宣讲。）

施：三车间是否星期四一起到后勤组去听一听，他们负责人不在。明天晚上 6 时召开大会，传达中央 37 号文件，市委 64 号文件及国务院关于招生工作的文件。

11 月 2 日讨论机构问题

政工分开，分组织保卫、政宣、劳资。关于干部配备问题。具体如下：

组织组副组长：张永昌

保卫组组长：顾广遂　副组长：吴景清

后勤组组长：柴阿康（兼任支部委员）

财务组副组长：张吉钱（原属后勤组，现分开）

供运组副组长：段云清

宣传组副组长：王恒源

二车间副主任：张义山

劳安组副组长：胡长发

11 月 2 日晚全厂职工大会

传达中央 37 号、市委 64 号、国务院 112 号文件。

11月14日下午1时半全体中层干部会议

收听上海市揭批“四人帮”大会拉线广播。

11月18日晚6时全体职工大会

传达国务院关于禁止年终突击花钱的通知。

11月19日上午8时核心小组会议

（上午未记录）

下午1时半继续。

施：关于揭批“四人帮”要深批狠揭，排队清查，几个事结合起来。

闵：《材料之三》传达得差不多了，接下来要准备开批斗会。讨论中大家谈到两件事：一个是上面发枪的问题（指主席逝世后，四个部突然发枪），一个是老施在拥护华国锋同志任党的主席的大字报中，把华国锋的“锋”写成“峰”，把国家的“国”写成“口”。还有武斗事，听说小高（参加武斗），还有殷××。

施：这次揭批会是否开得深一些，叫那些受害比较深、体会比较深的人发言。要物色几个人。吴景清一个，听说他受害比较深。王恒源一个，你一个（闵现科），顾广遂一个。还有柴阿康，再了解一下。要抓住揭批“四人帮”这个纲，联系“四人帮”推行反革命修正主义路线。要通过揭批，抓紧搞好清查工作。如沈锡铭，要批就批几下，殷洁清的问题不清查也是个问题。

争取下个星期中间开会，在开会之前开个支部书记会议，统一下思想，要像控诉地主、资本家那样控诉“四人帮”，这个事情明天马上落实。

下个星期考勤制度要定一下。组室调整定下来。加工资问题，现在搭一个班子，可能有一些人在上海是干部能加工资，在这儿加不到，有情绪。

11月21日上午核心小组会议

出席：施、闵、刘。

闵：关于班子调整问题，找他们谈了一下。段云清认为年纪大了，张永昌认为自己文化水平低，最后我讲要执行。柴阿康说服从组织决定。跟张吉钱谈了，他说他那个问题还没解决嘛，说财务工作过去没搞过。

施：张永昌主要谈两点：① 文化水平低。② 工作做不好。我说，首先要干，能挑100斤不一定要挑一百二十斤，但尽力量，待以后有条件的话再换，这是以后的事。在宣布之前，要谈三个事：① 工作需要。② 这些同志过去是中层干部。③ 工作人员还要增加。民兵成独立的，由刘梅增管。住房由后勤组安排，我们不安排，否则将来他们不管。

刘：电话间两人由谁负责？

施：现暂由后勤组负责。厂办公室设置有不同意见，有说设一个，有的说设两个。明天我讲一讲，厂办公室由于时间急促，现在暂时不变。

下面把昨天四分部的会议情况谈一谈。总的是，后方基地运动要深入，要开展清查工作。

岳北更（音）：看了姚××的材料，有四点比较可靠：① 管××打电话给姚××，到260通讯站调查了。叫赵××带信，是管给姚的信。② 管帮姚联系去打胎，江镇公社有材料。③ 确实有早上6时左右管去姚家。④ 管开始交代了一些问题，后来又推翻。这个问题要摆开，要进行帮助批判，四分部要找他谈话，如再不交代，现有的材料也可处理，姚也要处理。

11月2日上午8时中层干部会议

施：今天开个会。主要是一些组室机构要调整一下，主要是政工部门。第二个事，下面搞了个考勤制度，今天议一下，今年想重点解决一下考勤问题。第三，关于运动，市里开了揭批“四人帮”大会。机构问题，老闵说一说。

闵：根据华主席抓纲治国战略决策，我厂原来的班子很不适应。经过核心小组研究，调整组室，上报后管处核心小组，现在批了下来（读后管处核心小组批复）。还有一个民兵，民兵工作仍由刘梅增同志负责。

施：就这样，制度健全以后，主要是考虑工作，今后还要搞运动。

考勤制度的问题，再说一说。先读一读局里的考勤制度（读市化工局考勤制度）。

闵：厂里的考勤制度定了以后，有同志提出，首先要干部带头。还有人提出，有的干部超假比较多。

施：综合起来三条意见：① 干部要以身作则。这一点意见比较集中，小组要求把记录送上去，我们收到了4个小组的记录。② 实行大礼拜以后，是不是适当照顾休息，平时加班是否可并入休息。③ 要建立考勤制度，一些相应的措施要跟上去，如医务室要建立病假制度，还有人提出建立上班制度。

什么时候开始执行？是今年，还是明年一月份后？总的来讲，现在的考勤制度下面意见很大，我们综合了几条意见：第一，干部带头执行。各部门应坚决贯彻执行。第二，是否还可以累计加班时间调休。我们考虑大礼拜本身是调整加班制度。因此再提出累计加班不大恰当。第三，有些制度必须跟上，如医务室病假制度，由粗到细。还提出工伤期间工资照发，这一律按上级规定办事。真正实行，要做大量的政治思想工作，要发扬先进，向执行规章制度好的学习。

顾：从讨论情况来看，感到不搞不行，要求干部以身作则。还有两个问题。配偶到工地上来一个月，不报销车钱，可不可以再享受探亲假？急性病在上海可有七天假，有人提出如高血压，说慢性又说急性，这又怎么办？

张吉钱：今天也是个党的会议，老闵宣布了班子的配备。从我厂来说是很有必要的。老闵跟我讲了一下。根据党章规定，我有意见可以提。我任财务组副组长我认为从我的德才来讲，不适合担当这一工作。组织决定我服从，个人意见要提。

我厂从无政府到有政府很有必要，建立一些制度很有必要，这要做大量的思想工作。事实上已经做了一些工作。但确实我们这里情况比较复杂，是个新单位，没有基础，人员来自四面八方。我想核心小组能不能做到？我们能不能做到。就我来讲，我没有做到，一般回去都在二月以上，是放任自流的，准备整党时接受群众的批评。

我到现在还不承认我是支内的，因为手续未办，我现在党的关系还未转进这里，我不同意转，我之所以回去三个月，是因为我想，我出差回去，应该在院里待一会儿嘛。

回去探亲和奖金问题，别人不扣，我们扣，讲了许多次，没有解决。这好像是讲我们个人的事，但这牵涉到制度问题。我们院里来的人，有大劳保、小劳保、公费，现在我们是不是就按照现在的制度还是保留原来的？

有些人可来可不来，这都牵涉思想工作问题。作为厂里的人应该执行制度，但我们要回去到院里去办理支内手续，什么时候办好什么时候再进来。驻皖财政局发取消二角五分的文，我首先抗议，这迫使我们去院里去办支内手续。制度是要搞的，但有些问题要做大量的调查研究，不同情况不同对待比较好。

顾：到浙江探亲去的，规定从上海过去。能不能从景德镇过去？

沈：有些算绕道，有些不算绕道，如到金华方向等。

高：有些同志提出，考勤制度只是对下面的，不对上面的，工资扣来扣去扣我们，扣不上支内职工，这些人大多数是干部。还有，我们算劳保还是算公费？

过：现在只能面对大多数，对大多数就好办了，至于有些支内职工制度不执行，一百年后还会有。

闵：制度不搞不行，搞的过程中思想又很多。大多数认为是需要的。如再这样下去，还要松。

高：制度健全后，离开工地算不算事假？如去香隅。

张吉钱：制度定了，像这类事还是有的。

施：大家总的意见是要搞考勤制度，但要做大量思想工作。托儿所、幼儿园要办起来。家属来了后，要把家属探亲的招待所开起来，定个标准，超过时间收费，不能无限制的。

考勤制度牵涉到支内单位是否执行的问题。有些同志，如上层建筑来的同志提出来，是否可把工资转进来，享受企业的制度，我们认为可以考虑。

路程假，上海五天，郊区七天，如长兴岛还可加两天。

张吉钱：制度还是要执行的，我们的问题建议老闵转告院里。我们不回去，可请院里来人帮助解决。我们没有享受任何支内待遇，如政治待遇，大红花还是要戴的，又不是从军发配。

施：下面讲关于当前运动问题。市里开了揭批大会，主要根据《材料之三》批判揭发。最后彭冲同志做了讲话，有正式文件，简单说一说。今天晚上学习时，请各部门学习一下。从上海形势来说，《材料之三》下发后，是个新高潮。关于清查，冶金部定了八条，化工局开了整风会，定了十条，与八条基本相同。上海有个特殊情况，打砸抢，后方基地要开整个后方的揭批大会。清查对象我厂也有，供运组的沈锡名在老厂批了好几次。

第一，根据《材料之三》，批判"四人帮"反革命修正主义纲领，深入批判"四人帮"，准备在本星期四、五左右开一次批判会，着重揭发批判控诉。第二，在此基础上，有条件的话，结合清查，有些人能不能到厂里来，面对面地揭发批判。第三，进一步加强运动的材料工作。一方面，受"四人帮"迫害的人，要动员其解放思想，揭深批透；另一方面，进一步按照冶金部八个方面分析排队，上海还要着重清帮派体系。第四，要宣传政策。华主席政治报告中的三条界限很好。如打砸抢，很具体，很复杂，有些既是受流毒影响，又是受害者。有些是幕后策划，有些是为首分子，隐藏比较深的，各地有所发现，上海也有发现。

有一种说法，进行揭发控诉主要是些干部。作为老同志应该带头揭发批判。新的同志也要把“四人帮”颠倒了的东西颠倒过来。下一步如何联系《材料之三》揭与批，最近工交系统有个要求，可能以后会发下来。厂里的大会开了以后，各部门要开展大揭大批大议，在此基础上再开大会。要把清查工作结合起来，上海有些厂搞得不错。

11月23日下午1时半党支部书记会议(顾广遂参加)

施：关于运动，大家再议一议，《材料之三》下达后，是个关键的战役，像我们这样的单位，怎么挖深？我厂清查对象肯定有。在揭批政治纲领基础上批极右实质，这是后一步，先搞前二步。

顾：我们新厂，人来自四面八方，可能不容易清查，只有等外单位来有关情况，才清楚。

过：“四人帮”流毒在好多方面对我们是有影响的，如不要党委闹革命，党委的决定可以不执行，我行我素。

上海许多单位都进行考试。

高：听说有的地方专门派人去检查学大庆单位，要党委负责人回答问题。我们上次学习班也参加了考试，主要考11大文件，这样搞一搞对干部是个促进。

闵：干部党员要发动群众，大会批，小会批，要有声势。

高：关键是第一部分，都是理论问题，第二部分是修正主义流毒在各方面的表现。第一部分联系我厂实际，要把“四人帮”搅乱了的东西纠正过来，要理一理，多少东西搅乱了。

顾：根据《材料之三》议了议，深入一步还不够，各级干部要带头批，全党要动起来，党员要投入战斗，党员带头，群众就起来了。工厂里“矛头向上就是正确”的流毒比较深，搞生产要不要制度？下面讨论考勤制度时，第一次推了上来，第二次才讨论了。

张定甫：《材料之三》我们宣讲完了，现在我们一方面学了7号文，另一方面批反革命政治纲领。批判“四人帮”要联系实际，要联系要不要规章制度，现在嘴上说要，实际上最好不要。

施：几个事大家统一一下，当前的重点放在什么地方？

过：批反革命政治纲领。

施：揭批“四人帮”要下定决心，如上午大家争论的，在教育战线“四人帮”的“两个估计”也引用了毛主席的话，在工交战线“四人帮”也这样干，所以当前的重点要议一下，如这儿发枪问题，我想得比较简单的，他们说是主席逝世后，防止苏修突然袭击。

高：现在真相大白了。

施：上党课问题(指另搞一套时)，是我们定的，小梅讲的，讲的人要分清是非，但这和帮派体系是两回事。

清查工作，冶金部八条出来了。后方正清查帮派体系，戴立清、王伯清都到厂来过，有什么情况，大家可议。

过：冶金部的八条可作问答形式，出黑板报。

施：真正清查下去有两条线：一条是戴立清，一条是上海的。上海的单位是有计划有步骤，我们是有情况就清查。理论小组要议一议理论上的几个问题。

还有几个事，打个招呼，一个是考勤制度，再修改一下，发下去，我们是下定决心发下去执行。对支内职工，我们把考勤记录发到老单位，按此办理，其他职工一律按照厂里的考勤制度。

过：有些同志1977年没探亲，要去探亲，时间怎么限？今年探亲一般是两个月。

施：我们探亲也从来没有说过一个月，只说按国务院规定办，但根据实际情况，适当可放宽。考勤制度从1978年1月1日起执行。

还有一个事，家属宿舍分配问题。最近成立一个材料组，请各支部大力支持。接下来可能要搞“二打一反”。

管××的问题要解决一下，四分部也来人，拖了太长不好，准备由各部门叫一些积极分子，知情人开一次揭发批判。

高：还有一个冬令补助可以搞了。

闵：今年学大庆评比，要求在12月底评好，要吸取去年的教训，到春节人都走了。评比条件问题，没有个规定，原来是参考红星化工厂的，大家有什么意见汇总上来。

过：比例问题应该确定。还有一个，有些人要搬家了，涉及搬家费问题。

刘：农场的人员按农场的条文规定。

11 月 27 日上午核心小组会议

内容：施、闵传达昨天去四分部开会的精神。讨论工业学大庆评比问题，粮食工作问题等。

11 月 28 日晚 6 时全厂会议

揭批“四人帮”反革命政治纲领大会。

12 月 3 日支部书记、各部门负责人会议

内容：关于年底学大庆评比。

闵：根据四分部要求，在 12 月 25 日前结束。月底在后方基地有个民兵工作会议，我厂有两个名额，要求 8 日前报上去，做法自上而下，自下而上，早上商量了一下，选了两名，同意的话，整理材料，报后勤孙民珠、二车间金逸龙。还有调整粮食问题，放在后面讨论。

学大庆评比，要在干部中统一认识，通过评比，表彰好人好事，进一步找差距，今后不断学先进，要解决没有什么好评的思想。四分部有个评比通知，先读一下。

（佘敬林读《通知》。）

上星期天，核心小组对评比问题研究了一下，首先谈了打算，然后 10 日以后，推向群众，进行宣传动员，集中两三个晚上，对学习工作、揭批“四人帮”工作回顾一下，在此基础上进行评议。比例问题，经讨论，各支部掌握，表扬占 4%，评厂里的先进个人占 2%—3%，今年评比去年要求高一点，去年有 36 个。关于先进班组，有几个评几个，实事求是，根据条件去衡量。推向群众以后，议出来以后，材料、事迹的整理，以支部为单位，要求在 20 日以前报到评比小组来，进行研究。

刘：关于评比问题。评比工作是个全面性问题，怎样评比法，根据后方基地规定，化工区有三个车间的先进集体名额。

在评比中把今年的工作回顾一下。今年的工作应该说比去年多，今年基建上半年虽然不是高潮，仍较忙。下半年更忙，设备安装了，大家积极性很高，但也有些手忙脚乱，因此各部门纠纷较多，我认为这是正常现象，是领导工作做得不好，经验少，这是我们的事。下半年交叉人员多，工作效率不太高，这又是我们的责任。但总的来说今年比去年好，估计到年底完成的量，可能要占

40%的钱。设备就位，由于力量、各方面情况，比想象要差一些，一车间三个工段就位能基本解决，预计用钱九百万元以上，基本建设到这个阶段，也是正常现象，其他设备到目前来说估计问题不太大。机修车间的重点，目前是配合安装，同时还解决一些生活问题。从设备材料问题来看，大的问题不大，小的矛盾很多。

所以，评比工作把主要的工作总结几条。当前的工作是以揭批“四人帮”为中心，以学习党的十一大文件为重点，因此不需人人总结，要造声势。这次部门总结不搞，只搞厂级，先进数量是10%左右。其中2%—3%为先进个人，数字控制到这个程度，但不要向下传达。

希望先进个人写些具体的事迹，不要仅写“勤勤恳恳，埋头苦干”，要写些具体材料。最后，四分部也讲了，在评比基础上解决其他的评比，如民兵、团、五七生产。还有团里的评比，学雷锋先进个人，要突出学习雷锋的题词，把这作为评比的主要标准。

闵：政工组现分四个组，评比时还是放在一起。评比动员是全厂动员，还是部门动员？

戴：应厂里谈。

闵：就定下来，厂里动员。

高：主要是根据六条，既然是六条，就没必要定10%。

闵：财务组仍与后勤组一起评。

粮食调整工作有大量的政治思想工作，要有打算，要求提一提，10日以前要报上去。

张定甫：中央开了粮食工作会议，全市都在整顿粮食，后方也要整顿（读后方基地关于粮食整顿问题的通知）。

整顿粮食，原则上按国务院规定，即什么工种吃什么定粮，后方居民定粮按上海的规定调整，超过定粮10斤以上者，补助三个月。机械化程度提高，进行调整。不能定的上报后定下来。退休职工按脑力劳动定粮。病假六个月以上者，重体力调轻体，轻体按劳力。临时借调的，以四个月为限，调整为现有工种。补助粮要严格控制，夜餐粮要严格控制，标准是早上3时前与晚上11时后在上班的。

在车床工种中，有八尺、六尺车床，定粮也有区别。还有的同志有两个工种，按照什么工种为主定粮。以工代干在四个月内为限，超过按脑力定粮。有些同志粮食关系在上海，因此要写登记表，如不写，在 12 月 10 日之前不变的，按 29.5 斤/月发定量。

张宝林：要组织一个定粮调整班子，要求是党政工团人员参加，这牵涉到每个人，要做深入细致工作，要使人人明白，《通知》打印几份，发至各支部。

沈：我们这里许多人是工人编制，减了粮食他们要下去当工人了，这些应该研究研究。

刘：施工组本来是个临时机构，将来要分的。目前，许多人是工人编制，我认为这不是“以工代干”，所以，我个人认为要考虑一下。

闵：刚才老张传达了，各支部要根据这个精神去做工作。

沈：群众有个意见，定粮按上海的，发工资按安徽的。

刘：工资既按安徽又按上海的，据我所知是按上海郊区工资发的。

闵：定量调整班子把减粮的数量报上来，从现在起，通过宣传，一定要把这工作做好，这个就这样。

12 月 4 日核心小组会议

老施传达市工交方面联合会召开的主要局负责人的会议精神。

施：上海对整党整风请示了汪东兴副主席，他传达了华主席的指示：当前工作较忙，先放一放，到明年。

先把传达内容议论一下。

（讨论粮食调整问题，划几条界限，分几个档，分析调整。）

（研究明年基本建设问题。）

张：后勤方面还要求增加点人，如五七田人员，其他厂有百把头猪，而我们的肉明年要不够了。

刘：后勤有几个关键问题要抓一下，食堂是个问题，小学幼儿园等开不开？有些家具要准备。

施：运动问题，上次开了揭批会，反映怎样？

刘：总的反映蛮好，但有个问题，是不是对“文化大革命”有错误看法，有这种反映。

施：《材料之三》的第二部分，“四人帮”极右路线方面，要议一下，下一步要着重批。

还有一个事，管××问题，开了两次批判会后，怎么办？

刘：我看再批一次，解决掉算了。

闵：两次会议开得比较好，群众看清了管的面目。

第一次会议开了以后，他承认交待了发生一次两性关系，在八月份。

第二次会议，几个同志揭发。徐××揭发，有一次上午九点钟，徐开门进去，看到管与姚贴着，管不承认有什么问题，大家很气愤，要求严肃处理。

下一步怎么打算？看他最后一次检查，最后一次检查没有什么问题交待，基本上重复了上次交待。是否找他再谈次话，要他全面交待，再开一次会。然后给予党的处分。

刘：（管不承认8月份前有两性关系）我看是个伏笔，可以减轻罪责，另外，还有其他人。

张：第二次会，刘××讲得太明显了，说你管××的问题是复杂的，其他一个也逃不掉。

施：两次会议以后，管交待了一些问题。还要找他谈一次，再看他的态度，在此基础上再帮一帮、批一批……

（市委领导讲话）什么时候传达，明天下午怎么样？为什么传达到支部委员，主要是有些关于运动方面的事，明天下午1时传达。

12月5日各支部书记，组室负责人会议

内容：传达市召开的工交系统局一级会议上市有关负责人的讲话等。

（施屿传达市召开的工交系统局一级会议上市有关负责人的讲话精神，具体内容详见12月4日核心小组会议）

施：重要精神传达到支部委员，群众中有两点要讲的，一点是工调。

闵：刚才四分部有个通知，上海有个保卫会议，要求有人去参加，7日上午到508去报到，打个电话给沪办，要沪办告诉大众制药厂通知顾广遂参加。

一个四分部通知（关于防冻保暖），还有一个国务院粮食问题通知读一下。

（宣读）

施：粮食问题。关键是干部，不少干部是硬档，要摸底摸好，关键是我们这些同志，要界限划清。这个工作一定要做好，大部分是不动的，部分要动的。还要研究一下，减得多的怎么办？如果干部工作没做好，要推下去是有困

难的。

还有几个事说一说。第一个是今年基建与明年基建问题。明年我厂基建局里排在第六位。

刘：局里安排五百八十万。

施：估计不会有什么变化，今年总的形势还是好的。要做好三个工作：第一，明年安装的准备工作，安装上的配件到底怎么样？最近上海沪办许鹏飞等四个人来了，要摸这个情况，这个工作请各部门汇总一下。第二，明年配合安装的人员配备，最近要研究。第三，明年的生活准备。

与安装队的配合问题要研究一下。因三线的一些特殊情况，原来有些配件有的，有的就没有了。

戴：还有我们的一些生铁管子，到底是谁加工，有的八只螺丝少了四只。

刘：三车间的东西我讲过，你们自己修改的东西，到后来自己也搞不清，图纸又不修改，笔记又不做。

施：第二个是今年的评比工作。最重要的准备工作要心中有数，几年来"四人帮"破坏，心中有数不敢提。先要摸一摸哪些班组同志比较好，使评比有数，便于领导。否则谈不上领导。比例数我们定了一下，这不要向下传达。要求在10号前做到心中有数，在此基础上我们再来开动员大会。真正准备工作搞好了，评比时间是不长的。

第三个是考勤制度。要求劳安部门再开会，矛盾很多，集中到一点，不订制度，矛盾很难解决，而是越来越大。要下决心，特别是我们负责人。

陆忠勤：人在工地上，上班的，生活不肯做，这种人能不能考勤？我去理发，人还未进，就说今天老丁休息。

施：上海就整党整风问题请示汪东兴副主席，他传达了华主席的指示：可适当放宽到明年。主要是着重搞好第三战役，清查人和事。

闵：安全检查问题，从市到中央反复在强调。

设备如硝酸的硅铁，下了雨后可能要冻裂，要加以保护。部门车间的设备能整理的先整理。自己不行的，再想办法。搬不动的采取措施。还有，春节以前，在工地上的所有钢材，都集中一下，一是加强管理，二是防止被人盗窃。

段：我插一句，最近，我们仓库的几根无缝管没有了。到外面只查到一根。望机修查一查，真需要的，机修应来办理手续。

杨：这整理工作量相当大。

闵：最后一点，职工困难补助都报上来了，我们再商量一下，平衡一下。胡长发今天去四分部开会去了（关于今年冬令补助），回来后商量一下。

施：最近大概做私生活的面越来越多起来了，以后要搞“二打一反”，有人拿木板做箱子等，要做工作。还有，最近发现有人将柴油桶弄掉了底装米、装花生等，我们和老杨商量了一下，一是要求赔偿，二是要求认识问题的严重性。这件事要迅速查清楚。

最后请各车间的支部书记留一下，内容是关于运动情况。

12月24日全厂大会

传达粮食工作问题等。

12月26日下午支部书记会议

内容：关于工调问题汇报。

过：我们是考虑技术好，工作好，再考虑工龄。有的同志说，有的部门较忙，有的人工作基本未做，要平衡。

施：支部还要议几条，是否开骨干经验交流会。

张定甫：我们讨论了两次，大家发言比较热烈，都表态，大家讨论了十六个字方针。

施：可加可不加的人，总有的加，有的不加，比比好像差不多，我们怎么办，弄得不好，影响同志间关系。

张：有些人表现不好，公私不分，这不能加；有些是一般性问题，如将厂里凳子带到家里，这问题不大。

关于劳动态度问题，能不能完成任务等，平衡很重要。有的比较忙评不上，有的睡觉评上了。有的人一年干七天活，有的人没事干。

过：有些同志反映，有的同志最近工作表现比较好。

吉：我们讨论了三次，在国民经济还不富裕的情况下，就调整工资，这是华主席对我们的关心。有些同志对有些概念不清，如级差等，通过学习明确了，大家重新学习了一下文件。

范：组室讨论了三次，主要讨论工调意义，议了一下十条。讨论时只有三个人没有发言，有几种思想情况：① 没有什么可多讨论。②“贡献大小，技术高低”怎么理解？③ 支内职工应到上海去评。还有一人想，我是硬档。

杨：我们讨论两次，主要讨论目的意义，讨论中，要把自己摆进去这一点讨论得比较多，有的加不到的人，认为与我不搭界。

闵：政策界限方面涉及什么问题？（杨：还未谈到。）根据以上情况，大家议一议，下一步怎么办。

施：市里十六个字，怎么理解，为什么一定要讲政治表现，要认真想一想，还要讲政治挂帅。

过：谈政治挂帅，单谈立场坚定、旗帜鲜明是蛮抽象的。

闵：要具体的谈。

施：劳动态度问题，有的同志一年劳动七天（如是真的）评工资就要考虑了。有的有病，回去拿几麻袋东西不怕吃力。

贡献大小，勤勤恳恳就是贡献。

高：明年大礼拜要明确一下。

施：今年矛盾很尖锐，再这样下去明年大礼拜也要取消了。

闵：工调原来打算 29 日推向群众，时间比较紧，现在（人数初步评定）超过了 40%。沪办搞得好，在 36%左右。工地上有些部门都超过了。这个在 29 日前要解决。各部门要重新搞测算，到上面再核一下，如没有新的精神，就抓紧搞。星期三上午八时再把这个问题谈一谈。

施：本部门的干部要放到比例中去，如不放进去，比例数就高了。

骨干训练要达到三个要求：① 意义态度。意义是粉碎“四人帮”后，能够加工资。批判“四人帮”要有全局观点。② 政策基本明确。全面理解国务院“四句话”，市里“三句话”，后方最难掌握是这个。“十条”读了以后，要把这议一议。③ 要摸情况，我们骨干心中有数了没有。如掌握会议的组长思想还未通，就搞不好。29 日要把整个工调情况推下去。还有第二阶段教育，讲揭批“四人帮”后的形势，从工调论贯彻华主席抓纲治国的重要性。每个部门要有同志发言，一二三车间可定工人，一定要讲出感情，估计搞到八、九日就可评了，搞得好，两三天就可以了。估计 15 日以前是可能的。7 日政策教育，政策教育就是把上级的政策传下去，使大家都明白。

有一条希望大家重视一下，测算问题要尽可能搞得全面一点，现在你们（指着高）这一档与支农工比例高了一些。现在支内职工有个想法，就是我们支内的工资比较高，不容易加到，在掌握上，支内职工可宽一点，支农工来我厂的比例不算高，39 元一档掌握要严一点，这件事蛮棘手的，子女顶替的职工要更严。

过：学大庆评比大会开掉算了，在工调中插进去。

闵：测算要内部掌握。

吉：部门一般不会讲的，总测算的地方人走来走去(易泄露)。

（陈耀明，1954 年出生。1974 年底技校毕业后分配去安徽小三线自强化工厂。1976 年 10 月到自强化工厂建设工地，在厂部办公室工作。1982 年初回上海，在自强化工厂驻上海办事处工作。1983 年初任自强化工厂办公室副主任。1983 年 9 月至 1985 年 6 月，在上海大学文学院历史系政治学专业干部专修科学习。毕业后到上海致冷剂厂工作，任企管科长。1996 年初到上海市浦东新区住宅发展署工作。2010 年浦东新区和南汇县合并后单位改名上海市浦东新区住宅发展和保障中心，历任办公室秘书、副主任、主任、管理科长和总经济师）

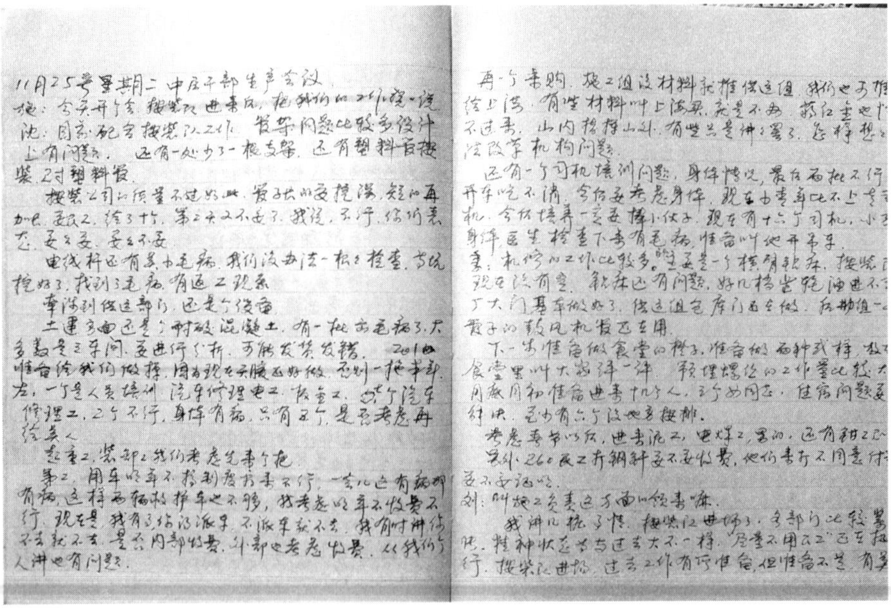

陈耀明工作日记(1977 年 12 月 25 日)

口述史和回忆录

上海皖南小三线工程勘察内幕*

阮仪三

1965年春中苏关系恶化，上海市委根据中央战备的要求建立小后方军工生产基地，要选择具体的地方，当时按照林彪提出的指示精神，基地要“山、散、洞”，就是“靠山、进山、分散、进洞”，准备打大仗、打核战，做好战略转移的准备。为了此次重要工程，我被抽调去参加一个勘察小分队，先到市里集中，培训了几天，学习中央有关文件，做好思想准备，要求能艰苦奋斗、吃苦耐劳，并做好长期工作的准备，并要求严格保密，不得向家里通信联系等等。

出发了，是两拨人马，一队是市领导和各部门的领导们，我记得有四个副市长和副书记、秘书长，其他都是局长和局的书记，都是市委大领导。他们坐小车和吉普车；一队全是技术人员，是全市各单位临时抽调来的技术骨干人员。几天集中学习，也都认识了，有近30人，有电力、电信、水利、给排水、机电、建筑、工程、桥梁、隧道等各种工程技术，还有财务、粮食、副食品等方面的管理人员。我们都坐一辆大客车，最后还有一辆警卫人员的军用卡车。车子往哪里开都是保密的，我们也不敢问，经过了一站站看路标才知道是往安徽皖南山区方向前进。

那个年代道路设施还很差，沿途灰尘滚滚，崎岖颠簸。我们三餐都在车上啃面包，停车休息赶快拿茶缸要热水喝，那时没有保温杯，也没有矿泉水，但每人都有经验，带着小挎包，内有毛巾、水杯和笔记本。首长们的小车跑得快，他们在路上也有人事先安排好在沿途小镇里吃饭、休息。我们大车跑得慢，一直

---

* 本文原载《世纪》杂志2016年第5期。

不停地开到晚上10时多才到歙县县政府招待所，后几天就以歙县为中心据点四处踏勘几个近郊山沟的地形、地貌。首长们只是到车能开到的山头边上看看就走了，查看能否安置各类厂房及有关设施，具体全由我们这些技术人员确定了。

到这个时候，我们这些技术人员才切实弄清楚工作的具体任务，就和领导说，要有必要的图纸资料以及进行作业的测量仪器、设备。但是主管的领导来了一个解放军的参谋长，听口气就没有什么文化，他把我们训了一通，说到山区里来搞建设造兵工厂的，这些在你们面前的山山水水就是实际，你们是理论脱离实际，事先告诉你具体的任务，再带上你们所要的仪器设备，就会泄露军事机密，备战就会受影响。还大讲什么他们就是小米加步枪打败了国民党几百万军队，靠的是革命精神，要我们自己克服困难，想办法完成任务。那个时代"左"得厉害，真是"秀才遇到兵，有理说不清"，只得现场多跑几次，后来还是我找老关系到歙县建设局弄到地形图才能切实做规划设计。

工作一开展后，任务就很清楚，许多单位抽调来的技术人员一大半是闲着无法插手的。因为这项工作就是技术性很强的厂址选择和小城镇布局规划、专业技术很高的城市规划和建筑总体设计，在这些技术人员中只有同济大学建筑系来的我是城市规划专业的，另一位是同济设计院的建筑设计工程师陆老师，其他水、电、机电、财务、会计全都派不上用场。他们的工作要在规划和建筑设计定下来以后才能进行。当时市里组织部门就是瞎指挥，以为搞建设就会有这些城市工程项目，就招来了这些人员，他们到了现场是英雄无用武之地，只得天天看风景、打扑克牌、说闲话发牢骚。而我和陆工程师则又是画图又是写报告，天天要熬到半夜还来不及。在歙县勘察初步有了成果，结论是不太适应建厂，后来又开拔到了贵池县的山沟里进行勘察，才有了比较理想的地盘。

在现场踏勘做规划设计时，我们整天忙碌，天天夜晚工作到深夜，其他技术人员闲得无事做，也是没有办法。而那些首长们白天到现场走马看花地溜一圈就走了，到了晚上隔三差五地有地方政府宴会招待，晚上还开舞会，专门调来了地方的文工团伴舞伴奏。我们这些工作人员被警卫人员隔得远远的，只听得见蓬嚓嚓的乐声。那时上海是禁止开舞会的，这些首长离开了上海就肆无忌惮地违反纪律，过了不久"文革"就开始了，他们也没有好日子过了。

工作结束后大家都回了上海。后来一直到了1973年，我有机会因别的事旧地重游，才知道就是根据当时选的地盘建造了一群兵工厂，有炼钢、轧钢、机械、化工等的工厂，一个山沟里一个厂，每个厂都由上海同类工厂包建、包生产，产品集合起来是造炮身、炮架、底盘、瞄准具、火药炮弹等等。在上海汽轮机厂、电机厂、机床厂等老厂包建下，山沟里也就开出了一台台炮车。为了建设这些小三线的厂，上海派出了大批的工人运走了各种设备，也盖了不少的房子，开了马路，建了宿舍等生活设施，但是这些工厂全靠上海赔本供养着，他们说生产的产品不计成本，全是做做样子，当然就开不长。后来整个大形势变了，不久就萎缩萧条了。"文革"以后，工人们都回了上海，工厂也转给了地方政府，我去看过一些废弃的厂房，变成了牛棚、马棚，有整片的厂区全是空壳子，里面的设备全被掏空了，变成了农民的杂物堆场，所谓的小三线工程就凭林彪的一句话，国家浪费了多少资金和人力。

（阮仪三，1934 年出生。1961 年毕业于同济大学建筑系留校工作。1965 年以同济大学建筑系助教身份，前往安徽皖南协助上海小三线选址。现任同济大学国家历史文化名城研究中心主任，同济大学建筑城规学院教授、博士生导师，中国历史文化名城保护专家委员会委员。曾获联合国教科文组织遗产保护委员会颁发的 2003 年亚太地区文化遗产保护杰出成就奖。主要著作有《护城纪实》、《护城踪录》、《江南古镇》和《历史文化名城保护理论与规划》等。）

一位徽州学生记忆中的上海皖南小三线*

徐国利

每次回到家乡探亲访友，总是要到原属上海小三线的七一医疗设备厂（简称七一厂）厂区和附近走走看看，脑海中便会浮现出七一厂和上海人在我童年和少年时代留下的一幕幕难忘影像。可以说，七一厂及其上海人的生活打开了我认识外部世界的一扇窗口，丰富了我早年的社会和人生阅历。

20世纪六七十年代，中国面临的国际形势十分紧张，根据中共中央、中央军委、国务院和毛泽东关于加强备战、巩固国防的战略部署，在安徽南部和浙江西部山区建设起一个以军工生产为主的综合性后方工业基地——上海小三线。上海小三线从1965年开始筹建，1988年调整结束，历时24年，共建成81家全民所有制独立单位，即：54家工厂、2支运输队、1个变电所、3个物资供站、5所医院和防疫站、5所中学、7家管理机关、1家计量所、1所干校、1个农场；另外，还建有厂附设小学39所，厂办集体事业单位38个①。位于皖南的徽州行署各县是上海小三线建设的最主要地区之一。我生于1966年5月1日，这时，小三线已经在祁门建起了七一医疗设备厂、朝阳微型电机厂和为民磁性材料厂。其中，七一厂占地5.72万平方米，厂房建筑面积1.339万平方米。拥有固定资产原值557万元，净值276万元，设备净值63.9万元，流动资金155万元。职工423人（含在当地招工的11人），工程技术人员24人②。该厂位于城北区，与祁峰村（当时称祁峰大队）交错在一起。它由两个厂区和一个

* 本文原载《世纪》杂志2013年第6期。收入本书时有所修改。

① 徐有威：《皖南山坳中的上海人》，《东方早报》2012年12月4日。

② 《祁门县志》，安徽人民出版社1990年版，第236页。

生活区组成：一是临近祁门县北街到阊江北路的南厂区和职工生活区，当地居民一般称为"七一厂"；二是临近祁门县茶厂的北厂区，当地居民一般称为"红旗厂"，两个厂区大门相距也就是200米左右。

我家住在县城北街中间的徐家大屋。这是一座带有庭院、门楼、天井、菜园的两进徽州老宅。据父辈说，它建于清代道光年间。清代中后期的老宅在其他地区可谓是珍贵文物，可是在徽州并不稀奇。祁门县城比我家老屋气派的并不少见，如与我家隔街相对的马家大院就相当气派和宏伟，不过其中一大部分原来也是属于我们徐家的，是后来卖给马家的。到我父亲这一代，徐家大屋由我父亲和两位堂叔拥有。我家祖辈是城里的士绅，然而，经历了1949年以后的土地改革和历次政治运动，家道中衰，父亲成为祁峰大队的农民。我家所住的北街紧邻七一厂的南厂区及其生活区。那时读小学没有多少课外作业，我空闲时间便经常到七一厂周围转悠，有时溜进厂里看电影或是闲逛，有时到厂区和生活区附近拾废铜废铁或牙膏皮等。这些使我有机会亲见、亲历和亲闻在七一厂工作和生活的上海人和他们的故事。

20世纪60年代末到70年代末，出身于工人、农民和干部家庭，特别是所谓的贫农、工人家庭，被视为"根正苗红"，是一种无上的荣耀。我的出身不好，成分是"小土地"，大体类似于小地主。我常为此感到痛苦，心想自己为何不出身在贫农或是工人家庭呢？我小时在各方面表现突出，经常被评为"三好学生"。评上"三好学生"要填简历表，每次在表中的"出身成分"一栏填上"小土地"三个字时，仿佛觉得是做了见不得人的事。不过，这种因政治身份低贱给我带来的自卑还是短暂的，给我更直接和强烈刺激的是家庭物质生活的穷困和文化生活的贫乏。我家所在的祁峰大队位于北城区，条件比乡下农村好不少，可是仍无法和城里的非农业户口的居民相比。有时，亲朋好友送一张豆腐票、肉票或布票，父母总会感激不尽。对于童年的我来说，吃得好，穿得好，可谓是一种幸福了！如果还能有手表戴，有自行车骑，能时不时看场电影和看戏，那就是上等人的生活了！不过，这样的日子对于童年的我来说，只是一种白日梦。

在那个年代，除了"地富反坏右"，我眼中的祁门人大体可以分为三个"等级"。最低等级是农民，我的亲戚多是农民，父母又在生产队，农民是我接触和认识最多的人。农民虽然与工人一样号称是国家主人，但实际社会地位和物质文化生活与工人无法相比。许多农民辛勤劳动一年，还是吃不饱、穿不暖。对农民来说，鲜肉、鸡蛋和豆腐一类的副食品只有逢年过节才能吃上。祁门是典型的江南丘陵地区，粮食作物主要是大米，可是农民很少能每天吃米饭，有些月份贫穷的农民天天吃红薯、南瓜和玉米等。酸菜是大多数农民家庭一年四季主打的下饭菜。有些家庭甚至连酸菜都吃不上，常常用盐水就饭吃。中间等级，是政府部门和企事业单位的干部和工人，他们每个月可以享受肉、豆腐和鸡蛋等一类副食品供应；逢年过节，还会有品种和数量更丰富的副食品享用。夏天，还有绿豆汤喝，有西瓜吃。他们穿的衣服不仅没有补丁，而且面料也比较好。条件好的家庭，还有那个时代引以为荣的老家用“三大件”——手表、缝纫机和自行车。

不过，最令我羡慕的还是小三线厂的上海人，他们才是县里的真正的上等人！在那个年代，他们物质生活可谓是相当丰厚，不仅吃好的、穿好的，还常常有电影看。在我眼中，上海人过的是天仙般的日子。他们穿的是卡其布、的确良、毛料等高级面料做的衣服。不仅如此，他们的穿戴有上海大都市的时尚，不像当地居民的衣着“土气”，尤其是改革开放以后。小三线厂里女职工的妆扮更惹人注目，她们就像电影和戏曲中的女演员。上海人时尚的妆扮往往引领着祁门这座闭塞小山城的风尚，有些招工到小三线厂的当地青年很快就受到感化，成为小县城衣着打扮的弄潮儿。我们生产队有位青年到七一厂做工，没多久便改“土”归“洋”：留着长发，蓄着小胡子，穿着时髦的大喇叭裤。小县城几乎找不到他那号大喇叭裤，裤子的上面将屁股和大腿裹得紧紧实实，下面的裤脚则像一面大扇页。不过，太时髦的妆扮也会引来当地人的冷嘲热讽。我的左邻右舍和生产队农民便嘲讽这位青年是“假洋鬼子”。

小三线厂的上海人不仅穿得好，还吃得好。上海与皖南相距 400 多公里，不算太远。为了保证小三线厂职工的生活质量，抚慰人心，他们在上海设有办事处，其中一项重要任务就是源源不断地从上海采购和运送各类食品和生活日用品到各小三线厂。食品和副食品有鱼类、肉类、水果、糖果、大米、面粉、酱油、汽水等，生活日用品有香皂、牙膏、香烟、面盆、热水瓶和铝锅等，可谓应有尽有。不少食品和生活用品是小县城没有或很少能买到的。如带鱼和黄鱼一类的海产品，桃子、苹果等当地稀见的水果，大白兔奶糖和汽水等一类的高档零食以及上海产的铱金笔和铝锅等高档日用品。

在那个物质产品匮乏的计划经济年代，上海产的各种食品和日用品在小县城是稀有的高档品，几乎买不到，能吃上这些食品、用上这些物品，是特别荣耀的事。如果有人通过关系，在小三线厂的商店或上海人那里买到一些食品或物品，往往会在邻里或同事面前有意或无意炫耀一下。小时，偶有亲戚朋友送来糖果，母亲怕我很快贪吃完，总是藏起来，隔几天才给一颗吃。上海人不仅有糖果吃，而且能吃大白兔等高档奶糖，这很令小孩们眼馋和嘴馋！直到改革开放的 20 世纪 80 年代，奶糖在县城的商店才可以随意购买。吃不到奶糖，能闻到奶糖的香味也好。我常到上海人的宿舍边捡糖纸、香烟盒和其他好玩的东西。喜欢捡糖纸，不仅是因为爱看上面印有上海滩一类的上海风光，也是因为爱闻奶糠糖纸散发出的淡淡奶香味。

上海人的文娱生活也是小县城的居民享受不到的，特别是他们能经常看电影。20 世纪 90 年代以前，看电影是城乡居民最喜爱的文娱活动。每逢放映好看的电影，县城就像过盛大的节日，乡下人也纷纷赶到城里看。小三线厂的上海人不仅能够经常看电影，还能看最好和最新的影片。有学者说，已经习惯了轧马路、逛公园等“白相”大都市生活的上海职工忽然间进入皖南山区，所有的业余生活瞬间消失。为满足职工业余文化生活的需要，电影放映队这一在当时农村具有标志性的娱乐方式在小三线企业异常盛行，放映队每周定期到各工厂轮流放映。在上海有关部门的精心安排下，上海市一线电影院上映的影片，如《列宁在十月》《列宁在 1918》《铁道游击队》《追捕》《冷酷的心》和《佐罗》等经典影片会在第一时间运抵小三线。据 1983 年 4 月 1 日的上海《劳动报》披露，近年建立起 30 多支工厂放映队，使号称小三线“第一大厂”的八五钢厂，平均每五天可以看到一部新的电影①。

在祁门城里，居民们除了到电影院买票看电影外，最高兴的事是免费看电影。当时能看免费电影的主要有三个地方：祁门茶厂、当地驻军的驻地和小三线厂。我小时看免费电影，除了去茶厂，就是七一厂。七一厂放的电影有两种，一是只给厂里职工看的，大多在厂里的大礼堂放映，有座椅。礼堂放映的电影多是新片或好看的彩色影片。放电影时，有人守门，不给外人进。我们小孩为了饱眼福，便想方设法溜进厂里。礼堂不给进，便爬到礼堂周围的玻璃窗

① 崔海霞、徐有威：《深山里的生活交响曲》，《东方早报》2012 年 12 月 11 日。

边,抓住窗户的钢筋往里看。有时为了抢占看电影的好位置,小伙伴会发生争吵,因抢不到地方而悻悻回家者大有人在。手抓窗户钢筋看电影是需要坚强毅力的,一场两个小时左右的电影看下来,自然是手痛脚酸,不过,仍觉得十分过瘾。二是让当地居民一起看的露天电影,放映场地设在一个较平缓开阔的山坡上,这种电影播放方式到70年代中后期比较多了。遇上这种好事,当地居民便辗转相告。下午三四点,就有人搬着凳子、椅子去抢占看电影的最佳位置。也有许多人不搬凳子,干脆站着看。放电影时,场地被挤得水泄不通。银幕的正面没有地方看了,就跑到银幕的后面看。小孩的身高比不过大人,也争不过大人,往往只能到银幕后看电影。

小三线厂的上海人有自己的生活圈子,很少与县城里的人来往,我们觉得他们是生活在另外一个世界的人。造成这种现象的原因,主要有两个方面:

一是客观原因。由于小三线厂大多是军工企业,要对外保密,在生产、行政和业务等方面不受安徽管辖,这自然限制了他们与当地的人的交往。小三线厂俨然皖南山区的“独立王国”和“上海飞地”。它们拥有“治外法权”,治安和办案均由上海公安小三线分局负责;厂里职工的户口属于上海市。他们生活的厂区,物资供应和生活设施一应俱全。要买菜和各类生活用品,可以到厂区或生活区的菜场和小买部去买。厂里的职工与外界、特别是上海的联系,有自己独立的系统。他们打电话与上海联系,使用的是上海的独立线路和上海区号。与上海通信联络,有专门的上海的邮电和电信通信站。看病则是到自己办的医院去。子弟读书,要上自己办的小学和中学。他们也乐得生活在这个独立王国中。小三线厂的厂区和生活区是封闭的,厂区和生活区或是用上面有锋利的碎玻璃砌起的围墙围起,或是用长长的竹篱笆围起。为了防范当地人随意进入厂区和生活区,他们往往还养着高大和凶猛的狼狗看门。

二是主观原因。小三线厂的上海人在当地居民面前普遍有一种优越感,不屑于与之交往。上海是全国最大的城市,文化教育条件和物质生活水平比皖南地区要优越得多,在他们看来,来皖南是到了“第三世界”的穷山沟里。因此,他们自然看不起当地人,特别是当地的农民。上海人的这种优越感表现在许多方面。例如,他们与当地人交谈时讲普通话,而转身与同事朋友交谈时马上改讲当地人很难听懂的上海话。这种人为树立的“语言屏障”令当地人十分尴尬,这实际是上海人显示其优越感的一种方式。再如,七一厂为了防备当地人、特别是小孩溜进厂里，在厂门口让大狼狗看门。小时侯，每当我路过厂口门，看到大狼狗，就吓得躲得远远的。在当地居民眼中狼狗是凶恶的象征。因为，人们在反映抗日战争和解放战争的电影中，经常会看到日本鬼子和国民党军队或是牵着狼狗进村烧杀抢掠，或是带着狼狗守炮楼和城门等。祁门县的一些工厂也有用狗看门的，但多是普通的狗。这无形中使我们觉得上海人“可恶”和“可恨”。为此，我们用一种不友善的“上海佬”来称呼上海人。

1978年，我考上了祁门二中。由于二中在城南，到七一厂“转悠”的机会少了。加上后来恢复了中考和高考，学习紧张起来，我也没有多少闲暇去玩了。偶尔路过七一厂时，只是匆匆看两眼。1983年，我考上了安徽大学，七一厂和上海人与我的生活更加远离了。从1984年下半年开始，根据全国小三线会议精神和国务院办公厅(85)国办函字19号文批准的《上海市人民政府、安徽省人民政府关于上海在皖南的小三线调整和交接的商定协议》，皖南的上海小三线开始调整。七一厂于1987年3月9日移交给祁门。县里利用该厂南产区办了机械总厂，北厂区办蛇药厂，并从厂里的生活设施中划出一部分办县职工教育中心学校和县卫生干部进修学校，部分生活用房给教育系统及行政机关做宿舍。不过，当地居民仍喜欢称南厂区为老七一厂，因为，七一厂及其上海人已经成为他们那20年生活的重要组成部分。对于我而言，也是如此。

(徐国利，1966年出生。安徽祁门人。1990—2015年任教于安徽大学历史系，现为上海财经大学人文学院历史系主任、教授、博士生导师。主要从事中国近现代史、史学史及史学理论研究。)

我所知道的上海小三线自强化工厂

陈耀明

1976年笔者来到上海小三线自强化工厂建设工地，1982年回沪，经历了工厂建设的大部分时间。因我在厂部办公室工作，参加厂核心小组会议作记录，回沪时带回三本核心小组会议记录本，成为重要的原始资料。本文根据会议记录、本人回忆和曾在化工区工作的有关人员的回忆文章撰写，有些内容则通过网上查找信息进行核对。文章最后的几点思考，是我个人的一些观点。

一、建厂背景

1970年1月，上海化工局设立后方管理处(又称上海市"五〇七"工程指挥部第四分部，简称四分部)，决定在安徽东至县香隅镇建设上海后方化工区。1970年6月，上海化工局抽调所属单位人员来到安徽东至县，开始了以三家火炸药厂为主体的后方化工区建设。

后方化工区在东至县香隅镇跨合镇、建新、香口三个人民公社，在香隅镇区域内由西向东依次先规划龙江水厂、金星化工厂、红星化工厂、卫星化工厂、长江化工机修厂三家火炸药生产工厂和两家配套工厂及其他相应配套单位。在这些工厂建设渐入高潮时，发现工厂生产的原料靠长途运输势必增加成本，无法满足生产需要。于是，上海化工局决定在化工区龙江水厂和金星化工厂之间再筹建自强化工厂，生产化工原料，满足生产成品的需要。1975年起，红星、卫星、金星三家火炸药工厂相继基本建成，红星、卫星两厂进行过一定的生产，金星厂1978年上半年进行了试车，但三家工厂因原料供应等存在问题，未能正常连续生产。

二、工厂概况

自强化工厂位于安徽东至县香隅集镇以西香口人民公社，占地 305 亩，建筑面积共计 34 674 平方米，其中生产性建筑面积 17 933 平方米，非生产性建筑面积 16 741 平方米。1974 年开始筹建，1979 年基本建成。实际投资约 3 000 万元。土建施工由上海市第二建筑公司 201 队负责，在 1977 年基本完成。设备安装由各方联合组成的设备安装会战指挥部指挥，大型化工设备由上海市化工安装队具体负责安装，其中聚氯乙烯设备加工主要由上海化工厂具体负责，全厂职工全力配合，整个基建设备安装过程是各方大协作的过程。

该厂作为原料生产单位，主要为化工区内三家火炸药工厂提供生产所需要的化工原料。工厂建有合成氨车间（一车间）、硝酸车间（二车间）和硫酸车间（三车间）三个原料生产车间和机修车间、动力车间两个辅助车间。工厂的规划设计由上海化工局设计室负责，设计生产能力为：合成氨年产 6 000 吨，作为硝酸的原料；硝酸年产 15 000 吨，主要作为卫星化工厂生产硝化棉等火炸药原料；硫酸年产 5 000 吨，主要作为金星化工厂生产梯恩梯等火炸药原料；甲醇年产 1 000 吨，主要作为红星化工厂生产甲醛原料，甲醛又作为该厂生产乌洛托品的原料进而生产火炸药成品。

合成氨车间的生产设计是将煤制成氮和氢，然后将其在高温高压和催化剂存在下制得合成氨，它是生产硝酸的主要原料。甲醇与合成氨采用联醇法生产。硝酸车间的生产设计是先将合成氨制成二氧化氮，然后将二氧化氮通入水中制取硝酸。硫酸车间生产设计是先用硫铁矿制取二氧化硫，再将二氧化硫溶于水变成亚硫酸，亚硫酸经氧化制得硫酸。工厂生产的主要原料为煤和硫铁矿，依靠离厂约 5 公里建于长江边的龙江水厂码头运输，然后用卡车驳运。

该厂由三个单位负责包建。上海化工研究院负责包建硝酸车间，上海吴淞化肥厂负责包建合成氨车间，上海硫酸厂负责包建硫酸车间。1978 年基建高潮时职工人数 831 人，其中支内职工 82 人，工程技术人员 23 人，其他专业人员 34 人。

1979 年 12 月，化工部将自强化工厂列为缓建项目，工厂最后的基建扫尾工作停止。1980 年年中，上海市正式明确自强化工厂为市停缓建单位之一。1981 年 10 月，市府(81)第 213 号文件转发中央军委、国务院国防工办通知：红星、卫星、金星等三个军工厂，因厂址不当，客观条件太差，生产和生活都很困难，难以继续维持，列为本市小三线第三类，决定撤销三个军工厂建制。因此，整个化工区处于全面停顿状态。与化工区其他厂一样，自强厂除部分留守人员外，职工陆续外借上海工作。至 1983 年 2 月，共 403 人外借 22 个单位工作，多为上海化工局所属单位。

1983 年 10 月，上海市社会科学院小三线调查组对后方化工区作了实地调查研究后，认为后方化工区远离上海，运输线长，交通不便，成本大，困难多，继续在山沟里搞民品生产，没有生命力，难以立足生存。1985 年 1 月 28 日，上海市与安徽省达成关于上海小三线调整和交接的协议。之后，后方化工区正式移交给安徽省政府，单位支内职工回原单位工作，户口在上海后方基地的其他正式职工重新分配到化工局所属有关单位工作。

由于自强化工厂生产的化工原料既可军用也可民用，因此，安徽当地接收该厂后投入资金对该厂的设备进行了完善和改造，成立了安徽华尔泰化工股份有限公司，现已成为生产合成氨、硝酸、硫酸等系列化工产品的综合型基础化工企业，并在此基础上逐渐发展形成东至香隅化工园区。

三、组织架构

后方化工区建立有上海后方化工公司(1976 年 7 月之前称后方管理处，又称四分部)是化工区各个单位的直接上级主管部门。它在业务上受上海化工局领导，同时，在行政管理上又受上海后方基地局领导。自强化工厂内部，1978 年 3 月初，后方化工公司充实了厂领导班子。厂部党政领导层为厂核心小组，有四位主要领导：组长施屿、副组长闵现科、张计晨、鲍永昌。成员有刘培源、张宝林、顾广遂、蒋红金。基建初期，核心小组下设施工组、供运组、后勤组、厂部办公室、政工组五个部门和四个车间，在上海设有驻沪办事处。1978 年 5 月另成立动力车间。1977 年 11 月，将政工组分开，成立组织组、劳安组、保卫组、宣传组。以后随着业务的变化，又成立财务组、设备组、基建组、民兵连、工会筹建组和团组织等机构。在党的组织方面，厂核心小组下设 8 个党支部：5 个车间党支部和供运组党支部、后勤组党支部、组室党支部。至 1978 年上半年，全厂共有 5 个车间、8 个支部、13 个组室。1981 年初，工厂成立了党委，上级任命鲍永昌为党委书记，张计晨为党委副书记，张计晨任厂长，杨庙桃、张振明任副厂长。闵现科调后方化工公司任纪委副书记，施屿在 1979 年 10 月已调离去后方基地管理局工作。

与大三线建设不同，上海皖南小三线单位的管理都归口上海，因此，工厂的建设管理与安徽当地没有关系。

四、基建过程

1974 年年初，正当后方化工区的三家成品生产工厂建设达到高潮时，由三家包建单位为主体的一批支内干部来到后方化工区，在距香隅集镇西边约 5 公里处的丘陵地带，在一片荒山田野处，开始了自强化工厂建设的艰苦创业历程。与后方化工区其他生产单位建在山中且车间之间有间隔距离不同，自强厂生产车间的规划依次排列，连成一片。首先是炸山填土，开辟出一大块平整的土地。至年底，管理人员有 60 多人，工地上平整土方的民工达 600 余人，10 月底，基本实现了通水、通电和通路，基本完成了厂区的土地平整。同时，开始了大约 1 000 台定型非定型设备和 1 387 台仪表等设备的采购、加工、运进等工作。11 月底，由上海市第二建筑公司 201 队负责的施工队伍开始来到工地，到第二年 4 月份土建工程全面开工。经过两年半严寒酷暑的艰苦努力，至 1977 年下半年，车间厂房、设备基础、办公楼、食堂、小学、6 幢集体宿舍和 13 幢家属宿舍等 3 万多平方米建筑基本全部建设完成，还留有一些扫尾工作。紧接着，部署设备安装各项工作。

1978 年 3 月，后方化工公司和自强厂确定了基建设备安装高潮阶段的目标任务。

(1) 上海市化工安装队 4 月份进场，锅炉三台(6.5 吨)安装在 4 个月内完成，8 月份实现通气。同时水电汽接通，排污设施在 7 月份完成。三车间的设备全部运到工地，主要设备在 4 月底 5 月初就位(转化器、沸腾炉、干燥塔等)，7 月中旬基本全部完成设备安装，8 月 1 日开车投产。

(2) 上海化工厂人员在4月份进场,9月初塑料塔加工安装工程完成。全厂管线保温在7月份完成。长江化工机修厂加工的电除雾器要求5月中旬完成、就位。二车间氧化塔2台、热交换器23台要求8月份完成就位,9月份力争完成,10月份联动试车。

(3) 6月份将已进场的设备就位。脱硫塔、交换塔、洗水塔、造气塔、精馏塔、冷冻设备等安装工作逐步铺开,11月份基本完成。

(4) 实现上述目标要解决几个设备安装存在的问题。三车间要解决17项问题,其中厂部11项、设计室2项、本车间4项。其中包括:管道保温,电动机清理,除雾器、皮带运输机的整理,污水排放和冷却水的排放问题(与化工设计室联系),电源和水的接通,仪表的安装等。

二车间要解决14项问题,厂部8项,设计室3项,车间3项。包括不锈钢塔2台要求7月份解决,热交换器23台8月份完成,设计室进厂解决废酸的排污设计,列管冷却水的接通,玻璃钢的加强,塑料泵14台改成不锈钢等。

一车间要解决28项问题,其中厂部22项,设计室1项,车间5项,主要有:压缩机清洗,高压容器7台到位,无缝钢管规格1 300米要探伤试压,高压配件3 741件要加工落实(卫星化工厂可承担一部分),循环机4台要落实,高压设备进厂的时间要落实,仪表进行清点和测试等。

根据后方化工公司的要求,各项工作紧锣密鼓展开。1978年4月底设备安装队伍进场。工厂职工为配合设备安装大批进厂参加会战。全厂职工干劲很足,决心克服困难,打一场各方全力配合的大会战,上海市建委、国防工办将其列为重点项目之一。

1978年5月11日,全厂召开工业学大庆誓师大会,张计晨在会上作了动员报告,设备安装单位市化工安装队和上海化工厂的代表、兄弟单位长江化工机修厂和龙江水厂的代表、工厂各车间和各组室的代表在大会上发言,向大会送决心书,大家决心大干一场,完成设备安装任务。后方化工公司副经理李靖在会上说,自强厂不能上马,化工区各厂的任务就不足,就亏损,一定要打好自强厂设备安装的硬仗。后方化工公司陈大来在会上说,自强厂筹建已四年了,我们被"四人帮"搞乱了,应该是先上马原料厂,而现在则是相反。自强厂不上去,影响很大,其他厂无法全面生产,化工区上不去,后方"五〇七"高炮基地就无法上去,不能达到后方小三线建设的目的。我们一定要认识三线建设的重要性，把自强厂搞上去。

同时，成立了设备安装会战指挥部，李靖为组长，张计晨、楚耀庭为副组长，成员由化工安装队、上海化工厂、自强化工厂有关人员组成。在会战指挥部指挥下，开始了各方参加的轰轰烈烈的设备安装大会战。到厂参加会战的人数高峰时达1 000人左右。为职工服务的就餐、住宿、医疗等后勤工作全面启动。各项管理工作相继落实。

4月20日，上海市建委有关人员到厂了解基建工作，自强厂和化工安装队等汇报了基建工作情况，提出具体进度：三车间安装6月底完成，8月建成；二车间安装8月完成，10月建成；一车间安装10月完成，11月建成。

但是，设备安装并非一帆风顺，没有实现最初的时间节点目标，会战指挥部根据实际情况，及时调整计划。遇到的困难问题主要有：有些设备需要修改设计，有的土建与图纸不相符合，有的设备或设备材料有质量问题，有些设备未能及时到位，有些配件来不及加工，还有一些土建质量有问题等。这些都影响设备安装进度。会战指挥部发现问题及时研究，采取措施。还组织对各车间各部门开展对口大检查，推动基建会战；召开全厂职工大会，开展“质量月”活动动员，开展质量检查。全厂职工全力以赴，互相配合，辛勤工作，涌现一批先进个人和先进集体。

至年底，动力车间已经可以为全厂进行供水、供电、供汽，硫酸车间（三车间）设备安装基本完成，1979年二季度进行了试车。合成氨车间（一车间）和硝酸车间（二车间）的设备安装在1979年第三季度基本完成，第四季度进行了设备试压等项收尾工作。正当工厂即将全面建成之时，国家对三线建设进行了调整，压缩国防项目。年底，自强化工厂被化工部列为缓建项目，工厂全面停止了后续收尾和准备开工等项工作。

后方化工区包括自强化工厂的建设，大大改变了当地的面貌。原来这里没有水电，没有完善的道路。自开发化工区以后，投入的大量资金，形成了路网系统、供电系统、供水系统，给当地带来了便利。

五、生产和生活配套

工厂的生产配套可分为厂内配套和化工区配套。厂内建有：① 机修车间，负责小型设备的加工和配合生产车间的设备安装及投产后日常设备的维护修理。② 动力车间，负责为车间提供水、电、汽等动力服务。③ 运输队，为生产提供一定的运输服务。为整个化工区生产配套服务的有：① 长江化工机修厂，负责非标化工设备的加工和化工设备的维修；② 龙江水厂，提供化工区工业和生活用水；③ 后方基地 703 供电所东至分所，建有 11 万伏变电站 1 座和 3.5 万伏变电所 2 个，提供化工区电力；④ 后方基地 683 运输队，负责原料成品的运输；⑤ 260 通讯站，有 150 门电话交换机，提供电话通讯服务。此外还有整个东至化工区的路网系统。

工厂的生活配套同样分为厂内配套和化工区配套。厂内的配套有：① 食堂，为职工提供就餐服务。食堂既可用餐，又可作为职工大会会场，放映电影等场所。② 小卖部，出售职工日常所需的油盐酱醋等日常生活品。因食油、糖等为上海配给供应，所以需从上海运去。其他日用品也多由上海运去。职工的日用品多在小卖部购买。③ 医务室，为职工的小毛小病提供医疗。④ 理发室，为职工提供理发服务。⑤ 幼儿园，照料职工的幼小子女，1978 年开办。⑥ 小学，满足职工子女上小学之需，1978 年开办。⑦ 集体宿舍，未婚或单身职工居住。⑧ 家属宿舍，分配给同在化工区工作的夫妻及子女居住。夫妇身边无孩子的可住一房，有孩子的可住两房。⑨ 五七田，因毛泽东 1966 年 5 月 7 日指示各行各业都要办成大学校，能从事农副业生产而得名。因食堂蔬菜的采购无法满足需要，就在厂区开辟一大块农田，分配到各车间部门，向其下达蔬菜指标，无偿向食堂提供。为整个化工区生活配套服务的有：① 天山医院，为职工提供医疗服务，有普通床位 100 个。在厂医务室不便治疗的到该医院看病治疗。② 职工子弟中学（习惯称大营中学），可容纳学生 600 名，后方化工区职工子女上中学都在该校。③ 中心小学，可容纳小学生 300 名。以上配套设施位于俗称的“大营”区域，为后方化工公司所在地，差不多处于化工区各厂的中心位置。④ 职工家属农场，位于东至县建新公社，有可耕地 500 亩，柴山一座，黄泥湖水面 600 多亩以及 10 万吨/年轧石场。建立这一农场情况有些特殊，主要是化工区一些职工的家属是农村户口，在解决他们两地分居后，按规定不能成为工厂正式职工。因此，将他们安排到农场工作，其户口在建新公社，以解决口粮问题。

六、职工队伍

职工来源主要有如下渠道：① 支内职工。是工厂的骨干力量，由上海化工局所属各单位派出。根据1978年初的统计，共有支内职工73人(不包括江西东方红电化厂上海支内职工)，其中上海化工研究院31人，其他42人来自32个上海化工单位。② 上海化学工业专科学校应届毕业生(俗称“化三校”毕业生。该校1971年由上海化学工业专科学校、上海化学工业学校、上海农业化工学校三校合并而成)。③ 上海化工局系统七四届技校应届毕业生。占工厂学校毕业生的大多数。④ 上海无去向毕业生(为七二届中学生毕业后分配去外地，因暂无去向，在上海工厂实习，根据国家需要分配安排)。⑤ 支农职工。为原在上海工厂工作，1962年因国家困难回浙江老家务农的职工或其子女。⑥ 江西东方红电化厂上海支内职工。主要是原上海燎原化工厂去江西的支内职工，因该厂未能正常生产，1978年上半年将这批支内职工调入。⑦ 当地征地工。因工厂建设占用部分农地而安排入厂的当地农民。分配到自强厂的职工，多数先在上海各相关工厂实习培训，根据自强厂基建进度，逐步安排进厂，至1978年设备安装会战时，差不多全部职工来到工厂参加会战。

自强厂的历史不长，职工来自各不同的单位、不同的学校，是三线建设的需要使大家从上海、从其他地方来到一片荒山丘陵共同创业，互相的融合是一个渐进的过程，队伍的建设是一个摸索的过程，在基建过程中逐渐形成工厂的文化。在当时的形势下，工厂根据后方化工公司和上海化工局的要求，加强职工队伍建设，重视职工政治学习，强调政治挂帅、思想领先，以此促进基本建设。1976年10月粉碎“四人帮”，“文革”结束以后，工厂开展了揭批“四人帮”活动。通过260通讯站的电话拉线，听取上海市揭批“四人帮”大会实况。全厂8个党支部、13个组室共设立53个学习班组，学习政治和时事，肃清“四人帮”的流毒。全厂多次召开大会，揭批“四人帮”，传达中央文件，大家决心通过揭批活动，把自强厂早日搞上去。为了在基建中弘扬先进，工厂组织开展工业学大庆活动，评比先进班组和先进个人，树立榜样，促进基建会战。

随着工厂人数不断增加，各项工作不断展开，工厂的各项规章制度也开始逐渐建立。各个工作岗位多了，建立了岗位责任制度；物资材料多了，需要管理好，建立了物资管理制度；工作中要弘扬先进，惩罚后进，建立了奖惩制度；工作时间要有规矩，建立了考勤制度；职工需要看病请假，建立了医务室管理制度；五七田生产需要上交蔬菜，建立了五七田管理制度；家属宿舍安排要有标准，建立了家属宿舍分配办法等等。通过加强管理，使各项工作走上正轨。

自强厂的建设从一片荒山野地到基本建成，自强厂的职工做出了不可磨灭的贡献。在这片土地上，他们洒下了辛勤汗水；在基建大会战中，他们发挥了主力军作用。

七、职工生活

吃的方面。职工的吃主要靠食堂，早中晚三餐食堂均有供应。厂里每天派车去 20 多公里外的东至县采购，关系在厂的职工可以买到配给的豆制品、肉等副食品，用全国粮票可以在当地买到大米。因蔬菜采购无法满足职工的需求，工厂自己辟有五七田，1978 年基建高潮时，五七田全年养猪约 50 头、种植蔬菜约 6 万斤，满足了职工就餐的需求。上交的蔬菜到达指标以后，职工可以享受一定的假期，还可以自己吃，这调动了大家的积极性，所以蔬菜多在五七田种植取得。

下班以后和休息日也是职工可以改善一下伙食的时候，有职工向农户购买工厂边鳖汉湖养殖的鲜鱼，有职工去香隅集镇采购猪肉等农副产品，有职工去附近农民家买鸡鸭蛋等，还有职工去田野捕捉黄鳝等水产，回到宿舍和家里烹饪。没有煤球，就用木炭来烧，或使用煤油炉。大家三五成群聚在一起享用美味，给枯燥的生活带来了一点乐趣。当时，上海的花生十分紧俏，因此，当地农民种植的花生大受欢迎，差不多每个职工回上海时都会带些花生等农副产品回家。职工与当地人的买卖行为，对当地的经济是一个促进，但也引起当地人的埋怨，上海人推高了当地农副产品的物价，使当地人生活成本增加。

日常生活用品需求方面。主要依靠工厂的小卖部。商品多从上海采购。在香隅集镇和东至县城基本买不到更多的日用品，有的职工有机会搭乘厂车去 80 公里外的安庆市，买些自己需要的物品。

居住方面。工厂建成的集体和家属宿舍，改善了职工居住条件。每间集体宿舍可安放四张双人床，可住八人，但一般上铺放东西，亦即住四人。家属宿舍两人住一室，三人住两室。一些职工通过支内，将在农村的配偶或外地的子女关系转入自强厂或后方化工区实现了家庭团聚。所有的职工都在生活区居住，抬头不见低头见，既融洽感情，又缺少隐私。

出行方面。交通不便，多数搭乘厂车外出。职工每年有探亲假，但实际上职工一般每年不止一次回上海。有一段时间，化工区去上海的职工较多，各厂联合起来，轮流放车依次到各厂统一接送职工到安庆轮船码头。当时，职工来回大多数都乘东方红号长江轮，路上时间两天两夜。

文化娱乐方面。后方基地建立由电影放映队，轮流到各工厂放映电影，大概每月能看上一次电影，也对当地人开放，很受欢迎。工厂有几台电视机，因为电视信号不好，图像质量很差，宿舍中基本没有电视机。厂里设有图书馆，数量不算多，但也为职工的业余生活提供了一些精神食粮。

总之，职工在这样的环境下生活是不习惯的。在轰轰烈烈的基建大会战以后，内心感到了一些空虚。对一些未婚男青年来说，因男女比例失调，难以找到对象；对年轻人来说，他们想念上海的家和父母兄弟；对支内职工来说，虽然有的实现了家庭团聚，但想念的还是在上海的家。这些使得职工不安心在这里生活和工作。当得知工厂缓建的消息，全厂如瞬间引爆，一片欢呼，职工将热水瓶等生活物品丢满一地以发泄情绪。

八、几点思考

(1) 发展战略问题。建设三线的关键是“要准备打仗”。中美关系自尼克松访华以后，开始缓和。因此，主要的对手是苏联。中苏先是搞意识形态斗争，中国发表了“九评”系列论争文章，现在看来有许多观点都是不正确的。中苏又从意识形态斗争发展到国家对抗，在珍宝岛打了一仗，苏联在中苏边境屯兵百万。和平外交不见踪影，在老百姓还普遍贫穷的情况下，中国在内地发展军工产业。

(2) 三线布局问题。以后方化工区为例，其布局不是在交通较为方便、配套较为齐全的地区，而是在荒山丛林之中，交通十分不便，生活所需的配套缺乏，物资贫乏，文化娱乐等生活设施更是谈不上。这里山清水秀，空气清新，但投产后难逃被污染的命运，现在的东至香隅化工园区环境污染已几次被媒体曝光。

(3) 生产成本问题。布局不合理造成生产成本增加。因工厂地处山区,运输成本大大增加;三家成品生产工厂,车间与车间建于相邻山头,管网距离长,生产消耗多,使生产成本增加。后方化工区如果全部投入生产,必定会造成亏本。

(4) 职工思想问题。因为后方化工区生活不方便、条件艰苦和生活枯燥等因素,使职工的思想不安定。对维持生产,会带来较大的负面影响。

(5) 管理架构问题。后方化工区既要管生产,又要管生活,成为封闭的小社会,难以集中精力抓生产。它是上海在安徽的一块"飞地",后方化工公司在业务方面要接受上海化工局的领导,这种管理体制效率低下,信息滞后,行动迟缓,参加一个普通的业务会议,要花两天时间赶到几百里外的上海。

(6) 后方化工区的建设,总体上应予以否定。无疑,它的建设使东至地区有了飞跃式的发展,也有了在该地发展化工工业的基础,但这是建立在国家投资额达 1.3 亿元之巨的基础之上的。这种投入不符合客观经济规律,投入多产出少,造成国家资产的严重损失,最后不得不决定停产,即是有力证明。

附录

一、自强化工厂支内职工人员名单(截至 1978 年上半年,来自 33 个单位共 73 人。不包括江西东方红电化厂调入的支内职工。摘自笔者笔记本)

上海化工研究院:

郭芹呈 郭仲华 杨炳秋 水新绪 柴阿康 段云清 张义山 孙焕云
张振明 马祥根 沈元明 李以炽 周维青 闵现科 陆 超 徐忠南
佘敬林 张吉钱 朱耀举 沈发泉 金忠适 孙家龙 黄品余 王关富
朱德亮 张紫琴 高广生 胡根仁 徐浩然 范雨新 鲍忠贤

上海吴淞化肥厂:

吉全松 陈延芳 许鹏飞 张宝林 刘培源

上海硫酸厂:

管小发

上海试剂一厂:

寿守忠 蒋红金

上海制药机修一厂:

魏德明
上海第七制药厂：
施　屿　陆金财
上海红旗化工厂：
夏永武
上海第十二制药厂：
孙智武
上海合成橡胶研究所：
王万才　邵统贤
上海浦江化工厂：
郑兆庆
上海人民制药厂：
过浩昶
上海第三制药厂：
季鑫俊
上海石油化工研究所：
宋根林
上海第十三制药厂：
陆忠勤
上海化工安装队：
张　汉
上海橡胶制品五厂：
左发恒
上海玻璃二厂：
杨永其
上海玻璃一厂：
张坤法
上海药用辅料厂：
沈锡铭　赵正兴　王恒源
上海制冷剂厂：

官达庆

上海大众制药厂：

顾广遂

上海第五制药厂：

胡长发

上海胶鞋六厂：

刘梅增

上海胶鞋一厂：

吴景清

上海玻璃六厂：

陈恩明

上海碳酸钙厂：

张永昌

上海橡胶制品四厂：

徐文魁

上海南昌制药厂：

张定甫

上海第十九制药厂：

殷积青

上海橡胶制品研究所：

王保轩

上海第十八制药厂：

梅滨泉　马庆国

上海第五制药厂：

刘福松

上海橡胶制品三厂：

姚志成

二、厂部、各车间、组室部门负责人名单(截至 1978 年上半年，摘自笔者笔记本)

厂核心小组。组长：施屿　副组长：闵现科　张计晨　鲍永昌　组员：刘

培源　张宝林　顾广遂　蒋红金

厂筹建组成员：陆超　徐忠南

一车间。党支部书记：杨庙桃　党支部副书记：吉全松　车间副主任：张良坤（兼党支部委员）

二车间。党支部书记：张振明　党支部副书记：马祥根　高水平　车间副主任：张义山　沈元明

三车间。党支部书记：徐宝忠　党支部副书记：赵永海　戴永安　车间主任：赵永海

机修车间。党支部书记：过浩昶　党支部副书记：季鑫俊　车间副主任：吴如南

动力车间。党支部副书记：丁宏国　陆忠勤　车间副主任：刘福松（兼党支部委员）　高广生

设备组。组长：徐德礼　副组长：杨炳秋

基建组。组长：王子厚　副组长：沈发泉

供运组。党支部书记：左法恒　组长：杨显庭（兼党支部委员）　副组长：段云青（兼党支部委员）

财务组。副组长：张吉钱

后勤组。党支部书记：张宝林（兼后勤组组长）　党支部副书记：张定甫（兼后勤组副组长）　朱耀举　柴阿康（兼党支部委员）

组室党支部（厂部、基建组、财务组、劳安组、保卫组、宣传组、组织组、办公室、民兵连、工会）。副书记：范雨新

劳安组。副组长：胡长发　赵正兴

保卫组。组长：顾广遂　副组长：吴景清　汤桃如

宣传组。副组长：王恒源

组织组。副组长：张永昌

办公室。主任：佘敬林　副主任：范雨新　（兼组室党支部副书记）

民兵连。副连长：刘梅增

驻沪办事处。负责人：蒋红金　陆超

工会。筹建组副组长：张万森

团青小组。副组长：梅滨泉　孙民珠

三、自强化工厂在沪人员外借、待安排及沪办工作分布(截至 1983 年 2 月,摘自笔者笔记本)

	单位名称	人数
1	上海轮胎厂	79
2	上海硫酸厂	43
3	上海葡萄糖厂	12
4	上海天原化工厂	14
5	上海机泵厂	21
6	上海橡胶制品一厂	33
7	上海磁带厂	8
8	上海试剂厂	39
9	上海橡胶制品研究所	11
10	上海钛白粉厂	9
11	上海红旗化工厂	34
12	上海鞋帮厂	5
13	上海力车胎厂	35
14	向东中学	3
15	上海橡胶制品七厂	8
16	上海硅胶厂	13
17	上海第十三制药厂	5
18	上海水厂学院	7
19	上海东海研究所	8
20	上海巨鹿路菜场	1
21	上海立信会计纸品厂	2
22	六机部七院十一所	13
23	自强化工厂办事处	15
24	待外借	125
总计		543

(作者陈耀明之简介,请查看收入本书的《上海小三线自强化工厂厂部会议记录(1)》)

原江西远征机械厂回忆

采访时间：2015 年 10 月 25 日

采访地点：上海倪秀玉寓所

口述人：倪秀玉

整理者：沈亦楠（上海大学历史系本科生），徐有威（上海大学历史系教授）

我从 1969 年底到 1972 年底，一共大概两年多时间，在江西彭泽地区的 435 厂工作。当时这是一个大三线项目，这时候全国根据中央的指令，要军事工业能够隐蔽、分散到内地去。当时根据海军指令，我们造船工业选择了江西九江地区，并建立了一个厂。这个厂规模相当大，是个万人以上的大厂。我原来在 701 研究所工作，这个研究所主要负责舰船设计与建造，他们需要我去这里支援建设，后来我的爱人也一起去了，我们一起在那里待了三年。

一、处于筹备阶段的项目

这个项目主要由第六机械工业部组织建造，技术上的力量由江南造船厂包建，还有国防部、海军等参与。这个厂主要是造船厂，主要产品为相关作战舰艇。

当时为什么要选择这个地方呢？因为江西彭泽地区三面环山，中间一面正好对着长江，当时设想是能够隐蔽在山洞中造船，然后顺着湖到长江里下水，然后顺着长江可以到上海等沿海一带。听说当年的海军司令带领了一批人沿着长江一直往上走，寻找哪一些点比较合适建设。他们把船台选在大的山洞里面造，在山洞里造完后再引下水，山洞前有一个湖（没有名字），在这个湖里开一条引河，引到长江中。

开始建设规划是这样的，但是真正要实施起来，还是有很多问题需要考虑的。我们去的时候，还处于筹备阶段，舰船的设计工作还没有真正展开。

二、来自五湖四海的职工组成

我们1969年去的时候这个项目才刚刚开始，人员刚开始调动，需要许多民工来修路、建厂房等。我们刚去的时候厂房什么的都没有建好，完全是白手起家。

虽然江南造船厂在上海，但它是一个六机部（第六机械工业部）的厂，属于中央在沪企业，而它本身也是受领导于六机部的。厂里的职工大多数都是来自江南造船厂的，但也会因为缺少人手而向其他研究所调动，比如像我是704研究所的。

我们去了以后，又分配来了一千多名大学生，几千名从越南战场上退伍的军人，他们也是主要建设这个三线厂的劳动力。这种厂规模很大，在建厂初期就有几千人参与，后期成为了一万人规模的大厂。当时的厂长、党委书记是榆林军区司令员，少将军衔，他的级别比县长和省长都要高。

当时去支援内地建设的人还是很多的，有技术人员、工人、工作分配的大学生、复员战士，还有很多六机部的下放干部。由于当时特殊的政治背景，下放到五七干校、三线工厂，后来这些六机部的干部大部分也就回六机部了。

还有一批知青，是从上海过去在江西插队落户的，后来这个厂到鄱阳县等几个县去招收青年，男男女女都有。这些知识青年根据各自情况，有的初中文化程度，有的高中文化程度，也安排他们在不同部门工作。那时有很多筹备部门，比如材料部门，需要供应器材、设备，也需要有人管理。

这些大学生和知青，男男女女都有，年轻职工找对象不成问题了。留下来的三线民工也都是从部队下来的，都比较年轻，也没有考虑这些问题。

刚去时大家热火朝天，由于人太多了，开始时没有地方住，都住在老乡家，或者是借用当地的小水泥厂的宿舍给大家住，好多民工就住在简陋搭建的工棚中。

当时我们住在老乡家里，与老乡关系相处得也蛮好的。这些老乡都很淳朴，他们也希望能被安排进厂工作。但是当时没有这个政策，好像基本上没办法安排，那两个大队的农民都被迁到另外一个县去了。开始他们很开心，以为可以进这个厂工作了，后来统一政策让他们迁走，暂时不能进厂，以后等有机会要招收工人时再招收，两个大队的农民都连家带口地迁走了。他们有点闹情绪。

当时全国的政治局势都比较紧张，相比于上海研究所等事业单位里，这样的三线工程可以为支援国家工业分散政策，可以为国家工业建设服务，许多人都报名参加了。虽然当时这个厂里的人都来自全国各地，但几乎没有什么派系斗争。相对于上海的机关、研究所，这里面的政治色彩就单纯了许多，可以无须顾及其他，一心做事。

三、下马

这个厂后来没有继续下去。一是国家形势发生了变化，当时想在那里造船及计划，实际是不可行的。这么大的一艘船要从长江里下来，要过长江大桥，到沿海来，而船的高度受大桥影响，要做到同时符合这几点条件，是很困难的。再有一点，林彪事件发生后，许多政策改变了，所以那个厂到 1972 年就下马了，没有继续建下去。因为这是中央的厂，规模太大了，地方上也不敢随意接手。后来这个厂由六机部改建，作为其他项目的生产厂了，继续使用留下的工房厂房。

我们离开时，机械设备都留在那里，也有上海过去的员工留在那里，有的是不能回来了，也有因为爱人调来了，两个人干脆就留在那里工作了。也有一个从北京来的工业研究所，那里面的好多人就一直留在那个厂里了。也有人在这个厂解散以后，到其他地方去就业了。

四、主要的困难是上面的方针定不下来

当时主要的困难是上面的方针定不下来，好多事都没法进一步开展。实际上这两年正式工作一直没有开展，到底是建还是不建，上面的方针还没有确定下来。方针是由六机部和海军定的，林彪事件以后，人心涣散，这个厂也没办法建下去了。一个是产品没法实际产出，一个是考虑到原有方案不够成熟，所以花了那么多投资，那么多人力，建造了那么大的一个厂，后来也慢慢散掉了。什么地方来就都回什么地方去。好多老战士也都被重新调配到其他的厂，整个在九江地区，六机部一共建了十几个厂，有的是搞航海仪器的，也有的是搞舰载导弹的，也有一个搞潜水艇的厂，在这个厂的上面一点，靠近武汉。这个附近有好多三线厂，最后互相调配，在我们这个厂倒闭后，周围其他还在的厂恐怕也很少了，有一个 6214 厂和 412 厂还在。

另外，我们那时候还有很多解散的部队军事院校，有的是从青岛的潜水学校来的，有的是从锦州的一个军事院校来的，他们都被分配到我们这个厂来了，也帮助做一些建厂需要的工作。当时有来自各个地方的人，也有工厂里的工人、老师傅，也有部队里来的人，还有从各地研究所调来的技术人员，大家的心也不是太齐，各有各的想法，处的也不算很融洽。

在厂倒闭后，要回上海还要自己找出路。有许多江南厂的员工，想要调回上海但不被允许，后来在他们坚持要求下，才允许他们回到上海江南造船厂。回来的经历都是比较波折的，像我也就自找出路了。我原来是属于国防科研系统的，为了能回上海，这个系统也回不去了，我后来到了一个民营企业——上海船舶设计研究院工作。由于当时户口没有迁过去，所以托人联系后，还是可以回到上海的。

五、三线工程遗留的财富

大方针是国家计划的，当时的思想是要全国分散、隐蔽，“深挖洞，广积

粮”，防止整个工业系统被敌人摧毁，所以把沿海工业前往内地。又到四川、陕西，还有青海、甘肃（好多二机部的工业都调往大漠中）。指导思想是这样的，但现实情况很不一样，有些问题是不能光靠隐蔽来解决的，只有国防实力整体增强，才能保护国家工业系统与人民生活整体安定。我感觉，整体来说，三线建设是有一点劳民伤财的。

但是从另外一方面来讲，对内地工业也起了一定的促进作用。原来那些地方相对封闭，没有工业基础，管理也比较落后，三线工程使许多新的东西引入当地，也是当地的工业水平、管理能力增强了，对全国的工业建设也是有益处的。当地的职工看到了来自上海、北京等大城市的人的智慧、工作能力和工作方法，对当地之后的建设也是有促进作用的，因而也不能说三线工程是一无是处。现在我们国家要增强内地建设，让中西部地区发展起来，而当时的三线工程也起到了一个引子的作用，虽然中途一度停滞，但某种程度上来说也留下来一笔不一样的财富。

苗圃（职工宿舍）的房子外景

倪秀玉爱人(右)与房东老乡合影

倪秀玉爱人(中)与老同事合影

苗圃（职工宿舍）的窗外

苗圃（职工宿舍）的房门

（倪秀玉，女，1933年出生。上海市人。1958年毕业于上海交通大学造船系。1958—1970年间，前后在国防科委第七研究院第708研究所、第701研究所、第704研究所工作。1970—1972年，赴江西支内。1972—1988年于上海船舶设计研究院工作，历任技术员、工程师和高级工程师）

遥忆在原江西远征机械厂的少年时光

采访时间：2016 年 6 月 25 日

采访地点：上海毕蔚华寓所

口述人：毕蔚华

整理者：沈亦楠（上海大学历史系本科生），徐有威（上海大学历史系教授）

江西简陋的乡村小学

1969 年的秋天我随在 701 研究所工作的妈妈倪秀玉一起去了江西彭泽三线企业的 435 厂（具体情况参见收入本书的采访倪秀玉的文章《原江西远征机械厂回忆》——编者注）。在这半年前，我的父母已经去了江西工作，记得去的时候是坐长江客轮，四等舱。当时去的原因是父母工作的调动，在上海不方便学习。去了以后在那里念书，读了一个星期一年级后，发现课业太简单，就跳级到两年级。两年级读完后，三年级上半学期是在那里读的，下半学期回上海。

当地的情况是，当年的 435 厂正在筹建阶段，还没有专门的学校，只是村里有一所叫永丰大队小学的学校，本来是一个小小的村办学校，后来因为 435 厂的职工小孩太多了，所以扩招，这个时候还没有专门的工厂子弟学校，大家都先在村里的学校念书。

那个学校很小，只有几个班，一年级一个班，两年级一个班，最多就是五年级了。老师也不多，有的老师既教两年级又教五年级。教的课大概就是算术、语文两种课，我记忆中也没什么其他课。老师都是当地人，上课时也是在江西

“土话”中夹杂普通话，听懂还是没有问题的。

学校的条件也很差，教室很昏暗，就几间房间，墙壁都是泥土垒起来的，而且一下雨房间就漏水。印象深刻的是下雨天去上学，在田野里走，撑的伞是上海带过去的黑布的钢骨的伞，结果风一吹把伞都吹成喇叭形的，后来看到当地人要不就是用竹竿做的油纸伞，要不就是用油布伞，都没被吹成喇叭状，但是我们从上海带去的伞都吹喇叭了。上学走的是田间小道、田埂，当时我穿的是上海带过去的低帮的“元宝”套鞋，有时脚一滑滑到沟里，沟里都是水和软绵绵的泥土，泥土都陷到胶鞋里面去了。所以胶鞋穿到教室以后，一脚的泥巴，就这样上课了，回来才把胶鞋换掉，一天都穿着泥巴带胶鞋。

同学的话，其实从上海来的只有我一个，因为 435 厂职工是全国各地来的，上海人没几个，但是会讲上海话的人还是有几个的。比如有的小孩的父母是上海人，但是他们的部队是属于榆林军区、锦州的，小孩从小出生在外地，都讲普通话，看到我是上海人就和我讲几句蹩脚的上海话，算是客气套近乎吧，平时基本还是讲普通话。大多数同学都是职工子弟，少部分也有当地村民的小孩。435 厂开始兴建后这个学校大大扩招，老师也从当地教育局派了几个过来，师资力量还不算差，还是有四五个老师，不像现在偏远地区的山村小学，一个老师既教语文又教数学。可能是因为我本人适应性比较强，也可能又由于这个学校里大多数都是 435 的职工子弟，所以大家都相处得比较愉快，也没有什么地域差异引发的冲突。和少部分当地的同学也比较融洽，关系也蛮好的。

每天走七里地去上学

后来读了一年不到，我父母觉得这所学校不太好，教学条件、环境实在太恶劣了，一下雨就没法上课。后来转到一所叫城关小学的学校，是在县城里的，每天上学单程要走七里路，来回十四里。第一天去的时候我没带午饭，中午还要走回来吃饭，一天走了 28 里，之后开始每天带饭了。那个学校是当地教育局公办的，由于是县城的城关学校，学生都以当地学生为主，当然也有小部分 435 职工子弟，不过好像是政策的限制，不允许招收太多的三线职工子弟，上海人就更没有了。那个学校的设施就好多了，有操场，有比较完整的基础设施，老师也很多，还有专门蒸饭的地方。我因为表现优秀被推举为中队委员。

我们住的地方叫苗圃，有很多职工的孩子也是城关小学的，所以我们每天有七八个人一起徒步同行去上学。在路上有时遇到进城的卡车、吉普车，有认识的司机我们就手扬招一下，他们就会载我们一程，带我们到城里。这是走大路，有的时候为了节省时间走山路，山路崎岖不平，有时候路过一个山洞，当地人说这是个老虎洞，会出来老虎。所以每当我们遇到山洞时，就撒腿跑得特别快，狂奔过山洞。前面就是一个山头，山头下去就到了城关小学。大路小路都走，来不及了就走小路，来得及就走大路。

在城关小学大概学了一年，和同学关系很好。城关小学有体育课、音乐课等，各种各样的课程多了。学校里可以蒸饭，自己带去的米在食堂统一蒸熟，然后每天再带一瓶菜去吃。我家里希望我吃得好一点，带去的饭菜里面会有红烧肉、香肠这类荤菜。当地的学生带的都是自己家里做的腌萝卜、咸菜，我不喜欢吃肉，觉得他们的萝卜干、咸菜很好吃，就用肉和他们换萝卜、咸菜吃。后来这件事传出去了，大家都叫我“萝卜干小姑娘”。也有可能是因为换肉这件事，使得当地的同学和我关系很好吧。学校还组织我们春游，春游结束后还要写游记。我记得我的老师好像是个东北人，也和我关系特别好，还带我到她家里去吃饭。在那里我入了少先队，还做了红小兵中队长。

童年的闲暇时光

刚去的时候我还没入学，只记得每天晚上父母都要去开会、去学习文件，我只能一个人在家里。每天八点钟以后，听到广播里的“各地人民广播电台联播节目”，他们才能回来。吃完晚饭到八点钟以前这段时间，都是我一个人待在家里。上学以后，每天早上起来我要自己烧早饭，吃完饭后自己带一瓶菜上学去，中午学校里有饭，晚上回来父母烧饭、做作业，一天就这样过去了。那时的生活节奏没那么紧张，感觉也蛮惬意的。

我们一开始住在老乡家里，后来住到了苗圃的职工宿舍。记得在老乡家里时，那家人养了一头猪，他们准备杀猪，我也不知道杀猪是什么情况，从来没看到过，就很好奇的跑过去围观。只看到那头猪被绑起来，一把刀直接捅进它的脖子，血就这样飙出来，出来的血柱子直径有十公分那么宽。当时觉得猪太可怜了，连做了几天噩梦。从此以后我就不敢吃猪肉了，直到现在也不怎么吃。

住在苗圃的时候，玩得也很开心。我们住的地方是一个果园，果园里有种各种各样的果树，到杏树结果的季节，我们在杏树上玩打仗游戏，把杏果摘下来当干粮，吃完了把核当子弹投向对方。苗圃的空气真的很好。我还在我家后院里圈了一块地，专门种葱，所以我们家烧菜要用葱时，就到我的地里去拿一点，这也是我的劳动成果。我们的果园也主要是种桃子，到了夏天，经常可以吃到蟠桃。

印象比较深刻的还有那里的厕所，当时没有觉得不习惯，现在想起来很害怕。厕所没有冲水，进去就是一股臭味，不臭就不正常了，里面到处长满蛆。

还有还没上学时，白天没人带，就到我妈妈的单位去。大人在上班时我无聊没事，就和卫生员在一起玩，我说我受伤了，卫生员就帮我贴了一块纱布，我说一块纱布太小了，我要像电影里面的伤员受伤一样，绷带缠起来的那种。然后卫生员就帮我把手用绷带缠起来，缠得像电影《上甘岭》里面的伤员一样。我觉得很好，到处炫耀。

这个厂的员工多是全国各地来的造船方面的专业技术人员，有些是分配过来的大学生，在那个年代毕业的工农兵大学生，有交大毕业的，也有哈工大毕业的，我经常去他们宿舍里玩。他们都很有才华，有的会吹口琴，有的会唱歌，我觉得他们的业余生活很丰富。可惜他们的才华在那个年代都没有施展的机会。在我记忆中，435 厂的文艺活动并不是很多，偶尔会组织职工去城里看电影。

至于 435 厂的那些上马下马的事情，都是大人的事，当时太小，我不是很清楚。

上海同学眼中的“乡下人”

1972 年 5 月我随父母回到上海。当时 435 准备下马了，我本来就是从上海去的，就回上海上学了，半年以后我母亲也回来了。回到上海是三年级，按我的年龄应该是分在二年级，但在当地的学校读的是三年级，回上海也就是三年级了。

回到上海后也没有觉得特别不适应，我在去以前在幼儿园里经常生病，去了江西以后空气也比较好，每天又都走山路，经常锻炼，在那里两年多都没生过病。回上海以后没多长时间又生病了，可能是走路少的原因，上海的学校就在弄堂口。刚转到上海的学校时，记得报到的第一天，我穿了一身江西的红小兵衣服，老师介绍我是从江西转来的，有同学认为我是乡下来的，就说我是“乡下人”，我当时扇了对方一耳光，人家一看这“乡下人”怎么那么凶。老师批评我了，我妈妈也被叫到了学校，后来我给那个同学赔礼道歉，之后就不了了之了。和上海的同学相处得也很好。

在课业的衔接上没什么大的问题，就是汉语拼音不懂。上海已经开始普及拼音了，江西不教汉语拼音，直接从识字开始学，所以后来拼音一直没怎么学好，直到考大学前突击才彻底学会的。上海要做眼保健操，我也不会做，后来看看旁边人怎么做也就学会眼保健操了。还有江西的体育课没什么大的活动，就是做做操，上海的体育课要跑步，我一跑步就会浑身发荨麻疹，也没怎么上体育课。

总的来说，一方面是年龄比较小的原因，一方面可能是我个人适应能力比较强的性格，无论从上海到江西还是江西回上海都没有什么特别的不适应。由于我们那个厂的员工是来自全国各地的，也有很多部队系统的，多是从沈阳、锦州来的，不单是上海一家，小时候一起玩的435职工子弟在厂“下马”后也各分南北，从此再没有什么联系了，这也是一大遗憾吧。

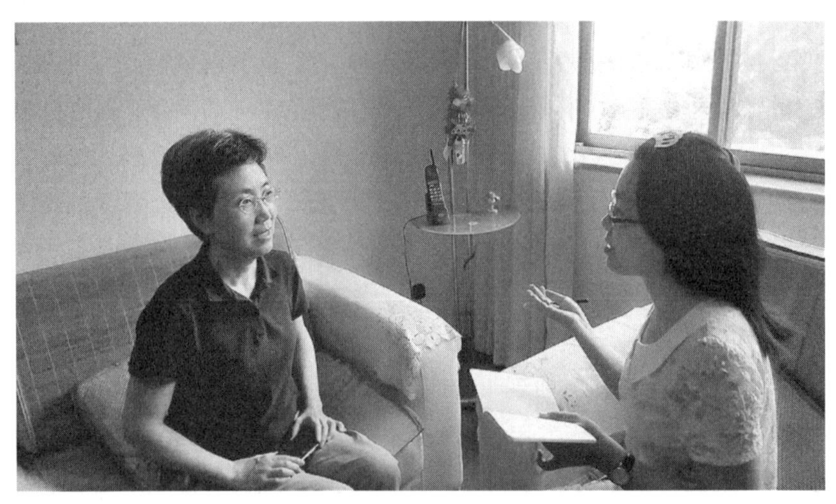

沈亦楠采访母亲毕蔚华(2016年6月25日)

（毕蔚华，女，1963年生于上海。1969年随父母去江西435厂，即原江西远征机械厂。1970年春起，先后就读于江西彭泽县永丰大队小学和彭泽县城关小学。1972年返沪，就读于上海市新闸路第三小学。1985年大学毕业。2013年退休）

我们是三线人

顾　筝

嵇德珍的饭桌上摆出的搪瓷杯和搪瓷盘上都印着同样的数字："312"，这个数字代表了她和爱人曾经工作了十六年的地方——那个隐蔽在皖南山林中的电厂。

"侬晓得伐？阿拉程程是上海户口了。"在老同事聚会时，王秀英忍不住"显摆"，这是他们圈子中最关注的话题。

嵇德珍和王秀英的生活还刻着历史浓浓的印记，如果拨开日常生活的琐碎，和她们坐下来好好聊聊，会发现有不少相同之处，因为她们都曾是"三线人"。

"三线人"，"三线建设"对现在大部分年轻人来说是陌生的词汇，可它在当年牵涉到上海的千家万户。这是国家在20世纪60年代中期以战备为目的进行的一场大规模工业迁移。所谓"三线"是针对沿海的"一线"和中东部地区的"二线"而言，主要指我国的西南和西北地区。三线又有大小之分，西南、西北为大三线，中部及沿海地区省、区的腹地为小三线。数百万名的工人、干部、知识分子和官兵，在"备战备荒为人民"、"好人好马上三线"的号召下，从沿海西迁。

这段历时几十年的历程，影响了一个个家庭。上海大学历史系教授徐有威近年把研究重点聚焦在上海三线建设上，他说："我之所以热衷研究三线建设，既是对这段历史的个人喜好，也是出于一个历史研究工作者的责任。特别是作为上海人，我更要对当年牵涉到上海千家万户的迁移三线过程做出一个全面、客观的研究与判断。"

他家大三线，我家小三线

10月，蟹黄膏肥，陈建荣一家开车去阳澄湖。此行，品蟹并非主要目的，他们在那里约见徐瑞康一家。

陈建荣的儿子陈和丰和徐瑞康的女儿徐佳祺已谈了近四年恋爱，趁着十一假期，双方父母正式见一次面。

会见的气氛在一个问题后就变得热烈起来，当时寒暄了两句后，陈建荣问徐瑞康、黄婷婷夫妇：你们是啥辰光到山里去的？

自此，三人就陷入了对童年往事的回忆和交流中，完全没有"准亲家"初次相见的尴尬和生疏。

"侬在山里厢也打过猎……"

"对，夏天在山里最开心的事情就是去游泳，抓鱼……"

他们会有那么多共同语言，是因为他们都是三线子女，陈建荣家是小三线家庭，徐瑞康家是大三线家庭。

陈家的故事一：儿子拍了部纪录片

其实，在过去的很长时间内，陈建荣并不常说起自己小三线二代的成长背景。他有个大学室友，相识了几十年，在前段时间他们才知道彼此的父母都是小三线职工。

"这就像昨天晚上看电视剧，当中放了老精彩的广告，第二天都忘记脱了，只记得电视剧的内容。小三线大三线这段历史，就像是广告这样一个小片段，被忘记了。"陈建荣说的是一个普遍现象，说的也是他自己。他们这一代80年代初的大学生，面对的是一个骤然开放、充满新知识、新事物的世界，唯有不断被推动着往前跑，哪还有一点空回头去看自己过去所经历的世界。

要不是2014年年末儿子陈和丰开始筹划拍摄一部家庭历史的纪录片，陈建荣可能还不会调动出这么多的回忆。

"本来我说这是最普通的人家的历史，没什么意思。不过儿子说这能让他对家族有更多理解，而正是因为很多普通人的历史才组成了一个大历史。"被说服之后，陈建荣特地陪陈和丰去了一趟312工厂的所在地安徽泾县，那是他父母当年作为小三线工人所工作的地方。

“对我来说，父亲一直是一个很严肃的人，他小时候对我很严格。”陈和丰回忆拍纪录片时的过程，“不过等回到山里之后，他表现得就像个孩子一样，他会说：‘你看，这里是我和你阿爷(爷爷)游泳的地方。’他的神态完全就像是个孩子。”

陈建荣并没有忘记，他的记忆只是被封存着，一激发，汹涌而出。

“爷娘要去安徽的那天早上，舅舅带着我和哥哥到杨浦发电厂门口去送他们。门口停着好几部大巴士，亲人之间分别，大家都在哭，生离死别一样。我不懂爷娘为什么要走，我就一直哭，我娘也一直哭。为了让我分散点注意力，舅舅特地把我抱到厂门旁边去，不让我看到爷娘。这个场景印象深刻得不得了。”那是 1970 年 2 月，陈建荣的父母陈成志和嵇德珍响应国家号召，报名到安徽“支内”，参加小三线建设工作。工厂建设在皖南山林中，为了保密起见，连厂名都没有，以数字“312”代替。

嵇德珍在和两个孩子分别的时候哭得死去活来，“那时他们还小，阿拉就稀里糊涂地上车跑了，阿拉是骨肉分离，老伤心的，我一路哭过去，饭也不吃，这样的状态持续了好多日子。”这段记忆对嵇德珍来说是永远抹不去的，即使到了现在，回忆起来，她仍然忍不住哽咽。

当时大儿子陈建国 12 岁，小儿子陈建荣只有 6 岁，并不是嵇德珍和陈成志狠心，要把孩子留在上海，而是没有办法。“我问两个孩子怎么办？领导说，再过半年，等阿拉那边的学校造好，孩子们就可以过来，先暂时克服一下，就这样阿拉先走了。”

在这场分别中，陈建荣的哥哥陈建国是较为冷静的，“我没有哭。我并不是觉得离开父母开心，而是觉得就这一回事，哭能怎么样，不哭又怎么样，人那么小，无法改变这一切。而且妈妈跟我讲了，再过半年，等学校造好，我和弟弟就一起去了，这只是暂时的分别。所以我就一个人躲在边上，没有哭。”

半年之后，学校并没有造起来，他们得到的消息是一年之后学校肯定造起来。一年之后，学校还是没有造起来，说两年后会造起来……就这样，他们等啊等，等了十六年。

徐家的故事一：初到汉中

虽然是第一次见面，但黄婷婷在情感上和陈建荣家有一种本能的亲近：

"之前我看了陈和丰拍的纪录片《凡人歌》,看了好几遍,他伯伯和爸爸真的非常了不起,在没有父母在身边的情况下,还能这么出色。他爸爸能考上复旦大学,我从心底里是佩服的,我们这种在父母身边的人都做不到。"

黄婷婷和徐瑞康一样,都是跟着父母一起去山里的。

现在黄婷婷的父母和他们一家生活在一起,在昆山家里的沙发上,母亲王秀英回忆说:"那时要打仗,一部分工厂要到山里去,越隐蔽越好。我当时是上海机床厂的,他(指丈夫黄祥山)是上海缝纫机厂的,两边都要支内,我想阿拉厂大,就让他跟着我一道去。报名去支内一方面当时是因为当时的形势,不去要贴大字报的,另外也有一点私心,阿拉两个人都不是土生土长的上海人,我是泰州人,他是南通人,当时在上海的房子是借的。想到山里去么,房子好解决了。去的时候阿拉家里五口人,除了两个小孩,我把妈也带在身边,不是要打仗,备战备荒为人民嘛,打仗家里人都分开了哪能办啊?"

去的时候是 1969 年 7 月,家具早就托运走了,全家老小五口人带着行李去坐绿皮火车。先乘坐火车到宝鸡,再乘宝成线到阳平关,到了阳平关,厂里的货式车已等在那里了,把他们同行的一群人都带到了厂里。工厂在汉中,是盆地地形,"是真正的开门见山。"黄婷婷说。那时的工厂已完成了基础建设,他们一家分到了一套两室户的房子。

"去了没多久,就发大水,下雨天路很难走,都是烂泥,脚都拔不出来。"当时黄婷婷才 5 岁,她对这趟远行只有这个依稀的印象。

上海机床厂在汉中建造了一个小上海,工厂有厂区、生活区两大部分,包含食堂、学校、医院、小卖部、澡堂等各种设施,工厂内的工人及家属,不用走出厂区,就能满足一切日常所需。"阿拉吃的肉、鱼、菜,都是厂里统一派车从上海拉来的。比如讲车子下午五六点会来,阿拉就一早要去排队,一开始是去摆块砖头,讲这块砖头是我的,当它是人头占个位置,等菜来的时候,大家都拥过去,去挑选自己要的东西,那个辰光,什么都是讲配给的。"

工厂规模很大,有几千号人,黄婷婷和徐瑞康差不多同时过去,年龄也相仿,但他们一开始并不认识彼此。不过回忆起来,童年的生活却是相似的。"从小开始抓螃蟹,抓青蛙,到河里摸鱼摸虾。那个辰光胆子也大,为了采一颗枣子,可以几个人拉在一起攀到山下去,真的不考虑危险的。回想起来蛮扎劲的,但反过来讲是空虚无聊。当时没啥作业,也没电视看,谁家买个电视机,那他家都要成俱乐部了。”作为男孩子，徐瑞康玩得更野一点，打猎、游泳，什么都玩，而这些也变得和陈建荣有了很多共同语言。

一大批上海人迁到了汉中，对当地人也有了很大的影响。“刚去的时候，当地人很多东西不吃的，很大的虾、黄鳝、甲鱼……我爸一晚上去抓黄鳝，可以抓到好多。当地人说，上海人就像蝗虫，什么都吃。当地的生活还是老苦老封闭的，刚去的时候，老乡看到汽车，还不认识，问：它是吃什么东西的？他们没有肥皂、糖，就会用自己家里的土特产跟阿拉调。我记得我发育的时候，妈妈为了给我补营养，就偷偷去找老乡换东西。当时这种以物换物的行为属于投机倒把，必须在私下进行，妈妈看到老乡拎着一个篮子，上面遮块毛巾，就偷偷地跑去问人家：你这是什么，是不是肉啊？如果对方点点头，那妈妈就拿一块肥皂或一些糖去和他(她)交换。”

陈家的故事二：留在上海和去山里

父母离开上海去安徽之后，陈建国、陈建荣兄弟俩在上海独立生活，这就是让黄婷婷佩服的缘由。

嵇德珍盘了一下家里的收入，给兄弟俩留下每个月40元的生活费。这在当时每个人只有几十元工资的情况下，她已经是尽了最大的努力，为了节省，她和丈夫常常是一碗清汤两个馒头就对付了一顿饭。只是40元，让两个孩子在上海生活一个月，仍然捉襟见肘。除去房租费，书费，水费电费等，分摊到每天的伙食费只有区区5毛。

刚开始一年，为了更好地照顾孩子，嵇德珍把重任托付给了自己的弟弟。每天陈建国陈建荣的舅舅都会去他们家，给他们做饭，照顾他们吃好饭后，自己再回家做家务，等到了晚上再来陪他们睡觉。这样的日子持续了一年左右，兄弟俩的独立生活开始了。

“那个辰光，我读小学三年级，每天早上我先起来，洗脸刷牙，烧好泡饭，小菜就是酱菜腐乳。吃好了，搀好弟弟的手送他去幼儿园，我再跑到学校。下午放学的时候我第一个奔出课堂，跑去接弟弟。为啥要奔出去？因为他跟我讲：哥哥，侬要第一名来接我。把弟弟接回家后，我把他放在家里或是邻居家，再去买菜做饭。一开始不大会做，邻居教我，做简单的炒蛋、红烧肉，一般一顿饭就一个菜。吃好晚饭后我做功课，弟弟自己玩。天黑了，他先睡觉，我做完功课再睡觉。”

即使在那个孩子更早承担家庭责任，更早当家的年代，由一个12岁的孩子带着一个6岁的孩子独自生活，仍然是一件很不容易的事情。陈建国回望记忆中那两个幼小的孩子，内心充满了心疼：“记得有一次中秋节，周围邻居都一家团聚，热闹非凡，而阿拉屋里却十分冷清。阿拉晚上8点钟不到就上床睡觉了。半夜，我在梦中被一阵哭声惊醒，爬起来一看，原来弟弟在哭，我不解地问他为什么，弟弟一边哭一边说：我想妈妈了。这时我心头一酸，阿拉兄弟俩抱头痛哭。其实心里非常清楚，妈妈要到过年才能回来，阿拉还要等很久很久。这个时候我心里的感觉就是有爷娘等于没爷娘，老羡慕人家一家人可以在一起吃吃月饼，聊聊天。现在看这些根本没什么了不起，但在当时的情况下对阿拉来讲是奢望。阿拉兄弟俩得不到这种生活，只是冷冰冰地过日子。”

平时的日子按照起床、上学、放学、睡觉的节奏有规律地度过，也会有舅舅时不时地来照顾一下，还不觉得什么，但在节假日，或是有一些大事发生的时候，兄弟俩那种无所依靠的感觉就会变得很明显。“有一次走在路上一块砖头落下来把我的脚趾头敲坏了；小学五年级的时候弟弟在学校踢球，摔跤把手弄骨折了……这些事情我想如果跟爷娘讲，他们肯定很当一回事，担心得不得了，所以阿拉都是自己去医院处理好，写信的时候一直没讲这些事，都是讲生活蛮好，读书蛮好，你们放心。我记得是等到弟弟石膏拆掉后我才在信里面提了一句，妈妈看了，哭得一塌糊涂。那个辰光打电话也不方便，16年里生活中的困难那么多，阿拉都自己扛着，自己解决不了告诉舅舅，一般不会写信告诉爷娘。”

由于更为年幼，陈建荣关于父母刚离开上海时的细节，并没有陈建国那么印象深刻，但他也记得小时候去买菜的场景：拎着一个菜篮子，手上攥着这一天的买菜钱五毛，一蹦一跳地去买菜，走到菜场一看，手里的五毛钱不知道什么时候丢了，这一天只能想办法过过去。“还好家里米有的，饭烧好，用酱油炒，现在倒是行(上海话，流行的意思)的，酱油炒饭。或者花5分钱买点花生酱，用水调一调，放点盐，拌饭吃。不想烦呢，就弄点酱菜吃吃。吃酱菜是家常便饭，所以我现在不吃酱菜的。其实讲老实话，埃个辰光，吃这点东西一点都不觉得委屈，不过如果一家人待在一起，大家一边吃一边讲讲，感情可能会更加冲淡对物质的要求。”

陈成志和嵇德珍每年有15天的休假可以回上海，为了和两个孩子多接触，他们会分开回来。后来了解到孩子在过节的时候特别孤单，每年的十一假期他们都会有一个人回来。"回来的时候,他们会陪阿拉去饭店吃饭,就在家门口的双阳饭店吃一顿。埃个辰光,一般大家是不会去饭店的,但是从小到大,爷娘都带着一种亏欠愧疚的心情,任何事情都蛮依着阿拉的。"陈建国说。

每年父母回来这短短的15天,兄弟俩都特别珍惜。陈建荣有段时间住在舅舅家,但但凡妈妈回来了,他放学后就会溜回自己家。"只有哥哥在的话就无所谓,我一个星期不回家也没关系,但是妈妈回来了,那我是一定要回家的。"

相比父母回上海时的短暂相处,陈建国陈建荣更期待去山里和父母团聚。每年暑假和寒假的时候,兄弟俩会搭上工厂的班车,在车上颠簸近十个小时,到安徽父母所在的312厂。"在卡车上,坐得整个人昏头昏脑,但是到了目的地看到父母就很开心了。他们那边的生活,就像是个小上海,住宿饮食都比在上海要好,空气也好,阿拉去那里是改善生活的,妈妈弄最好的菜给阿拉吃。"陈建国说。

陈建荣更多的记忆是在玩和吃上。"在上海的时候老羡慕其他同学的生活,父母在厂里会带冷饮水回来,而阿拉是没得吃的。所以到了山里,有老多快乐。天热的时候,下午可以去游泳,还可以用热水瓶去厂里拷盐汽水、冷饮水回来吃。一边吃西瓜,一边乘风凉,来得个扎劲。爷娘上班去了,要吃什么东西自己弄,有一次想吃生煎馒头了,就自己研究哪能做?生煎馒头里的汤水是用肉皮炖出来的这种事,我老早就晓得了。天冷么,自己炒花生瓜子吃。没事体做,就拿把镰刀上山去,砍砍树挖挖葛根。也会跟爸爸一起到水泵房值班,拿着咸蛋和饭,就像在外面野餐一样。"陈建荣感慨,这些简单的事情在当时来说都是值得记住的美好回忆。

由于父母和孩子双方都特别想念彼此,也为了减轻大儿子陈建国的压力,有一年陈建荣留在安徽上学。312厂规模不大,学校一直没有建立起来,陈建荣是借读在附近宣纸厂的子弟小学中。"从厂里去学校读书,走路要走40分钟,阿拉五六个小伙伴每天结伴而去,蛮快乐。有时沿着河床走,有时在路上搭顺风车,搭到的是那种运煤的解放牌大卡车,前面的位子阿拉让给小姑娘坐,男生就站在后面吹风。"只是,安徽的教学水平和上海相比差了一大截,在那里读书,陈建荣的成绩直线下降,父母觉得这样不是办法,只能让他再回上海。"那大半年读了什么我其实都不知道,但只要待在父母身边,就觉得很开心,那时还不懂亲情是什么,但这种感情就是天生的。"

而陈建荣在安徽的读书经历让陈建国对于和父母在安徽团聚这件事彻底绝

望了，“不要讲学校还能不能造起来，即使造起来了能到那里读，读得也不会好，还是在上海好好读书吧。”陈建国自此，认命地接受了和父母分居两地的现实。

徐家故事二：待在山里和去上海

在孩提时代和青少年时代，陈建国陈建荣这样的孩子是会让黄婷婷和徐瑞康深深羡慕的，因为他们能留在上海。

三线厂在山区自成一体，形成了一个和外界隔离的小社会。里面工作生活的人大多是上海人，说着上海话，吃的食物、用的日用品都来自上海，所以在里面生活的孩子，甚至有的是在当地出生的，但都认定自己是上海人，也在大人的讲述中对上海有深深的向往。“小时候放暑假了，有同学回上海，心里不要太难过哦，我心里多痒啊。我有一个要好的女同学，每个假期都要回上海，我羡慕得不得了。”黄婷婷回忆说。

每年春节，单身的人要回家过年，上海还有父母兄弟姐妹的人要回家过年，厂里会特地去向铁路局申请一两节车皮，一群人背贴背挤着回上海。像黄祥山王秀英这种思想积极，全家一起去了山里，而且在上海没有什么至亲的人家，就待在山里过年。留在山里过年当然也有别样的滋味，妈妈会给孩子们买块布，做件新的棉袄罩衫，罩衫上的两个口袋一定会做得很大，方便小孩子放瓜子放糖。黄婷婷回忆说，那边过年很热闹，到处串门，几家人关系好的就相约着，今天到你家来吃饭，明天到我家来吃饭，一直会吃到正月十五。这个习惯到现在还保留着，逢年过节，徐瑞康黄婷婷和同事们还是会互相串门，每家人会做东吃一天。他们仍然喜欢在家里摆出一张圆台面，请同事们来家里吃饭，觉得这和在饭店吃饭不一样，更加适意，有一种家的感觉。

闹猛归闹猛，但黄婷婷还是非常羡慕那些能回上海过年的人，他们从上海回来之后，就要讲在上海的见闻，说在上海吃什么，生活怎么好，上海今年流行什么。“老早人要赶潮流的，今年行什么，明年行什么，上海去过了之后，就把上海的潮流带来了。比如上海流行的确良衬衫、765 皮鞋、丁字形皮鞋、五香豆皮鞋（前面有贴边的，像五香豆一样）、小包裤，去的人把这股流行风带回来，接下来谁去上海，不得了，都要托他们买了。阿拉潮流跟得老紧的，上海有什么，阿拉一定要跟着，当地人呢，又跟着阿拉。当然，有段时间，穿啥领导要管的，小包裤不行，要剪脱，是流氓阿飞，生活作风不好。”

黄婷婷的少女时代，就一直憧憬着能去上海白相，而她难得的几次和妈妈到上海的经历，简直就是一部“恢宏”的上海代购史，相比之下，现在的那些海外代购，不过是小巫见大巫了。

“埃个辰光探亲假有27天，阿拉回来一趟，先到乡下去看看长辈，真正在上海的时间只有半个月左右。这半个月是不好待在家里的，待在家里就是浪费了。阿拉来上海一般住在一个远房伯母家，她家住在静安寺，每天天一亮，眼睛一睁开，阿拉就出门了。这是要开始享受上海人的日子，过上海人的生活。早上先要找小吃店吃碗咸浆，吃小馄饨，生煎馒头，馄饨，牛肉汤，这些在汉中是吃不到的。早饭吃好，就到处兜。到上海来，最大的目的就是采购，阿拉会从静安寺一直走到城隍庙，再走回去，完全是靠两只脚走，本事大伐？兜得比较多的是妇女用品商店、市百一店、永安公司，样样都要买。我记得老清爽的，有一段时间流行尼龙衫，回上海的时候，妈妈给我买了一件橘红色的尼龙衫，有松紧带的，好看得不得了，要20元呢。人家看着都讲你姆妈怎么这么舍得。还有一次，我要买双紫红色的高帮皮鞋，有根横搭袢的，先在静安寺附近看到一双蛮好看的，但是买东西侬晓得的，一开始看到总下不了决心买，万一之后看到更加好的呢。后来一路兜，兜到淮海路南京路，看来看去，还是觉得一开始看中的那双最好看，再兜回去买。这样的事情不在少数，买件大衣也是横兜竖兜，后来兜到我爸爸都发脾气了。但是哪能办呢？难得来一趟上海，总要给自己添置点东西，人都有显摆的心理，从上海回到山里的时候，上海流行的潮流最好能在自己身上体现出来，让人家看到，都‘哇’赞叹一下。”

除了为自己添置衣物，更多的采购是要帮他人带东西。王秀英指着墙角比画了一下：“我那个远房阿姐家里地方老小的，但是会专门腾出一只角给阿拉摆东西，要摆二十多个箱子，最多的一次有三十几只。阿姐讲你家怎么这么有钱，买噶许多东西，我讲阿姐哎，自己的东西只有一两只包，其他都是人家的。人家来上海的时候，阿拉叫他们带，现在阿拉来上海，也要帮他们带东西。”

代购的东西五花八门：皮鞋，衣服，肥皂，酱油，卓纸，簸箕，扫帚……765皮鞋流行的时候，一次要带回去近二十双鞋，把鞋盒子统统扔了，鞋子整齐地排在一个大箱子里。“最戆的是带酱油，坐火车行李要称分量的，超重了要罚钱。有时超重罚的钱比带的酱油还贵，有的人一气之下就把酱油倒掉了。气死了，噶远又噶重。”

虽然不像女生那样爱兜马路、爱采购，但是徐瑞康也欢喜到上海去。“我分到厂里工作之后，出差机会蛮多的，只要有江浙一带的出差，我都要到上海去一趟。我娘娘家住在四川北路，老闹猛的，周围有老多电影院。我就会到处兜兜，看人家贩卖电影票、贩卖香烟，我也欢喜看古董，到老西门去看看白相。一样的，我也会从四川北路走到城隍庙，就是要在上海看看闹猛。”

现在徐瑞康黄婷婷一家在昆山已扎根多年，但到上海采购的习惯还是没有改变。“阿拉只要有空就要到上海去，养成习惯了。就是去兜兜看看，感觉感觉上海，做一天上海人。比如他（指徐瑞康）欢喜吃小杨生煎，其实昆山也有的，阿拉家门口就有，但是他就是讲不好吃，讲上海的再吃都吃不厌，每趟回去总归要吃。我直到现在，衣裳鞋子，还是要到上海去买。其实，到上海跑一天也蛮吃力的，但阿拉就是要享受这个过程，哪怕菜场也要去兜兜，感觉上海的菜场和昆山的也不一样。阿拉欢喜吃海鲜，昆山当地人不大吃的，所以逢时逢节我欢喜到上海买菜，买点海鲜回来，比如乌贼、梭子蟹等，总归觉得上海的新鲜。老早兜得最多的是三角地菜场，现在么就跟着女儿走，她住在哪里，阿拉就兜附近的菜场。到了春节，欢喜到食品一店去买零食，那里有儿时的回忆，红肠肯定要买的，还有他欢喜吃苔条、巧克力，都要在那里买，好像其他地方的苔条都没食品一店的松。这样采购一趟年货，拎回来不要太吃力哦，但是还是要去买。”

陈家故事三：父母不在身边的遗憾

徐瑞康黄婷婷在羡慕陈建荣少年时代能留在上海，而陈建荣也在羡慕着他们。在介绍徐家黄家经历的时候，他说：“他们比阿拉好，是跟着父母一起去的。”

陈建荣说，这两年他细一思量，发现自己早在几十年前，就做了一名留守儿童，“父母和孩子之间的相处、分离，千人一例，大家的感情都是一样的。阿拉这一代人没有抱怨，觉得一切都很自然，但回过头想想，这种事还是越少越好。现在我看一些讲述留守儿童的纪录片，对他们的心情非常理解，他们内心肯定很痛苦，他们对亲情的渴望和要求都是最真实的，挡都挡不住，稀释也稀释不了。就像我当时一样，读书不要，什么考大学，什么发展，我啥都不要，就要和父母待在一起。”

当父母因为安徽教学质量不好，不得已把陈建荣再送回上海的时候，他哭得很伤心，他还记得自己说：某某叔叔高中毕业，他会做代数，我就跟着他学好了。

这样的哭泣在他小学时每年要发生两次。“寒假暑假去山里的时候很开心，不过假期总有结束的时候，要回上海了，我很不想回去，想待在父母身边，待在父母身边的感觉和独自在上海生活的感觉完全不一样。可是没有办法，必须要回来，怎么办？我上车的时候就开始哭，一路哭哭啼啼，回到上海还要哭三天，哭满三天，算是哭醒，接受现实了。这个时候就开始跟上海的小朋友一起白相了。”

和父母难得相聚，所以彼此之间相处的关系有点微妙。陈建荣记得两个细节：一次是妈妈回家探亲，一天早上送我去上学，路上我看到油条大饼吵着要吃。妈妈一开始想省点钱，说算了不要买了。我就有点生气了，妈妈马上掏出钱来说吃吧吃吧。事后我想想自己实在不懂事，很愧疚。还有一次是我已经读高中了，爸爸回来探亲，埃个辰光，电视机很少，他去隔壁人家家里看电视，我对他讲隔壁人家小姑娘要高考，你别去看了。这件小事，阿拉父子俩有点小争执，弄得不开心。第二天他要去山里，一早就起床了，其实我也很早就醒了，想想和他昨晚有点不愉快，心里很难过。可毕竟年纪大了，我只能克制着自己，偷偷地哭。这两个片段，我印象很深，就是说，和父母相处分分秒秒阿拉都很珍惜，相处的那些瞬间，大人很在乎，小孩也很在乎。而且由于长久不在一起的缘故，父母跟阿拉的相处有点不太像亲人，更像是客人之间的关系。如果一直生活在一起的，闹点小矛盾么闹好了，过两天也就好了，可由于没在一起，就特别在意。

陈建国说他性格上更为“硬气”一点，大概作为哥哥，他不能像弟弟那样，难受了就哭，而是得担当起一个老大的责任。他所记得的细节是：小时候阿拉蛮皮的，有时人家会说两句，对我来说最触心境的话是，这家人家两个小孩是没爷娘教育的。对我来说这是一句骂得最厉害的话，这个时候我有点怨父母，心想你们为什么要到那里去，害得阿拉要被人家讲。在学校里老师知道阿拉是支内职工子女，但同学不了解，他们问阿拉父母在哪里，我说在安徽。所以有很长一段时间，同学们一致认为我父母是被抓进去吃官司了，因为安徽有很多劳改农场，他们会说，什么支内，是骗人的呀，到安徽去么肯定是到劳改农场去了。从小我就觉得自己有嘴说不清，很多事只能闷在心里，压力老大的，让我觉得对生活很厌倦。

父母不在身边，有一些好的邻居会帮衬一下，但也有一些不怀好意的人会欺负这两个小孩。陈建国说被骗掉钱的事情也曾发生过，所以他对人始终有一种防备之心。“在那么小的孩子身上有那种性格其实是一种扭曲吧。”他说。

那一段经历，对于陈建国的正面影响是，他感觉自己对生活的感悟不一样，对生活甜酸苦辣的感受比一般人要深。他独立生活的能力也远远高于同龄人。“这 16 年，我失去了很多，也得到了很多，只有吃过苦的人，才更知道今天的好。很多同龄人，一直在父母身边，没怎么吃过苦，所以也没有意识到今天的好，而这其中的反差我感受得很深。”当然，也有深深的遗憾，“我没有享受过童年期，少年期。”

这样的遗憾，陈建荣也深有体会。现在，他坐在能看得到黄浦江江景的办公室内回忆过去的往事，在记忆中，他没有和父母一起在黄浦江畔留念的照片。“最大的影响就是童年少年青年时期，没有跟父母待在一起，失去了很多阖家欢乐的内容。人家一家人出去白相，我好像从来没有和父母一起旅游过，一起看电影，这些都没有的。我们没有带着仇恨去回忆这段历史，但就是感到我缺失了这一块，是记忆中的缺失。现在看自己和孩子的关系，如果儿子在学校里呆一个星期不回来，我感觉时间很漫长，我希望孩子能待在自己身边，这是过去自己不待在父母身边的一种条件反射。”

陈建国陈建荣兄弟俩多少还是幸运的，陈建国 1976 年进了杨浦发电厂工作，现在在工作上发展得不错。陈建荣 1981 年参加高考考上了复旦大学新闻系，毕业后进了电视台工作。读大学时暑假去山里，陈建荣还常常被爸妈的同事叫去，要作为“榜样”的身份去和他们的子女谈谈。和他们兄弟俩一样，同样被留在上海的二代子弟并不在少数，子女的教育成了远在山沟里，鞭长莫及的父母的一大心事。由于父母不在身边，缺乏管教，孩子“轧坏道”的也有一些。“以前觉得父母和孩子分开，没什么影响，其实影响还是很大的。我们是没学坏，但学坏的人也有很多。有的不学好，父母就很担心，让我去和他们的孩子谈谈，他们希望我的故事来感化他。对孩子来说，家庭的完整不完整，对人格的建立，是很重要的，如果缺失，是老容易豁边的。”

徐家的故事三：回不了上海的遗憾

在陈建国陈建荣为不能为待在父母身边而难过的时候，黄婷婷徐瑞康在为不能回上海而忧伤。

在上海的探亲假期总过得很快，到了要回去的日子，黄婷婷总忍不住伤心，要落泪。“我想我本身是上海人，为啥要到山里去。火车缓缓启动的时候，我就特别伤心，但也知道是没办法的。等到火车开到商丘，是盐碱地，望出去一望无际，寸草不生，这个时候又觉得特别难过。”这种情绪，在上海就已经表现出来了。“晚上四五点，我看着下班的人流，心想如果我也是这人群中的一员那就好了，我很想融入其中。如果能成为其中的一员，那就太幸福了。”

那个时候，是不知道还有机会再回上海的，以为自己就要扎根山里一辈子。王秀英在四十多岁的时候，来上海把自己老去时要穿的棉衣棉裤都置办好了。第一代三线职工对于自己的命运算是“死心”了，但并不想“献了青春献子孙”，他们还是筹划着让自己的子女回上海的机会。不过机会是如此渺茫，男孩子要破釜沉舟，扔掉关系，不要户口，可是在户口就代表着食品配给的年代，能走出这一步的人实在不多；女孩子倒是有更多的机会，她们到了适婚年龄，父母会托在上海的亲戚朋友做介绍，给她们找一个上海的男朋友，上海的找不到，找个江浙一带的也好。王秀英有一个同事，家里有好几个女儿，每次回上海，同事们都揶揄他，又去上海推销女儿了。

要找上海的男朋友，自然是得降低一点要求的，毕竟当时上海户口吃香，人家凭啥找一个外地户口的小姑娘。王秀英也托亲戚朋友给黄婷婷介绍了一个对象，黄婷婷接触了几次，从对方的谈吐、为人处世的方式上就觉得没办法接受。我真的要把自己的一辈子交托在这个人身上吗？她对此非常质疑，后来终于做了一个重大的决定，写信回绝了对方。“我知道父母的出发点是好的，他们想让我回去，那是唯一的出路。如果不通过婚姻，就有可能一辈子都呆在山里了。可是让我用一辈子的婚姻做代价，我有点不甘心。”黄婷婷回忆那时的心境。

当时的黄婷婷已经技校毕业，分配到厂里工作了，她和父母成了同事，他们那批三线二代大部分的出路都是如此，就比如徐瑞康。“由于一直生活在那个小环境中，阿拉眼光比较短浅，脑子僵化。考到上海没有那个能力，就想着考技校在厂里找份工作算了。只是心还是一直想着要回上海，如果一辈子待在上海，怎么弄，子子孙孙要成为那里的人了。并不是说那里的人有什么不好，只是我是从上海过去的，根在上海，总归想回去，这就是一种归属感。放弃了上海对象的机会，担心总归有一点的，但哪能办？权衡一下，还是自己的幸福最重要。而且等我到谈婚论嫁年龄的时候，已经改革开放了，身边有很多人到广州深圳打工，我就没有那么担心，自己一辈子都会待在那个山沟里了，而且我也有信心，即使自己待在那里，自己的下一代一定不会在那里。”

没有想到的是，随着改革开放，上海机电厂和昆山的一家工厂谈妥，建立联营厂，根据政策，厂里一批年轻职工可以到昆山去工作。当时的政策是这样定的，每户一个名额，未婚青年才能去。黄婷婷家就只有她一个孩子，她理所当然地拿到了这个机会。徐瑞康家虽然有三个孩子，但年长的两个都已经结婚了，所以机会落在他的头上。有一些家庭如果符合政策的子女多，派谁去实在是伤透了脑筋，公平一点的采用抽签的方式，如果是由父母指定某个孩子去的，兄弟姐妹之间产生隔阂，导致关系不好的也有不少。

黄婷婷拿到通知的时候很高兴，“好到上海去了，好做上海人了。”他们是统一到上海人民广场集合，再由厂车拉到昆山去的，当时的昆山还很落后，一路上设施破旧，有的还是芦苇荡。黄婷婷又哭了一路：“我想自己怎么从一个山沟沟跳到另一个山沟沟来了。”之前，她对昆山一无所知，就像她的父母当年去支内的时候，对汉中一无所知一样。“到厂里的第一天，领导们就给我们开会，说晚上不可以出去。晚上站在阳台上，看外面，一片黑暗，连一点灯光都没有，我就心里难过，心想自己怎么来了噶戆的地方。逢年过节，宿舍里的女孩子们一起给父母写信，回头一看，大家都在哭。那时失落得不得了，心想还不如在汉中呢，好歹还在父母身边，有一个家。”

徐瑞康接到通知的时候正在上海出差，他不紧不慢地又在上海玩了几天，再回汉中办手续，办好手续后来到昆山，第一眼，也是失落。“都是烂泥地，草棚棚。”

那种失落感和离开父母的孤独感，是在他们谈了恋爱，成立了自己的家庭后才慢慢消减的。到昆山之后，对于再回上海的愿望，他们就自动消化掉了，“我们到这里后，已经不可能回上海了，到昆山了，就没有过高的想法了，已经在上海做隔壁邻居了。现在其实，可以有政策让退休职工报户口回去，但对我来说，已经没有在陕西时那么迫切了，可以去就去，不回去也无所谓。”

而在那个回不了上海的年代，“上海人”这三个字是长在心口的一根刺。“去上海的时候不是大采购嘛，大包小包总要拎很多，埃个辰光，上海公交车又很挤，有的人就会讲：乡下人。这个时候我恨得不得了，本来心里就有怨气，还被骂乡下人。有一次我火大得不得了，和人对骂，我讲，你眼睛睁睁大，看看清楚。我在上海的时候，你还不知道在哪里呢，你骂我乡下人，你才是乡下人呢。”黄婷婷现在能笑着回忆这些往事，“可能当时心态也扭曲了。”

陈家徐家共同的故事

1986年，嵇德珍陈成志在的安徽312厂根据政策关停，所有符合政策的人员都可以回到上海，他们中的大部分人被安排到石洞口电厂。他们一家在分开了16年后终于在上海团聚。这个时候陈建国陈建荣兄弟俩也从孩子成长为大人了，虽然对和父母待在一起的需求没有那么强烈，但能在吃晚饭的时候大家一起谈谈，还是觉得有了家的味道。

直到现在，嵇德珍的家里还留有浓浓的小三线标志，家里的搪瓷碗碟上都印有312厂的标志。两年前，陈成志去世，孙子陈和丰在整理爷爷遗物的时候发现了很多老照片以及个人文件和档案资料，读历史系专业的他决定好好记录一下爷爷以及这个家庭的故事。

陈家的故事被陈和丰拍成纪录片《凡人歌》，黄婷婷连着看了四五遍，每一遍她都看哭了，大概是在其中唤起了自己很多共同的情感。

徐佳祺和陈和丰在校园里认识的时候，照例也被问了这个问题：“你会说上海话，是上海人，怎么住在昆山?”这个问题，徐佳祺一直被问到，她再次仔细地解释了一遍，这一回，不像他人茫然不解，陈和丰说：哦，和我家一样，我爷爷奶奶是小三线的。

后来当他们谈了恋爱之后，陈和丰带徐佳祺去见自己的奶奶，嵇德珍只是微笑地看着这个女孩，忙不迭地说：“大三线的，好，好。”

好像是延续了父母对上海的感情，徐佳祺也一直认定自己是上海人，即使录取分数要比江苏高很多，但在她高考的时候，所有的志愿都填了上海的大学，没给自己留一点余地。

2014年11月份，她终于把户口报回了上海。王秀英兴奋地给老家打电话：“阿拉程程(徐佳祺小名)是上海人了。”在和老同事聚会的时候，她也忍不住“显摆”：“阿拉程程是上海户口了。”户口回上海这件事，仍然是他们圈子里最热的话题。

此时，距离王秀英黄祥山把户口迁出上海，已过了整整45年。

（顾筝，上海《新闻晨报》记者）

我和三线建设研究

上海小三线寻访之旅

胡　静

一、旌德县站

2012年3月13日清晨，我怀着兴奋而又紧张的心情踏上了上海至旌德的客运班车，寻访上海小三线曾经在旌德的历史足迹。

经过近8个小时的车程，傍晚时分我终于抵达了旌德县县城。下车后我马上就感受到了这个县城的特别，抬头远眺县城四周，四面环山，绕山而建，真不愧为山城。早已等候的友人热情地迎接过来："辛苦了，欢迎来到我们旌德！"我顾不上旅途的劳累，马上和友人攀谈起来。友人是旌德县当地人，说起旌德的历史头头是道，一聊起旌德的小三线，即刻抿嘴而笑："小三线我倒是听爷爷奶奶辈分的说过，据说在20世纪六七十年代的时候很多上海人到我们这里生活呢，当时因为一大批上海人下来了，县城里就热闹起来了呢！你若想了解我们这里小三线的历史，建议你去县档案馆看看，说不定他们那里有相关的档案资料。"

在友人的指引下，我来到了旌德县档案馆。我详细说明了我的来意，负责档案管理工作的张丽青主任热情地接待了我。得知我是专门做小三线历史的，她非常兴奋，立即滔滔不绝地说了起来："上海小三线来了，给我们旌德做了很多好事啊！当年我们这里很穷的，可不像你现在看见的景象。今天你来查找档案，只要我们馆有的，你都可以看，这也是给我们县做宣传嘛。我感受着张主任的热情和支持，心潮澎湃。随后张主任细心查找馆中所有20世纪60年代以后的档案卷宗资料，找出了一本关于小三线接交方面的档案。我连声感谢，没想到第一站的寻访，就能在当地档案馆里找到我想要的东西，真是激动万分！

为了能切身实地感受下小三线，我乘上了去孙村乡的农运班车，只因听说孙村乡是小三线原址的所在地。约半小时的车程到我到达了孙村乡的乡政府，姚盈民乡长告诉我，原来的上海小三线工厂在孙村乡有 6 个，在全县乡镇中所占份额是最多的，为了让我更好地熟悉线路以及厂区方位，他认真地画了一张《孙村乡小三线厂分布方位图》赠予我，并详细地对我讲解了孙村乡小三线工厂的分布情况，让我这个陌生人还未进山，就对孙村的小三线工厂心中有数了。真的很感谢姚乡长的大力支持！

在他的热情介绍下，我得知了一位名叫汪援生的人，是原小三线厂后方通讯处的联络员，现在是鑫源纺织厂（原工农厂）的副总经理。姚乡长笑着说："研究小三线，不去现场看看怎么行，你现在就去德山里，汪经理估计还没下班呢！那里交通不方便，你得包车过去，估计一刻钟就能到了，那里面有好几个小三线厂呢，原貌仍然保留着，你去了肯定有收获的！"于是我在他的帮助引导下，在附近包一辆面包车，师傅很随和，一说去德山里看小三线厂，马上丢下手边的活立即开车送我过去。在行车途中，我好奇的看着车窗外的情景：一条宽约 4 米的水泥路在直通前方，两旁不是茂密的树林就是陡峭的高坡。师傅边开车边笑着说：我们现在走的这条路就是当年小三线厂修的，听说是 20 世纪 70 年代修的，近 40 年了，路况还是很好，当年修得扎实呢！哪像现在的公路没修几年就坏了。就这么行驶了约 15 分钟的时间，眼前一亮，一幢约六七层高的水泥大楼矗立在远方，终于见到小三线厂的庐山真面目！后面接踵而至的是一幢清一色统一的水泥建筑物，我知道我已经到达目的地了！我立即下车，迫不及待地拍着相片，没想到这深山密林当中竟藏有如此壮观的建筑群。

此时的我被眼前一幢幢充满历史气息的水泥高楼、仓库、厂房着实震撼住了，在这四面高山环抱的山坳中，竟有如此大规模的建筑群仍坚固地矗立在这里，40 多年过去了，大部分建筑仍是那么坚韧！"嚓嚓嚓……"相机按个不停，脚步移个不停，还是司机王师傅提醒我该去找我们要找的人了，我才恋恋不舍地放弃拍照与师傅同去前方传出人声的厂房。只见三三两两的工人在厂房里摆弄着麻布，原来是家亚麻工厂（后来打听是原小三线工农厂），从工人师傅那里打听到汪援生经理在对面的厂房上班，于是我们直奔对面模样相似的工厂，找到了汪经理。

汪援生经理听我说完来意，很是一惊，说没想到小三线移交近 30 年了，在这厂里工作大半辈子了，没想到还有人记得要研究小三线！说我是因小三线采访他的第一人。我听着他的话语，心里五味杂陈。汪经理很是热情，他点燃一根烟，徐徐地为我讲起了小三线："说起旌德的小三线，我是很熟的，当年我在县里后方通讯站工作，像立新、延安、工农等，从厂的名字看出，都是以革命圣地、毛主席语录或诗词起名的。"于是他如数家珍似的说起旌德县 12 个小三线工厂来："韶山、井冈山、延安、东风、立新、长征、满江红、险峰、红旗、星火、卫东、向阳，是不是很具有那个时代的特色?"我吃惊不小，近 30 年过去了，没想到他对小三线工厂的名字还记得如此清楚。

在对汪经理近一小时的采访当中，我深切地感受到了小三线给旌德带来的变化。"小三线来了，我们县的路变好了，电通了，大家的视野宽了，县里的经济发也发展起来了，对我们影响大着哩，要说小三线带给我们的好处，那是说也说不尽啊！今天太晚了，你下次再来时，我再好好跟你说说。"聊着一看表，快六点了，时间过真是太快了！我知趣地说："冒昧打扰你了，下次一定再来听您说小三线的历史。"临走的时候，我记下了汪经理的联系方式。遗憾的是，由于采访经验不足，匆忙中竟忘记为汪留影，后来在返车途中才突起想起，甚为自责惋惜。

夕阳西下，已经傍晚 6 点，司机师傅手机电话也一直响不停，我恋恋不舍地坐上返程的车子。回眸这些散落于深山老林中的工厂房子，仿佛自己就置身那个"备产、备荒、为人民"的特殊年代，仿佛看见了那一群热爱祖国、无私奉献的上海小三线职工们正在热情工作着。随着汽车的渐行渐远，我告别了匆匆一瞥的德山里小三线厂。我想这只是我初步的探路，要想深入了解小三线，我必须做好准备，下次一定在这里住上几天，好好触摸和感受这些饱含历史的工厂。

二、绩溪县站

2012 年 3 月 14 日上午，我再一次整装待发，前往旌德县汽车站。在售票窗口我得知，旌德直达绩溪的客运班车每 20 分钟一班，最晚一班的下午 5 点。我很感意外，没想到旌德到绩溪的车次如此之多，可想两座县城之间往来很是密切。于是，我坐上了去往绩溪的客车，大约一个半小时后，我到达了计划目的地第二站——安徽绩溪县。

由于事先打过电话询问过绩溪县馆里是否藏有小三线的档案资料，告知有相关资料但不多，下车我即刻乘出租赶往绩溪县档案馆。由于事先与馆里工作人员电话沟通过，所以当我到档案馆，向查询资料处的工作人员简单介绍了一下自己时，他笑着说："你电话来过后，我马上查了我们馆里存的资料，发现有关小三线的档案并不多。据说 20 世纪 80 年代后期小三线从我县撤回上海后，绝大部分资料也都带回上海了，既然你特地从上海赶过来查，挺不容易的，你稍等下，我去取我们馆里仅留下的小三线资料。"随即他马上从隔壁的架子上取出了几本，动作是那么熟练，我想，肯定是早就为我备好的，心生感激！他把一本案卷目录册边放在桌上边对我说："前几天我翻遍了馆里所有 60 年代以后的案卷目录册，只在里面发现两条关于小三线的档案目录，你看看。"

在他的指点下，我看到了小三线的《三线接交协议书》和《三线留皖职工花名册》。看完目录，我发现小三线的资料确实不多，此时心里难免失落了一些，但转念一想，事实是无法改变的，还是仔细翻阅这两本珍贵的档案吧，肯定有收获的。于是我细心地查看仅有的资料，觉得还是有很多收获的。例如：在三线接交协议书里，三线接交领导小组对海峰印刷厂、光明机械厂、光辉器材厂、红星木材厂、203 供电所、遵义器材厂、东方红材料厂、卫海机械厂、燎原模具厂接交时的记载还是比较清楚的。

由于绩溪县档案馆所藏具体档案资料并不多，在征求馆中人员的同意情况下，我对《县三线办接交协议书》和《留皖花名册》具体档案一一拍照，拍照完毕后我翻阅馆藏《绩溪县志》(1998 年版)，试图在该书中寻找小三线记载的足迹。

终于发现"工业"之"外地在绩企业"一节里专门列出"小三线企业"，该书让我得以了解上海小三线在绩溪的总体情况。据书中记载：1966 年至 1971 年上海市在县境华阳、瀛洲、大源、临溪、扬溪和北村等地兴建小三线企、事业单位 23 个，其中属工业企业 10 个、电力管理单位 1 个。厂区占地面积 91.94 万平方米，建筑面积 36.39 平方米。1980 年后，由军工转产民用品，生产钟表、电风扇、集成电路、包装印刷、机械,1985 年共有职工 9 115 人,机械设备 6 420 台,固定资产净值 6 385.15 万元,国拨流动资金 1 910.13 万元,年产值 4 400 万元,利税 319 万元,1985 年移交绩溪县。

我仔细看完县志中对小三线的介绍,瞥了一眼手机上的时间,已是下午 5 点 10 分了,快到馆里工作人员下班时间了。没想到此时一位老者走到我的身旁,亲切地对我说:"我姓汪,是这里的馆长,我们知道你要来,提前几天给你备下了一份关于县小三线的文字材料,你看看。"说完,他马上拿出一份标有《绩溪县上海小三线单位有关情况》送予我。此刻我非常意外,没想到汪馆长对我查阅小三线的事情如此上心,他笑着说:"据我所知,上海在皖南的小三线建设,绩溪在整个皖南所占份额是最多的,很可惜我们馆里没有多少这方面的档案资料,我们现在也正在整理搜集这方面的资料,刚给你的材料,是当时我们县三线接交办的负责人写的,名叫汪福琪,已经退休了,现在也正帮我们整理三线的所有资料,你若想了解更多的话,我这里有他的电话,你可以与他联系。"听了汪馆长的一番话,我真是感激不尽,连声说:"谢谢! 您给了我很大的帮助,我马上联系他。"我在欣喜中立即拨通了号码,我经过简要介绍后,汪福琪主任同意了我的采访,预约第二天上午去他家采访。

最后,我向馆里人员询问了绩溪县现存小三线遗址情况,从他们口中得知,原上海小三线在县域留下的存量土地和厂房不少,县城范围内的已全部加以利用,但其他乡镇的绝大部分保存完好,未被开发利用。当年一些位于县城里的或一些地理位置、交通偏好的三线工厂现在基本上都改建成地方企、事业单位了,遗址也几乎拆除了。例如当年的 703 供电所,1985 年移交给绩溪县供电局接管,现在位于县城华阳东路 11 号,现在已成为绩溪县供电局。原来 703 供电所的办公楼、厂房现在几乎看不到了。又如当年的瑞金医院,又称上海后方东方红医院,也是在小三线移交给地方后,医院也被改制成其他企业了。但在乡镇上,还有一些小三线工厂遗址现在仍保存着。当年上海移交给地方后,由于工厂进山比较深,交通偏远,资源都在闲置着,有待招商引资,如位于瀛洲乡的光明机械厂、光辉器材厂和北村乡的万里锻压厂,当年的办公楼、职工宿舍楼、厂房原貌与当年"文革"时期差不多,几乎没被拆除。馆里人员建议我去瀛洲乡看看,肯定能获得更多的资料。我再次感谢了汪馆长和馆里的工作人员,我知道若没有他们的支持和帮助就获得不了这些重要的资料和线索。在寻找住宿处所的路上，肚子咕咕叫了起来，这才想起来，我忙着查看资料竟然忘记吃午餐了，幸好今天又收获不少，对得起干瘪的肚子啦！于是，我直奔前方的饭店而去……

3 月 15 日一早，我在出租车吕师傅的陪同下，从绩溪县城向瀛洲乡进发。瀛洲乡位于绩溪县城之东，两地相距 9 公里。绩（溪）北（村）公路始于县城杨柳村桥，自西向东，穿村而过，绩溪县第一大河——登源河，水从东来，沿村南向西经临溪至歙县注入新安江。20 世纪 60 年代初期，有关部门为调运北村乡大鄣山的木材，开通了简易公路；不久，一批上海小三线厂内迁到瀛洲乡的油坑、巧川、岭里汪村和北村乡的石京，对原有路基路面进行了加固和拓宽，绩北公路才像个样子，并始通农村公共汽车。我们途经龙川胡家村，据吕师傅介绍得知，胡家村为胡氏祠堂所在地，此祠堂在过去时候是学校，这几年才新兴起来，修复之后为游客蜂拥之地。胡锦涛主席的故乡就是在胡家村，听着师傅的介绍我不禁更觉得绩溪太神奇了！

看着车外独特的绩溪美景，不禁让我想起了这样的诗句：一山绿色含黛，两溪碧水如茵，三四炷炊烟袅袅，五六声鸡鸣犬吠，七八间粉墙黛瓦，九十里书声琅琅。这就是如诗如画的皖南绩溪。车出城行驶约 20 分钟光景，我们便走上了去瀛洲乡巧川村的小路，在去巧川村的入口，若不是吕师傅介绍，谁会想到此山间小路行驶 10 分钟后，会有一家兵工厂！

沿途随着吕师傅参观了当年光辉器材厂的遗迹，发现主体建筑都完好，但很多都已废弃未加利用，大好资源已经荒废了很多年，我深深为之惋惜。也发现还是有少量的厂区，现在已有村民居住了。尽管此刻天公不作美，我依然在雨中把这些实景一一拍下来。

在蒙蒙细雨中我一路触摸着光辉厂的足迹，恍惚间我仿佛置身于那个毛主席提出的“深挖洞、广积粮、不称霸”、“备战、备荒、为人民”的特殊年代，仿佛看见一批又一批上海热血青年在这深林密林中守着寂寞，为着祖国默默奉献的高大身影。由于后面的时间安排，不敢多在巧川村多做停留了，立即与吕师傅奔赴另一厂区，即瀛洲乡的燎原模具厂。

燎原模具厂，位于瀛洲乡岭外汪村，1971 年由上海汽水厂包建，生产 57 毫米炮弹总装配，占地面积 11.2 万平方米，建筑面积 4.6 万平方米，1981 年转产钻石牌中型表壳体。1987 年 11 月移交绩溪，更名皖南电缆机械厂，后又更名为燎原金属制品有限公司。出租车在逶迤山间小路上行驶了约20钟，几幢职工宿舍楼矗立在山脚下是那么显眼，凭我这几天实地看址的经验，我知道我们已经到达燎原模具厂了。

如今的燎原金属制品有限公司，原为上海小三线燎原模具厂。据说当年这座小三线厂就是生产五七高射炮弹的军工厂，对外称作燎原模具厂。1987年移交给绩溪后，经地方改造、利用后，从1990年转为民用品生产，该公司一直为日本东芝、三菱、日立公司配套生产电梯部件。现为全国最大的同类部件生产专业厂家，是绩溪县颇具规模的民营企业。

由于时间关系我不得不赶回城里赴约。在回城的路上，我思绪万千，看过光辉厂与燎原厂后，觉得当年应该是很漂亮的徽派风格厂房，现在很多竟成残桓断壁，四周杂草丛生，令人伤感，厂房屋顶有的已被拆掉，有的虽未被拆却已能望天，厂房都空着，国家的财产就这样一点点被日月所蚀，真是心疼！惟有墙上的“听毛主席的话”、“备战、备荒、为人民”的语录仍清晰可辨，让人似乎又找到一点当年热血沸腾为事业而奋斗的感觉，仿佛又回到了峥嵘岁月的时代！

中午时分，我马不停蹄地赶到了汪福琪的家中。汪主任和阿姨热情接待了我，为我讲述了他所知道的关于绩溪小三线的一切情况。原来，汪福琪是绩溪县原小三线接交办政府办公室主任，专门负责绩溪县与上海市对于小三线的接交事宜，现已退休在家。汪主任一听说我正在收集小三线的资料，表示非常支持我去做这方面的课题，他说上海小三线对绩溪来说有着深远的影响，上海与绩溪的渊源也是从小三线而起。他随后分别从绩溪县的经济、文化、当地生活等方面做了具体的讲述。

随后我问及上海小三线在绩溪存在20多年两地关系如何时，汪主任笑着告诉我说，上海职工和当地人民相处非常融洽。他说，20世纪60年代，上海人相应毛主席号召下来建设小三线的，当地人民非常欢迎。从没有听说小三线职工和地方群众关系处理不好闹事的事情。汪主任特意指出，当时小三线厂每个厂里都有医务室，县城里还有专门的医院，就是叫瑞金医院，附近村民生病了，都去三线医务室看病，都是免费的。县城医院大的手术不能做的，因为瑞金医院技术先进，都能做大型的手术，只要地方政府对上海后方管理单位、医疗组开口，瑞金医院都会接收地方上的病人，帮助病人恢复健康。

汪主任后来告诉我，他现在也正在帮绩溪县档案馆整理小三线方面的资料，说当年小三线厂撤回上海后，很多档案资料也一并带回上海了，希望我回到上海后若有这方面的资料能否资料共享。我欣然同意，表示一定尽力而为。由于汪主任年事已高，不敢长时间对其询问采访，我在意犹未尽中结束了此次谈话，表示以后还会拜访，汪主任也很爽快答应。最后在遵循汪主任本人的同意之下，我为其拍照。

三、东至县站

在相关小三线知情人的介绍之下，我在 2012 年 4—8 月期间，分别在东至寻访了原来跟上海小三线直接打交道的一些老村支书，直接在上海小三线企事单位工作过的本地籍征地工人，如原红星化工厂征地工的邢银方，原卫星化工厂的征地工庞吉忠、招收工胡善莉，原龙江水厂征地工的徐扣平，原红星化工厂的征地工王金中，原自强化工厂征地工的陈桂梅，原龙岗村的村支书洪明来、洪全旺，原长江机修厂附近的村民庞金来、刘玉香、王世益，原龙江水厂附近的村民张要华、杨爱玉等，他们对我的拜访都非常热情地接待与支持，为我讲述他们曾经跟小三线的亲历历程。他们有的激动、有的黯然、有的兴奋、有的抽泣、有的后悔、有的不满、有的期待……可以说，从他们的采访稿件中，我深切地感受着这还未成型的小三线口述史，其内容鲜活、具体，仿佛倾诉着他们当年那火热的青春岁月。

我还专程采访了东至县委原书记章炎盛。章书记现已 78 岁高龄，我去他家拜访他时，看到他仍精神爽朗。当他听说我的来意时，他很感慨，说我是向他了解东至小三线的第一人。在对他的采访中，我得知，上海当年在东至建立后方小三线，他亲眼目睹了东至小三线的落户、生产、交接乃至后来地方政府的利用、改造的整个历程。他向我叙说东至的上海小三线，讲述着今天东至香隅化工园的壮大与上海小三线的深厚渊源。章书记说的一段话让我印象非常深刻，他意味深长地说：上海人到我们这里来的都是老实的、苦干的和精明的，他们为我们县的发展付出了很多，做出了很多的贡献。今天我们香隅化工园发展得这么好，还是因为曾经这里的小三线厂，因为三线厂的化工，没有他们的化工厂，我们也不可能有今天的香隅化工园。也许我这话说了绝对了，但至少小线厂绝对是对今天的香隅化工厂起了很大的推动作用的！你若不了解我们香隅的化工园，可以查查我们池州的报纸，《池州日报》上还经常报道我们东至的化工园呢！总的来讲，我觉得没有当时的小三线化工厂在香隅，就没有今天的香隅化工园。为什么要这样讲呢？因为看着那些闲置的工厂，大家都在思考着："为什么我们就不能利用这些留给我们的厂子呢？为什么上海人能办，我们就不能办呢？"若把这些厂子丢掉太可惜了，一届一届的领导换来换去总会想着这些问题，若不是上海小三线落在这里，我们也不可能想这些问题。上海小三线把我们这里人的视野扩展开了，我们学习的东西也多了。章书记说到这儿，拿出一本笔记本，封面上写着"九华晨刊"这四个手写钢笔字，翻阅笔记本，我在旁看着一份份被精心剪切的消息粘贴在纸上，是那么的整齐醒目，没想到章书记现虽退休，还是这么的关心着东至的发展，不由又对章书记心生敬佩。

我还采访了东至县华尔泰化工有限公司办公室主任、工会副主席徐国胜。现在的华尔泰化工有限公司是由原上海是后方化学工业公司驻东至县境内小三线企业中的上海自强化工厂演变而来的。1986 年 12 月自强化工厂移交给了安庆地区东至县人民政府。听徐主任说，他在小三线自强厂被移交给地方政府起，就在厂里工作，在原小三线的企业中，只有原来的小三线自强厂被搞活壮大起来了，现在东至一提起华尔泰，无人不知，无人不晓，已成为东至县的龙头企业。徐主任说，华尔泰化工公司的发展历程坎坷、曲折，可以说是我国国有中小企业在经济体制从计划经济转为市场经济过程中的一个缩影。总的来讲，现在的华尔泰分别经历着地方复产时期、东至县化工系统资产重组时期、股份制改造时期、扭亏脱困时期和中外合作时期、第一次跨越发展时期、民营化改造时期、第二次跨越发展时期这九个大的时期阶段，才成就今天的华尔泰化工有限公司。他表示，之所以有今天这么成功的华尔泰，和上海小三线是分不开的，小三线自强化工厂为华尔泰的发展壮大打下了结实的基础，留下来许多宝贵的财富。没有当初的自强化工厂，可以说就没有今天的华尔泰。

四、贵池区站

2012 年 8 月 20 日，经现池州市政府驻上海办事处王良玉主任及贵池区委徐新东主任的牵线搭桥，我有幸采访到了贵池县原县长张渭德。8 月 23 日，通过张县长的穿针引线，幸运的我又采访到了原贵池县 325 电厂厂长兼党委书记梅丛根、贵池区人大常委会任利群主任、325 电厂现任领导总经理吴普生和副总经理丁诚生。

通过这几天的贵池小三线采访，我感慨万千，没想到张县长对贵池小三线的诉说如数家珍，仿佛故事就发生在昨日一般。更没料到张县长 70 岁高龄，竟为我详细讲了一下午的贵池小三线，当天晚上一回家就为我寻找相关资料，联系相关知情人，随即第二天张县长又全程陪我参观原 325 电厂即现在的池州市电厂。整整一天时间，从早到晚，张县长话里话外就是贵池的小三线，让我这个正研究小三线的学生除了感激和钦佩，真是无以表达我内心的感动。

我在采访张县长之前，曾经和导师徐有威老师拜访过池州市政府驻上海办事处王良玉主任。王主任说的一段话让我印象深刻。他说，他的家乡在贵池的潘桥，离小三线八五钢厂不远，虽然没跟钢厂里的上海人直接接触过，当也自小是耳熏目染的，说知道上海人人品不错，办事能力强。他说当时上海和贵池关于小三线交接时，他当时还在贵池县里工作，没有调到上海来，他很清楚地记得在皖南所有的小三线所在县市里，贵池小三线的交接是最成功的。此时此刻我把王主任说的这些话转述给张县长。

张县长激动地说："王主任说的都是实在的！我们跟上海方面的交接，应该是最成功、最顺利的。这个突出反映在什么地方呢？我们交接结束以后，我们开了一个总结大会，把上海小三线和他们一些主管部门的一些负责人都请到贵池来开了一个总结大会，开得很成功。但还是还引起了一次(风波)啊！"

我很惊讶，觉得这次活动是拉近双方关系的好事情呀，我带着不解问道：什么风波呢？张县长滔滔不绝地说着："我们按照原来的安排，在春节之前，县里几大家领导又到上海那些厂家去回访，去看望那些在贵池厂里的老领导和老职工们，趁春节之前向他们表示慰问，我们正在上海的时候，就听见有反应那次开会铺张浪费，说《安徽日报》都要见报，不得了！若拿现在的眼光来看呢，那真是个笑话！可以说当时，我们贵池人脑子还不开放，搞的这么一个风波。应该说，对当时的开放有一定的影响，后来人家要过来的也不敢来，怕带来麻烦啊！所以啊，历史上的有些东西啊，它都需要一个过程，你说现在请人家过来，人家也不来。"

随后张县长从他的布包里拿出当初的《贵申情》纪念册和一本绿皮的《贵池小三线文件汇编》的小册子，对我说："你看看这些资料，你之前有没有见过，若里面的东西对你有用的话，你可以拍去，这可是我昨天晚上在家里好不容易翻出来的呀，都过去这么多年了，没想到你竟然做这个课题。这个课题好哇，有很强的现实意义，好好做！需要我帮助的地方，你尽管开口，我会尽力配合你们的。"我激动地向张县长表示谢意，并翻看着他带来的那些珍贵资料，都是我之前寻访没有见到过的。我如获珍宝，拍个不停……

晚上贵池区经委的李明主任因张县长、徐新东主任及我的到来，特地安排在池州宾馆为我们把酒接风，好不热情。席面上，张县长再三叮嘱我，贵池小三线这个课题要好好做，争取早日做出成果出来，为贵池的地方文化添上灿烂的一笔。我满怀激动的心情，点头许诺，心里暗暗告诉自己：不能辜负老县长的期望，一定要把这个课题做好！

在张县长的引荐下，我有幸又采访到了贵池区原325电厂党委书记兼厂长梅丛根。听梅厂长说他现在退休在家，甚少出门，当他得知我要对他进行采访时，一大早就和张县长、还有现贵池区人大常委会付主任任利群一道乘坐专车，和我事先约好的地点接我。他告诉我，他们三人今天一天的时间全交给我了，任我处理。我很意外，没想到这些都是我们贵池"重量级"的人物，竟然这么重视小三线这个课题，我激动万分，立即上车和他们一道前往325电厂。在车上，梅书记就迫不及待地向我讲述现在的325电厂和上海小三线的渊源，讲述上海与贵池双方为了交接这个电厂的曲折经历。

对梅书记约两个小时的专访，我印象深刻。梅书记讲述思路严谨、有条理，更重要的是他对325电厂的那份情，那份发自内心的爱，就如爱护自己的孩子一般。他向我述说着325电厂自上海移交给贵池、直到现在搞活成功的历程，地方政府如何和上海方面交接。接收后，他又如何想方设法搞活利用上海遗留下的这宝贵资源，现在池州市的大电厂和325电厂又有怎么样的关系。只听他慢慢回忆着、讲述着。

在我采访梅书记的同时，得知任利群主任就是土生土长的贵池人。他说虽然没有直接跟上海在贵池的小三线打交道过，但他却耳熏目染过，也一直关心这上海移交给贵池小三线企业的改造利用和发展。听325电厂的现任领导讲，他已是325电厂的常客了，时不时到电厂来实地调研，很是关心电厂的发展。

任主任向我讲述了上海小三线落户到贵池，给贵池带来的影响。“三线厂来过以后，给我的感受，有这么两点：他们来了，给我们带动了思想的解放，给我们带动了工业理念的教育，给我们带来了发家致富走工业路的交通，并且给厂房打下了结实的基础。所以，我们这十几年跟着邓小平的改革，能够发展的好的、在这方面的乡镇，主要是山里，就是靠着三线厂遗留下来的这样一批先进厂房、道路，你像我们现在到梅街去，过去柏油路只有一条，就是到梅街的，318国道占了，那也就是，山里是最富的，圩区是最穷的，为什么？就是因为三线厂，说到底就是三线厂。”任主任滔滔不绝地说着。最后他做出了这样的总结：现在我们跟上海的关系仍是友好的，当初我们贵池在上海建立驻上海办事处，也是我们章书记拍板的，就现在来说，上海为我们的经济建设也还在出力、支持，从这里面来讲呢，细水长流的，三线厂对我们贵池的贡献和支持，是永远也说不清楚、讲不完的。

随后，我又相继找到了原八五钢厂征地工许来春华、阮桂云、桂胜莲等了解当年她们眼中的八五钢厂，寻访到了原钢厂所在地原梅街村的老村支书陈克智、梅街村村民许来祥，从他们口中知道了原来的上海八五钢厂落后梅街，究竟给梅街当地带来了多大的福祉。我还找到了原贵池小三线交接领导小组的韩永科书记，从他处得知八五钢厂后来交给马鞍山钢铁公司经营时，职工和当地老百姓相处并不太平。我采访过现任325电厂的总经理吴普胜和副总经理丁诚生，了解了现在的325电厂正在和德国一公司合作，进行技术改造，并已把创新项目上报了联合国，争取与外资企业合作，改变原来完全依靠煤炭的传统发电模式，探究生物发电，率先走节能环保的路子。

五、临安市站

转眼间到2012年12月中旬，作为正读研三的我，此时一边忙着书写毕业论文，一边要顾及工作的着落，很是繁忙。听说今年经济状况不太好，就业形势严峻。此时，无意中在网站看到杭州临安天目高级中学招考历史教师的消息，我立即决定前去看看。一想到真的要去临安走一遭，心情很兴奋，因为我知道上海小三线除了在皖南的80家企事业单位之外，还有一家工厂就在临安了，而且也是仅此一家。我知道，虽然此次临安之行，纯粹是为工作而去，但心里还是有某种期待。近一年的寻访经验和直觉告诉我，碰上与自己相关的事情，绝不能错失任何机会。

经过两个小时的车程，我终于到达了临安市天目高级中学。在天目中学高二某班级中上完一堂公开课后，该班级的历史教师蔡向平邀请我去他办公室一坐。蔡老师很是亲和，我在向蔡老师请教课堂教学之余，无意中听说他是临安本地人，而且是临安昌化镇的，我很是意外，因为昌化镇就是当年上海小三线中的协作机械厂的所在地！我连忙询问其是否知道小三线，是否了解协作厂。没想到我这一问，竟让蔡老师也吃惊不小，他反问我怎么知道协作厂的。于是，我仔细向他说明了此时正在研究的小三线课题，他听清原委后，很是意外和激动，高兴地说："我的老家就是在协作厂附近的，在我七八岁的时候，经常看见上海工人们来我们村的，我家里就来过上海人的。当时我还很小，有些事情记不清了，但协作厂当年的样子还是印在我脑中的。"

我想，用"有意栽花花不开，无心插柳柳成荫"这句俗语来形容我此次的临安之行太确切不过了。在蔡向平老师的娓娓道来中，我得知了协作厂与当地老百姓交往的一些点滴，了解了蔡老师家和协作厂上海某工人之间结下的深厚情谊……采访结束后，在蔡老师的引荐下，我找到了同在天目高级中学后勤部工作的朱阿姨。朱阿姨得知我的来意后，也很为我的到来意外。我在对她的采访中，得知她是以协作厂 20 世纪 80 年代初期在当地招收征地工的资格进厂工作的。当时正处于工厂的动荡交接时期，于是她为我讲述了协作厂的后期的交接及交接后的往事。

此次招考我未能入选，虽然此次落选了，但我仍是高兴的，此次来天目中学还是没有白来，有幸采访了两个临安小三线的知情人，收获还是很大！朱阿姨又为我推荐了几位她当年在协作厂的同事，我一一记下了他们的联系方式，因时间关系待日后有机会寻访了。接着，我立即告别了天目高级中学，前往临安县档案馆寻找是否有协作厂相关档案的记载。

来到临安县档案馆，我说明查档缘由，档案馆档案管理员告诉我，以前协作厂交接时相关档案一并被带往上海了，建议我去上海查找。但该管理员还是非常认真，仍耐心细致地为我在当地乡镇的档案记载中寻找蛛丝马迹。很感谢该管理员如此认真的工作态度，很快我们在《临安县岛石镇人民政府》的档案目录中找到了关于协作厂在当地征收土地、寻求帮助的协议书，同时在其他档案也零星发现了一些关于协作厂在移交方面的记载。于是,我在该管理员的帮助下,把有关协作厂的档案一一复印了回来。

六、后记

为深入了解上海小三线,一年的时间我辗转于上海、安徽和浙江之间,旌德、绩溪、东至、贵池和临安等曾经的上海小三线所在地,给我留下了深刻而又难忘的印记。此次寻访之旅,让我这个一直在象牙塔里学习与生活的学生,第一次知道做历史研究也可以把历史做"活"起来。在生活当中处处有历史的足迹,理论与实际相结合才是真正的研究,写出的文章才会"有血有肉"。也第一次感受到虽然之前曾阅读、了解很多上海小三线的文字资料,但都比不上我真真切切地靠近它、触摸它、感受它来的更深刻和更具体。那些至今仍矗立在风雨中的小三线工厂,给了我最直接、最强烈的视觉冲击,此时我才知道知道所谓语言是苍白的这一说法。

通过小三线遗址的实地考察,我看出了一些地方上改造利用小三线的端倪。通常位于当地县城的小三线企事单位土地利用率非常高,现在几乎看不到以前小三线建设的足迹了,但在地处偏僻、交通不便的乡镇深山里,由于一些工厂远离县城、远离乡镇,导致很多大好的厂房、仓库、职工宿舍等资源仍被空置、遗弃那里。各地小三线企业从 20 世纪 80 年代中后期开始陆续移交给地方后,绝大部分因各种原因,未加利用,一直闲置在那里,有的厂址后来遭到人为的破坏,几乎绝迹,有的厂址是荒芜一片,人迹罕至了。颓废、残败的遗址景象,让人很是惋惜。欣喜的是,还有部分当年的小三线企事业单位无偿移交给地方后,经过地方的利用、改造,很多现在都成为当地乃至安徽省内外知名的公司、企业,上海小三线为当地的工业发展打下来坚实的基础,功不可没。

通过对小三线亲历者、知情人的采访,我了解了当时那个特殊年代的小三线建设的具体情节。在他们的讲述中,我深深感受到了上海小三线、上海人民对当地人民影响的多角度、多方面,上海人民与当地人民共同在 20 多年小三线的建设中接下的深厚友谊,至今仍被传颂、仍被延续着……

通过对他们的采访我仿佛看到了 20 世纪 60 年代后期一批批上海的热血青年们为了响应党和国家的号召,为了支援建设好小三线,积极踊跃、义无反顾地奔赴皖南小三线，奉献青春，奉献智慧。

通过对各地档案馆的摸底调查，我发现了很多地方上的小三线档案资料。据调查，馆里所藏的小三线档案至今还无人调阅过，我是查阅小三线档案第一人，这让我明白了这些资料的珍贵，这让我更加必须珍惜“宝贝”，尽可能“利用”好这些珍贵材料。

2012 年，我过得很兴奋、很充实。虽然在高温下的走访确实很是辛苦劳累，但我坚信有付出一定会有收获，后来事实证明确实应该要有这样的心态。寻访途中，还发生一些有趣的小事。印象最深的是有次我在寻访时吃了西瓜，后来因轻度中暑在路边直接吐出了红色西瓜汁，导致了路人们误以为我这小姑娘“吐血”的情状，着实把他们惊吓了一番。采访时无意间让被采访人抓拍了一张个人背影照，其上传了池州论坛，竟引起了一场热闹的怀旧大讨论……

感谢所有接受我采访的 40 余名小三线亲历者、知情人，感谢所有在我寻访之旅中为我提供帮助和支持的人们，感谢徐有威老师在我远赴小三线寻访之旅中细致入微的指导，提供充足的采访经费，得以让我在此次上海小三线寻访旅程中得以锻炼心智、拓展视野，收获小三线镌刻在皖南和浙西的点点滴滴。

（胡静，上海大学历史系硕士研究生）

悠悠岁月三线情(剧本)

李　帆

好人好马上三线，备战备荒为人民，献了青春献终身，献了终身献子孙。

——时代号召

上海小三线是在20世纪六七十年代紧张的国际形势下，根据中央、中央军委、国务院和毛泽东关于加强备战、巩固国防的战略部署的需要，在安徽南部和浙江西部山区，建设起来的以生产反坦克武器和高射武器为主的综合配套的后方工业基地。上海光明机械厂是上海在安徽绩溪地区十多家上海小三线企事业中最大的一家。普通工人刘金峰的一家人就在党和国家的号召下，来到了这个偏远山区，度过了他们人生中最难忘的日子。

刘金峰：男，1961年出生在上海，1970年10月，从上海到小三线工厂光明机械厂，和父母还有弟妹会合。直到1980年考上大学去大连读书，一直都生活居住在皖南小三线企业，是一名小三线二代。

刘振余：刘金峰的父亲，1969年从上海自行车厂自愿报名来到这里，参加小三线建设，是小三线一代。

刘　母：刘金峰的母亲。

刘爷爷：刘金峰的祖父。

刘奶奶：刘金峰的祖母。

刘　弟：刘金峰的弟弟。

刘　妹：刘金峰的妹妹。

工人甲：接刘金峰去光明机械厂的小三线工人，刘振余的同事。

店　员：瀛洲供销社书店的一个卖书人。

（另有邻居、工人、买书的人等）

（注：部分人名不方便用真名，故用简称）

第一幕

地点：在刘金峰爷爷的上海的家里

时间：1970 年 10 月的某天早晨

人物：刘金峰、刘爷爷、刘奶奶、工人甲、司机等

（上海自行车厂的工人刘振余，响应党的号召，报名参加小三线工作。一年之后即 1970 年 10 月，在上海上小学的刘金峰也被接去小三线厂跟父母生活，这是刘金峰去往小三线厂的那天早晨，在家里发生的一幕。）

刘爷爷：（从门外走进屋里，突然对正在吃早点的刘金峰）峰儿，今天别去上学了。你爸爸的同事来了，来接你到你爸爸那里去，（无奈地）过会收拾收拾东西就跟他们走吧。

刘金峰：（放下手中的大油饼，欣喜且怀疑地）爷爷，真的吗？爸爸让人来接我了，人在哪里？让我看看。

刘爷爷：（耐心地）峰儿，没骗你。他们在弄堂口了，过会就进来。在弄堂口还停了一辆绿颜色的交通牌大卡车。（转身对刘奶奶）老伴儿，赶快给峰儿收拾东西，别让人家等久了。

（说完，刘爷爷也急急忙忙地去刘金峰住的卧室）

刘爷爷：老伴儿，这些衣服全部给峰儿带上，他不能穿了，还能给他弟弟妹妹穿。到那里生活去了，买衣服不方便，不比在上海。（对还在吃早点的刘金峰）峰儿，别吃了，快点去收拾你的书包，带上有用的书，（不舍且无奈地）回来一趟不容易。

刘金峰：（开心地）爷爷，好的，我这就去收拾书包。

刘奶奶：（埋怨地）老头儿，儿子媳妇都去那里了，现在孙子也去那里，我们以后可怎么办？（说着说着，就小声地哭了起来）

刘爷爷：（劝导、宽慰）孩子们长大了，有自己的想法了，响应国家的号召是好事，峰儿还小，应该跟着父母生活，（无奈地）就让他去那里吧！（顺手递了手帕）把眼泪擦擦，别让孩子看见了，让他开开心心去他爸妈那里。

刘奶奶：（擦了擦眼泪，无奈地）就是不舍得他们都去那里，留下我们俩在上海。

刘爷爷：（安慰完老伴，就对在另一间房的刘金峰）峰儿，把这些大饼油条也带上，路上吃，别饿着了，去爸爸妈妈那里，要听他们的话，也要照顾好好弟弟妹妹。

刘金峰：嗯嗯，爷爷，放心吧，路上还有爸爸的同事。

刘奶奶：（来到刘金峰的面前，摸着刘金峰的头，不舍地）路上听叔叔的话。

刘金峰：爷爷奶奶，您们在家要注意身体！有时间我跟爸妈弟弟妹妹会回来看您们的。

（这时，刘振余的同事走进了弄堂里，远远地听到他们的喊声）

工人甲：（大声地）金峰，金峰，你爸爸让我们接你了。快点收拾了，跟我们走，今天还急着要回去。

刘爷爷：（听到他们的声音，走到门外）来，来，进来坐坐，喝口水！谢谢你们大老远地来接我孙子，路上还拜托你们照顾。

司　机：（客气地）不进来了，我们赶时间，今天必须回去。收拾好了，我们就走吧。

刘金峰：（背着书包，有礼貌地）两位叔叔好！

工人甲：（笑着）真有礼貌。

（刘奶奶提着装有大饼油条的小篮子出来，递给了刘爷爷，不忍离别的奶奶，转身回到了屋里）

刘爷爷：（对刘金峰）峰儿，你跟他们走，到你爸爸那里去！路上要听两位叔叔的话，到那里了，让你爸爸打个电话回来，报个信！

（望着远去的刘金峰，留下两位老人的守望……思念，期盼团圆的日子。不久之后由于独自生活在上海，日渐年迈的爷爷奶奶就迁离他们年轻时费了千辛万苦方才站稳了脚跟的上海，回到老家江苏宜兴终老）

第二幕

地点：安徽绩溪上海光明机械厂的大礼堂里

时间：1970 年 10 月的某天下午

人物：刘金峰、刘振余、刘母、工人甲、司机，还有数名工人

（当天跟随着第一次见面的父亲同事，带着一路的好奇心，刘金峰真正走进了大山深处，来到了父母身边，这是到达目的地后下车见到父母的一幕。）

刘　母：（看见下车的刘金峰，迎上去，抱着）峰儿，路上晕车吗？吃东西没有，现在饿了吧！

刘金峰：（欣喜地）妈妈，路上还好，不晕车，还吃了好多东西，来的时候爷爷奶奶给我带了大油饼，还有两位叔叔带着我吃了饭的。（笑着，摸着脑袋）不过，妈妈，我现在饿了。

刘　母：（关爱地）好，就回家吃饭，有你爱吃的菜。峰儿，爷爷奶奶在家还好吗？

刘金峰：爷爷奶奶，在家都挺好的，就是想你们，舍不得我来这里，我都答应奶奶了有时间要回去看他们。走的时候，奶奶好像哭了。

刘　母：（听到“奶奶好像哭了”强忍着要流出的眼泪，答应儿子）爸爸妈妈有时间了就带着你们回家看爷爷奶奶。

（一旁刘振余跟他同事道谢）

刘振余：（对司机及工人甲）谢谢你们，路上我们家孩子给你们添麻烦了。

工人甲：不用客气！金峰挺听话的，赶快带他回家吃饭吧，孩子肯定饿了，我们也回家吃饭了。

（说着，刘振余拿下孩子带来的东西，还连忙道谢）

刘金峰：（望了一会儿父母身边，没有弟弟妹妹的身影）爸妈，弟弟妹妹没来吗？

刘振余：没有来，他们在家里等你，你妈把饭做好了才来，我们赶快回家吃饭吧！他们俩肯定在家等急了。

刘金峰：（仿佛想起了）爸妈，爷爷走的时候跟我说，我到了让爸爸打个电话回去。

刘振余： 好，今天通讯处都下班了，明天我去，现在先回家。

（刘父、刘母带着孩子走出了热闹的大礼堂，走向了远离上海的大山里的家，刘金峰的到来，给这里生活的父母带来了喜悦……）

第三幕

地点：安徽绩溪上海光明机械厂的刘金峰家里

时间：1970 年的一天晚上

人物：刘金峰、刘振余、刘母

（刘金峰在安徽绩溪的瀛洲公社继续上小学，他听不懂老师的土话，让刘金峰上课时如坐针毡，放学之后更是要自己一个人步行两公里，才能回到光明厂。听完自己儿子介绍完学校的情况，刘金峰的父亲也没有更多的办法，只得在晚上亲自给他补课，这是刘振余教刘金峰除法算数的一幕。）

刘振余： 峰儿，我先教你简单的除法，看你在学校学会了没有。

刘金峰： 好啊。

刘振余： （蹲着，拿着粉笔，在一米高的绿皮的工具箱上）12 除以 3 等于多少？就是把 12 颗糖平均分给你，你弟弟和你妹妹，每个人能得几颗？

刘金峰： （想了想，一边分一边数）自己用 12 颗石子，平均分了出来。（开心地）爸，我知道了，12 颗糖平均分给我们，就好像这 12 颗石子，我们都得了 4 颗。所以 12 除以 3 等于 4。

刘振余： （鼓励地）峰儿，真聪明！那我们继续考你。12 除以 4 等于多少？

刘金峰： 等于 3，就是 3 乘以 4 等于 12。（有点得意）爸爸，这个太简单了，出一道难的。

刘振余： 挺不错的，基本知识点掌握了。好吧，然后我再看看今天你们老师的题，596 除以 2 等于多少？

刘金峰： （有点丧气）爸爸，这道题我不会，数字太大了。

刘振余： 先等等哈，我先给演算一遍，把过程写出来，然后再给你讲解。（继续蹲着，在工具箱上演算）

（刘金峰在一旁看着父亲，先是蹲着演算数字，不停地在“黑板”上写，演算了很久，黑板都不够写了，最后都快趴到地上了，过了一段时间，刘振余开口说话了。）

刘振余：（开心地）峰儿，来看！（同时指着他的演算过程，给刘金峰讲解）596除以2，先从百位数开始，5除以2，就有2乘以2等于4，百位上就余下1，就是19，然后又用2去乘以9等于18，十位上余下1，就是16，同样再用16除以2等于8，所以最后的结果就是298。（关切地）峰儿，懂了吗？

刘金峰：（想着父亲辛苦教他）爸，我先看看你的步骤，再想想你给我讲的话，（过了一会儿，开心地）我懂了，明天老师还要教我们除法的算法，再学学就行了。

（这时，刘母走了进来）

刘　母：时间这么晚了，快让峰儿睡吧，明天早上还要早起，走很远的路去上学，你也要早起。

刘振余：峰儿，那赶快去洗脸、洗脚，赶快睡！我先把这些“黑板”收好。

刘金峰：爸妈，那我先去洗了。

刘　母：（对刘振余接着长叹了一口气）唉……孩子来到这里真是跟着我们受罪，在上海的家里上学又近。

刘振余：（劝解地）孩子他妈，别想这么多了，现在孩子都在身边，我们一家人在一起生活挺好的，我先去洗漱了。

（那天晚上，父亲教授他算数的背影深深地烙在他的记忆里，直至多年后还能清晰记住。然而对于他来说，不光有这么好的父亲这么幸福，更幸运的是，1971年4月光明机械厂的职工子弟学校筹建成功并顺利开学，从此刘金峰这样的小三线工人的子弟有了自己上学的地方，不再这么遥远地上学去。）

第四幕

地点：在上海刘金峰爷爷奶奶的家里

时间：1970年后的某天白天

人物：刘振余、刘妹、刘奶奶

（三线生活是封闭式的，四面环山与外隔绝，生活在小三线的孩子和上海的孩子相比，信息太过缺乏，刘金峰的妹妹有一个故事显现了这一差距，这是发生在刘振余带着刘妹妹回上海探亲时在上海发生的一幕。）

刘奶奶：（对正在吃早饭的刘振余父女）振宇，今天没其他事，好不容易回来一趟，带着峰儿的妹妹出去玩玩，看看上海的样子。

刘振余：（放下手中的早点）妈，那我先问问峰儿妹妹。（对刘妹）女儿，你想玩什么。

刘　妹：爸爸，我不知道上海有什么好玩的地方，你说了算吧。

刘振余：（想了想）想看电影吗，爸爸今天带你去看电影，好不好？

刘　妹：（不解且疑惑地）爸爸，现在是白天，怎么能看电影呢？（因为在她的记忆中，他们皖南小三线当时的电影，都是在厂里的灯光球场就是篮球场，到了天黑以后然后大家在露天，坐在这个板凳上，天黑才能放电影，所以她不知道还有电影院。）

刘奶奶：（在一旁的刘奶奶听到，爱怜地）傻孙女，上海白天能看电影。（对着刘振余，埋怨地）你看看你当时响应党的号召，去那山里建设，现在弄得你的女儿什么都不知道。

刘振余：妈，我知道了。（转向女儿，怜爱地）女儿，这里有白天看的电影，在电影院里能看。我带你去看看。

刘　妹：（不解，但还是流露出开心地神情）爸爸，我想看，但是真的可以吗？（开心地）我还要吃好吃的，爸爸，今天也给我买！

刘振余：真的，爸爸今天就带你看白天的电影和买好吃的。（然后对在一旁忙着的刘奶奶）妈，我上午带峰儿妹妹今天去看电影，还带她逛逛南京路、城隍庙、外滩，让她见见上海市的样子，下午回来。

刘奶奶：（爱怜地）乖孙女，今天就跟着你爸爸好好玩，晚上回来我给你爷俩煮好吃的。

（开开心心地在上海看了电影，刘妹从此也知道了白天也能看电影。这也让刘振余让孩子是否留在皖南有了更进一步的考虑。）

第五幕

地点：瀛洲供销社的一个书店里

时间：1977 年的一天

人物：刘金峰、刘弟、书店店员

（小三线工厂大多都是一个小世界，有自己的幼儿园、学校、小卖部，灯光球场等，加上保密等原因，与外界几乎隔绝，小三线的孩子就更容易处于一个相对封闭的世界里。然而在那里上学的孩子，身在普通工人家庭里，家里除了“毛选”没有其他藏书。随着年龄的增长及慢慢接受学校的教育，渴望读到一些课外读物的心愿更为强烈。两公里以外的这个瀛洲这个村庄，是它那里唯一能买到书的地方，这就是刘金峰和他弟弟在那里买书的一幕。）

刘　弟：（边走边看，突然，欣喜地）哥哥，快来这边，（神秘地）我看到好书了。

刘金峰：（好奇地，朝刘弟那边走去）咦……（心想这小子看到什么好东西了，这么开心）弟弟，你看到什么好书了？

刘　弟：大哥，快点过来看，书架上的肖洛霍夫的《静静的顿河》，是好书吧！

刘金峰：（开心地）对，是好书，不过只有这一册，不知道还有没有其他几册，我们问问店员。

（说着，两兄弟朝店员走去）

刘金峰：请问一下，店员，《静静的顿河》有全套的吗，共几册？现在只有这一本啊？

店　员：（热心地）这书有全套，一共有四册，但是它是一册册的到，每次到我们店里也就一本或者两本，所以要买全这套书的话，要多来几趟，今天你们运气挺好的，这本书是刚到的。

刘　弟：（开心地）（先对刘金峰）哥哥，那我们先把这册先买下，以后再来买其他几册。（转向店员）麻烦问一下，下一册大概多少天到？

店　员：下周一就能到，就是一周后，到时你们早点来，这书挺畅销的。

刘　弟：好的，谢谢！（后转向刘金峰）哥哥，我们下周一早点来，那我们现在先去付钱，赶快回去，过会到家就该天黑了。

刘金峰：嗯，走吧，弟弟。

（从那以后兄弟俩就开始一趟一趟地跑，生怕这个书到了以后被别人买走了。艰难获得的《静静的顿河》成了他们小说的启蒙读物，小说也就成为他们摆脱山沟的翅膀，丰富了他们的精神世界，更加向往外面的世界。）

第六幕

地点：安徽绩溪上海光明机械厂的刘金峰家里

时间：1978 年的一天

人物：刘振余、刘母、刘金峰、刘弟、刘妹

（“文革”结束后，国家政策恢复高考，此时的小三线建设也慢慢地进入调整阶段，变革的中国政策给人们带来了希望，离开这里，回到故乡渐渐成了他们中部分人生活的新主题，即使小三线一代人无法调回家，也想让孩子离开小三线厂，回到大城市，而此时的高考政策为他们孩子的返回提供了一个契机。面对高考的来临，如何选择，这就是发生在刘金峰家里的一幕。）

刘　母：（焦急地）政策真的要变了，我们厂里的好多人都准备找路子回上海了，我们怎么办。

刘振余：（激动地）什么怎么办，跟着政策走，党不会不管我们的。政策让我们走就走，让我们留就留。

刘　母：（无奈地）我们俩就这么一辈子就算了，那孩子们还小，还有很长的时间，不能跟我们一样一辈子待在山沟沟里。（埋怨地）当时谁让你这么积极报名，还让我跟着来，我说我不来，还劝我那么多次。我就算了，关键是孩子们，还让他们跟着来，他们以后怎么办。

刘振余：（劝解地）都来这里生活，一家人在一起有什么不好的，哪儿的黄土不不是黄土。不过现在政策真的在变，我们要为金峰他们考虑了，真是献了青春献终身，献了终身献子孙。关键是孩子们，高考政策开始实行了，问问他们怎么想的。

刘　母：哎，你真的是太实在了，当时“好人好马上三线，备战备荒为人民”“为了毛主席能睡着觉”几句话，就带着全家都来了。反正不管政策怎么变，我一定支持他们的决定，把他们送回上海去。我先叫他们去。

（随后刘母叫来了三兄妹）

刘金峰：爸爸，学校参加高考的通知下来了，好多同学都报名了，我也决定去参加高考！我想离开这里，去看看外面的世界。

刘振余：（郑重地）峰儿，你决定了。对于学习，不管是现在的你，还是将来你弟弟妹妹，我是不会阻拦的，尽管去做你们想做的。当时来这里，是我替你们选择的，现在有机会离开，你们自己选择。

刘　弟： 大哥，你是认真的吗？以前没听你讲过。

刘金峰： 对，我是认真的，对于这个决定，我想了很久，目前国家政策，参加高考，考上大学就能离开这里，我们在这里太久了，与外界仿佛失去了联系。当时，父亲来到这里，我们还小，但是现在我们长大了，应该去闯闯。

刘　妹： （赞同地）大哥说得对，我们长大了应该出去看看。一辈子不应该在这里度过。

刘　母： 好孩子们，你们长大了，有你们自己的想法了，不管你父亲答不答应，我都全力支持你们。（转向刘金峰）峰儿，你好好准备高考，其他事情不用操心。

刘金峰： 爸妈，谢谢您们的支持！

刘　弟： 大哥，母亲说的对，家里还有我跟妹妹可以帮爸妈，你就专心准备考试。

刘金峰： 嗯嗯，今天晚上我就写出需要的学习书籍，明天我就去公社买。

（刘金峰考上了大学，后来他的弟弟妹妹也都考上了大学，离开了安徽绩溪上海光明机械厂，现在都定居在上海。生活在小三线工厂的经历成为他们一生宝贵的记忆。）

（李帆，上海大学历史系硕士研究生）

档案整理和研究

江苏淮安地区小三线建设史料选编

江苏省淮安市档案馆整理

整理者按：据中国兵器工业总公司1992年编纂的《地方军事工业》显示，1960—1990年代江苏省境内的小三线企业共有8家。据江苏省淮安市档案馆的《淮阴市国防工业办公室1984—2000年目录》显示，该馆共藏江苏省原淮阴地区的小三线企业档案资料7 975卷，包括江苏省国防科技工业办公室和淮阴市国防工业办公室，江苏省、淮阴市等政府及其下属政府类文件，淮阴市国防工业办下属5家小三线工厂9395厂（淮河化工厂）、9489厂（滨淮机械厂）、9305厂（天明化工厂）、925厂（永丰机械厂）和5315厂（红光化工厂）的企业文件。现选编两件文件，卷宗号分别为H105－1987－002－0000－0010和H105－1989－001－0210，以供研究者参考。选编时略有删节，若干企业厂名以"××"代替，对残缺不全的字句以相应数量的"□"代替。

本资料整理由江苏省淮安市档案馆金德海和岳雷，上海大学历史系徐有威、韩佳、李帆和杨帅等完成。

一、1987年工作总结和1988年工作计划

（一）1987年工作总结

1987年，在党的改革、开放方针的指引下，经过全厂上下的共同努力，我们较好实现了年初制定的总目标。这就是"开发、生产任务完成好，安全、质量再创好水平，节流开源降成本、企业管理上等级、精神、物质生活有改善"。为总结经验，改进不足，以便今后更好地搞活企业，提高效益，在新的一年开始的时

候，对 1987 年的工作总结如下：

1. 关于完成生产任务

我们全年生产黑索金 368.84 吨，完成计划的 122.94%，比 1986 年增长 110%；生产钝化黑索金 440.32 吨，完成计划的 146.77%，比 1986 年增长 83.19%；实现工业总产值 685.68 万元，完成计划的 129.13%，比 1986 年增长 126.30%；实现利润 100.68 万元，完成计划的 161.86%，比 1986 年增长 403.4%。

我们还生产了胶体炸药 8 吨，硝酸肼液体炸药 7.15 吨，特别是液体炸药的生产，是在时间紧、任务急、人手缺的情况下完成的，有力地支援了黄河防汛工作，表现了我厂职工的良好素质。

淮阴乙炔气分厂全年产气 23 833 瓶，完成原计划的 119.16%，实现工业总产值 114.40 万元，也是原计划的 119.16%；实现利润 23.82 万元，增长了 376.4%。

因此，1987 年无论总厂还是分厂，都超额完成了生产任务，并超过了原计划的各项经济指标。

2. 关于安全保卫工作

我们历来十分注意抓好安全工作。1987 年，我们着重抓了制度的严格执行，隐患的认真整改，教育的不断强化等几方面工作。

为保证制度的严格执行，建立各类台账和设立许可证共 22 种。特别是在动火证的签发问题上，我们格外谨慎，总是事先对动火条件进行严密、细致的分析，严格要求动火单位认真、负责地清理动火件，直至符合动火条件，才准许动火，全年签发特级动火证 2 张，一级动火证 163 张，二级动火证 21 张，都没有发生任何事故。我们对日常工作中发生的事故，不论大小，都坚持了“三不放过”的原则，这就有效地避免了事故的重复发生。

狠抓隐患的整改，首先得勤检查，因为只有通过检查，才能发现隐患。我们采取群众自查、领带重点查、专职人员经常查、工会组织普通查和安委会专门查等多种形式，全年共查处问题 81 项，到年底已整改 79 项，整改率达 97.5%。

警钟长鸣，有备无患，加强安全教育，强化全体职工的安全意识是 1987 年安全工作的又一个侧重点。全年以来，几乎无论是大会还是小会，也无论是干部会还是全体职工会，每会都必定强调安全工作。对上级有关安全工作的文件，每件必学，而且认真贯彻落实。特别是五月份，我们向全厂职工传达了国家机械委有关爆炸的事故通报，在全厂职工为之震惊的同时，掀起了一场遵章守纪查隐患的群众活动，在此基础上制订了《安全生产十项禁令》，对全厂的安全生产起了良好的保证作用。我们还注意采用多种形式的学习教育，全年送出培训特殊工种人员 10 人次；对管理人员进行了一次安全知识考试。应考虑为 80%，及格率达 100%；坚持三级教育，全年有 87 人接受了厂级教育，全部达优。我们还组织放映了科教片《静电防护》，录像片《警钟常鸣》等，观众达 400 人次。

这些工作，保证了年初制定的安全工作指标的实现，即年工伤事故频率控制在 2‰以内，实际为 1.64‰。

1987 年的社会治安形势也是好的。我们充实了经济民警分队，分队建设有明显的起色。市公安局组织了全市有经济民警和设立了企业派出所的单位到我厂来开现场会，我厂的分队建设工作受到了领导和兄弟单位的一致好评，并已作为江苏省先进集体上报。还普遍开展了法制教育，增强了职工的法制观念，破盗窃工厂财物的盗窃案一起，盗窃犯已被判刑。1987 年，民事调解的作用，也发挥的比较好，民事纠纷由 1986 年的 5 起，下降到 1 起。

3. 关于质量、计量、采标工作

1987 年，在质量管理方面，我们按照上级的有关指示，认真宣传贯彻《军工产品质量管理条例》，以争创省国防系统和淮阴市质量管理奖为目标，重点进行了以下工作：

(1) 完善了质量立法。1983 年，我们制定了一些质量管理制度。在实践中，我们发觉有些需要修订和完善，有些还无章可循、无法可依。我们根据《条例》要求，编制颁发了包括 33 个文件的质量管理手册，基本完善了质量立法。

(2) 建立健全了生产过程的质量保证体系，制定了《产品质量保证大纲》，明确了生产过程中各部门的职责以及各级人员的质量责任制。还理顺了厂内外质量信息传递渠道，我们在主要用户中聘请了 12 名厂际信息员，定期进行联系，收集处理了厂外信息 18 份，受到了用户的广泛好评。

(3) 开展了质量监督和审核工作，制定了质量监督、审核制度和工作程序。

(4) 制定、贯彻了钝化黑索今、黑索今江苏省地方标准，扎扎实实地抓了采标工作,以 914 分通过了采标验收。

此外,自十月份起我们还试行了质量成本管理办法。

经过以上的工作,黑索金一次交验合格率达 99.6%,比原计划提高了 1.6%;黑索金优品率达 92.11%,比原计划提高了 17.11%,钝化黑索金一次交验合格率达 99.55%,比原计划提高了 3.55%,钝化黑索金优品率达 99.70%,比原计划提高了 14.70%。我们以 839 分通过了淮阴市质量管理奖的检查验收,之后又以 34.3 得分率通过了省国防工办质量管理奖的检查验收。

计量方面,1987 年也同样做了大量的工作:这包括组织学习计量方面的法规、文件;制定二级计量升级任务分解表,并督促落实、修订、健全、完善了计量管理制度,编制了一套科学、合理的计量检测点网络图;编制实施了计量器具配备计划,提高了能源计量器具的配备率;建立了计量器具的原始记录和技术档案;完成了压力仪器仪表的压力单位改制计划,实行了法定计量单位;维护仪表的正常运行,保证了生产过程的稳定、良好;还组织计量人员进行了业务学习和理论考核,提高了计量人员的技术素质。经过以上多方面的工作,我们在 1987 年底以 86 分通过了市标准计量局组织的预审,获得了二级计量合格证书。

4. 关于“双增双节”工作

根据国务院的指示,“双增双节”是 1987 年应着重抓好的两件大事之一,我们从年初就注意抓好这项工作。经过全厂的努力,产量,产值、利润,较上年都有较为明显的增加,全年销售收入 832.57 万元,是 1986 年的两倍多;由于认真核定了合理库存定额,定额流动资金周转天数由 1986 年的 291 天,下降到 180 天,提高了周转次数;全员劳动生产率达 11 185.70 元/人,是 1986 年的 2.3 倍。

在原材料涨价的情况下,经过努力,可比产品成本降低率达 20.05%,比年计划增降 5.77%。

为控制管理费用,我们制定了《关于出差的管理规定》等一系列相应的规章制度和控制办法,使管理费用比原计划下降了 17%,比 1986 年下降了 30%。为压缩支出,我们除充分利用本厂的旧木箱,还积极从外单位收购旧木箱,直接用于生产 1 166 只,节资 1.749 万元,全年共使用旧木箱 7 484 只,比

1986 年多用 3 547 只，节资 5.32 万元，回收各种边角料、编织袋、塑料袋等，共计收入 1.6 万多元。

全厂党员利用活动日，从垃圾堆里搜集废钢材 8 吨多，价值 1 万余元。

5. 关于节能工作

节能工作，是企业一项比较重要的工作。为抓好这项工作，我们增加了专项人员，并调整了全厂节能网的小组成员。在此基础上，主要抓了这样几方面工作：

(1) 狠抓基础工作。1987 年，新建立能源报表 10 份，台账 2 份，标准规范 2 份，新制定能源管理制度 3 项。实现了数据处理责任到人，形成了情况反馈制度，并进行了考核。

(2) 积极开展节能百分赛活动。通过百分赛活动，经过检查发现了不少问题，如报表工作应加强，锅炉的燃烧效果须改善等，针对这些问题，都分别采取了相应的措施，为在今后的百分赛活动中取得更好的成绩奠定了基础。

(3) 积极采用新技术、新材料。如 04 的热水泵起到了既缩短工期又节约用电的作用。

(4) 抓制度落实、奖惩、兑现。按照《关于节约能源的奖惩规定》，经常组织检查，发现问题及时处理。如：没收了两台电炉，对开无人水龙头的进行了罚款等。

经过努力，全年节煤 1 882.649 吨，节油 20.572 吨，节水 28.025 万吨，单项节电 4.33 万度。万元产值综合能耗，比 1986 年下降了 10%。

6. 关于职工教育工作

不断提高全体的文化技术素质，是保证工厂各方面工作不断提高水平的重要条件之一，因此，我们一直都给予足够的重视。年初，制订了职工教育计划，停产大修期间，又制订了全员培训计划，这些计划 85%以上得到了落实，有的方面还超额完成了任务，如原计划送培 3—5 人，实际送培中专 4 人，电大 1 人，委托电大代培 5 人，本科生代培 1 人，共计 11 人，年初，组织部分自学高中文化的青工补习物理、化学，并组织他们两次参加市里高中文化自学考试，合格达 80%以上，并有 5 人获得了高中文凭。停产期间，举办了理化分析人员培训班，热工仪表培训班，组织班组长以上的管理人员收看了全面质量管理电视讲座。停产期间，还举办了两期班组长培训班，33 人参加了学习，27 人经过市统考合格，合格率达 81.8%。

7. 关于后勤工作

生活福利、后勤工作，也比 1986 年前进了一步。对全厂职工供应了水果、肉类、蔬菜。仅新鲜蔬菜就供应了 56 次。

为丰富职工的业余文化生活，在全厂安装了闭路电视，并购置录像机，彩电各两台。为方便家住县城的职工，每天向县城发大客车三次。

对王庄生活区的 144 套住房进行了维修、粉刷，对单身职工宿舍进行了部分改造，已有 64 间搭了货架，并添置了 96 只脸盆架、80 张方凳和 10 张双人床。

加强了幼儿园的管理，建立了幼儿保健卡片，在省、市、县组织的检查中，我厂的幼儿园被评为苏北片企业中的好单位。

基建工作也有较大的改观。由于改点工制为计件工，改变了过去工作效率低、成本费用高、进度慢、质量差的现象，全年完成建筑工程合计造价 47.47 万元；新加工橱、桌、床等 1 000 余件。

为解决职工子女读高中难的问题，我们积极与淮中、盱眙二中、洪泽二中联系，使当年的初中毕业生基本都上了高中。

服务公司经济效益也有所提高，小卖部的营业额较原计划增加了 67.1%，较 1986 年增长了 47.7%；利润比 1986 年增长了 207%，虽然木箱、纸袋班有所亏损，但总体上，大集体职工的收入还是得到了相应的提高。

服装厂一年来也做了不少工作，使职工收入比较稳定且有所提高。

8. 关于党群工作

1987 年，工厂党委围绕生产这个中心，开展了一系列的工作，对工厂生产任务的圆满完成和经济效益的提高，起了积极的保证作用。一年来，党委主要抓了以下几方面的工作：

(1) 加强对党员的教育，发挥党员的先锋模范作用。年初，举办了“坚持四项基本原则，反对资产阶级自由化”骨干培训班，3 月份，举办了全体党员参加的“党的基础知识竞赛”；5 月份，党内开展了创优争先活动，经过自下而上的评比，共评出优秀党员 7 人，在纪念“七一”大会上进行了表彰。这些学习和活动，对教育党员处处以身作则，起到了良好的促进作用。

停产期间，举办了两期党员培训班，在学习党史的同时，系统学习了“三个条例”。

(2) 为做好思想政治工作,坚持每月一次的政工例会制,分析工厂动态,收集信息,以便发现新情况,解决新问题。

组织思想政治工作研究会的同志结合工厂实际,撰写论文,共收到论文10篇,有两篇在本系统获得了三等奖。

(3) 做好宣传工作。制订了《搞好宣传工作的若干措施》,重新建立了通讯员队伍,全年共广播稿件近200篇,对工厂有关工作,起了一定的推动作用。

通过检查评比,黑板报的出刊也逐步趋于正常。

政治处还及时制订学习计划,并进行督促检查。特别是党的十三大召开后,认真抓了十三大文件的学习。

(4) 注意发挥工会、共青团的作用。一年来,工会与团委密切配合,举行了一系列的活动。如“为七五计划建工立业”竞赛活动、岗位操作比赛、普法知识竞赛和各类文娱体育活动,在立功竞赛活动中,有2人记了二等功,20人记了三等功;给一个集体记了二等功,两个集体记了三等功。

另外,工厂还开展了“双文明”先进集体和个人的评比活动,评出了一个“双文明”先进集体和一个“双文明”先进个人(详情见附件)。

这些活动,振奋和加强了职工的主人翁精神,也使职工的业余生活更加丰富多彩。

1987年,我们虽然在多方面取得了较好的成绩,但我们清楚地看到还明显地存在一些问题。主要表现在这样几方面:一是生产指挥系统不够有力,遇到问题推诿、扯皮的现象较多;二是基础工作仍跟不上要求,虽然经过创质量管理奖,采标验收、二级计量检查验收等工作,把基础工作向前推进了一步,但与要求相比,差距仍然比较明显,个别部门尤为突出;三是部分职工安全第一的思想树得不牢,这从一度出现的一些岗位不能严格执行工艺规程,没有严格执行交接班制度和劳动纪律遵守不严等方面可以明显看出;四是职工工作责任心和技术、文化素质有待提高;五是从执行的奖金分配方法看,吃“大锅饭”的现象还比较明显;六是超耗现象比较严重。个别同志花钱不精打细算的现象仍然存在;七是思想政治工作还不够有力,如何结合实际,更深入地做好思想政治工作,还须认真探索。这七个方面的问题,我们决心在新的一年里认真解决。

（二）1988 年工作计划

1988 年，我们的经济体制改革和政治体制改革，将在更深的层次和更广泛的领域展开。这一年，也是我厂生产任务比较饱满的一年，能否完成生产任务和其他各项工作，是对全厂上下的一次严峻的考验，它对工厂今后的发展，也将起着十分重要的影响。为此，我们必须做好以下几方面的工作：

1. 千方百计完成生产任务

1988 年的产品订货量高于 1987 年，为圆满地履行订货合同，我们必须确保全年生产 800 吨产品力争完成 900 吨以上。按照工厂的生产能力，完成 1988 年的生产计划困难不是很大的，但是，从工厂目前现状看，要实现以上的生产计划，并不是轻而易举的事。为此我们必须做好以下几项工作：

(1) 通过多种渠道和方式的思想工作，教育工作，根除推诿、扯皮现象，力图较好地解决各类思想问题，以期达到全厂上下拧成一股绳，心往一处想，劲往一处使，同心同德，为实现 1988 年的生产计划而奋斗。

(2) 积极通过多种途径，确保原材料的正常供应，特别是着重解决好浓硝酸和乌洛托品的供应问题。

(3) 按期保质保量地完成技措和大修理项目，并确保设备完好，热风干燥工房的安装也将抓紧。

(4) 开展岗位练兵、岗位成才活动，提高职工的技术素质；制订切实可行的“职工教育计划”，并认真落实；加强各类人员的责任心，对操作人员实行定期考核制，并将考核结果与切身经济利益挂钩。

(5) 强化生产指挥系统，做到均衡生产。对现行生产管理系统要进行改革，加强基层管理力量。进一步畅通生产指挥渠道，令行禁止，确保生产的正常进行。

(6) 积极试制新产品，组织力量，调研、开发新产品。我们将抓紧建设综合生产工房，重点抓好以黑索今为主体的混合炸药和不同品种黑索今的研制，液体炸药等的试生产仍将继续进行，并集中力量，抓好其他新品的调研、开发工作，争取再上一个较大的项目。

2. 扎扎实实搞好安全、质量

安全，是工厂生产的前提；质量，是工厂的生命。因此，在新的一年里，我们仍然必须坚持一手抓安全，一手抓质量。

安全、环保方面要通过以下几项工作，努力把年工伤事故频率控制在2‰以下：

(1) 健全、完善有关制度，并严格执行。这包括：制订《安全否决权施行细则》，修订《安全生产经济责任制》，修改新工人入厂安全教育材料《安全生产知识》，修订各项安全生产制度，制订《清洁文明工段、车间标准》等。

(2) 调整安委会，并定期召开会议，解决实际问题。

(3) 加强经常性的安全教育。利用简报、广播、电影、录像、考试等多种形式进行教育，对技安员进行培训，与外单位联系特殊工种的培训。

(4) 加强安全检查，要组织多种形式的安全检查，查隐患、查违章、查思想，推广《三级危险点安全检查制》，对查出的每一个问题，无论大小，都必须抓紧整改，并开好事故分析会。

(5) 努力为把我厂办成清洁文明工厂创造条件，做好绿化、美化工作，尽力解决酸性废水排放问题，开展争创无泄漏工房和文明工厂活动。

质量管理方面，主要抓好这样几项工作：一是确保黑索今通过部优复评；二是钝化黑索今在获得省优的基础上，创国家机械委员会优质产品；三是乙炔气要为创市优积极创造条件。为此，必须进一步强化全面质量管理意识，严格施行质量否决权，切切实实做好质量成本工作。对1987年质管咨询和省、市质量管理奖评审中发现的问题，要严格按要求逐一认真整改。质管科要指导分厂做好必要的基础工作。

3. 实实在在抓好企业管理

企业管理上等级工作，1987年已经作了一些准备，前期工作已分解到有关部门，但各部门进度不一，凡是尚未完成分解任务的单位，都要在1988年开始的时候，抓紧时间认真完成任务。此外，企业管理升级工作作为推动工厂管理的重要手段，我们将扎扎实实地抓好两大部分的工作：一是确保三项主要指标的完成，即消耗、质量和经济效益，在这三项指标中，我们必须引起足够重视，并要花力气认真解决的是降耗问题，特别是降低乌洛托品的消耗。每个生产环节都必须严格按工艺规程操作，每个职工都要严格工艺规律，减少浪费，争取在短期内达到指标的要求。二是做好基础工作，这对保证三项指标的完成是不可缺少的必要条件。这方面，除了上面已讲过的要抓好安全和质量工作外，还必须做好以下工作：

(1) 修订完善规章制度。按照从严治厂的精神和现代化管理的要求，对现有规章制度将进行全面修订。逐步做到工作制度化，实现由人治向法治的过渡。

(2) 标准化工作。在通过检查验收的基础上，要进一步努力，以形成一套完整的工厂技术标准、管理标准，巩固、健全标准化□，积极开展活动，认真收集与工厂生产有关的新的基础标准，并试行统计抽样检测法。

(3) 计量工作。我们虽然获得了二级合格证书，但评审中仍发现不少存在问题，1988 年的主要任务是对提出的问题认真整改，努力巩固已取得的成果，提高专业人员的理论水平和业务素质，加强计量执法的职能。提高能源计量检测率、仪表的完好率、运行率。

(4) 节能工作要进一步抓实，认真开展节能百分赛活动，建立、完善节能小组活动制度，消灭泄漏点，实现无泄漏工厂目标，开展计划用电和用电指标的考核工作，积极采用新技术、新材料。

(5) 定额管理工作，要认真修订、完善物耗、能耗定额、劳动定额等，逐步做到齐全、配套，对劳动消耗，物资消耗，万元产值综合能耗等指标，要有所控制和降低。

(6) 信息工作。要抓好多种信息的搜集和处理工作的管理，建立健全信息管理工作制度。

(7) 教育工作。重点要放在培训上，并注意把工作表现好，有一定培养前途的同志送出去上相应的专业学校；班组建设要加以重视。要有计划、有步骤地对班组长进行轮训，努力把班组建设成两个文明建设的前沿阵地。

(8) 深化经济责任制。年内，根据上级安排将实行厂长负责制，在此基础上，逐步推行主任、科长负责制；对工程技术人员实行聘任制，修订完善经济责任制，形成厂长直接领导的考评委员会，有具体的负责部门和人员，做到分口考核，统一管理。

(9) 切实把二级核算工作搞起来。

4. 生活福利好于 1987 年

近几年，生活福利后勤工作，总的来说，每年均有提高。1988 年，我们将在这方面给予较多的注意，使这方面的工作再前进一步。

我们将进一步抓好学校工作，努力提高教育质量，配合学校动员教师、领导、家长等多方面的力量，一起为提高教育质量出力。为解决学校教学实验等方面的困难，将新建一所三层教学、实验楼。我们还得继续多方联系，认真解决职工子女的就学问题。

我们将进一步抓好医务所工作，设法增强医务能力。提高医务水平，扩大医疗范围，配备必要的医疗器械，逐步降低转院率。

关于食堂工作，我们将认真总结近几年的工作情况，广泛听取职工意见，以求得从制度上保证饭菜质量和服务质量的不断提高。

我们将继续办好幼儿园和做好浴室的管理工作。

在后勤供应方面，将广开信息渠道，有计划地做好日常生活必需品的采购工作，争取把供应工作做得比 1987 年更好。

工会、共青团要继续密切配合，为使我们厂的业余生活更加丰富多彩和富有朝气而努力。

同志们，1988 年对我们厂来说，是令人振奋的一年，应该说，也是困难较大的一年。这种困难上面已经讲过，是有别于前几年的另一种困难，也是建厂以来没有遇到过的困难。但是，只要我们保持清醒的头脑，认清形势，发扬红光传统，振奋红光精神，团结一致，共同奋斗就没有克服不了的困难！我们相信，1988 年，必将作为取得辉煌胜利的一年载入我们的厂史！

二、求实创新、团结奋斗、争取更大的成绩

——淮阴市国防工业办公室 1988 年度工作总结报告（蒋喧民）

同志们：一年一度的总结大会又召开了。这次会议的特点是，和以往比较，参加会议的人较少，会议规模小，会议内容既全面总结过去的一年，更侧重考虑新的一年。

1988 年，是我们继续沿着党的十一届三中全会开辟的道路大踏步向前迈进的一年。在年初，结合我们系统的实际，提出了“求实创新，团结奋斗”的战斗口号。一年来，我们在淮阴市委，市政府和省国防科工办的领导和关怀下，进一步贯彻落实“军民结合”的战略方针，以提高经济效益为中心，以强化企业内部改革为动力，经过全系统 4 000 多名广大干群的共同努力，各项工作取得

了优异的成绩，经济效益又创一个历史最高水平。

（一）1988 年的工作成绩

1988 年的主要工作成绩有以下八个方面：

1. 全面完成和超额完成各项经济技术指标，工业总产值和利税总额均创历史最新水平

（1）工业总产值：今年累计完成工业总产值 6 315 万元，比计划增长 15.3%，比去年同期增长 12.6%，超过历史最好水平。

（2）主要财务指标：全年累计实现利税总额 2 300 万元，比计划增长 74.5%，比去年同期增长 66.7%；人均利税达到 5 471 元/年，比去年同期增长 59.6%；资金利税年达到 33.3%，比去年同期增长 13.4%，产值利税年达到 36.4%，比去年同期增长 11.9%；销售收入达到 9 867 万元，比去年同期增长 42.8%；资金周转天数达到 73 天，比计划加速 147 天，比去年同期加速 74 天。

（3）主要产品产量：13 种主要产品中，除“82”木箱和“130”半成品木箱外，均完成和超额完成了生产计划；绝大部分产品产量均比去年同期有所增加，增长幅度较大的有一硝基甲苯，工业导火索、“506”木箱、“81”木箱和乙炔气。

（4）主要产品质量，共考核 10 个产品 13 项指标，与省、市工办下达的考核指标相比较，全部达到，完成率为 100%，比 1987 年上升 7.7%；质量稳定提高率达到 92.6%，比 87 年上升 8%，比市经委考核我系统的指标上升 8.6%；优质品产值率达到 62.4%，比市经委考核我系统指标上升 37.4%。

（5）全员劳动生产率：全系统达到 15 075 元/人年，比计划（承包平均数）增长 23.9%，比去年同期增长 6.7%。

以上各项经济技术指标的完成和超额完成，尤其是利税总额，资金加速率，资金利税率等综合性指标比去年同期大幅度上升，创历史最新水平，这充分体现了我们提出的“求实创新，团结奋斗”的口号取得了丰硕成果。

1988 年，是我们小三线军工企业领导体制改变后的第四年，我们曾经这样比喻过：四年前，我们小三线五厂像五条小鱼被放进了浩瀚的洪泽湖，经过四年时间的觅食、求生，经风雨，见世面，逐日成长，不断壮大，四年后的今天，终于到了“鱼翔浅底竞自由”的境地。

我们所以连续取得了优异成绩，使全系统 4 000 多名干群在 1988 年更加

精神焕发，扬眉吐气，首先应归功于党中央的英明决策，决定了“军民结合”的战略方针，尤其是党的十三届三中全会确定的“治理经济环境整顿经济秩序，全面强化改革”的指导方针，为我们的事业振兴和发展指明了前进的方向。当然与市委市政府各部门关怀和支持分不开。更主要是我们各厂同心同德，艰苦奋斗，克服困难，积极进取，付出了巨大劳动，流淌了辛勤汗水的结果。

1988 年，我们各厂面临着共同的两大困难，一是电力紧张，朝不保夕，二是原材料短缺，价格上涨。这两大困难对我们工厂来说十分严峻。但我们工厂的各级领导和广大干群，没有退缩，而是面对现实，迎战困难，拼搏前进。××厂紧紧抓住产品优势的有利条件，及时把握市场经济信息、精心组织生产经营，打破常规，打破平衡，不失时机，见缝插针。同时，在工厂内部实行多种形式的经济责任制，分配上拉开档次；实行了工厂内银行，进一步加强内部经济核算，经过全厂上下的共同努力，全年实现利税 1 410 万元，比前二十年实现利税总和还多，获得人均利税超万元和优异成绩。××厂在二季度生产计划完成不够理想的情况下，全厂上下树立全局观念，想生产所想，急生产所急，把坚决完成任务放在自己工作的基点上，各部门通力合作，不失时机地抓紧抓早抓好，抢时间，赶进度，全厂上下，同心同德，艰苦奋斗，发扬“永丰”精神，终于圆满完成了今年的生产计划任务。××厂 1988 年取得较好成绩，更是来之不易的。上半年由于原材料及设备管理方面的问题，计划任务完成较差，到 7 月底才完成计划任务的 45%，加上产品合同不断落实，任务落空，对完成全年任务难度很大，形势十分严峻。但该厂毫未犹豫，积极主动，采取措施，在保证军品调整计划任务完成后，增加铸件生产 305 吨，同时，组织有关人员，千方百计找米下锅，增加杠铃生产 31.5 吨，增加建材生产产值 63.67 万元，从而较好地完成了全年任务，较全面地完成了各项经济技术指标。

2. 企业升级工作达到了预定的目标，工厂榜上有名，职工得到实惠

企业升级验收，是衡量企业素质和促进企业素质提高的一项重要工作。企业素质的标志，不仅要看企业的各级领导所具有的思想水平、学识水平、组织能力和工作能力，更重要的要看一个企业的各项基础工作是否扎实，是否能适应企业的生产发展，能否创造一定的经济效益，因此，各级领导非常重视和关心企业升级工作。1988 年，我们各厂把企业升级工作摆到重要的议事日程，作为大事事例，领导誓师，动员全厂，围绕三项指标和各项基础管理，扎扎实实

做了大量工作。经过省、市职能部门的检查验收评审，××厂和××厂被批准为省级先进企业，××厂和××厂被批准为市级先进企业。根据上级文件规定和标准，分别对省级企业和市级企业的职工颁发了奖金，增加工资。工厂增添了光彩，职工得到了实惠。

3. 落实了承包经营责任制，实行了“工效挂钩”增强了经营者的责任制，调动了广大职工的积极性

承包经营责任制，是经济体制改革的一项重要内容，它有利于推行厂长负责制，有利于调动广大职工的积极性，有利于提高工厂的经济效益，有利于国家、集体、个人三者利益的兼顾，我们根据有关文件精神，按市委、市政府的统一部署和要求，多次召开专题会议，要求各厂认真学习文件，吃透精神实质，过细进行测试，合理确定指标，尽早拟订方案。经过上下半年多时间的共同努力，于1988年3月份我办和市财政局、劳动局一起，对各厂承包方等进行了认可，确定了“工效挂钩”的形式和指标，举行了正式签字仪式。一年来的实践表明，实行承包经营责任制，实行工资与经济效益挂钩，不仅使企业的经济效益得到较大幅度的提高，对企业的生产发展增添了后劲，而且增加了企业内部分配的丰厚资金，使职工得到了更多的实惠，从而增强了工厂对职工的凝聚力和向心力。

1988年，全系统工资总额为1 003.17万元，比1987年增长60%，净增376.79万元，其中工资及津贴增加208.96万元，比1987年增长35.75%，奖金增加167.83万元，比1987年增长104.95%，全系统的人均收入比1987年增加51.7%，增长幅度最高达75%(9 305万)。

这个数字意味着什么呢？从最近市劳动局召开的会议上获悉：全省职工人均收入是1 825元，淮阴市是1 569元，无锡2 103元，苏州2 035元，南京市1 950元，我们在全市行业中是第一位。市区、市直企业人平均收入是1 807元。(淮阴1 371元，泗洪1 470元，泗阳1 079元，洪泽1 670元，金湖1 491元，盱眙1 578元，涟水1 489元，沭阳1 640元，淮安1 416元，宿迁1 446元)

4. 重视安全，常抓不懈，加强目标管理，制定考核办法，组织特殊工种培训，提高人员素质

1988年我们主要抓了以下八项工作：

(1) 制定了本系统安全生产目标责任制考核细则，要求工人对考核内部

层层分解；

(2) 统一台账、化工机械分开，方便考核，有利管理；

(3) 组织特种作业人员培训、考核和发证。全系统特种作业人员有614人，其中徒工26人，已培训发证的达554人。培训发证率达到94.2%，超过市规定的要求。其中，××厂和××厂的培训发证率超过本办的平均水平；

(4) 组织厂“□季百日安全无事故竞赛活动”，制定了细则和计划，在这一活动中，组织放映安全录像和电影，全系统共放映68场次，收看人数达2.5万人次，还利用“淮化报”出了一期专栏；

(5) 组织安全生产检查，全年共组织综合性和专业检查千次，查出隐患132条，并及时提出了整改措施；

(6) 组织各厂厂长和分管安全厂长培训，全系统应参加培训12人，拿到合格证书有11人；

(7) 制定了本系统安全生产综合考核细则；

(8) 完成了淮河化工厂的钠废水，红光化工厂酸性废水处理的鉴定工作。

通过以上一系列的工作，在各厂共同努力下，全集体安全人员的素质有了进一步的提高，安全管理工作明显加强，1988年的事故频率略低于1987年。

从各厂的情况看，都十分重视安全工作，过细做好安全工作，做到目标明确，严格考核。根据各自的特点，采取有力措施，确保安全生产。××厂对任何事故都坚持“三不放过”的原则，坚持实行安全否决权，坚持实行“三同时”“五同时”；××厂坚持“安全日报”和“周巡回检查”制度，建立和完善了一整套安全生产管理制度和保证体系；

××厂制定厂安全目标管理网络，狠抓了安全教育和安全措施的落实，举办了“安全在我心中”的演讲会。××厂1988年的安全工作进步较大成绩显著。首先健全安全组织，调整安全管理机构，充实安全成员，做到专管成线，群管成网。为了深化安全管理，该厂的安全指标和考核内部层层分解，责任到人，按级考核，奖罚分明，当月兑现。今年没有发生重伤死亡，火灾事故。轻伤事故三人次，事故频率为千分之四点八，比1987年下降了62.5%，低于国家规定。

5. 认真抓好产品质量，促进产品创优。积极组织专业培训、努力提高人员素质

1988年在抓产品质量方面，主要开展了以下五项工作：

(1) 确定先进合理的质量考核指标，并列入了各厂承包经营的内容；

(2) 针对省、部优产品，试行优质产品率和企业优质品产值率的指标考核；

(3) 结合创质量管理奖的诊断，检查和复查，对企业质量保证体系的有效性进行检查；

(4) 组织对质量人员和检验人员的培训；

(5) 经常深入企业的车间调查了解产品质量问题并协助解决。

由于各厂领导重视和广大职工的努力，1988 年全系统产品质量稳定提高，产品创优取得了好成绩，专业人员培训合格率到达 98.6%。

6. 狠抓全面质量管理，争创各级质量管理奖成绩显著

1988 年，在省国防科工办和市政府的领导下，我们认真贯彻国务院和中央军委颁发的《军工产品质量管理条例》，广泛开展群众性的质量管理活动，各厂的质量保证体系进一步加强，创各级质量管理奖工作，取得了显著成绩。

××厂与军代表密切配合，扎扎实实抓 82 弹生产鉴定，采取各种措施，加强预防控制，给质量管理奖检查组留下了深刻的良好印象，1988 年获得了北方工业总公司质量管理奖称号(部级)；他们在实践中，还进一步补充和完善了《质量管理手册》，同时出版了第二版《质量管理手册》，做好立法工作，对质量管理工作的标准化，程序化和效率化起到很大的作用。××厂在许可证发放工作中，狠下功夫，领导重视，部门得力，从严从难充分准备，取得了生产条件和现场检测 291 分的好成绩(满分 300 分)，在全国 181 宗检查厂中，名列第一。而且实物质量由华工民爆所按高标准检测，获得了 98 分的好成绩。××厂迎接生产许可证检查的实践，为其他厂准备军品生产资格的考核提供了有益的经验。××厂、××厂根据本单位的实际，在全面质量管理方面也做了大量工作，1988 年分别获得了省国防科工办和市质量管理奖。另外××厂、××厂和××厂列入省计经委 1988 年度大中型企业推行全面质量管理已达标。

在全面质量管理中，全办系统 1988 年获部级优秀 QC 成果 1 个，获省国防科工办优秀 QC 成果 6 个，获市级优秀 QC 成果 3 个。

7. 做好工会工作，关心职工生活，促进文明建设，增强民主意识

1988 年是工会工作改革进一步深入，并取新的进展的一年，中国工会“十一大”的召开，贯彻了党的十三届三中全会精神，总结了十年来工会工作的成

就，制定了今后一个时期工会工作的方针和任务，对我们各级工会是一个很大的鼓舞。

一年来，我们各厂工会根据自己工厂的实际情况和条件，以“一个中心，两个维护”为指导思想，乘中国工会“十一大”的东风，认真开展工会的各项工作，有力地促进了工厂“两个文明建设”。通过回顾总结，主要做了以下五项具体工作：

（1）从思想教育入手，不断提高职工的思想认识水平。如深化改革，进一步搞活企业，1988年，国家颁布《企业法》，为使每个职工了解《企业法》，学习运用《企业法》，各厂工会积极配合行政有关部门，举办《企业法》学习班，培训班组长以上骨干，通过学习培训，使大家进一步明确了企业在国民经济中的地位、企业的权利和义务以及职工在企业中的地位。从而，增强了职工的主人翁责任感。为配合形势教育，各厂播放了工会“十一大”期间齐怀远副部长的形势报告和袁木同志关于物价问题的报告，宣传教育面达70%以上，从而使广大职工对形势和物价问题有一个比较清楚的认识。

（2）以生产建设为中心，有效开展各项工作，发展生产，提高效益，同样是工会各项工作的中心。1988年，我们各厂工会在职工中广泛开展社会主义劳动竞富，开展“五项能手”“建功立业”活动。在1987年初见成效的基础上，把活动引向深入。修订了竞富条例，扩大了竞富范围，充实了活动内容。从而进一步激发了广大职工社会主义劳动积极性，全系统厂级立功人员有250余人，单项能手有300余人。向市里报功工作正在进行之中；

各厂工会还重视职代会提案的处理工作，每次职代会的提案，工会都认真进行了梳理，提交有关部门研究，限期答复，特别有关生产方面的提案，凡有实施价值的，都督促有关部门抓紧落实。全系统1988年生产经营方面的提案共87条，实施63条，实施率达72.5%，各厂工会还开展了合理化建议活动，全年各厂共提了合理化建议273条，采纳106条，实施78条，节约价值约10万元。

在安全生产方面，各厂工会也发挥了“群防群管”的作用，建立了三级安全生产监督网，开展了“查隐患、堵漏洞、讲安全”活动。还积极参加行政组织的安全检查，在市总工会组织安全演讲比赛活动期间，我们首先组织从车间到工厂安全演讲比赛，在此基础上，选送一名优胜者参加全市比赛，并取得优秀奖。

（3）加强“参政、议政”工作，提高职工民主意识。

在一年两次的职代会期间，各厂工会鼓励职工对厂长的工作报告，工厂的生产计划、职工的福利设施、奖金分配等工厂大事充分发表意见，认真行使职代会的五项职权，使职代会具有更广泛的民主性和代表性。1988 年，各厂工会还组织了多层次的厂长、书记和职工、科技人员、老干部、老工人的民主对话会，从而加强了党政领导与广大职工沟通和联系，密切了领导和群众的关系。

(4) 抓班组建设，抓职工培训，不断提高职工素质。

抓班组建设，我们各厂工会首先抓班组组长，生产骨干的培训，1988 年全年培训班组长及生产骨干 165 人，通过培训，使班组长进一步了解和掌握班组管理的基本内容和一般方法。同时又会同行政有关部门制定了班组外收的验收细则，定期检查验收，评定合格班组，先进班组，“双文明”班组，发给证书和红旗。从而掀起了班组竞赛热潮，促进了企业的“两个文明建设”。1988 年，全系统参加竞赛班组 224 个，经验收，合格班组 127 个，先进班组 40 个，信得过班组(含双文明班组)25 个，并产生了市级先进班组六个，省级先进班组两个。

一年来，工会还会同行政教育部门组织了职工文化技术培训、岗位技术表演和岗位技术练兵，不断提高青工文化技术素质。

(5) 开展文体活动，关心职工生活。

三线工厂地处偏僻，职工业余文化生活比较贫乏单调。我们各厂工会根据自己单位的特殊点，不但每逢节日组织了游艺，文艺活动，还利用生产间隙，组织了球类、扑克、拔河、中老年迪斯科比赛等活动，同时，工人俱乐部保证正常开放、电影、录像交叉放映，使职工业余文化生活感到充实。

各厂工会在为职工谋取集体福利的同时，对病、伤、残职工，对离退休职工以及死亡职工家属，经常给予关心和问候，及时帮助他们解决生活上的实际困难，使他们感到党的温暖。

8. 学会弹钢琴，卓有成效地开展其他各项工作

(1) 标准化工作。1988 年，各厂进一步贯彻标准化管理条例，贯彻新国际和六项机械基础标准；积极组织专职标准化人员参加省、市组织的标准化函授班学习，参加行业上标准化情报网活动，通过学习培训，提高了技术人员执行新标准的自觉性和业务水平，××厂和××厂的技术人员在新品开发中的新标准进行制图；××厂 28 人通过标准化考试，掌握了钝化黑索今的分析技术，在 1988 年率先执行钝化黑索今四军标时，所生产的十一大批 44 吨产品均为优质；同时，各厂对图纸、资料、技术文件进行了标准化审查，对在生产的老产

品有关图纸进行更改,进一步加强了管理标准化和程序化工作。

(2) 档案工作。为贯彻国家档案法,促进企业档案管理定级升级,各厂均成立了档案管理组织机构,充实了档案管理人员,举办档案管理人员研讨班,组织档案管理人员到先进单位学习参观,请市档案局的同志到工厂咨询,由于各厂领导重视,组织了大量人力,花了很长时间,对档案进行了整理,并添置了必要的设备,1988 年各厂档案管理工作面貌一新。

(3) 职改工作。职改工作关系到各类专业技术人员的切身利益,也关系到调动各类专业技术人员积极性。此项工作面广量大,政策性强。为做好这项工作,我们及时传达上级有关文件精神,按政策办事,不乱开口子,不感情用事。为搞好各类人员的晋升,1988 年,我们组织了 75 人参加经济系列的理论学习和考试,45 人参加统计系列理论学习和考试,20 余人参加外语考试。通过学习考试,我们审报经济系列人员材料 77 份,统计系列人员材料 24 份,工程系列人员材料 63 份,卫生系列人员材料 4 份。我办中级职称评委会 1988 年活动两次,评定工程师 33 人,向省计经委推荐高级工程师 5 人(4 人已批准),向市有关评委会上报经济师 19 人(待批),助理经济师 40 人(待批),经济员 18 人(待批),助理统计师 10 人(待批),统计员 14 人(待批)。

(4) 新品开发工作,1988 年度,各厂在新品开发上花了很多的人力,物力和财力,取得了一定成效。××厂的乳化炸药进行了省级鉴定;××厂 82 弹工型弹进行部级转产鉴定,35 mm 档弹、甲弹、发火装置进行了外贸鉴定;××厂对草酸项目进行了可行性研究;××厂灭火□二销进行了厂际质量验收;××厂 DSD 成土建工程结束。设备正在安装,大红色基 G 土建工程已竣工验收。

(5) 劳动人事工作。1988 年,我们全系统共招工 65 名,其中 50 名为全民合同制,15 名为集体合同制。去年年初,在我们和工厂一起积极努力下,市劳动局首次批准××厂在外县招工,给我们提供充分择优的机会,在招收的 25 名徒工中,高中文化程度的占五分之四,男青年占六分之五,这时提高工厂职工的素质,创造了一个良好的开端。去年 11 月份,我办系统被批准为市劳动计划单列单位,是全市劳动计划管理体制改革试点的三个单位之一,使我们掌握了劳动计划的主动权。考虑××厂革成新项目,即行同意报放指标 25 名。为了配合××厂等四厂的"农转非"工作顺利进行,我们又同意××厂招收 15

名集体合同制工人，并在得知政策有所变化的前两天内，迅速办齐了集体工手续。在人事工作方面，主要抓了干部调配和学生代培。1988年共调出干部28人、调进21人，相对前几年而言，干部队伍趋于稳定。对调进干部把关较严，保证质量。在调进的21人中，研究生一名，大学文化程度5人，中专文化程度11人，教师5名，医务工作者4名。1988年是接收大中专毕业生最多的一年，通过努力工作，多种途径，共接收大专生10名、中专生40名。其中：南京化校28名，常州化校10名，淮阴工专4名，淮阴师专、淮阴教院各2名，淮阴医专1名，太原工业学校，桂林航天工业管理学校，南京能源工程学院各1名。1988年共代培学生49名，其中淮海大学34名，华东工程学院8名，南航5名，东南大学，南化院各1名。

(6) 团委工作，去年我们对工办团委进行了改选。

(7) 公司工作，1988年，我们公司在经受了“清理整顿”的风浪考验之后，继续落得了生存经营权。这说明我们公司的领导和全体同志，平时做到了认真学习文件，严格执行政策，坚持独立核算，注意合法经营。一年多来，我们公司辛辛苦苦，任劳任怨，扎扎实实，做了大量工作，一手抓经营，一手抓服务。抓经营，为了生存、积累和发展，也是为了本公司职工的切身利益。抓服务，为了对地处山沟的各厂尽一点义务和提供一点方便，也是为了求得各厂的大力支持。在公司全体同志的艰苦努力下，至1988年底，除去公司正常开支外，略有一点结余，但还没有富起来。底子很薄，仍欠外债。

(8) 我们工作中的问题与困难。

我们在过去的一年里各项工作取得了一定成绩，这是有市领导的关怀、支持，各厂干部、职工的共同努力的结果。但由于我们办机关思想水平、政策水平、业务水平的影响，给大家增加不少困难，缺少有效的支持。请大家在讨论中给我们工办多提宝贵意见，以改进我们的工作。

总的来说，我们各厂原来存在的一些危机没有根本解决，如面临人才枯竭、人心不稳后顾之忧(生活方面)，缺少新的支持民品。可以这样说，前几年的效益，给大家还了一些欠的外债，民品开发尽是一些投入，像××厂分厂的情况仅是个别，如果没有“八五”期间再来五年的优惠政策，后果仍是严重。

从内部管理来说，我们各厂的生产指导□仍需加强，要继续根除各科室、部门之间的推诿扯皮现象。我们建立了一些管理制度，但一些仍是订立留本本上。安全第一的思想仍不牢固，稍一放松，问题就来了。奖金分配方面大锅饭仍很严重、明显。思想生活工作如何在通知精神的指导贯彻仍需探索，我们各厂的后勤、厂办学校管理仍要加强。

我们在新的一年里，我要总结我们经验，我们认为更重要的是要重视实事求是地分析我们工作中的不足，寻求解决的办法。这样我们才能走向一个新台阶。

（二）1989 年的工作意见

同志们：今年是我们根据省政府 84[146]文件政策领导管理体制的第五年，又是进行全面治理、整顿的第一年，也是推进保军转民、使企业发展走向持续、稳定发展轨道的关键一年。而我们面临的形势，又是一个矛盾尖锐、困难突出的严峻形势。因此，在我们的面前，困难和希望并存、挑战与机遇同存。

为了更好地适应形势、完成和超额完成今年的各项工作。省、市政府及有关部门根据中央精神都作了部署，给我们克服今年困难指出了方向和任务。最近，有国防科工办召开了“全省的国防科技工业座谈会”，市政府召开了“市计划、财税、开放工作会议”。会上市委、市政府领导及有关部门作了重要发言。对 1988 年的工作进行总结，对 1989 年的工作进了部署。这些会议的内容相当多，牵涉到党的建议，思想上的工作、财政、税收、劳动工资等各方面。因会议时间关系以及各厂的具体情况不同，我们采取把有关文件、材料发给各厂，希各厂根据自己情况，分业务口子进行学习讨论，然后提出具体贯彻意见，由厂办进行汇总，以落实今年的各项任务。这里就共性的几个问题提几点意见，供各厂参考。

1. 要确定一个明确的工作指导思想，以统一认识，行动一致地完成今年的各项工作

根据中央精神的省、市委的部署，1989 年我办的工作指导思想是：以党的十三届三中全会精神为指针，深入贯彻治理经济环境、整顿经济秩序、全面深化改革的方针，坚持以经济建设为中心，动员全体职工，团结一致，振奋精神，克服困难，再接再厉，力争 1989 年军民结合等各项工作再上新台阶。

根据这一指导思想，我们提出各厂 1989 年的承包经营的各个经济指标，已发给各厂，希望大家能认真讨论，予以确定。根据这一建议数，我办 1989 年

的工业总产值收达 6 620 万元，比 1988 年增长 4.8%。销售收入将突破亿元。实现利税比 1988 年有一定的增长。在完成各项经济技术指标中，仍要突出抓好安全、质量二个中心环节：安全工作方面，我们要求是，要从基础工作抓起，健全制度，强化管理，定期检查，进一步降低事故发生频率，杜绝重大事故的发生。在质量工作方面：我们要求加强质量监督，巩固优化成果，稳定和提高产品质量。

根据这一指导思想，我们要抓好思想政治领域里的工作，这方面包括党的建设、思想政治工作等。通过这方面的工作，巩固我们安定团结的政治局面。

2. 认真学习贯彻省、市委、政府有关文件，统一认识，是完成今年各项任务的关键

根据本单位实际情况，要对职工进行政治、经济形势的教育，中层以上干部要着重研究中央、省、市关于加强整顿的有关措施，以使具体贯彻落实。通过学习，要明确以下几个观点：

(1) 要在治理、整顿中促进企业生产力的发展。

(2) 要在能源、原材料短缺的情况下有所作为。

(3) 要以改革作为解决困难和问题的根本出路。

(4) 要恰如其分地分析和估计当前经济工作的有利条件和存在的困难。

(5) 以推动科技进步为关键，大力开发新产品，提高企业的规模经济和效益。

(6) 继续深入开展“双增双节”活动，努力实现较好的经济效益。

(7) 发挥政治优势，加强党的领导、保证治理整顿和各项工作顺利进行。

(8) 要发挥国防科技工业的优势和潜力、走“军转民、内转外、攻关加合作”的道路。

(9) 要继续保持和发扬国防科技工业的优良传统。

(10) 团结一致，同心同德，共渡难关。

关于这些文件的学习问题，由各厂自行安排，我们工办每季作一次交流。

3. 有重点地深化企业内部改革，增强企业活力

党中央把治理经济环境、整顿经济秩序作为今明二年改革和建设的重点，这是从我国政策和建设的实际情况作出的正确决策，要克服当前的困难，出路在于改革。我们认为今年各厂应从下面几方面中有重点地进行改革：

(1) 要认真贯彻“企业法”，强化经营权。要支持、鼓励企业经营者大胆改革，在目前情况下，企业经营者压力和责任较大，需要各级部门关心，更需要各厂党委、工会及广大职工的体谅和支持。只有选择才能把企业内部改革深化下去。各厂与市经委、财政局签订的三年承包经营合同一定要严格执行，我办根据淮政发[254]号文件坚决与各厂领导兑现。各厂与科室、车间也要签订层层承包合同，合同一旦签订就要执行。对改革中出现的风言风语，要做好认真细致的引导，说服工作，把消极因素化为积极因素，对阻碍改革的人和事要进行严肃处理。

(2) 进一步完善企业内部通过责任制，特别要健全建立内部责任制，加强经济检验，促进企业增产节约，增收节支，要□“责任会计”“厂内银行”，层层建立效益与分配挂钩的机制，把承包指标层层落实到车间、到组、到个人，以调动职工增收节支的积极性，保证全厂承包指标的实现。承包企业没有完成承包上交的任务的从征用自由资金补足，承包合同一律不予调整。

(3) 积极稳妥地引入竞争机制，把干部聘任用工人优化劳动组合结合起来。今年优化劳动组合的面在市、县层企业要达到30%左右。各厂还可以像红光化工厂对淮阴乙炔气厂进行全员风险抵押承包一样，做一些试点，摸索经验。

(4) 发挥政治优势、加强党的领导，改进思想政治工作。

政治优势，是我们党在马克思主义指引下、在长期革命和建设中形成的区别于资本主义国家的长处、优点和基本特征。这就是党的领导，代表亿万人民根本利益的共同理想、精神支柱和奋斗目标，实事求是、艰苦奋斗、密切联系群众的思想作风和工作方法以及强有力的思想政治工作的光荣传统等。

在新的一年里，我们各厂党委和基层党组织面临党政分开，思想政治工作的新体制、新格局、新情况。因此，我们需要在实践中探索党的建设的新路子。就如何在治理、整顿中，发挥党组织的领导核心作用、监督、保证作用，战斗堡垒作用和党员的先锋模范作用进行研究和讨论，希望各级党组织勇于实践探索，我们工办党委将召开党的会议进行研究。

我们要进一步学习贯彻《中共中央关于加强和改进企业思想政治工作的通知》，在组织落实的基础上，进行制度落实。我们工办文要通过思想政治工作研究会来相互交流。我们要求各分会要正常活动，并为第四届年会作准备。

我们还要进一步整顿工会、共青团的工作，调动职工的积极性，今年是“五四”运动七十周年。根据团中央和团淮阴市委的要求，工办团委拟在“五四”期间对突出贡献的先进集体和先进个人进行表彰，希各厂团委要发动团员青年以实际行动迎接会议的召开。

4. 团结一致，振奋精神，共渡难关

同志们，我们面临经济方面的严峻形势。最近传达的中共中央一号文件，我们治安方面也面临严峻形势，在困难面前，只有团结一致，才能共渡难关。在这里我们要统一以下几个认识：

(1) 我们处在伟大的转变时期。在改革的关键时刻，我们遇到很大困难，这是一个转折点，我们如何克服困难、求得稳步发展，是摆在我们面前的中心任务。通过几年来的实践，我们经历了 1985 年下放的大冲击。我们通过自己的艰苦努力，在省、市的支持终于站稳脚跟，我们有了克服困难的经验，经济实力也较前几年大大提高。在目前困难面前，省国防工办根据全国各省科工办文件会议精神，将更加关心和支持我们，市政府张步甲副市长对我们淮阴地方军工企业今后的发展，提出两个“稳定”的方针，以保持我们五厂的队伍不散不乱。一是稳定现有的□观体制，二是继续稳定现有的政策□□，并向省政府作出报告。我们有科工办、市政府共同支持，我们的前景是光明的，我们目前的困难是暂时的。

(2) 我们要团结一致，坚持两手抓的方针。赵总书记的讲话，体现了党在社会主义阶段的基本路线，是一个战略方针。不仅党委要二手抓(一手抓经济领域改革、开放工作，一手抓思想政治领域中的工作)，行政也要二手抓。经济工作是共同的任务，二手抓不是党委、行政各抓一手。希各厂在制度上进行保证。在总结工作上，要对职工、干部进行“顺气、顺理”的工作。

加强团结，振奋精神是做好各项工作的先决条件，不要把个人思想放在第一位，要顾全大局，在困难面前，我们怨天、怨地、怨人都无用。我们过去高唱国际歌，现在只能自己救自己。作为我们工办，我们与大家风雨同舟，患难与共，我们将义不容辞地为大家服务。在困难面前，要振奋精神，要提倡雄心壮志，团结职工一起奋斗。

(3) 切实维护厂行政指挥的权威和威信。各级党组织要积极支持行政的工作，行政指挥人员，厂长、科长、车间主任，处在矛盾的第一线，矛盾的过点，要体谅他们的工作中一时无法解决的矛盾，要实事求是地面对工作中出现的问题，主动为他们分担困难，支持行政方面的工作，使行政畅通。对有害于行政的工作要坚决制止，不能自己给自己找麻烦。

（4）要调动各方面的积极性，调动和保护基层干部的积极性。各厂领导以辛勤劳动支持市政府的工作，支持市工办的工作，同样各厂中层干部亦以辛勤劳动支持着厂领导的工作。你们有许多困难，我们还不能给大家以有用的支持。因此，我们更需要精神上、感性上的支持。只要不是品性方面的问题，只要是基础问题，是很有用，我们就要帮助总结提示，对现实中出现的问题，既要坚持原则，又要实事求是。

（5）维护安定团结局面，为整顿创造良好的社会环境。最近市委传达了中共中央一号文件和紫阳同志的讲话。中央一号文件，是指导新时期政府工作的一个非常重要的文件，它全面地回答了当前加强政治工作、稳定社会治安急需解决的一系列重大问题，科学地分析了政治战线面临严峻形势，提出了今后一个时期政治工作的任务和目标，阐明了加强政治工作的指导思想和主要措施，文件和讲话非常好，针对性强，要领非常明确。关于一号文件的学习贯彻等市委的部署，到时我们再布置。但是目前各厂要对工厂的治安状况进行分析，统一认识，要制定 1989 年的治安目标和措施，进行综合治理。我们要一手抓建设、一手抓法制，综合运用经济的、行政的、法律的、纪律的和思想政治工作的手段，五管齐下，要配合地方政治部分，继续集中打击、集中整顿和专项斗争、专项治理的办法，毫不松懈地严厉打击严重刑事犯罪活动，严厉打击严重经济犯罪活动，认真解决和处理各种社会矛盾，运用法律手段，积极加强经济秩序。

同志们，当前改革和建设正处在一个关键时期，我们担负着治理、整顿、改革的艰巨任务，尽管目前面临着许多困难和矛盾，但只要我们坚定信心、振奋精神、同心同德，采取切实措施，更加有成效地进行工作，就一定能战胜困难，夺取新的胜利，把我们的保军转民的战略工作继续推向前进。

北京市档案馆馆藏有关北京小三线建设档案资料概述

耿向东　李晓宇

一

20世纪60年代中期到70年代末期，中国以战备为中心在内地进行了大规模的经济建设，史称三线建设。三线指的是根据中国地理区域划分为后方的地区。四川、贵州、云南的全部或大部以及湘西、鄂西为西南三线，陕西、甘肃、宁夏、青海的全部或大部以及豫西、晋西为西北三线，西南和西北地区统称为大三线，中部及沿海省市的腹地被称为小三线。

20世纪60年代中期，国际紧张局势日益加剧。美国、苏联以及印度与中国关系渐趋紧张，中国遭遇1949年以来少见的战争威胁和空前的军事压力。在这种情况下，中国最高领导层决定加强战备，以防止外敌入侵。1964年5月15日—6月17日，中共中央在北京召开工作会议。会议主要讨论国民经济建设问题。会议期间，毛泽东鉴于存在新的世界战争的严重危险的估计，提出要考虑三线建设问题，指出：在原子弹时期，没有后方不行。要把全国划分为一、二、三线的战略布局，下决心搞三线建设①。7月初，周恩来在会见越南领导人时指出："工业布局问题，从战争观点看，要设想一、二、三线，不但要摆在平原，也要摆在丘陵地区、山区和后方。"②8月中旬，中共中央书记处开会讨论

① 《周恩来年谱》中卷，中央文献出版社1989版，第643页。
② 同上，第654页。

三线建设问题。毛泽东明确指出:“要准备帝国主义可能发动侵略战争。现在工厂都集中在大城市和沿海地区不利于备战。工厂可以一分为二,要抢时间迁到内地去。各省都要建立自己的二、三线,不仅工业交通部门要搬家,而且学校、科学院、设计院都要搬家。”①这次会议以后,三线建设迅速在全国铺展开来。

中共中央和毛泽东在筹划全国三线建设总布局的同时,注意到了沿海一线地区的腹地进行三线建设的问题。在 1964 年 6 月的中央工作会议上,毛泽东指出:要搞三线工业基地的建设,一、二线也要搞点军事工业。各省都要有军事工业,要自己造步枪、冲锋枪、轻重机枪、迫击炮、子弹、炸药。有了这些东西,就放心了②。之后,广东率先提出本省国防工业转移的规划。10 月 18 日,广东省委向中共中央和中南局呈递《关于国防工业和三线备战工作的请示报告》,其中提出在广东的后方连县、连山、连南一带建设小型军用工厂,将广州及沿海城市的部分民用工厂和高等院校迁至这些地区等意见。这份报告引起了毛泽东的注意,他指出:“广东省是动起来了,请总理约瑞卿谈一下,或者周、罗和邓(小平)、彭(真)一起谈一下,是否可以将此报告转发第一线和第二线各省,叫他们也讨论一下自己的第三线问题,并向中央提出一个合乎他们具体情况的报告。无非是增加一批建设费,全国大约十五亿元左右,分二三年支付,可以解决一个长远的战略性的大问题。现在不为,后悔无及。”③周恩来等根据毛泽东的指示,就一、二线省区的三线建设部署问题进行了研究讨论,向中央提交了一份报告,认为:“抓紧一二两线各省、市、自治区的后方建设,是一项具有战略意义的大事,同意把这个报告和主席的指示转发给一线、二线的各省、市、自治区党委,请他们根据具体情况,尽快地于十二月提出明年和今后三年加强后方建设和备战工作的具体规划,以便统筹安排,逐步实现。”④报告对一、二线省市后方建设和备战工作的内容作了初步规定,提出了在小三线建设中应该注意的一些问题。毛泽东的批示和中央的有关文件下发后,一、二线的省、市、自治区立即行动起来,结合本地的实际情况,在自己的后方开始了选址

---

① 《中华人民共和国国史通鉴》第二卷,当代中国出版社 1993 年版,第 193 页。

② 薄一波:《若干重大决策与事件的回顾》下卷,人民出版社 1997 年版,第 1236 页。

③ 同上,第 1238—1239 页。

④ 《周恩来军事文选》第四卷,人民出版社 1997 年版,第 490 页。

建厂。小三线建设由此展开。

北京的小三线建设正是在这样一个背景下，在中央的统一部署下，开展了以军事工业为中心、以备战为目的的较大规模的经济建设活动。1964 年 12 月 31 日，北京市委提出《关于建设北京后方的初步规划的报告》。根据中央的统一部署和华北局的具体安排，北京市与河北省的张家口专区、山西省的雁北专区共同组成一个经济协作区[①]。北京市的小三线建设正式启动。

二

北京的小三线建设虽不如中西部地区开展得轰轰烈烈，但十多年的投入建设，对北京市的国防工程建设、经济和社会发展产生了重要的影响。关于北京地区小三线建设的档案资料主要存于北京市档案馆和区县档案馆。据目前笔者在北京市档案馆了解到的情况，这部分档案大致有 100 多卷，可以分为以下几类：

（一）小三线建设基本情况的档案

关于北京市小三线建设基本情况的档案（即以三线建设、三线、小三线等为关键词进行搜索）共有 20 多卷档案，时间跨度从 1964 年 1 月 1 日至 1973 年 12 月 31 日。其档案名称见表 1。

表 1　北京小三线建设基本情况档案目录

档　号	题　　名	起始时间	终止时间
005 - 001 - 01380	市计委关于小三线建设迁厂问题的有关文件	1964 - 1 - 1	1964 - 12 - 31
005 - 001 - 01385	市战备小组、华北局计委、市计委有关三线建设的计划、投资物资等有关文件	1965 - 1 - 1	1965 - 12 - 31

① 《当代北京大事记（1949—2003）》，当代中国出版社 2003 年版，第 199 页。

续　表

档　号	题　　名	起始时间	终止时间
005-001-01388	国家计委、经委、华北局计委下达小三线建设三年规划项目和交通战备动员计划、军工生产计划等文件	1965-1-1	1965-12-31
021-003-00106	一机部关于加强三线建设的保密规定	1964-1-1	1964-12-31
047-001-00607	市计委关于搬迁问题、追加后方建设投资、后方基地、小三线建设的计划、通知和地铁工程局关于成立领导小组、月份工作总结、1965年工程时度和1966年计划安排	1965-1-1	1965-12-31
047-001-00948	市计委关于下达1967年小三线建设计划通知	1967-1-1	1967-12-31
125-001-00076	中建部、本局关于"三线"工程干部配备及局成立党委问题的文件	1965-1-1	1965-12-31
171-001-00034	局下属单位关于小三线建设的报告及批复	1965-9-1	1965-12-31
002-017-00070	国务院财办关于全国供销社搬迁棉花计件修理厂、粮食部搬迁粮油机械厂的报告的批复、北京仪器厂三线搬迁情况及纺织工业公司关于北京床单厂迁到大兴生产的车费补助问题	1965-1-1	1965-11-30
047-001-00892	市革委、劳动局关于1966年大专毕业生、研究生工资待遇问题的通知及学习企业财务管理的几项规定的通知	1967-1-1	1967-12-31
047-001-00948	市计委下达1967年学校建设计划通知	1967-1-1	1967-12-31
078-001-01003	局对小三线涉及任务书的报告及市计委对椿树整流器厂的批复	1965-5-7	1965-7-29

续　表

档　号	题　　名	起始时间	终止时间
117-002-00017	交通部、公路运输局关于支援三线建设代部筹建直属汽车队、移动式汽车修理厂的通知、规定、会议纪要	1966-1-1	1966-12-31
133-007-00134	地方小三线基本建设投资统计年、月报	1966-1-1	1966-12-31
133-007-00134	地方小三线基本建设投资完成情况	1967-1-1	1967-12-31
133-007-00357	地方小三线基建投资年报基层表	1965-1-1	1965-12-31
133-007-00390	基本建设投资年报(地方、军工、小三线)	1970-1-1	1970-12-31
171-001-00034	局下属单位关于小三线建设的报告及批复	1965-9-1	1965-12-31
182-015-00077	关于小三线军工产品价格和交通运输收费问题的意见、办法	1968-1-1	1968-12-31
182-015-00127	有关小三线基本建设计划的批复	1969-1-1	1969-12-31

资料来源：北京市档案馆建国后档案数据库。

这一部分主要是关于北京市计委、市革委会、市劳动局等单位在中央关于在一线地区城市后方开展小三线建设的号召下进行建设规划的文件、通知以及保密规定等内容。其中《地方小三线基本建设投资统计年、月报》、《地方小三线基本建设投资完成情况》、《地方小三线基建投资年报基层表》以及《基本建设投资年报(地方、军工、小三线)》等 4 卷全部是北京市关于地方小三线建设的数据报表，参考价值很大。

其他卷多为文字后附计划表格形式的档案。其中涉及小三线建设迁厂问题，有关三线建设的计划、投资，国家计委、经委、华北局计委下达小三线建设三年规划项目和交通战备动员计划、军工生产计划，一机部关于加强三线建设的保密规定，其他部门支援三线建设的情况等资料。

(二) 北京市小三线建设重点工厂档案资料

北京市小三线建设过程中有一些重点建设的工厂，分布在北京远郊区县的房山、门头沟、昌平以及河北省的蔚县、赤城等地。关于这些工厂的档案资料对于研究北京小三线建设是十分重要的。目前从北京市档案馆中仅查询到7卷8个工厂的档案资料，但之前翻阅档案的过程中，发现仍有可搜索查询的线索。这部分档案仍有待于继续搜寻。

表2　北京市小三线建设重点工厂档案目录

档　　号	题　　名	起始时间	终止时间
021-001-00382	960、955、北京第一农具厂1965年设备需要计划清册	1965-1-1	1965-12-31
078-001-00994	计委、局对960厂、955厂设计任务书的批复	1965-4-15	1965-12-22
078-002-00030	关于标准件总厂、960厂、955厂、阀门厂刻政治处图章的批示及批复	1965-9-11	1965-12-22
005-002-00920	五机部下达所属218厂、618厂、一所394厂、506厂、五院、勘测公司1964年基建设计的通知及有关单位关于618厂计划外建宿舍的检查	1964-1-1	1964-12-31
021-001-00360	成套总局有关502、506厂的材料	1964-1-1	1964-12-31
078-001-00955	机电局关于506厂连续发生质量事故的通知	1965-6-9	1965-6-29
021-001-00210	市成套局关于07、011行业及317厂的有关文件	1966-1-1	1966-12-31

资料来源：北京市档案馆建国后档案数据库。

表2中提及的一些工厂代号也有正式名称，如960厂又称第一农具厂、955厂又称第二农具厂、506厂又称东方机械厂、317厂又称曙光机械厂等。

（三）北京市国防产业情况的档案材料

北京市小三线建设的重点在国防产业，这是三线建设的背景所决定的。1964年北京市小三线建设启动后，国务院有关部委、华北局有关委办局、北京市有关委办局就军工企业的迁厂、基本建设、生产计划、经费拨付等问题，下发过许多文件。目前仅从北京市档案馆可查阅的档案来看,数量较多,有 60 多卷。其中有些档案对于深入研究北京市小三线建设中国防产业的发展具有重要史料价值。例如,1964 年国家计委、经委、国防工办、五机部、市人委(即市政府——引者注)等单位下发《关于一二线后方建设、64 年军工计划完成情况及地方办军工厂几项措施等有关问题的通知》(005 - 001 - 01372)、1965 年国家计委、经委、华北局计委下达的《小三线建设三年规划项目和交通战备动员计划、军工生产计划》(005 - 001 - 01388)、1965 年国家计委、经委、五机部下发《关于军工生产方面的通知指示》(005 - 002 - 01146)、1974 年市计委下发《下放军工企业、市属企业基本建设计划》(125 - 004 - 00109)等。

三

小三线建设中迁厂问题是一个重要的问题。在北京市档案馆的档案材料中有一些是关于北京市小三线建设中迁厂问题的。例如,1964 年北京市计委下发的《关于小三线建设迁厂问题的有关文件》(005 - 001 - 01380)、1965 年市计委、统计局转发五机部《关于建立地方军工定期统计报表的通知及迁厂情况汇报》(005 - 001 - 01219)、1965 年市计委下发的《关于迁厂、迁校问题的通知》(005 - 001 - 01383)等。

以 1964 年市计委下发的《关于小三线建设迁厂问题的有关文件》为例,其中包含许多重要内容。该卷档案中包含两份重要文件:一个是《关于迁厂的初步意见(草稿)》,另一个是《关于北京市小三线和后方建设的情况和处理意见的报告(草稿)》。前一个文件对三线建设中迁建的工厂性质、迁建地址、生产方式、迁走哪些以及如何成组配套等问题都做了详细的分析与规定。例如“尽先迁建那些国民经济建设、国防建设和人民生活必不可少的重要短线、缺门产品”,“按照专业化生产和协作方向,考虑到和战结合的需要,尽可能成组、配套的迁建。集中迁一套工厂到一个地区或者一趟山沟,通过迁建建厂,使这个地区成为一个专门的小工业基地,如:无线电工业基地等,同时,也应该考虑安排一些专业学校和相应的医院、商店、服务业等。这里的学校一开办就搞半工半读。这里有些工厂,一开办就搞亦工亦农”,“除了矿山、地方建筑材料等某些不能迁动的工矿企业以外,第一批迁动主要工厂一百四十二个,迁走三分之一职工，约为十万人”等①。这个文件后面还附有迁建工厂名单(表3)。

表3　关于迁厂初步意见(草稿)附件(工厂个数)

行业名称	全部迁移者	一分为二者
一、机械工业	20个	41个
1. 无线电	—	5个
2. 半导体	—	3个
3. 电机电器	1个	7个
4. 机床与工具	1个	8个
5. 仪器仪表	1个	4个
6. 医疗器械	1个	2个
7. 农业机械	3个	1个
8. 交通运输机械	6个	4个
9. 其他机械工业	7个	7个
二、冶金工业	3个	3个
三、化学工业	3个	10个
四、纺织工业	4个	4个
五、轻工、手工和粮食	32个	9个
六、建筑材料工业	3个	5个
七、印刷工业	4个	2个

资料来源：《市计委关于小三线建设迁厂问题的有关文件》，北京市档案馆藏，档案号：005-001-01380。

后一个文件主要记录了北京市小三线后方建设的主要内容以及一些具体问题的安排，如“初步研究清理的主要内容有：小三线建设、支援大三线、华北后方经济区建设、本市后方建设、今年基本建设计划以及技术措施、专用设备制造、科研中间试验项目和十大会战的有关建设项目”，“北京市小三线建设共三十三项，主要有半自动步枪厂、子弹厂、八二迫击炮厂、37高射炮厂以及山

① 《市计委关于小三线建设迁厂问题的有关文件》，北京市档案馆藏，档案号：005-001-01380。

区道路、通讯线路等。其中：中央和华北局安排的有二十六项；北京市自行安排的有七项，如古子房电厂（枪厂、子弹厂的第二电源），北京日报社工程等”①。这个文件后还附有《北京市地方小三线建设和搬迁项目审查意见表》和《北京市后方建设项目审查意见表》两个附表。

北京作为首都在20世纪60—70年代的国防安全环境中具有非常重要的位置。北京的小三线建设是整个国防战备的重要一环，又具有北京的地方特色，即以国防工业为主，辅助以其他配套产业和设施，形成区域性的一个完整经济区。有关北京市小三线设的研究对于整个三线建设研究来讲是重要的一个组成部分。上述档案资料已初步说明了这一问题。有关北京小三线建设的研究刚刚起步，需要研究的问题还很多。而从资料方面看，档案资料是重要的一个方面，我们还需进一步挖掘档案资料，除了北京市档案馆以外，还要关注北京市区县的档案馆，以及河北省和山西省的相关档案资料，同时还应关注北京原小三线企业自身的企业档案的收集和整理。

（耿向东，北京师范大学历史学院研究员；李晓宇，北京师范大学历史学院硕士研究生）

① 《市计委关于小三线建设迁厂问题的有关文件》，北京市档案馆，档案号：005-001-01380。

上海小三线八五钢厂《团讯》目录(2)*

1980 年

第 1 期(总第 114 期),1980 年 1 月 3 日

学大庆检查验收团将莅临我厂指导工作

满怀豪情话新年——记厂团委举办的迎春茶话会

我厂去年发展 24 名新团员

我厂去年离团 181 名

我厂不少后进青年大有转变

加强对新工人的教育

第 2 期(总第 115 期),1980 年 1 月 11 日

我厂去年超额完成节约指标

我厂去年小储蓄总额翻了六翻

我厂蓖麻籽已收获了五百四十一斤四两

技检科开展“百日无事故竞赛”

我厂团费收缴工作竞赛已揭晓

---

* 《团讯》为原上海皖南小三线八五钢厂团委主编。始于 1976 年 8 月,结束于 1984 年 12 月,共出版 371 期。多为四天一期。设有报道、体会、散文、诗歌和小评论等栏目,反映了八五钢厂的青年职工的婚姻、文化娱乐、思想教育和工作等各方面的情况。原件收藏在上海宝钢集团上海五钢有限公司档案室。1977 年全年缺失。本目录整理过程中,得到《团讯》原主编史志定先生的帮助,特此鸣谢。目录整理由上海大学历史系徐有威教授主持,上海大学历史系师生吴静、李婷和崔海霞等参加了收集和整理工作。

厂团委公布团费收支情况

新年前夕的茶话会

氧气站团支部开展回收废钢铁活动

第 3 期(总第 116 期),1980 年 1 月 18 日

关于加强节前教育的通知

机动部团总支开展“四不、五要、三努力”活动

厂团委召开兴趣小组总结会

我厂又有三位青年光荣入团

厂三项球类和拔河比赛成绩表

我厂小储蓄活动的趋势良好

团内要闻

第 4 期(总第 117 期),1980 年 1 月 22 日

短评：警惕扒手,严防撬窃

要明辨是非

团内要闻

努力工作,争取新的成绩

来自病房里的发言

我厂蓖麻收缴情况表

重要更正

第 5 期(总第 118 期),1980 年 2 月 28 日

光荣榜

登门求教,虚心学习

韩秀荣从市团校返回厂里

把温暖送到青年的心坎里

团市委领导莅临我厂指导工作

我厂又有 21 名新工人进厂

送票上门

一车间举办业务知识讲座

一车间节前寄发慰问信

一次有意义的茶话会

绿化祖国，美化家园

我厂即将举行应知应会考试

第6期(总第119期)，1980年3月5日

短评：认真学习公报，加强团的建设

亲切地关怀，热情地指导

积极开展文娱活动，努力丰富业余生活

大种蓖麻，支援四化

小吴变好了

第7期(总第120期)，1980年3月11日

以优异的成绩向党汇报

子弟中学隆重举行“学英雄爱祖国誓师大会”

厂团委召开工作会议

我厂“小储蓄”活动趋势喜人

抓紧时节，抢种蓖麻

第8期(总第121期)，1980年3月18日

大兴调查研究之风

吕士才事迹鼓舞着我们

为“三八”工程贡献智慧和力量

崇高的境界，丰硕的成果

一车间共青花圃面貌新

我厂召开团干部会议

局团委组织新长征突击手赴苏州旅游

码头团支部关心青年利益

八车间举办迎春茶话会

第9期(总第122期)，1980年3月22日

我厂第三届职工代表大会隆重召开

抓紧培训干部，提高工作水平

认真学习和总结团的工作经验

在迎接职代会的日子里

八车间超额完成百元钱指标

三车间举办团干部学习班

第 10 期(总第 123 期),1980 年 3 月 26 日

大河有水小河满

光荣榜

在开展先进团组织红旗竞赛活动中,我厂荣获团市委表扬

第 11 期(总第 124 期),1980 年 3 月 30 日

评一分之差

为三·八工程多作贡献

关于试行我厂优秀团支部(总支)评比考核办法修订稿的通知

我厂《青年报》订阅数大幅度增加

第 12 期(总第 125 期),1980 年 3 月 31 日

厂团委召开工作会议

我厂青年小储蓄额创最高纪录

城乡个人储蓄存款利率提高情况

我厂子弟中学补习班已复课

好消息

怀念刘主席

春节活动拾零

八车间与青年队比赛足球

厂青年兴趣小组恢复活动

我厂第一季度突击手活动成果

第 13 期(总第 126 期),1980 年 4 月 2 日

我厂举办《缅怀老一辈革命家报告会》

先进团支部标准

我厂子弟中学召开第二届学代会

三车间举办大型座谈会

关于开展"学习吕士才、苦练基本功、七一上岗比本领"活动的通知

这个活动好

我厂团的工作四个中心环节

第 14 期(总第 127 期),1980 年 4 月 7 日

温暖的大家庭,沸腾的大熔炉

四车间举行改选工作动员会
运输部开展“百日行车无事故”活动
精彩的篮球友谊赛
运输部招待团员青年看电影

第 15 期(总第 128 期),1980 年 4 月 10 日

三·八工地见闻
锻焊支部组织义务突击劳动
金工支部组织义务突击劳动
二车间免费为职工洗衣
中学团支部学生会、少先队联合举办《缅怀革命先烈诗歌朗诵会》
一场扣人心弦的比赛
丰硕的成果
关于开展“百日行车无事故”活动的决议
蓖麻分红情况表

第 16 期(总第 129 期),1980 年 4 月 18 日

要加强蓖麻的苗期管理
党支书亲自给咱上团课
基建科大力组织回收废钢铁
一次有意义的扫墓活动
关心新工人的健康成长
我厂即将举办各种兴趣讲座
赵已星拾表不昧精神佳
新来的女“教师”
我厂青年报订户又有新增长

第 17 期(总第 130 期),1980 年 4 月 24 日

把更多的后进青年转化过来
厂团委召开后进青年转化工作现场会
认真传达团市委七届三次全会精神
三车间举办团课讲座
刘娅俊提前完成制辊任务

关于开展讲礼貌做好事活动决议
三车间乙班首创 $60^{2}204^{\circ 36\ \mathrm{T}}$高产纪录
厂团委组织突击劳动
一次愉快的春游

第 18 期(总第 131 期),1980 年 4 月 28 日

关于开展“以增产节约为中心的献计献策”活动的决议
想党所想,急党所急,当好助手
三车间举办操作表演赛
八车间组织义务突击劳动
二车间召开团员青年大会
厂技校举办团课讲座
三车间掀起苦练基本功热潮
厂技校与三二五厂举行篮球友谊赛

第 19 期(总第 132 期),1980 年 5 月 5 日

我厂隆重集会纪念五·四青年节
关于举办纪念红五月青年作文比赛的通知
我厂青年小储蓄活动趋势仍然很好
三·八工地上的青年理发小组
光荣榜
机动部召开团员大会
机动部召开座谈会
卜莉华拾金不昧
二车间举办象棋友谊赛
基建科组织团日活动

第 20 期(总第 133 期),1980 年 5 月 8 日

厂技校“做好事活动”取得可喜成果
受人欢迎的现场烹调表演
关于开展“为三八工程多作贡献”活动的决议
关于开展“如何认识和抵制资产阶级思想腐蚀”讨论的通知
关于开展“夺红旗、创先进团支部、学英雄、做一个团员”的决议

八车间突击打扫卫生

第 21 期(总第 134 期),1980 年 5 月 14 日

要三项工作一齐抓

加强团干部的培训

五洲厂乒乓球队来厂比赛

三车间举办乒乓球联赛

团干部轮训班组织反腐蚀讨论

第 22 期(总第 135 期),1980 年 5 月 21 日

厂第二期团干部轮训班圆满结束

本月小储蓄额保持接近二千

我厂举办第二届青年篮球联赛

四车间改选工作结束

小学团支部建立新支委

幼儿运动会

乒乓球友谊赛

机动部举行第三届乒乓球友谊赛

足球友谊赛

为职工做好事

为团员上团课

全党动手,加强青少年教育工作

市政府批准我厂为大庆式企业

第 23 期(总第 136 期),1980 年 5 月 25 日

青年洗衣服务小组受人欢迎

发动机大修翻身架试车成功

八车间积极开展“献计献策”活动

三车间荣获一九七九年度市模范集体

二车间突击洗手套一百三十副

我厂青年作文比赛即将揭晓

我厂即将举办青年乒乓球比赛

我厂将在六一举办游艺活动

脚踏实地干四化
好消息

第 24 期(总第 137 期),1980 年 5 月 29 日

值得提倡的青年小储蓄活动
厂团委召开帮教人员座谈会
雏鹰展翅
理发组服务到现场
洗衣服务受称赞

第 25 期(总第 138 期),1980 年 6 月 5 日

隆重庆祝六一国际儿童节
技校队、机动部队分获冠亚军
氧气站与科室举行篮球友谊赛
供应科突击回收废钢铁
一次愉快而有意义的活动——游艺活动纪实

第 26 期(总第 139 期),1980 年 6 月 9 日

关于开展“争当革新闯将”活动的决议
十七条建议
“百日行车无事故”活动取得可喜成绩
我厂青年作文比赛成绩揭晓
青年作文比赛优胜者名单
青年作文比赛各单位成绩表
学校队与联队举行篮球友谊赛

第 27 期(总第 140 期),1980 年 6 月 18 日

局团委举办的团训班圆满结束
满怀信心向前进——厂第三期团干部轮训班圆满结束
我厂举行第二届青年乒乓球联赛
第二届青年乒乓球联赛名次
加强团干部的修养
注重青年特点的研究
三车间举办团干部学习班

三车间举办人生观教育学习班

二车间青年为集体做好事

二车间举办乒乓球联赛

基建科与长江医院进行篮球友谊赛

厂青年队与中学队进行乒乓球友谊赛

基建队与中学队进行排球友谊赛

第28期(总第141期),1980年6月23日

我厂青年小储蓄额首次突破三千元

我厂《青年报》订阅数突破五百六十

厂武装部组织“六一九”大会操

三车间乙班团支部组织学习讨论会

小储蓄活动在四车间蓬勃开展

让《青年报》充分发挥作用

厂第三期团干部轮训班成绩表

让团员青年都来关心团的工作

祖国的河山多么美好——记中学远途跋涉旅游活动

我厂最近受到法律制裁的人

触犯刑法必受制裁

彭惠香、石惠华拾金不昧

第29期(总第142期),1980年7月1日

小型线材轧机全面联动试车成功——向党的生日献了一份厚礼(基建科、机动部等全厂各车间部门大协作的结果)

我厂第二季度团的工作竞赛评比结果揭晓

我厂第二季度突击手活动成果

裁剪兴趣讲座即将开课

厂团委召开工作会议

高度重视,亲切关怀——厂党委召开青年工作会议

关于开展读书活动月的通知

关于举办青年漫画展览的通知

关于举办我爱祖国诗歌朗诵会的通知

关于举办祖国颂青年作文比赛的通知

厂团委召开青年兴趣小组会议

我厂青年队二次战胜前进厂队

第 30 期(总第 143 期),1980 年 7 月 5 日

充分发挥共产党员的先锋模范作用——我厂隆重召开请去七·一表彰先进大会

厂报虽小,作用不小

光荣榜

向你推荐

裁剪兴趣讲座课程表

像这样的帮教会开得好

短讯简要

第 31 期(总第 144 期),1980 年 7 月 7 日

供应科团支部献计献策四条

运输部团支部献计献策十二条

当好新长征的先行官

中学建立第三届团支部委员会

机动部党总支召开青年工作会议

积极贯彻 6.30 青工会议精神——一车间团总支举办团干部训练班

三车间把人生观教育引向深入

二车间召开茶话会

四车间青年理发重新开放

电焊工竞赛成绩显著

修旧利废精神可嘉

八车间组织义务劳动

一车间为单身职工赶制晾衣杆架

第 32 期(总第 145 期),1980 年 7 月 10 日

四车间献计献策四条

运输部党支部召开青年工作会议

技校蓖麻长势喜人

人人关心团的工作

四车间开展“什么是真正的幸福”专题讨论会

活跃在后勤战线上的炊事新兵

码头与地区石油公司进行篮球友谊赛

学校与机动部进行那个篮球友谊赛

供应科和八车间提前超额完成节约百元钱指标

我厂举办爱国主义教育报告会

机动部夏令象棋团体赛结束

关风扇

助人为乐

硬骨头精神

归还失主

退款虽少,精神可贵

大粪虽臭,精神高尚

第 33 期(总第 146 期),1980 年 7 月 15 日

厂团委召开爱国主义教育座谈

我厂举办爱国主义教育报告第二讲

机动部流动红旗评比揭晓

我厂举办裁剪兴趣讲座

丰富和活跃职工业余生活

机动部团总支献计献策十条

“为三八工程多作贡献”活动圆满结束

机动部团总支举办学习班

一人临危,众人抢救

第 34 期(总第 147 期),1980 年 7 月 24 日

《傲蕾·一兰》上映以后

机动部召开团员大会

乐为少先队员做好事

八车间组织义务突击劳动

加强领导,制定制度

二车间团总支召开团员大会

四车间开展《傲蕾·一兰》影评会

三车间举行应知考试

第35期(总第148期),1980年7月31日

光荣榜　厂团委命名第一批献计献策活动积极分子

机动部组织民意测验

一车间团总支召开“技术练兵、技术革新经验”交流会

机动部组织团干部上技术课

四车间召开青年座谈会

机动部认真参加爱国主义教育报告会

又一台脱水机交付使用

机动部铸造组织义务劳动

铸造组织篮球友谊赛

机动部加强阅览室管理工作

机动部开展影评活动

一车间举办团员训练班

第36期(总第149期),1980年8月3日

我厂隆重召开1980年上半年度总结表彰大会

我厂青年小储蓄额首次突破四千元

我厂举办裁剪兴趣讲座取得成功

小吕不借互助金了

劝君莫敬烟

一车间献计献策十四条

一车间行车团支部组织操作比赛

一车间团总之座谈《瞧这一家子》观后感

第37期(总第150期),1980年8月4日

平凡的岗位,也能又红又专——记新长征突击手耿雄顺同志

光荣榜

第38期(总第151期),1980年8月6日

光荣榜——三八工程立功活动中团员青年名单

我厂上半年生产取得好成绩
厂团委决定奖励获得流动红旗单位
我厂已建立职工教育委员会
一车间将大力开展技术操作比赛
二车间召开团的工作会议
机修团支部组织突击劳动
四车间开展《瞧这一家子》影评会
《傲蕾·一兰》观后感

第39期(总第152期),1980年8月14日

明媚的春天真正来到——厂团委举办“祖国啊,我爱你”诗歌朗诵会
信仰是爱情的指南——电影“不是为了爱情”观后感
通知
一车间炉前工举行二轮技术比赛
水大也要上班
二车间团总支召开民主生活会
三车间文娱体育活动见闻
运输部团支部组织游泳活动

第40期(总第153期),1980年8月22日

我厂青年漫画展览正式展出
青年漫画展览各单位成绩表
机动部团总支把人生观讨论引向深入
三车间召开“七一”上岗活动表彰大会
机动部青年理发组乐为职工服务
一车间团员青年技术比赛揭晓
一车间增加小改小革建议三条
我厂与前进厂举行羽毛球赛
八车间组织影评

第41期(总第154期),1980年8月26日

把党的关怀送到青年的心坎里
史志定同志即将赴杭疗养

我厂青年小储蓄额再次突破四千元
浇钢团支部组织操作比赛
放声歌唱我们伟大的祖国
四车间组织影评活动
曲新德之所以碰壁——电影《半张订婚照》观后感
观《等到满山红叶时》后

第 42 期(总第 155 期),1980 年 9 月 5 日

我厂举行“歌唱祖国”歌咏比赛
我厂青年作文比赛成绩揭晓
赤诚的爱,纯真的情
机动部铸造与后勤进行篮球友谊赛
机动部铸造与锻焊进行篮球友谊赛
科室团支部勤收蓖麻籽
我厂又增订 29 份《青年报》
孙佰良进步了
祖国颂青年作文比赛成绩表

第 43 期(总第 156 期),1980 年 9 月 10 日

祖国颂青年作文比赛结果
机动部金工与服务进行羽毛球友谊赛
机动部团总支召开座谈会
机动部上《什么是真正的幸福》团课
八车间突击回收废钢
“歌唱祖国”歌咏比赛评比结果
雷锋精神又回来了
三车间团总支丰富业余文娱生活
欢呼三次全会召开了

第 44 期(总第 157 期),1980 年 9 月 19 日

八车间团员为职工洗衣
四车间进行家庭访问
八车间团支部组织团员洗手套

一车间篮球联赛揭幕
一车间篮球联赛在进行中
我厂青年小储蓄额再次突破四千元
影评：惟妙惟肖，形象逼真
有感于“人生的存在”——人生的意义究竟是为什么

第 45 期(总第 158 期)，1980 年 9 月 24 日

充分发挥共青团员的模范作用
启事
好消息
一车间篮球联赛成绩揭晓
有感于五届人大第三次会议
浅谈我对“人生观”的认识
“踢皮球”之苦

第 46 期(总第 159 期)，1980 年 9 月 29 日

提高认识，端正态度
我厂召开宣传工作会议
机动部洗衣机制造成功
机动部与铅锌矿进行篮球友谊赛
生活于生产的关系
二车间前道团支部开展节约活动
八车间团支部开展文娱活动
关于今年蓖麻籽收缴工作新规定
工调新语林

第 47 期(总第 160 期)，1980 年 10 月 6 日

国庆的礼物
警铃响了
在调资升级中认真做好党的助手
一车间召开工调动员大会
我厂团内动态
球讯

学校工作点滴

在工调中加紧团干部训练

第 48 期(总第 161 期),1980 年 10 月 8 日

三季度团的工作流动红旗评比结果揭晓

三季度团的工作评比成绩

三季度突击手活动成果

小学团支部献计献策五条

青工家庭生活一瞥

认真算好细账

运输部自制液压铲车

一车间召开团员青年座谈会

影评：由观《春香传》所想起……

工调新语林

第 49 期(总第 162 期),1980 年 10 月 10 日

关于举办普通话观摩赛的通知

厂团委召开团员青年大会

厂团委召开座谈会

应该如何正确对待调资升级?

技校建立第二届团支部委员会

第 50 期(总第 163 期),1980 年 10 月 11 日

青年人在工调中应持什么态度?

三车间召开座谈会

技校召开团支部成立大会

合理管理,果实累累

卫生科首批上缴蓖麻籽一市斤

我厂评选出十名读书活动积极分子

一车间第十四条合理化建议得到实施

试论影片《十天》的不足之处

第 51 期(总第 164 期),1980 年 10 月 18 日

关于开展评选最佳团支部和最佳团干部活动的通知

机动部三次召开座谈会

供应科召开座谈会

前言

姑娘的心愿

厂团委召开座谈会

八车间召开座谈会

我厂《青年报》订户猛增四分之一

第52期(总第165期),1980年10月25日

我厂隆重庆祝中国少年先锋队建队三十一周年——记子弟学校立志为四化成才营火晚会

厂团委举办“普通话观摩赛”

三车间乙班争创最佳支部

发挥团支部在工调中作用

配合党支部做好工调工作

“普通话观摩赛”优胜者名单

初恋小知识

第53期(总第166期),1980年10月27日

生动的报告,深刻的教育

厂团委召开未恋青年座谈会

乐为青年搭鹊桥

二车间召开座谈会

机动部召开交流会

四车间召开座谈会

一车间团总支积极开展谈心活动

从姑娘来信谈起……

第54期(总第167期),1980年11月5日

站在烈士遗像前——参观上海参加对越自卫反击战烈士事迹有感

我厂召开第三次宣传工作会议

团委办好事,青年喜洋洋

工调生产两不误

三车间召开团员大会
八车间回收铇花铁屑
三车间甲班组织回收废钢铁
技检科、运输部上缴蓖麻籽
二车间机修为洗衣提供方便
青年工人的好榜样
从看《忠诚》想到谈恋爱

第 55 期(总第 168 期),1980 年 10 月 14 日

我厂婚姻介绍工作进展良好
为托儿所建造儿童乐园
厂团委召开团干部会议
好消息
基地团委婚姻介绍启示
局“我爱祖国”征文比赛揭晓
积极开展影评活动
四车间团支部组织摄影活动
一车间与中学教工进行篮球赛
秀丽的河山,有为的一代
各单位婚姻介绍情况

第 56 期(总第 169 期),1980 年 11 月 21 日

厂团委决定表彰徐佐同志
大力宣传认真贯彻厂党委通知
藏汉儿童心连心
认真做好工作总结
我厂又有四名青年应征入伍
机动部洗衣机开始服务
好消息
为国家节约资金
慰问信
谈谈对打人的认识

照样干
好事三则
婚姻介绍消息

第 57 期(总第 170 期),1980 年 11 月 27 日

市人民代表视察我厂青年工作
厂团委继续组织工作交流
厂校在局运动会上取得好成绩
我厂十五名青年录取市冶金系统高中速成班
一车间召开团员大会
没有增资也干得欢
二车间组织乒乓赛
我厂婚姻介绍情况表
短评：抓紧时间,早结良缘
简讯

第 58 期(总第 171 期),1980 年 12 月 5 日

团市委书记接见后方团干部
本月青年小储蓄额有新增长——一至十一月份比去年总额增长 1.3 倍
四季度流动红旗评比揭晓
四季度流动红旗评比成绩
八车间团支部为团员青年请功
八车间组织回收废钢铁劳动
中试办理最后一批超龄离团手续
厂第三次争当新长征突击手活动积极分子大会即将召开
团支部组织旅游活动大受欢迎
二车间召开团员大会
基建科团支部制造康乐球盘
球讯
启事
婚姻介绍消息

第 59 期(总第 172 期),1980 年 12 月 12 日

光荣榜

后方第二次新长征突击手活动表彰命名大会即将召开

我厂第三次新长征突击手活动表彰大会筹备就绪

我厂第四季度突击手活动成果

我厂突击手活动成果

欢乐的青年联欢会

在异乡的土地上

机动部组织足球联赛

三车间团总支和支部改选结束

婚姻介绍进度表

第 60 期(总第 173 期),1980 年 12 月 17 日

我厂召开第三次新长征突击手活动表彰大会

光荣榜

最佳团支部

最佳团干部

征询意见名单

好消息

从增产增收中,争取团的活动经费

广泛组织技术练兵活动,努力提高团员青年的操作水平

积极开展各项有益活动,活跃了团的生活

四车间组织学习团的基础知识

技校举办“立志为四化成才”演讲会

四车间组织《苦海余生》影评会

广泛开展了青年小储蓄活动,发扬了艰苦奋斗的精神

第 61 期(总第 174 期),1980 年 12 月 24 日

组织先进青年游览九华山

厂团委将召开“诸葛亮”会

我厂各单位陆续开展改选工作

别开生面的团支部成立大会

"这是我应该做的"

机动部足球联赛揭晓

大做好事,发扬社会主义新风尚

关心青年利益,为青年牵线搭桥

蓖麻收缴情况表

婚姻介绍消息

补发工资后怎么办?

第62期(总第175期),1980年12月30日

发扬团内民主的一次有效尝试——厂团委召开别开生面的"诸葛亮"会

关于开展"做三件好事,为团徽争光"活动的决议

关于开展小储蓄竞赛的通知

厂团委全委会纪要

机动部召开送旧迎新座谈会

1981年

第1期(总第176期),1981年1月4日

认真宣传新婚姻法

我厂荣获局篮球联赛亚军

幼儿教育热心者的佳音

无房已婚青年的喜讯

又有一批单位改选结束

一车间举行迎新座谈会

一次别开生面的迎新茶话会

三车间召开团总支成立大会

技校组织迎春游艺活动

我厂需要推销的产品介绍

第2期(总第177期),1981年1月5日

局表彰红旗团组织、先进团支部、新长征突击手(队)现场会即将召开　运输部召开迎春座谈会

我厂婚姻介绍工作进展良好

我厂需要推销的产品介绍

北国凤凰飞江南

组织团员青年积极开展小改小革活动

第3期(总第178期),1981年1月12日

局团委在我厂召开表彰先进现场会

关于命名八五钢厂团委为红旗团组织　八五钢厂八车间团支部为先进团支部的决定

关于命名向东厂二车间团支部等十四个集体为新长征突击队,徐登辉等二十九位同志为新长征突击手的决定

关于命名史志定、朱建华等五位同志为优秀团干部的决定

关于春节期间开展家访活动的通知

三车间的茶话会

八车间与供应科举行乒乓友谊赛

第4期(总179期),1981年1月15日

一车间团员集体做好事

记运输部青年突击队

我厂需要推销的产品介绍

充分发挥青年突击队的作用,广泛开展"安全行车百日无事故"活动

第5期(总第180期),1981年1月18日

八一年上半年度团总支工作计划

我厂需要推销的产品介绍(续)

第6期(总181期),1981年1月23日

八一年八车间团支部工作规划

我们是如何发挥团支部的组织作用的

第7期(总第182期),1981年1月29日

八车间召开第六届团支部成立大会

八车间团支部组织突击劳动

我们是如何发挥团支部的作用的

我们是如何改变落后面貌的?

基建科团支部召开座谈会

第 8 期(总第 183 期),1981 年 2 月 3 日

我们是如何把团的工作做活的

局表彰先进现场会上的发言

第 9 期(总第 184 期),1981 年 2 月 11 日

我是怎样做好本职工作的　局表彰先进现场会上的发言

我的转变

我是怎样走下坡路的

是党组织拯救了我

第 10 期(总第 185 期),1981 年 2 月 20 日

克服人员紧张,创造高产纪录

“团员青年坚持战斗在节日里……”

我的转变(续第九期)

迈开更大的步伐,努力做一个称职的职工

目前我厂婚姻介绍进展情况

第 11 期(总第 186 期),1981 年 2 月 27 日

浦江佳节喜相会

市电中物理考试成绩揭晓　我厂学员取得好成绩

振奋人心的喜讯

我厂婚姻介绍进展情况

春节活动大受欢迎

待业青年招工考试结果揭晓　我厂又有一批新工人进厂

厂团委召开工作会议

积极做好扫盲工作

增订青年报启示

第 12 期(总第 187 期),1981 年 3 月 4 日

抓紧时间 种好蓖麻

关于在“五四”前广泛开展四大教育活动的通知

一次受大家欢迎的活动

二车间家访结硕果

厂团委加强对新工人的思想教育

关于补发工资补交团费通知

第 13 期(总第 188 期),1981 年 3 月 5 日

今年我厂青年工作具体计划

厂团委加强对大集体青年的思想教育

四车间团支部组织家访

第 14 期(总第 189 期),1981 年 3 月 11 日

厂团委召开全厂团员青年大会——号召团员青年争当物质文明和精神文明的先锋

子弟中学隆重集会纪念学雷锋十八周年——号召全校同学积极投入“创文明班级”活动中去

发扬传统,发挥作用

二月份青年小储蓄竞赛前十二名名单

我厂青年小储蓄竞赛活动初见成效

参加储蓄吃亏吗?

你知道吗?

厂技校学雷锋,见行动

送温暖

第 15 期(总第 190 期),1981 年 3 月 17 日

我厂文明礼貌活动将掀起热潮

冒雨播种　争取丰收

八车间召开支部大会

来自二车间的报告

勇擒偷窃犯

讲故事 学历史——学习古人高尚情操

我厂掀起文明礼貌活动热潮——六百多人参加文明礼貌活动日活动

第 16 期(总第 191 期),1981 年 3 月 19 日

文明礼貌知识手册(草案)

我厂将开展第二个文明礼貌活动日

我厂团的组织工作又有新进展

我厂即将再次开办三个业余初中文化班

我厂将举办“文明礼貌”黑板报展览

第 17 期(总第 192 期),1981 年 3 月 25 日

春风吹进山沟里——我厂再次掀起文明礼貌活动热潮

厂团委书记王汶菁奔赴新岗位

我厂将第三次掀起文明礼貌热潮

婚介进度

春节前后我厂好人好事层出不穷

学雷锋,做好事,为团徽争光

中学加强团的知识学习

第 18 期(总第 193 期),1981 年 4 月 2 日

“文明礼貌”黑板报展览选编

电影散场后

在他们面前的我

讲点小便文明

谦让

裁缝

扫雪

境界

压邪

雷锋又活了

“礼貌服务”大受欢迎

我厂将第四次掀起文明礼貌活动热潮

看谁的收获大

共青花坛展新貌

我厂供应科洗衣机开始服务

第 19 期(总第 194 期),1981 年 4 月 5 日

我厂婚姻介绍工作问答

一车间扫盲班开学

参加储蓄竞赛光荣　三月份青年小储蓄竞赛前二十名名单

我厂青年小储蓄额迅速增长
我厂一季度又有五位青年入团
回收旧手套
回收废钢铁
技检科举行集体离团仪式
机动部扫盲班开学
一次别开生面的组织生活
我厂将举办语文基础知识竞赛
活跃在球场上的一支青年足球队

第 20 期(总第 195 期),1981 年 4 月 7 日

关于认真抓好纪念“五四”青年节活动的通知
我厂又有四名青年入团
为少年儿童捐赠活动经费
参加捐款活动光荣

第 21 期(总第 196 期),1981 年 4 月 11 日

第一季度流动红旗评比结果
第一季度突击手活动成果
为小朋友宣讲文明礼貌知识
一堂生动的团课
二车间召开团支部大会
八车间举办乒乓单打赛
供应科建立第五届团支部
你追我赶夺红旗
三车间组织扫墓活动
二、八车间扫盲班先后开学
技校组织“文明礼貌”活动值勤
加强蓖麻管理　争取蓖麻丰收
婚姻介绍进展情况

第 22 期(总第 197 期),1981 年 4 月 22 日

做一个有觉悟有文化的劳动者　我厂举办语文基础知识竞赛

八车间组织技术讲座

不怕困难　刻苦学习

互帮互学　能者为师

学雷锋　做好事

为了明天

球讯

码头团支部建制宣告解体

三车间免费为职工洗衣

我厂蓖麻籽收购工作结束

婚姻介绍工作进展情况良好

我厂蓖麻籽收缴情况表

你知道吗?

第 23 期(总第 198 期),1981 年 4 月 28 日

一次别开生面的纪念活动

语文基础知识竞赛结果揭晓

一车间团支部主办技术课

我厂婚姻介绍工作进展良好

参加储蓄光荣　铺张浪费可耻

四月份青年小储蓄竞赛前二十名名单

我厂青年小储蓄又有新增长

我厂又有一批青年入团

突击倒酸

八车间积极回收废旧手套

一车间突击回收废钢铁

三车间召开新工人座谈会

运输部突击回收废钢铁

三车间组织扫盲测验

第 24 期(总第 199 期),1981 年 5 月 15 日

我厂代表光荣出席市第二次新长征突击手(队)大会　我厂团委被市团委命名为市先进团组织　史志定同志被团市委命名为新长征突击手

局团委召开文明礼貌活动交流表彰大会　我厂团委和厂技校团支部被命名为文明礼貌活动红旗单位

通知

一车间召开团支部大会进行授书仪式

团员赵其泉、江秋江、苏志超、朱柏生坚持做好事

一车间筹办婚姻互助金会

深入持久地开展文明礼貌活动

启事

第 25 期(总第 200 期),1981 年 5 月 21 日

发扬"五四"精神——八车间座谈会纪实

二车间庆祝"五四"实况

认真传达和贯彻市新长征突击手(队)大会精神——厂团委召开大会传达精神、部署工作

八车间简讯

一车间团支部上团课

一车间团支部组织政治测讲

一车间团支部组织"语言美"评比

义务救护队

二车间掀起足球热

第 26 期(总第 201 期),1981 年 5 月 27 日

骄阳似火　心红胜似火——记五月二十四日"为您服务"日

为您服务活动结硕果

订守则　谱新歌

旅游途中树新风　众人称赞活雷锋

以主人翁态度对待国家财产

肩负起团带队的光荣职任

曹继军认真教育受赞扬　二车间文盲摘帽结硕果

八车间急人之难,主动组织搬运队

我厂再次掀起文明礼貌活动热潮——为您服务活动见闻

第 27 期(总第 202 期),1981 年 6 月 3 日

厂团委研究部署七一前后工作

我厂团的发展工作有所加强——二季度以来已发展四批十八名

参加储蓄光荣　支援四化有功　五月份青年小储蓄竞赛前十二名名单

我厂青年小储蓄额有点下降

厂《八五通讯》、厂广播台、厂《八五团讯》联合举办“党爱我、我爱党”征文活动

杨承忠犯法受拘留

王国炯固守 Φ300 轧机

踏实稳健的郭大卫

秦福祥带头干在前

一支年轻的力量

三车间团总支召开团员大会

吴君安　戴元祥 拾金不昧

一车间团支部组织九华二日游

我厂扫盲抽查工作结束

第 28 期(总第 203 期),1981 年 6 月 9 日

向宋庆龄名誉主席致敬!

子弟小学实现全童化

为“红领巾号”列车筹集基金

我厂婚姻介绍工作传佳音

我厂扫盲抽查测验取得好成绩

我厂四位团干部赴基地参加团训班

关于表彰“文明班级”的决定

李小红同学被评为局优秀队员

三车间为团干部学习创造条件

三车间义务为职工洗衣

一车间组织义务劳动

一车间康乐球赛开幕

厂团委通知

"王子犯法与民同罪"观电影《法庭内外》有感

第 29 期(总第 204 期),1981 年 6 月 13 日

我厂召开三届二次职代会

光荣榜

一人遇难　众人相助——八车间旅游记事

美好的心灵　真挚的情谊

心灵美的火花

大家都来为"一次受欢迎的组织生活"征文投稿

第 30 期(总第 205 期),1981 年 6 月 20 日

思想评论:劝君莫打麻将牌

发行工作消息　我厂《青年报》订户有所增加

厂团委组织庐山五日游

盆景展览受到欢迎

留给盆景展览会的诗

一车间康乐球赛继续进行

临危不惧排险情

青年徐佐又得好评

"满地飞"林瑞忠

丁盛凯抱病工作干劲大

我为大家　大家为我

第 31 期(总第 206 期),1981 年 7 月 2 日

韩秀荣、桑永伟同志增补为厂团委委员

运用盆景艺术　陶冶爱国情操

盆景展览评比结果揭晓

展览会的警卫员

一车间扫盲班结业

业余摄影　受人欢迎

设备医生郭云鹏

赵月风帮助小瞿扫文盲

刘继红关心青年受称赞

厂团委组织庐山旅游活动

争做党的好助手

第 32 期(总第 207 期),1981 年 7 月 3 日

厂团委举办“党爱我　我爱党”专题演讲会

我厂又有七位新娘进山来

来自子弟学校的喜讯

基地团干部轮训班结业——我厂四位团干部胜利归来

厂团委举办庆祝“七一”座谈会

厂团委组织已婚青年座谈会

从小培养爱党、爱国、爱四化情操　我厂举办少儿专场文艺演出　七百多名观众冒雨前往观看节目

我厂“少儿专场文艺演出”——“小百花奖”评比结果揭晓

厂团委召开团干部座谈会——动员全厂青年掀起学习热潮

第 33 期(总第 208 期),1981 年 7 月 6 日

关于认真组织青年学习六中全会文件的初步打算

在学习六中全会热潮中 二车间组织青年学习小组

厂团委主办摄影展览

机动部举行电影招待会

机动部召开座谈会

助人为乐　风格高尚——十七位青年帮助幼儿园搬迁

八车间召开座谈会

一车间康乐球赛结束

第 34 期(总第 209 期),1981 年 7 月 10 日

认真学习《决议》,统一思想认识——我厂各级团组织认真组织青年学习班全会文件

第二季度团的工作评比结果揭晓

第二季度突击手活动成果

参加储蓄光荣　支援四化有功　六月份青年小储蓄竞赛前十二名名单

我厂青年小储蓄额出现徘徊——团委要求各级团干部引起重视

一车间召开团员大会

处处都有活雷锋

陆彩娣服务周到受称赞

第35期(总第210期),1981年7月17日

厂团委组织“党的光辉护照我心”巡回报告

青年学习小组扎扎实实抓学习

机动部认真总结和部署工作

热情来慰问　干群情谊深——我厂各级干部热情慰问高温工人

一车间团支部组织政治测验

一车间团支部召开交流会

一车间团支部召开专题座谈会

庐山游记

捐款“育苗”精神可嘉

陆志明乐为职工做好事

运输部举行离团仪式

第36期(总第211期),1981年7月22日

摄影展览取得了圆满成功

局团委举办“青岛”夏令营

一车间团支部组织专题讨论

认真学习六中全会精神

我厂召开治安工作会议

征文选:父与子

郭桂湖拾金不昧

青春易逝　年华可贵

第37期(总第212期),1981年7月28日

今年下半年我厂青年工作要点

征文选:党的阳光照我家

三代人的童年

第38期(总第213期),1981年8月3日

二车间青年学习小组在前进

一车间团支部行动迅速起步快

《我身边的好青年》征文

我厂婚姻介绍工作取得很大进展

我厂即将实行联产计奖　促进生产，提高质量的有效措施

格言选

第39期(总第214期)，1981年8月5日

厂团委批准六位同志为青年报告员

我厂召开八五通讯创刊二周年纪念暨《我爱党 党爱我》征文授奖大会

二车间审批新团员

一车间加强团课教育

难忘的日子——记青岛夏令营生活二、三事

联系实际　学习《决议》

修旧利废　再立新功

第40期(总第215期)，1981年8月12日

厂团委召开学习《决议》交流会——推广了先进经验，提出了努力方向

认真总结经验　深入组织学习——厂团委发动各级团组织认真总结前阶段学习情况

夏令营日记

党的光辉照我心

第41期(总第216期)，1981年8月20日

团干部论坛：多分析　多研究　作风深　效果好

参加储蓄光荣　支援四化有功　七月份青年小储蓄竞赛前十二名名单

青年学习小组发挥了作用

“党爱我，我爱党”优秀作品

一车间组织技术练兵活动

一车间积极组织青年参加考试

一车间组织义务劳动

一车间回收废钢铁

一车间与三车间进行乒乓球友谊赛

三车间二次组织游泳活动

《好青年》征文选

为出好黑板报出力

周连荣主动关心集体

一车间团支部制定对新进厂艺徒进行文化考核制度

第42期(总第217期),1981年8月27日

我厂召开政治工作会议

一车间团支部以点带面推广师徒合同公约

高温洗衣忙

放弃休息风格高

拾废钢,清场地

参加储蓄光荣　支援四化有功　八月份储蓄额前十二名名单

通知

破旧习,扬新风——欢迎年轻伴侣参加集体婚礼

征文选:记身边的年轻人——苏志超

第43期(总第218期),1981年9月4日

桑永伟同志赴上海团校学习

抓新工教育　树道德风尚

机动部羽毛球邀请赛结束

运输部组织夏季游泳活动

热心为团的工作服务的小诸

二车间体育活动简讯

婚姻介绍进展情况

(续第42期团训)记身边的年轻人——苏志超

文娱活动通知

第44期(总第219期),1981年9月9日

深入开展新长征突击手活动在完成今年计划中争当先锋

争分夺秒多贡献　增产节约创水平响应书

推选万名“小老虎”

二车间与三车间进行足球友谊赛

机动部与长江医院进行足球友谊赛

第 45 期(总第 220 期),1981 年 9 月 9 日

《我爱党 党爱我》征文选登　温暖

调动有感

众口赞誉的王国炯

我们爱轧钢　决不离开轧机

"决心把自己的一切献给党的事业"

第 46 期(总第 221 期),1981 年 9 月 18 日

虚心学习先进　努力赶超先进　兄弟单位先进经验摘编　深入开展突击手活动　大力发扬"小老虎"精神 上海市冶金局团委"开展创最活动　争挑调整重担"的经验

我厂部分突击手将赴杭州和无锡疗养

质量月中比高低

黄昌俊急生产所急

阅览室深受学生欢迎

第 47 期(总第 222 期),1981 年 9 月 24 日

虚心学习先进　努力赶超先进　兄弟单位先进经验摘编　深入开展突击手活动　大力发扬"小老虎"精神　上钢二厂团委"在调整中发挥共青团的突击作用"的经验

厂工会、厂团委召开联席会议　认真部署欢度国庆的活动

我厂婚姻介绍工作取得了可喜成果

厂团委认真组织宣讲活动

欢欢喜喜渡国庆　我厂国庆活动内容丰富

青年业余象棋邀请赛结束

足球联赛决出了冠亚军

心灵手巧的陈世君

有心人戴元祥

第 48 期(总第 223 期),1981 年 10 月 1 日

关于开展"大战四季度,争当'小老虎'"活动的通知

虚心学习先进　努力赶超先进　兄弟单位先进经验摘编　深入开展突击手活动　大力发扬"小老虎"精神　上钢一厂平炉乙班一号炉青年炼钢小队

"掌握最佳操作技能　创造最佳冶炼成果"的经验

明天比今天更美好——记国庆联欢会

节前大搞节约忙

送温暖

山沟里的笑声——厂工会、团委联合举办国庆游艺活动

第 49 期(总第 224 期),1981 年 10 月 4 日

我厂各级团组织重视团的发展工作——今年一至九月已发展三十名新团员

讲传统　育新苗——厂子弟小学举行"国庆报告会"

启事

白帆点点

这是我们应该做的

我们的认识

第 50 期(总第 225 期),1981 年 10 月 8 日

喜讯

我厂提前完成九月份生产计划

我厂盘圆钢丝开始销售全国

第四季度工作打算

人勤地肥收成好

全团动手　培养新苗　厂团委再次赠款支持少先队工作

促进群众性文体活动的新措施

我厂将评选学习积极分子

市冶金局第二届高中速成班开始报名

深受欢迎的猜谜活动

第 51 期(总第 226 期),1981 年 10 月 13 日

启事虽小作用大　未恋青年喜洋洋

大家都来订阅《青年报》——厂团委提前办理订阅手续

抓紧把四季度工作落到实处

八车间为您服务活动成绩显著

妙手回春　变废为宝

四车间“大战四季度　争当‘小老虎’”活动规则

第 52 期(总第 227 期),1981 年 10 月 16 日

广泛动员　认真组织——三车间召开团员青年大会

三车间第四季度工作打算

“争当小老虎班”竞赛协议书

我厂今年又有六名青年入党

厂初速班学院取得好成绩——本月周静媛等五位同学评为积极分子

技校师生急厂琐记　承担新工房照明任务

三车间丙班青年热心为职工、为生产任务

你需要提供精神食粮吗？——厂团委开始办理明年青年报刊订阅手续

三民兵见义勇为克酒疯

第 53 期(总第 228 期),1981 年 10 月 26 日

参加储蓄光荣　支援四化有功　九月份储蓄前十二名名单

我厂四季度青年工作不断深入发展

第三季度突击手活动成果

我厂婚姻介绍工作进展情况

他变了

为青年职工提供精神食粮

中学喜办活动室

为国家节约资金最光荣

第 54 期(总第 229 期),1981 年 10 月 28 日

振奋精神　力争上游　第三季度团的工作评比结果揭晓

各单位一至三季度团的工作竞赛成绩表

我厂一至三季度突击手活动成果

我厂将筹备召开首届青年职工代表大会

厂子弟中学第十届校运动会取得圆满成功

三车间千方百计节约开支

机动部足球队战胜厂足球联队

球讯

我厂又有两名青年应征入伍

我厂技校首届毕业生正式分配工作

请你抓紧订阅青年报刊

第 55 期(总第 230 期),1981 年 11 月 2 日

朋友请你抓紧来团委物色对象

我厂青年恋爱进展简况

我厂将组织第七个文明礼貌活动日

机动部开展争当最佳服务员活动

积极参加“冬锻” 增强身体素质

机动部青年洗衣组每星期天为职工服务

葛鼎学坚持为职工做好事

美丽的铁屑花

第 56 期(总第 231 期),1981 年 11 月 5 日

关于评选优秀发行员的通知

请抓紧办理青年报刊订阅手续

我厂近期有哪些文体活动?

自制垃圾箱

大唱文明守则歌

洗衣忙

(续上期)美丽的铁屑花

一场精彩的球赛

机动部双佳活动结硕果

第 57 期(总第 232 期),1981 年 11 月 13 日

争当建设精神文明的先锋　我厂再次掀起文明礼貌活动热潮

关于扩大青年小储蓄——竞赛活动内容的通知

又有一批新娘将来我厂

机动部足球队勇战强队

一次有意义的登山活动

一车间团支部组织“快乐摄影室”

女青年杨吉婷临危不惧机智抢险

生产上的带头人——华俊明

青年杜建民拾金不昧

踏实肯干的吕林祥

第 58 期(总第 233 期),1981 年 11 月 20 日

基地团委召开团负责人会议——作出撤销公司团委、缩编团组织的决定

我厂青年《决议》宣讲活动全部结束

关于命名杨吉婷为“小老虎”的决定

向女排学习　立足本职　多作贡献

向先进学习　向先进看齐——厂团委召开表彰命名大会

团内简讯

冬锻动态

第 59 期(总第 234 期),1981 年 11 月 26 日

我厂首批订阅青年报刊情况较好

全厂青年报刊发行工作竞赛名次

加强团的领导班子

自学成才传喜讯——我厂又有十六位青年录取高速班

自学青年的喜讯

应该向先进青年看齐

“快乐”继续为群众服务

费益民在浇钢工支援精整竞赛中成绩突出

冬锻动态

已婚青年的喜讯

第 60 期(总第 235 期),1981 年 12 月 2 日

我厂隆重召开第三次立功表彰大会

我厂职工踊跃订阅《新民晚报》

一车间组织专题讨论

光荣榜

供应科团支部得到加强

一车间邀请行政干部给青工上课

甘当绿叶和园丁

二车间召开团支部大会

学校工作动态

厂初速班学员继续取得好成绩——十一月王豪等四位同学评为积极分子

第 61 期(总第 236 期),1981 年 12 月 4 日

人人争当模范

青年小储蓄竞赛优胜者名单已揭晓

参加储蓄光荣　支援四化有功

我厂精神文明建设取得可喜成果

他是个好小伙子

响应倡议　争当模范

一车间青年行车工技术理论竞赛揭晓

一车间李山林在“好徒弟,好师父”竞赛中获优胜

中学建立第四届团支部委员会

冬锻动态

心意

《身边的好青年》征文优秀作品评比即将揭晓

第 62 期(总第 237 期),1981 年 12 月 11 日

关于命名孙和民、梁平同志为“移风易俗”积极分子的决定

关于开展“五好一和睦”推选活动的通知

孤儿的婚礼

我厂第四季度突击手活动成果

我厂第四季度团的工作竞赛评比结果揭晓

机动部电焊、电修、造型青年劳动竞赛结束

基建以五比一胜长江医院队

第 63 期(总第 238 期),1981 年 12 月 17 日

向先进学习　向先进看齐　你知道吗?

《身边的好青年》征文活动评出八篇优秀作品

厂初速班学习成绩继续上升——王豪等六位同学评为学习积极分子

《新民晚报》大受欢迎

婚姻介绍和商调工作问答

青年长跑邀请赛取得好成绩

厂首届青代会暨表彰会已定于二十日召开

第64期(总第239期),1981年12月23日

贺电

听取团内意见　扩大团的工作面　我厂隆重召开首届青年职工代表大会暨第四次新长征突击手(队)表彰大会

厂职工运动会定于十二月二十七日开始比赛

我厂全年突击手活动成果

“小老虎”活动结硕果

一车间组织青年钳工比赛

八车间再次组织义务劳动

一车间组织义务劳动

冬锻消息

第65期(总第240期),1981年12月29日

上海市“大战四季度,争当小老虎”活动命名表彰大会即将召开

我厂又有十七位新娘进山来

有志者事竟成——记三车间3T锤青年突击队

机动部召开团员大会

我厂隆重举行职工运动会

四车间团支部班子得到加强

基建和长江医院举行足球赛

一车间整修“共青花坛”

(未完待续)

译　稿

中国三线建设的展开过程*

[日本]丸川知雄

李嘉冬　译

前言

从1964年到20世纪70年代之间，中国内陆地区进行了一系列超大规模的工业和基础设施的建设。当时，一方面中国与美国关系日趋紧张，另一方面与苏联的联盟关系也宣告破裂，中国在国际关系中处于孤立状态。为了准备将来可能发生的与美国乃至与苏联的大战而实施的这个建设，被称作三线建设。在中国内地建起一座覆盖能源、钢铁、化工、机械到中国当时最先进的军工的工业基地。通过这个基地的建设，就算沿海、东北部地区遭到包括核武器在内的攻击毁灭之后，中国还可以进行持久战。这就是三线建设的目的。

直到进入20世纪80年代之后，这个项目才为国外所知，才知道三线建设这个单词。随着其全貌的公开化，人们才知道这其实是个庞大而奇妙的计划。比如，三线建设的重要项目攀枝花钢铁公司是建设在四川省腹地的山谷中，另一个重要项目第二汽车制造厂（现东风汽车公司）是建设在湖北省西部的深山中。两个厂都不是生产军工产品，是普通的炼铁厂和汽车制造厂，却建设在远离大城市避人耳目的深山之中。连生产普通民用品的工厂都有必要隐藏在深

---

* 本文原标题《中国的三线建设》(Ⅰ)(Ⅱ)，载[日本]《亚洲经济》第34卷第2号、第3号(1993年2—3月出版)。收入本书时，丸川知雄教授进行了增补修订。

山之中吗。

日本也在二战末期为防轰炸而将东京的工厂转移至崎玉县、长野县等内地。中国在中日战争时期也将上海的工厂转移至重庆等地。但是,这些行动都是为了在危机中应对空袭、侵略而进行的。中国在20世纪六七十年代确实处于与美国苏联都敌对的孤立状态。虽然也有像美国参与越南战争和与苏联在珍宝岛的军事冲突这样引起不安的举动,但是并未直接卷入战争。那为什么要花费如此大的代价为战争做准备呢。

进入20世纪80年代,随着各产业、各地区发展史的出版,三线建设的内容才慢慢被公诸世。像汪海波编的《中国工业经济史》①、彭敏编的《当代中国的基本建设》②之类的回顾三线建设全貌的论著也渐渐增多。在中国国外,最开始对三线建设有全面论述的是诺顿(Barry Naughton)所著的文章③。笔者在1993年写的论文④汇集了当时从各行业的专业史和各个地方的资料得到的有关三线建设的信息并描写了三线建设的过程。进入20世纪之后,吴晓林⑤和陈东林⑥出版了有关三线建设的专著。本文是以1993年的论文为基础,再加上后来发现的资料的信息以及其他研究的观点,重新描写三线建设的展开过程并对它给予评价。本文尤其是对以下几个主题进行讨论。第一,就三线建设是基于怎样的想法和战略意义而诞生的这一主题,从想法的源头入手,并分析三线建设期间的变化。第二,就规定三线建设的实际方向的原因这一主题,不仅从其构想,也就其实施体制所带来的影响进行分析。第三,就实行三线建设的政治背景进行分析。第四,就三线建设对中国经济发展的影响进行分析,并尝试给予评价。

---

① 汪海波主编:《中国工业经济史》,经济管理出版社1986年版。

② 彭敏主编:《当代中国的基本建设》(上,下)中国社会科学出版社1989年。

③ Barry Naughton: "The Third Front: Defence Industrialization in the Chinese Interior," *China Quarterly*, No. 115, 1989.

④ 丸川知雄:《中国的三线建设》(Ⅰ)(Ⅱ),(载[日本]《亚洲经济》第34卷第2号、第3号(1993年2—3月出版)

⑤ 吴晓林:《毛泽东时代的工业化战略——三线建设的政治经济学》,御茶之水书店2002年版。

⑥ 陈东林:《三线建设:备战时期的西部开发》,中共中央党校出版社2003年版。

一、三线建设的前史

1. 起源

类似三线建设的想法从“一五”计划(1953—1957年)的时候以来就曾多次被提起。首先,在“一五”计划中,一个重要目标是尽快改善偏重于沿海地区和东北地区的工业布局,这个方针不仅是基于节约内陆资源输送到沿海工业地区的运输成本的考虑,而且考虑到工业集中于沿海地区会导致国防上的脆弱性。在这一点上,“一五”计划和三线建设有相同之处。中国政府拟定“一五”计划的时候正好撞上朝鲜战争。中国的领导担心中国本土会遭到攻击,在此背景下制定了该方针。“一五”期间基本建设投资的47.8%投向内地①,和初期工业生产力的配置相比,投资分配向内地倾斜是显而易见的。1956年,毛泽东在《论十大关系》中指出了如此过度的倾斜政策的弊端,而主张要改变投资政策。毛泽东在文中说道:“最近几年,对于沿海工业有些估计不足,对它的发展不那么十分注重了。这要改变一下。过去朝鲜还在打仗,国际形势还很紧张,不能不影响我们对沿海工业的看法。现在,新的侵华战争和新的世界大战,估计短时间内打不起来,可能有十年或者更长一点的和平时期。这样,如果还不充分利用沿海工业的设备能力和技术力量,那就不对了。不说十年,就算五年,我们也应当在沿海好好地办四年的工业,等第五年打起来再搬家。”当时毛泽东的乐观的看法与八年以后的尖锐的危机意识有着鲜明的区别。

不过,解放军的领导层一直保持对战争的危机感,并主张在工业布局上应该考虑备战的因素。1960年1月,中央军事委员会(以下简称中央军委)向国防工业委员会传达了以下方针,国防工业“基地选址布局上,要依山下寨,分散隐蔽,有一部分还要进山洞”②。当时,中央军委由1959年6月代替彭德怀就任国防部长的林彪掌握,所以这些方针应该反映了林彪的思想。但是,当时并没有这个方针实际实行的痕迹。这是因为当时的主要问题是如何摆脱“大跃进”带来的经济困难,中央无暇顾及新的军工基地建设。据诺顿的论文,第

① 汪海波主编:《新中国工业经济史》经济管理出版社1994年版,第519页;薄一波:《若干重大决策与事件的回顾》,中共中央党校出版社1991年版,第475—477页。

② 段子俊主编:《当代中国的航空工业》,中国社会科学出版社1988年版,第676页。

一次使用“三线”这个词的也是林彪，是在1962年1月的中共中央扩大工作会议上所使用的①。但是，这一点笔者还没有在中方的资料确认。

2. 核工业的三线建设

三线建设是从1964年美军轰炸越南北部湾以后全面展开的。但在1963年，危机感还尚未变得紧迫的时候，中国就已经开始了在三线地区的核工业基地的建设准备。当时，中国正处在赶着进行第一次核爆炸试验准备的阶段。中国为了加快核武器的开发，将原先在北京等地的研发机构和生产实验部门转移到青海省海晏县集中进行，但这个举措却反而削弱了对抗美国攻击的能力。当时美国肯尼迪政府讨论过为阻止中国保有核武器而进行武力攻击的计划。肯尼迪身边的记者 Stewart Alsop 在1963年9月和10月的《周六晚报(Saturday Evening Post)》的报道里写道：“总统及其幕僚对于采取一切手段阻止中国成为核武器保有国这一原则意见一致。行使核的绝育手术是需要实力的，但是技术上很容易，只需几次小小的军事打击就能完成了。”②“绝育手术”这一词在中国关于核基地三线建设的文献中也有引用③，由此可见肯尼迪政府的威胁的确促使了中国核工业的三线建设。1963年11月，第二机械工业部提出了在三线地区进行核工业建设的十年规划。后来，经过国务院和中央军委的讨论以及实地调查之后，核工业三线基地在“靠山，分散，隐蔽”的方针下，设立在四川省西南部。实际的建设工作是从1965年开始的，所以它和其他的行业一起作为三线建设的一个项目运作④。

二、三线建设的第一阶段(1964—1968年)

1. 三线建设的开始

三线建设是中共中央领导层在讨论“三五”计划构想时由毛泽东提出的。

---

① Naughton, “The Third Front: Defence Industrialization in the Chinese Interior,” p. 352.

② Burr, William and Jeffrey T. Richelson 2000/01 “Whether to ‘Strangle the Baby in the Cradle’: The United States and the Chinese Nuclear Program, 1960 - 64” *International Security* Vol. 25, No. 3(Winter 2000/01)。

③ 李觉主编：《当代中国的核工业》，中国社会科学出版社1987年版，第68页。

④ 李觉主编：《当代中国的核工业》，中国社会科学出版社1987年版，第68—74、257—263、413—415、425—426页。

1964 年 4 月，国家计委准备了“三五”计划初步设想，在同年 5—6 月的中共中央工作会议上提出该设想。内容如下：第一，大力发展农业，基本上解决人民的吃穿用问题；第二，适当加强国防建设，努力突破尖端技术（这应该是指核武器和导弹的开发）；第三，与支援农业和加强国防相适应，加强基础工业。这次的提案与“以钢为纲”的“大跃进”相比，产业的优先顺序完全相反，特点是从以优先提高人民生活的角度来控制重工业的发展。可以说是个延续 1960 年以来的调整政策的构想。

毛泽东在 1964 年 5 月至 8 月期间，在与中共中央和国务院领导的谈话中，对这个设想多次发表反对意见。5 月 11 日，李富春代表国家计委向中央领导汇报“三五”计划设想的时候，毛泽东插话说：“酒泉和攀枝花钢铁厂还是要搞，不搞我总是不放心，打起仗来怎么办?” 这就是毛泽东的第一次提出三线建设构想的发言。但这只是毛泽东对于李富春报告中众多意见中的一个而已。毛泽东还说：“两个拳头——农业、国防工业；一个屁股——基础工业，要摆好。”6 月 6 日在中共中央工作会议上，毛泽东作了讲话，其中指出“要使拳头有劲，屁股就要坐稳”。这番话意思不是很明确，但是毛泽东想说的意思大概是更要重视基础工业（即重工业）的发展。在这次讲话里头，他还指出：“只要有帝国主义存在，就有战争的危险。在原子弹时期，没有后方不行。要搞三线基地的建设。攀枝花钢铁工业基地的建设要快，但不要毛草，攀枝花搞不起来，睡不好觉。一二线（即沿海和边境地区与中部地区）也搞点军事工业，有了这个东西就放心了。”①由此可见，三线建设的构想在 1964 年 5 月初到 6 月初的一个月里在毛泽东心中急速形成。5 月 28 日在中央政治局常委、书记处书记和各中央局负责人齐聚的讨论“三五”问题的会议上，周恩来、刘少奇、李富春各自发表了对于三线建设的意见②。周恩来赞赏通过三线建设能够解决沿海和内地的发展不均衡的问题，但是，刘少奇主张必须继续控制基本建设投资

① 杨茂森：《六十年代我国经济建设战略布局的一个重大调整》、《党的文献》1996 年第 3 期，第 28 页；《当代中国的计划工作》办公室编：《中华人民共和国国民经济和社会发展计划大事辑要 1949—1985》，红旗出版社 1987 年版，第 216—217 页。

② 周恩来：《关于第三个五年计划的若干问题》（1964 年 5 月 28 日），刘少奇：《继续控制基本建设，着手搞西南三线》（1964 年 5 月 28 日），李富春：《关于计划安排的积淀意见》（1964 年 5 月 28 日），《党的文献》1996 年第 3 期。

规模，即使要建设攀枝花钢铁厂，应该将酒泉钢厂等其他项目推迟实施。邓小平也赞同了刘少奇的观点，说“先搞攀枝花。只能打歼灭战。不能到处铺摊子”。李富春则进行了自我批评，表示原来的“三五”计划设想没有重视后方建设。但是，他也赞成邓小平的观点，说“要搞攀枝花，就要修铁路。湘黔路修通了，铺子就铺开了，那就是面多了加水、水多了加面的问题了”。他以婉曲的说法主张三线建设会导致投资规模的膨胀。可以看见，虽然谁也不敢公开反对毛泽东的建议，但是刘少奇、李富春等领导人不是全面赞成毛泽东的。他们认为控制投资规模和提高人民生活应该是“三五”计划的主要任务，而三线建设应该在不违背这些任务的前提下加以实施。

但是，1964 年 8 月初的北部湾事件（即美国和越南在北部湾的武装冲突）彻底地改变了这些领导的消极态度。在 8 月 17 日、20 日的中央书记处会议上毛泽东说：“要准备帝国主义可能发动侵略战争。现在工厂都集中在大城市和沿海地区不利于备战。工厂可以一分为二，要抢时间迁到内地去。各省都要搬家，都要建立自己的战略后方，不仅工业交通部门要搬家，而且学校、科学院、设计院、北京大学都要搬家。成昆、川黔、滇黔这三条铁路要抓紧修好，铁轨不够，可以拆其他线路的。”①在这个会议上决定马上着手三线建设，开始选址调查和工厂的设计，并搬迁或者缩小一线地区（即沿海和边疆）的投资项目。由于三线建设开始展开，本来应该持续到 1965 年末的国民经济调整政策在此时结束。决定开始三线建设以后，以前对三线建设并不积极的刘少奇也很积极地推行三线建设②。很奇怪的是毛泽东对三线建设的关心从此以后似乎急速下降。他以后很少谈及三线建设，即使谈的时候也表示比较消极的看法。

国家计委接受中央书记处会议的决定，重新开始酝酿“三五”计划，在 1964 年 12 月拟定了题为《关于编制长期计划的程序问题》的文件，提交给中央领导和毛泽东。文件指出，由于三线建设的增加，“三五”期间的总投资规模

---

① 房维中主编：《中华人民共和国经济大事记（1949—1980 年）》，中国社会科学出版社 1984 年版，第 379 页。

② 刘少奇：《在接见军委作战会议全体同志时的讲话》（1965 年 5 月 19 日），《党的文献》1995 年第 3 期。

需要增加二百亿元，总投资规模达一千二百亿元左右[①]。毛泽东对该文件的批示非常冷淡："感到枯燥乏味。"此时毛泽东的关心已经不在于三线建设，而在如何改变计划工作上。他在 1965 年 1 月成立了由石油部部长余秋里等五个人组成的"小计委"[②]，拟由它来替代国家计委。但是，实际上"小计委"替代不了编制计划的工作，所以过了不久小计委被吸收到国家计委一起办公。国家计委把"三五"计划的投资规模压缩到一千零八十亿元以后，同年 6 月把新的"三五"计划设想向毛泽东汇报时，毛泽东却指示要缩小三线建设的规模，内地建设也要从四五百亿元压到三百多个亿，"三线建设鉴于过去的经验欲速则不达，还不如小一点、慢一点能达到。工业布局不能分散了"[③]。不久以后，毛泽东对国家计委的不满发泄到身边汪东兴身上："这次我又压了他们一下。早就要他们注意三线问题，但没有大注意。这次一来就是一千多亿，这样老百姓怎么得了？"[④]

毛泽东对三线建设的态度在短短一年期间明显地从热变冷，这是为什么？首先我们需要考虑领导层对战争的危机感的变化。在本文的第一节已提到，解放军领导层至少从 1960 年以来强调了在工业布局上应该考虑备战的需要。1964 年 4 月总参作战部提出一份报告，分析了工业过分集中、大城市人口多、水库易遭袭击等情况。毛泽东在同年 5 月在听取李富春汇报的时候提出三线建设的构想很明显是从这份报告受启发的。同年 10 月的中国第一颗原子弹爆炸实验成功应该对缓和毛泽东的危机意识有一定的作用。但是，另一方面从 1964 年夏到 1965 年春，美军轰炸越南北部并登陆岘港，在海南岛上空中美交火，中苏关系进一步恶化等，围绕中国的国际环境越发紧迫。看来国际形势的变化并不能说明毛泽东的态度的巨大变化。

---

① 房维中主编：《中华人民共和国经济大事记（1949—1980 年）》，中国社会科学院出版社 1984 年版，第 385 页。

② 薄一波：《若干重大决策与事件的回顾》下卷，中共中央党校出版社，1991 年版，第 1206—1207 页。

③ 《当代中国的计划工作》办公室编：《中华人民共和国国民经济和社会发展计划大事辑要（1949—1985）》，红旗出版社 1987 年版，第 230—231 页；房维中主编：《中华人民共和国经济大事记（1949—1980 年）》，中国社会科学院出版社 1984 年版，第 395 页。

④ 毛泽东：《在打仗问题上要有两手准备》（1965 年 6 月 26 日），《党的文献》1995 年第 3 期。

笔者认为应该注意毛泽东的有关三线建设的建议是跟他对国家计委的攻击同时进行的。毛泽东在1964年8月的批语里甚至写道:“如果不变(计划工作方法),就只好取消现有计委,另立机构。”①毛泽东的攻击目标恐怕不仅是国家计委和李富春,而且还包括他们背后的刘少奇、邓小平等后来的“当权派”领导。可以推测毛泽东建议三线建设的背后有了他的政治目的。毛泽东的目的似乎有两个:第一个目的是以三线建设为借口推翻1960年开始国民经济调整以来的以农业为主、控制重工业发展的经济政策,重新把重点放在基础工业(即重工业)上②。1964年5月在讨论“三五”计划的时候,毛泽东这样说过:“最近几年又忽视屁股(即基础工业)和后方了。”③这番话说明,在毛泽东的心里提高基础工业的战略地位和三线建设是联系在一起的。第二个目的是,通过三线建设的提倡制造领导层里边的分歧,从而打开针对国家计委以及它背后的高层领导的政治战端。

毛泽东显然达到了第一个目的。1965年以后,基建投资规模迅速扩大,其中重工业和军事工业扩大得最快。但是,他的第二个目的反而达不到。这是因为发生了北部湾事件,刘少奇、邓小平等领导也都认识到了战争的危险并赞成马上着手三线建设。从此以来三线建设问题引起不了政治分歧,这应该是毛泽东失去了对推行三线建设的热情的原因。以后他开始找其他理由来攻击他的目标。

2. 三线建设的计划与实施

虽然毛泽东至少从1964年12月以后对推行三线建设的热情降低,三线建设仍然大规模地展开。这是因为有了三线建设这个借口,中央各部委的“投资饥饿症”被释放。这恰恰是刘少奇在1964年5月讨论“三五”计划和三线建设的时候所担心的趋向:“最近的确是有这样一个苗头,一放松大家就放手去干。这个苗头继续发展下去,就又要发生过去基本建设战线过长等问题。”④在

① 陈东林:《三线建设:备战时期的西部开发》,中共中央党校出版社2003年版,第64页。

② 同上,第54页。

③ 同上,第50页。

④ 刘少奇:《继续控制基本建设,着手搞西南三线》(1964年5月28日)《党的文献》1996年第3期。

这里主要描写三线建设提出以后的各部委的反应。

(1) 布局决定的过程

正如前项看到的，虽然三线建设最初是围绕“三五”计划的制定而启动的项目，但结果却是没有等到“三五”计划的第一年慌忙开始的。接着中央书记处要马上着手三线建设的决定，国家计委开始策划三线建设的总体设想，1964 年 9 月 21 日，李富春发表了如下内容，“花三年左右的时间，建设以重庆为中心的常规武器、重要机械设备生产基地；用 5—6 年的时间，建设酒泉钢铁厂和以此为基础的常规武器、机械生产基地；花 7—8 年时间，建设以攀枝花为中心的钢铁、机械、化学、燃料基地”①。但是，此时谁也不听被毛泽东严重批评过的国家计委的指挥，在中央各部委工厂选址工作上，似乎毫无考虑这个设想。国家计委的投资审批权已经被削弱。在 1964 年 9 月，中共中央建立了“西南三线建设筹备小组”，由这个机构来协调和审批西南地区的三线建设项目②。

正如在本文第二节所提，核工业三线建设的前期工作在 1963 年末已经开始。毛泽东非常执着的攀枝花钢铁基地以及与它配套的成昆铁路的前期工作也在还没有正式决定要开始三线建设的 1964 年 6 月提前开始。同月以当时的国家计委第一副主任程子华为团长的大型调查团开始了实地考察③。8 月以后，国务院国防工业办公室率领的军事工业调查团分成了几个小组到各地进行了调查，接着第一机械工业部、第八机械工业部、铁道部、冶金工业部、煤炭工业部、石油工业部、化工部、水利电力部、建设工程部、建材工业部、国家建委等都各自派出考察团前往四川，开始为工厂搬迁、新建工厂选址工作④。

就这样，没有三线建设的大框架的情况下，项目布局没有经过严格调查的情况下慌忙地进行了下去。因为各个部门之间的联系也不密切，等到后面实施三线建设的时候，陆续出现了因为布局条件恶劣而使项目进展困难和不得不几次三番变更布局的情况。

---

① 杨超主编：《当代中国的四川》上卷，中国社会科学出版社 1990 年版，第 135 页。
② 同上，第 144 页。
③ 同上，第 138 页。
④ 同上，第 144 页。

(2) 实施体制

经过了匆忙的实地调查，到 1965 年上半年，主要的项目布局计划已经成型，开始进入实际建设、转移工作阶段。同时，为了使建设、转移工作顺利进行，形成了中央集权的管理体制。为了三线建设的实施，中共中央和国务院在 1965 年 2 月设立西南局三线建设委员会，1966 年 1 月设立西北局三线建设委员会，每个项目建立现场指挥部，形成了由中央—西南建设委员会—现场指挥部三个等级组成的三线建设管理体制。

西南局三线建设委员会的前身，是之前说到的西南三线建设筹备小组，位于成都。委员由中央的部、委员会，中共西南局，四川、贵州、云南各省领导担任，主任是中共西南局的第一书记李井泉，副主任是前国家计委第一副主任的程子华，此外还有 1965 年 9 月根据毛泽东指示就任的彭德怀。该委员会的任务是实施有关中央三线建设的计划和方针，拥有各个项目工厂布局和施工计划的审批权。此外，各个项目的现场指挥部在国务院的专业部门的指导下，由设计单位、施工单位和当地党委、地方军区、物资部门、各省建设银行的代表组成。其任务是项目的设计、施工、有关生产要素的调配①。不过，设立现场指挥部的方式并不限于三线建设项目实施，而在 1964 年以后在其他项目里广泛采用。

用一句话来概括上述的三线建设的实施体制的特征，就是打破了以往条条为主的基本建设体制，形成了横跨各部门、各地区的组织，以此来加强部门和地区间的联系，加快建设节奏。但实际上，这样的新体制除了现场指挥部之外，几乎没有发挥什么大的作用。首先，正如之前所说的，项目的布局是国务院各个部门分散决定的。此外，1966 年“文化大革命”开始之后，西南局三线建设委员会副主任彭德怀被红卫兵强行带到北京，李井泉主任也挨批评被迫停止办公，委员会受到“文革”的打击就崩溃了。物资管理部为了三线建设的顺利进行建立的地区物资局有的被废除，有的与之前就有的物资局合并，多数都停止办公②。尽管实施系统崩溃了，但笔者认为“文革”中三线建设能继续下

① 周太和主编：《当代中国的经济体制改革》：中国社会科学出版社 1984 年版，第 589—590 页。

② 《当代中国的计划工作》办公室编：《中华人民共和国国民经济和社会发展计划大事辑要(1949—1985)》，红旗出版社 1987 年版，第 261 页。

来，说到底是因为一直以来各个部门的条条系统没有失去作用。

小计委的建立、西南和西北的三线建设委员会的建立都意味着国家计委的宏观管理权力的削弱。三线建设的借口以及宏观管理的弱化，对国民经济调整政策以来一直没法满足“投资饥饿”的中央各部委来说是一个扩大投资的很好机会。三线建设一提出以来各部委，包括农业机械、建材工业等看似与备战不太相关部门，陆续派考察团到西南地区①。由此可见各个部门对于扩大投资的欲望是多么强烈。其结果是基本投资规模的膨胀。从表 1 能看出 1965 年的基本建设投资额比上年增加 25%，1966 年又增加 17%。1965 年的基本建设投资中向西南三省的比率突然上升，可见在这一年三线建设已经开始。1965 年 9 月，根据周恩来的指示，国家计委确定“三五”期间的基本建设投资规模为 850 亿元。但是，由于三线建设的投资规模膨胀，作为“三五”计划第一年的投资额就达到了 209 亿元。如果没有“文化大革命”的干扰，“三五”期间的总投资规模将远远地超过 850 亿元。由于国家计委已经失去了对投资的控制，无法阻止各部委随意扩大投资规模。攀枝花、酒泉两个钢铁厂，成昆铁路、第二重型机械厂、东方电机厂等三线建设的大型项目中，有不少是“大跃进”时期着手，后来在国民经济调整时期被迫中止的。以三线建设的名义，中央各部委重新开始建设了这些被迫中止的项目。

(3) “文化大革命”的影响

毛泽东号召的三线建设的实施遭到同由毛泽东发动的“文化大革命”的阻碍。正如表 1 显示的那样，1967 年的基本投资额急剧下降，包括投向三线地区的投资在内。1967 年基本建设投资只实施了计划的 64.5%，并且，即使进行了建设，也时常中断。1968 年在没有年度计划的状态下，国家计委接受军事代表的情况下好不容易得以维持，但基本建设投资才达到大致计划的 61.3%②。

---

① 管农业机械的第八机械工业部参与三线建设的目的其实与国防工业有关系。该部拟在三线建设生产“海军用的柴油机、越野车的发动机、与雷达配套的汽油发动机”。据国家计委《关于第三个五年计划安排状况的汇报提要(草案)》，中共中央文献研究室编：《建国以来重要文献选编》第 20 册，中央文献出版社 1998 年版。

② 《当代中国的计划工作》办公室编：《中华人民共和国国民经济和社会发展计划大事辑要(1949—1985)》，红旗出版社 1987 年版，第 266—278 页。

表 1　历年全民所有制单位基本建设投资及其地区分布比率

	1963	1964	1965	1966	1967	1968	1969
全国(亿元)	98.16	144.12	179.61	209.42	140.17	113.06	200.83
比率(%)							
三线地区*	32.6	34.5	46.5	54.0	53.6	47.4	53.7
西南(四川、贵州、云南)	8.9	11.3	21.9	27.6	26.2	19.5	24.2
西北(陕西、甘肃、宁夏、青海、山西)	11.9	11.6	13.9	16.0	14.4	16.7	14.7
中南(河南、湖北、湖南)	11.8	11.6	10.7	10.5	13.0	11.2	14.7
	1970	1971	1972	1973	1974	1975	1976
全国(亿元)	312.55	340.84	327.98	338.10	347.71	409.32	376.44
比率(%)							
三线地区*	56.6	54.6	49.2	43.1	39.1	37.6	36.6
西南(四川、贵州、云南)	21.9	20.4	16.6	13.2	11.4	12.0	10.1
西北(陕西、甘肃、宁夏、青海、山西)	16.0	15.9	16.8	14.7	13.3	11.7	10.8
中南(河南、湖北、湖南)	18.7	18.3	15.8	15.2	14.4	13.9	15.7

* 西南,西北,中南 11 省和自治区的合计。

资料:国家统计局固定资产投资统计司编:《中国固定资产投资统计资料 1950—1985》,中国统计出版社 1987 年版,46—48 页。

"文革"期间,中共中央和国务院想方设法使具有重大国防意义的三线建设远离"文革"的影响。1967 年,为了确保因为"文革"的影响而不足的建材,采取了减少粮食进口,增加钢材进口的措施,此外,毛泽东、周恩来以及解放军领导们再三指示说,在重要的军事工业项目的现场不要进行武斗。可即使如此,包括核武器相关的军事工业项目已然发生了"造反"和武斗,为此,有很多项目停止了建设①。就算建

① 《当代中国的计划工作》办公室编:《中华人民共和国国民经济和社会发展计划大事辑要(1949—1985)》,红旗出版社 1987 年版,第 256—257,261 页;李觉主编:《当代中国的核工业》,中国社会科学出版社 1987 年版,第 74—78 页。

设现场没有混乱，在“文革”中计划经济的中枢机构瘫痪，建材生产停滞的状况下，不管怎么说，不可避免会导致建设的停滞。

3. 整体情况

之后在本部分，为了清晰展现三线建设的整体面貌，就三线的定义以及投资的整体规模以及主要项目的分布和相互关系，进行说明。

(1) 三线的定义

三线具体是指什么地方，资料记载也不尽相同，但一般是指四川、贵州、云南、陕西、甘肃、青海、宁夏7省自治区整个部分或者大部分，以及山西、河南、湖北、湖南4省的西部地区①。这个定义大致符合三线建设项目的布局状况（图1）。

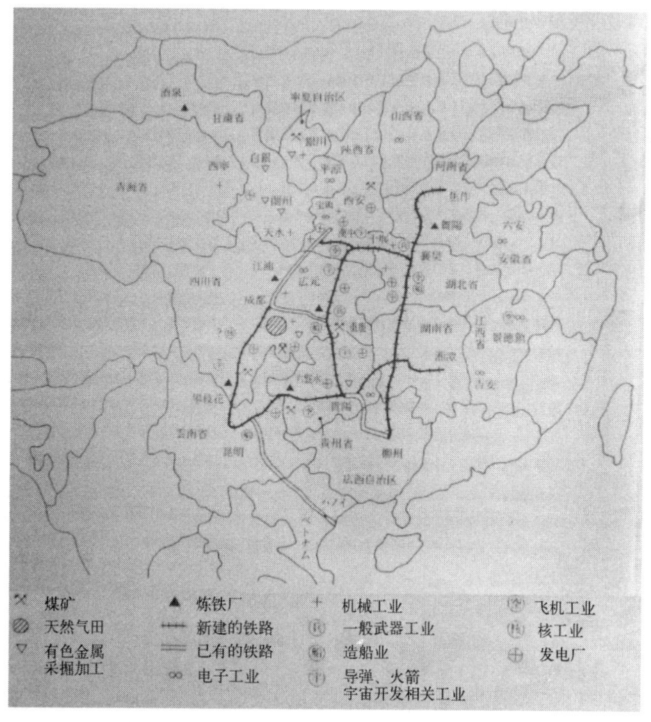

图1　三线建设的主要项目分布图

资料：与表3(a)—(d)相同。

① 这个定义根据彭敏主编《当代中国的基本建设(上)》，中国社会科学出版社1989年版，第156页。此外的定义是，例如1983年国务院在建立三线建设调整改造规划办公室的时候，其工作范围定为四川、贵州、云南、陕西、甘肃全省，以及河南、湖北、湖南西部，见杨开忠：《经济结构的理论——应用与政策——》，中国社会科学出版社1991年版，第492页。

进入“四五”计划(1971—1975 年)时,三线的范围有了一定的扩大,在 1971 年的国家计委的说明中,除了之前提到的 11 个省自治区之外,又增加了广东省北部、广西壮族自治区西北部、河北省西部,而取消了宁夏回族自治区。“三线是指长城以南、韶关以北、京广铁道以西、甘肃乌鞘岭以东的广阔内地”①,这也是沿用了“四五”计划的定义的说法。不过事实上因为 1972 年以后没有新的三线建设项目,所以在后来扩大的范围内根本没有进行三线建设。毛泽东在 1964 年 8 月中央书记处会议上的发言中强调了在一、二线的省份也建立自己的战略后方的必要性,这被称作“小三线建设”。这是在沿海各省内或者在周边省份的山区实施。

(2) 投资的整体规模

接下来确认三线建设的整体规模。正如表 2 所示,对于三线地区 11 个省自治区 1965—1975 年的基本建设投资总共达到了 1 269 亿 6 700 万元,占了同时期全国投资额的 43.5%。这个数字虽然也包含了与三线建设无关的项目,但投向三线建设的投资大概与此也相差无几。经过三线建设,建立的大中型企业和科研机构总共有 2 000 多个,诞生了 45 个生产研发基地和 30 多个新兴工业城市②。

表 2　投向三线地区(11 省自治区)的基本建设投资行业分布

	投资额(亿元)	对三线地区投资的比率
全国	2 919.6	
三线地区	1 269.7	
其中:		
交通运输邮电	254	20%
铁路建设	178	14%
国防工业和科研	208	16%
原材料工业	260	20%

① 王春才:《元帅的最后岁月——彭德怀在三线》,四川人民出版社 1991 年版,序文第1页。

② 彭敏主编:《当代中国的基本建设(上)》,中国社会科学出版社 1989 年版,第 163 页;四川省社会科学院三线课题组:《我国三线工业政策的调整》,《中国工业经济研究》1989 年第 5 期。

续　表

	投资额(亿元)	对三线地区投资的比率
冶金工业	169	13%
钢铁工业	84	7%
化学工业	71	6%
能源工业	210	17%
机械工业	74.5	6%

资料：彭敏主编：《当代中国的基本建设》上卷，第163—179页。
注：表里的多数数字是从资料的其他数字推算出来的。

投资的行业分布如表2所示。交通运输邮电、国防工业和科研、原材料工业、能源工业各达到200亿元以上，各占20%左右。三线建设覆盖从煤炭、电力、天然气等能源，铁矿和有色金属矿的开采，到钢铁、有色金属、化学等原材料工业，生产加工设备的机械工业，以及拥有当时中国最先进技术的国防工业，即核武器、飞机、军用车辆、常规武器、船舶、导弹、火箭和与这些配套的电子装备，见表3(a)—(d)。也就是说，包含了从天然资源一直到各种兵器的所有产业链。可以看见，三线建设的所有项目建成的话，就算一、二线的工业完全被破坏，只靠三线地区还可以长期提供军需用品，形成持续作战的能力。在中国军事文献中，三线地区被称作"国家战略后方"①。令人感兴趣的是，三线建设虽然本质上为加强国防能力的项目，但投向国防工业和科研的投资额还不到两成。这是因为想在基础设施还不完善、工业基础非常薄弱的三线地区完全建成覆盖资源开发到国防工业的所有产业链的缘故。

在三线建设的过程中，新建工厂的同时，不少工厂从沿海、东北地区搬迁到三线地区。从1964年到1971年初，据说总共有380个左右的搬迁项目，转移了14万名职工以及3万8 000台设备。搬迁项目最多的是机械工业和国防工业。在机械工业系统，1965—1975年期间，241个工厂、研究所、设计院以及6万名以上的职工和1万8 000台的设备从一线地区迁到三线地区。输出这些工厂的主要是上海市、辽宁省等工业发达的地区。在上海市，1964—1973年期间，有

① 摩振玉等：《中国的国防构想》，解放军出版社1988年版，第289页。

表 3　三线建设的主要项目

(a)

项目名	所在地	生产品种 生产能力	开始年份	完成年份	投资额	备　注
(钢铁业)						
攀枝花钢铁公司	四川省攀枝花	铁矿石 671 万吨,生铁 189 万吨,钢 158 万吨,钢材 88 万吨	1964 年	1970 年出铁,1971 年出钢,1979 年一期工程结束	37.14 亿元(到 1979 年)	
酒泉钢铁公司	甘肃省酒泉	生铁 65 万吨,钢 26 万吨	1964 年	20 世纪 80 年代出钢	19 亿元(到 1988 年)	
水城钢铁厂	贵州省水城	生铁 90 万吨,钢 20 万吨	1966 年	1970 年完成高炉,1984 年出钢	3 亿元(到 1976 年)	由鞍山钢铁公司承建
长城钢厂	四川省江油	特殊钢,高温合金钢	1965 年左右	1966 年出钢	6.3 亿元(到 1985 年)	搬迁上海第五钢铁厂
舞阳钢铁公司	河南省舞阳	钢板	1970 年	1981 年	7 亿元	
重庆钢铁公司	重庆	各种钢材	1965 年开始扩建		7.8 亿元(1949—1986 年)	
(铁路)						
川黔铁路	重庆—贵阳	全长 434 km	1964 年	1965 年	6 000 万元	
滇黔铁路	贵阳—昆明	全长 643 km	1964 年	1966 年	4.7 亿元	
成昆铁路	成都—昆明	全长 1 099 km	1964 年	1970 年	30.75 亿元	

续 表

项目名	所在地	生产品种 生产能力	开始年份	完成年份	投资额	备 注
焦枝铁路	焦作—枝城	全长 753 km	1967 年	1970 年铺设结束，1975 年开通	10.75 亿元	
枝柳铁路	枝城—柳州	全长 883 km	1970 年	1982 年		
湘黔铁路	湘潭—贵阳	全长 878 km	1970 年重新开始	1972 年铺设结束，1975 年开通	16 亿元	
襄渝铁路	重庆—襄樊	全长 842 km	1968 年	1973 年铺设结束，1978 年开通	36 亿元	
阳安铁路	安康—阳平关	全长 358 km	1969 年	1972 年	8.12 亿元	
（煤矿）						
六盘水煤矿	贵州省六盘水	原煤 1 000 万吨、洗煤能力 470 万吨	1965 年	1970 年开始出煤炭，1984 年完成	17 亿元	
渡口矿区	四川省渡口	350 万吨	1964 年	1972 年	四川省的合计 11.2 亿元（1966—1975 年）	
芙蓉矿区	四川省南部	360 万吨				
松藻矿区	重庆地区	270 万吨				
华蓉山矿区	重庆地区	120 万吨				
贺兰山煤矿	宁夏自治区	增加 585 万吨	1957 年、1964 年以后加速			
西北煤炭工业基地	陕西省渭北	537 万吨	1970 年	1975 年		

(b)

项目名	所在地	生产品种 生产能力	开始年份	完成年份	投资额	备　注
(电力)						
刘家峡水电站	甘肃省					
八盘峡水电站	甘肃省					
袭咀水电站	四川省乐山市	70 万 kW				
映秀湾水电站	四川省乐山市	29.5 万 kW				
乌江渡水电站	贵州省东北部	63 万 kW	1970 年	1982 年以后		
葛洲坝水电站	湖北省	217.5 万 kW	1970 年,1974 年重新开始	1972 年中断,1981 年一期完工,1991 年全部完工	48.5 亿元(到 1991 年)	
豆壩发电厂	四川省宜宾	30 万 kW				
华蓉山发电厂	重庆附近	30 万 kW				
清镇发电厂	贵州省清镇	20 万 kW	1970 年			
宣威发电厂	云南省					
秦岭发电厂	陕西省	105 万 kW	1970 年	1973 年		
渭河发电厂	陕西省	10 万 kW		1970 年		
韩城发电厂	陕西省	38 万 kW		1977 年		
略阳发电厂	陕西省	10 万 kW		1971 年		

续 表

项目名	所在地	生产品种 生产能力	开始年份	完成年份	投资额	备 注
（天然气）						
威远气田以及管道	四川省东南部	连接威远和成都，自贡德阳等地	1964 年	1970 年	四川省合计 11.3 亿元（1966 年—1975 年）	
中壩气田	四川省西北部					
（有色金属）						
贵州铝厂	贵州省贵阳	铝锭、矾土、铝矿	1958 年、1965 年重新开始	1970 年电解铝工程完工，1978 年矾土工程完工	固定资产 11.5 亿元（1984 年）	
兰州铝厂	甘肃省兰州	铝锭	1965 年重新开始			
西北铜加工厂	甘肃省白银	铜、铅、亚铅加工材料	1965 年	1974 年		
西南铝加工厂	重庆市西南	铝材、合金材料（飞机零件等）	1965 年重新开始	1971 年	固定资产 4.7 亿元（1985 年）	分散在山间
西北铝加工厂	甘肃省陇海县	铝材、合金材料	1965 年	1968 年	1.4 亿元（1985 年）	
金堆城钼公司	陕西省	钼	1958 年		5.4 亿元（1983 年）	
宝鸡有色金属加工厂	陕西省	稀有金属、合金材料	1965 年	1970 年	2.3 亿元	

续 表

项目名	所在地	生产品种 生产能力	开始年份	完成年份	投资额	备　注
(化学工业)						
晨光化工厂	四川省富顺县	有机硅材料,有机氟材料	1964 年			从上海北京等地搬迁
贵州有机化工厂	贵州省清镇	碳化钙、醋酸		1976 年	固定资产 1.76 亿元	

(c)

项目名	所在地	生产品种 生产能力	开始年份	完成年份	投资额	备　注
(国防工业)						
重庆常规武器生产基地	四川省重庆以及近郊 18 县	枪械、大口径炮、坦克、光学计量仪器、弹药	1965 年	1980 年	16.6 亿元(到 1983 年底)	由 43 个项目等构成
029 基地	四川省西南部乐山市、宜宾市等	核武器、核燃料、有色金属制品、核物理学研究	1964 年	20 世纪 80 年代		由 16 个企业机关构成
011 基地	贵州省西部	军用飞机、战斗机	1964 年	1980 年		从上海、天津搬迁
012 基地(陕西飞机制造厂)	陕西省汉中—安康 7 县	军用运输机(运—8 机)	1969 年左右			27 个企业、机关分散在大范围内

续 表

项目名	所在地	生产品种 生产能力	开始年份	完成年份	投资额	备 注
昌河飞机制造厂	江西省景德镇	直升飞机	1969 年			
宏图机械厂	湖北省荆门市	水上飞机	1971 年	1979 年中断	0.4 亿元	
061 基地	贵州省北部遵义等	导弹	1966 年	1973 年		
陕西火箭导弹基地	陕西省西安、宝鸡	火箭、导弹、卫星				由 9 个大中型项目构成
062 基地	四川省东北部	弹道导弹的研究生产	1970 年	1978 年左右		15 个项目
064 基地	四川省东北部	弹道导弹的研究生产	1970 年	1982 年		
066 基地	湖北省远安县	火箭、导弹(?)	1970 年	1973 年至 20 世纪 80 年代	几亿元	20 个以上的工厂
29 试验基地	四川省	空气动力试验基地	1969 年	1969 年		从北京搬迁
27 实验训练基地	四川省西昌	火箭发射基地	1970 年			
083 基地	贵州省东南部	雷达、电脑、卫星通信设备、电子零件	1965 年	1975 年	3.9 亿元(1975 年)	27 个工厂、机关
081 总厂	四川省广元	瞄准雷达、信标、IC 等	1965 年左右		固定资产 2.35 亿元(1983 年)	15 个企业

续　表

项目名	所在地	生产品种 生产能力	开始年份	完成年份	投资额	备　注
陕西电子基地	陕西省铜川、洛南、宝鸡等的山区	计算机、雷达研究所、电子零件生产	1966年左右		5亿元	12个企业,7个研究所。6个研究所已经转移
军用有线通讯设备基地	江西省吉安	军用有线通信设备	1965年左右		1.8亿元	
军用无线通讯设备基地	江西省景德镇	无线通信机	1965年左右			
虹光电子管厂	甘肃省平凉	电子管	1965年	1969年		
雷达生产基地	安徽省岳西、六安、阜阳	雷达	1965年左右			11个工厂、机关
华北后方基地	山西省	通信器材等	1966年		1.5亿元	18个企业、机关
重庆船舶工业公司	重庆市附近的长江沿岸	军舰、潜水艇、船用发动机、作业船	1965年	20世纪80年代	固定资产7亿元	24个工厂、机关
江峡船舶柴油机厂	湖北省枝江县	船用发动机	1970年	1975年	固定资产1亿元	

(d)

项目名	所在地	生产品种 生产能力	开始年份	完成年份	投资额	备　注
（机械工业）						
第二重型机器厂	四川省德阳	大型工业用设备、铸锻造零件	“二五”计划期间	1971年	5亿元以上	
东方电机厂	四川省德阳	水力发电设备	1966年	1966年	固定资产1.4亿元	
东方汽轮机厂	四川省德阳	蒸汽涡轮	1966年		固定资产1.8亿元	
四川仪表总厂	重庆	工业自动化机器			固定资产1亿元	18个工厂和研究所，附近有零件工厂
四川重型汽车制造厂	四川省大足县	大型军用卡车	1966年		固定资产2.3亿元	
东方锅炉厂	四川省自贡市	发电锅炉	1966年	1971年	固定资产0.95亿元	设备从哈尔滨、上海转移
秦川机床厂	陕西省宝鸡市	精密机床	1965年	1968年		从上海搬迁
汉江机床厂	陕西省汉中市	精密机床	1966年	1969年		从上海搬迁

续 表

项目名	所在地	生产品种 生产能力	开始年份	完成年份	投资额	备 注
甘肃光学仪器总厂	甘肃省临夏	摄影机、照相机				
新天精密光学仪器公司	贵州省贵阳	光学仪器、测量器具	1966 年		固定资产 0.5 亿元(1983 年)	从上海搬迁
第二汽车制造厂	湖北省十堰	军用卡车(之后终止)、5 吨卡车	1969 年	1978 年	到 1976 年 17 亿元	
襄阳轴承厂	湖北省襄樊	汽车用轴承	1970 年	1981 年	1.2 亿元	向二汽供应
陕西汽车制造厂	山西省岐山县	军用吉普车	1969 年	1977 年		

资料：杨超主编：《当代中国的四川(上)》，中国社会科学出版社 1990 年版；高宇天主编：《当代四川基本建设》，四川省社会科学院出版社 1987 年版；刘清泉、高宇天主编：《四川省经济地理》，四川科学技术出版社 1985 年版；四川经济年鉴编辑委员会编：《四川经济年鉴 1987》，四川省社会科学院出版社 1988 年版；中共四川省委研究室编：《四川省情》，四川人民出版社 1984 年版；赵炳章、张宝通主编：《陕西经济发展战略综论》，三秦出版社 1988 年版；张泽等主编：《当代中国的陕西(上)》，中国社会科学出版社 1991 年版；陕西省统计局编：《陕西四十年 1949—1989》，中国统计出版社 1989 年版；何仁仲主编：《当代中国的贵州(上、下)》，中国社会科学出版社 1989 年版；王培志等主编：《贵州经济社会发展概要》，中国计划出版社 1989 年版；《贵州省情》编辑委员会编：《贵州省情》，贵州人民出版社 1986 年版；吴忠仁：《中国电子工业地区概览(贵州卷)》，电子工业出版社 1988 年版；《当代湖北工业》编辑委员会编：《当代湖北工业(部门卷)(企业卷)》，经济日报出版社 1988 年版；刘正主编：《当代中国的湖南(上)》，中国社会科学出版社 1990 年版；冶金工业部《中国钢铁工业年鉴》编辑委员会：《1986 年中国钢铁工业年鉴》，冶金工业出版社 1986 年版；段子俊主编：《当代中国的航空工业》，中国社会科学出版社 1988 年版；刘寅等主编：《当代中国的电子工业》，中国社会科学出版社 1986 年版；《当代中国》丛书编辑部编：《当代中国的煤炭工业》，中国社会科学出版社 1988 年版；刘学新主编：《当代中国的有色金属工业》，中国社会科学出版社 1990 年版；景晓村主编：《当代中国的机械工业(上、下)》，中国社会科学出版社 1990 年版；中国企业概况编辑委员会编：《中国企业概况》，企业管理出版社 1988 年版；刘国光、林宗棠主编：《中国经济技术协作手册》第 1 卷，经济科学出版社 1987 年版。

304个搬迁项目，涉及411个工厂，一共迁了9万2 000名职工①。

(3) 主要项目及其地区分布

三线建设主要项目的概要请参见表3(a)—(d)，地区分布请参见图1。在这里，主要描述三线建设1965年—1966年这第一个高峰时期开工项目的地区分布和相互关系。这段时期向西南地区的投资额增加得最快(参见表1)。

在西南三省，攀枝花的钢铁基地是最大的项目。在1965年西南三省的钢产量才60万吨，而攀枝花在设计规模上可以达到年钢产量150万吨，可以说是西南地区工业的顶梁柱。之所以选中攀枝花是因为该地盛产铁矿，其附近的渡口又有丰富的煤炭，四周环绕的群山又形成了天然的要塞。为了确保从贵州省的六盘水煤矿向攀枝花的煤炭输送路线建设了成昆铁路。此外为了利用从六盘水运煤炭去攀枝花以后回来的货车的运输能力，在六盘水也建立了水城钢铁厂。在攀枝花的建设上，中央投入了大量的人力和物力，最后，正如表3(a)所示的那样，勉强算是达成了当初的生产目标。但是，又因为铁矿的质量问题，每年都不得不从别的地方运送50万—60万吨的铁矿石到攀枝花。此外，因为厂地紧张，工厂、宿舍难以扩张。山区建立钢厂造成了严重的污染。在攀枝花建设是不是具有经济合理性，这一问题受到了质疑②。

位于四川省另一个重要的项目是重庆附近的常规武器生产基地，以及各种军用船舶的生产基地。与此相关，重庆钢铁公司、重庆特殊钢铁厂进行了扩张，还建设了与此相关的化学工业(晨光化工厂等)和机械工业，还有松藻、华蓉山两个煤矿和发电所。这样，在整体的工厂布局相对分散的三线地区中，重庆地区关系较深的产业形成了相对密集的布局。不过这里的两个国防工业基地是按照“靠山，分散，隐蔽”“小而分”的原则在大的地理范围布局工厂③。

---

① 房维中主编：《中华人民共和国经济大事记(1949—1980年)》，中国社会科学出版社1984年版，第479页；彭敏主编：《当代中国的基本建设(上)》，中国社会科学出版社1989年版，第179—180页；孙怀仁编：《上海社会主义经济建设发展简史(1949—1985年)》，上海人民出版社1990年版，第469—470页。

② 《四川经济年鉴》编辑委员会编：《四川经济年鉴(1987)》，四川社会科学院出版社1988年版，第665页；中共四川省委研究室编：《四川省情》，四川人民出版社1984年版，第383页；高宇天主编：《当代四川基本建设》，四川社会科学院出版社1987年版，第167—168页。

③ 高宇天主编：《当代四川基本建设》，四川社会科学院出版社1987年版，第23、138页；彭敏主编：《当代中国的基本建设(下)》，中国社会科学出版社1989年版，第104页。

四川省成都附近也聚集了一批项目。德阳的东方电机厂、东方汽轮机厂，自贡的东方锅炉厂与德阳的第二重型机器厂一起形成了发电设备生产中心，可据说因为各个工厂之间相距甚远，因此给生产带来了不便。在广元有军用电子工业基地，在成都又有“大跃进”时期建设的军用飞机工厂。江油的长城钢铁厂是向飞机工业以及常规武器工业提供特殊钢。

贵州省除了飞机、电子、导弹火箭的三大国防工业基地和六盘水煤矿之外，贵阳附近的铝工厂和精密机械工业也是主要的项目。在贵阳生产铝锭是贵州省西部的飞机工业的材料，但把铝块加工成飞机用零件的西南铝加工厂建设在重庆附近的山区，因此在贵阳生产的铝块要运到重庆进行加工，然后再原路线返回到贵州省西部，徒增许多不必要的运输。

而云南省，除了成昆铁道，贵昆铁道和煤矿、磷矿山之外，似乎没有什么特别大的项目。

另外，如表 1 所显示的，在三线建设的第一阶段中，对于西北地区的投资比率也有所增加。

在甘肃省，最大的项目是酒泉钢铁基地。酒泉在开工当时受到了与攀枝花钢铁基地同样的重视。但在这之后，因为铁矿石开采地处高地等问题，开发未能步上正轨，到 20 世纪 80 年代为止，仍没有完成炼钢厂和轧钢厂。现在，虽然算得上西北地区最大的钢铁厂，但其生产效率属于中国所有重点钢铁企业中最低的。除此之外，从沿海、东北搬迁过来的工厂也在甘肃省天水形成大型机床、仪表、轴承等机械工业，在兰州形成了仪器仪表、轴承等机械工业。另外，因为生产铜、铅、铝矿，于是建立了铝、铝材、合金材料等工厂(表 3)。

陕西省除了该时期建立的电子工业基地外，在省中部的汉中和宝鸡一带建立了精密机床的生产基地。而在宁夏回族自治区，除了在银川附近建立了机床生产基地外，为了向酒泉钢铁基地供应焦炭，对贺兰山煤矿进行了扩建。又从洛阳、青岛向银川橡胶厂运送设备，进行飞机和汽车轮胎的生产①。

(4) 工业布局的问题

三线建设的工业布局出现了不少的问题。第一，在工厂选址的时候，缺乏对产业链的考虑，出现了与相关联的工厂离得太远的情况。为此，导致了很多

① 李恽和编：《当代中国的宁夏》，中国社会科学出版社 1990 年版，第 349 页。

重复投资和不必要的运输费用。比如，因为军用电子工业基地与其他的国防工业基地相隔太远，后者干脆自我配套生产电子装备，而前者却面临工厂开工率低的窘境。第二，在国防工业项目中，因为各个生产环节的工厂分散在大范围交通不便的山区，给正常生产的进行和职工们的生活带来了极大的困难。

之所以会出现这种布局，第一，是因为三线建设本身的布局原则有问题。三线建设的布局原则是“大分散，小集中”，也就是说构成每个生产基地的工厂集中建设，而各个生产基地则分散在大范围地区。国防工业项目没有采用“小集中”，而是采用了“靠山，分散，隐蔽”的方针，有一部分的工厂甚至“进洞”。第二，是因为国家计委还没有画出整个三线建设的构想的情况下，中央各部委就各自为政地决定了自己管辖下的三线工厂的布局。许多三线建设项目，尤其是机械工业和冶金工业的项目是恢复了曾在“大跃进”时期着手、后来被迫下马的项目，所以不考虑与其他相关工业的协调。第三个原因是，在冶金工业行业，总是不能跳出把工厂建在金属矿山附近的想法，所以往往选择了从职工生活、材料和产品的运输、排气来看都不尽合理的厂地。

4. 小三线建设

如之前所说的，在中国的军事用语中，西南和西北的三线地区属于“国家战略后方”，与此相对，这里所说的小三线相当于“战略区后方”这个概念。“战略区后方”是指，靠近边境或前方，向边境和前方的战斗迅速提供需求量大的轻武器的基地①。1964 年 5 月，当毛泽东第一次提出这个概念的时候，小三线建设是指在一、二线地区建设小型兵器工业，与“战略区后方”是同一个想法。但是，同年 8 月的中央书记处会议的时候，毛泽东主张说各省必须建立自己的战略后方，在 1965 年 9 月说“明年后年最好一个省搞一个小钢铁厂，小三线没有钢厂不行”②。根据这个指令，国家计委在 1966 年 6 月制定了在“三五”时期建设 101 个小钢铁厂的计划。这些小钢铁厂不仅支撑了各省的兵器工业，也成为支援 1966 年开始提倡的为农业机械化的“5 小”工业（小钢铁厂、小煤矿、

---

① 摩振玉等：《中国的国防构想》，解放军出版社 1988 年版，第 289 页。

② 《当代中国的计划工作》办公室编：《中华人民共和国国民经济和社会发展计划大事辑要（1949—1985）》，红旗出版社 1987 年版，第 233 页。

小发电厂、小机械厂、小化肥厂)的一环。也就是说,小三线建设的内容从原来的前方和边境地区的小型兵器工业建设发展成为各省形成完整的产业结构的构想。毛泽东在1965年11月视察山东、上海等沿海地区的时候说过,“打起仗来,不要靠中央,要靠地方自力更生。要自己搞点钢,制造武器”①。小三线建设是根据毛泽东这样的战略观推行的。

1965年国家计委等制定了小三线建设三年规划,要求在三年内完成700多个项目,其中30%是兵器工业,此外还包括了钢铁、机械、煤炭、电力、交通等项目。但是,受到“文革”的干扰,到1967年末只完成了计划的70%,项目的完成一直拖到了1969年以后。到1980年为止,作为小三线建设项目建立的常规武器工厂有268个,一共有28万名职工,累计投资额达到32亿元②。虽然毛泽东主张应该各省都要建立自己的小三线,但实际上建立了小三线的还是以一线地区的省市为主。除了各省自己的小三线以外,还有“华北小三线”(山西省)和“华东小三线”(江西省)。

这里我们来看一下上海市的小三线建设。与上海有关的小三线有华东小三线和上海后方基地。前者是根据中央的指示,由上海市在江西省建设19个国防工业项目。上海后方基地建设在安徽省南部,当初的构想是建立12个上海研究所的分所,疏散一部分的研究人员,就算上海因为战争而毁灭的话,上海的“头脑”还可得以保存。但是,1967年以后,这个基地由掌握上海实权的“文革”派,变成了以国防工业为中心的基地。这个基地扩大到横跨安徽省和浙江省的16个县市,到1977年为止,建设了83个单位,累计投资额达到5亿元以上,已经成为一个规模相当大的基地③。这个基地的企业的所在地虽然是安徽省和浙江省,但到20世纪80年代为止一直都是处在上海市政府的管辖之下。属于这个基地的工厂,都是从上海运进原材料,产品也

① 《当代中国的计划工作》办公室编:《中华人民共和国国民经济和社会发展计划大事辑要(1949—1985)》,红旗出版社1987年版,第234页。

② 《当代中国的计划工作》办公室编:《中华人民共和国国民经济和社会发展计划大事辑要(1949—1985)》,红旗出版社1987年版,第265、271—272页;彭敏主编:《当代中国的基本建设(上)》,中国社会科学出版社1989年版,第183—184页。

③ 孙怀仁编:《上海社会主义经济建设发展简史(1949—1985年)》,上海人民出版社1990年版,第512—513页。

都运回到上海①。

三、三线建设的第二阶段(1969—1971 年)

1. 三线建设的重新开始

1967—1968 年是“文化大革命”夺权和武斗最激烈的时期,以国家计委为首的行政机构几乎都处于瘫痪状态,三线建设的进行也受到了负面影响。1967 年以后,为了收拾这种混乱局面,军队向各行政机构派遣代表实施军事管制。1968 年以后,由于军队的介入,各个机构的机能开始恢复。经过这个过程,1969 年以后,军队尤其是林彪及其同党们对经济政策的影响力逐步加强,因此,第二阶段的三线建设比第一阶段更多出了一份军事色彩,也强烈地反映出了林彪独特的想法。

1968 年 8 月,国家计委由于军事代表的派遣,恢复了机能,同年 12 月,根据周恩来的指示,以国家计委和国家建委的军事代表为中心,由各部和委员会的军事代表、老干部、造反派等 30 多人组成了计划起草小组,开始制定 1969 年度的经济计划。这个计划起草小组在第二年 1969 年 2—3 月的全国计划会议上提出了《69 年国民经济计划纲要(草案)》,在这个草案中包括如下内容:① 出版毛泽东的著作和发展广播;② 发展农业;③ 加强国防工业,建设基础工业和内地工业;④ 加强轻工业和鼓励计划生育;⑤ 加强交通运输。不难看出,以三线建设为首要任务的“三五”计划因为“文革”的混乱和其导致的计划实施机构的崩溃,当时实际上已经形如废纸②。

但是,1969 年 3 月发生的中苏边境珍宝岛武力冲突使毛泽东等人再度体会到构建临战体制的必要性。决定林彪作为毛泽东接班人的 4 月中共第九届党代表大会以及其后 4 月末的九届一中全会上,毛泽东强调不能无视帝国主义发动大规模侵略战争的危险性,要赶紧做好准备。6 月,林彪提出“争打仗的观点,观察一切,检查一切,落实一切”的要求,主张建立临战体制,接着,由林

---

① 严浩编:《当代上海电子工业》,上海人民出版社 1988 年版,第 146—148 页。

② 《当代中国的计划工作》办公室编:《中华人民共和国国民经济和社会发展计划大事辑要(1945—1985)》,红旗出版社 1987 年版,第 275,277 页;房维中主编:《中华人民共和国经济大事记(1949—1980 年)》,中国社会科学出版社 1984 年版,第 450—452 页。

彪一伙组成的中央军委办事组打出了庞大的国防工业建设计划，用以建设“独立、完整的国防工业体系”。对于这个大幅扩大国防工业投资的计划，有人批评说会给经济结构带来不平衡，但是林彪集团主张“什么比例不比例，打仗就是比例”，一意孤行。8月，苏联《真理》报上苏联国防部长威胁中国说可能在中苏战争爆发时使用核武器，中国马上就慌慌张张地开始了群众性的挖防空洞的活动。

这以后，根据林彪集团的国防工业建设计划，扩大了对国防工业的投资，与前一年相比，1969年对国防工业的投资额增加了136%，更甚的是1970—1972年，国防工业的投资额达到了整个工业基本建设投资额的16%左右，这是空前绝后的高水平①。即使在国防工业以外的领域，在三线建设第一阶段开工的项目也加快了进度，还出现了很多新项目，从1969年后半期开始进入了三线建设第二个高潮期。

2. “四五”计划纲要草案

在第二年1970年2月举行的全国计划会议上提出的《70年国民经济计划草案》以及《“四五”计划纲要(草案)》中，三线建设再一次被列为首要任务。“四五”计划纲要草案中规定说本计划是“战备和跃进”的计划，重点课题是战备，必须集中力量在三线地区建设强大的战略后方基地，改善产业布局。位于三线的工业布局根据“大分散，小集中”的原则，不形成大都市，工厂根据“靠山，分散，隐蔽”的原则，特殊而且重要的工厂的重要设备和生产线要放进山洞。第二，将全国分为西南、西北、中原、华南、华东、华北、东北、山东、福建江西、新疆10个经济协作区，目标是各自拥有钢铁工业、国防工业、机械工业、能源工业、化学工业，同时加强农业、轻工业，各个协作区形成完整的产业结构。各个协作区与当时的11个大军区大致相同，形成经济协作区的目的在于形成即使脱离其他地区孤立时各个大军区也可以独自持续作战的能力。此外，根据1957年毛泽东的讲话，1975年的钢产量目标定在了3 500万—4 000万吨(1970年的钢产量为1 779万吨)，为了实现这一目标，加速省级县级中小矿

① 汪海波主编:《新中国工业经济史》，经济管理出版社1994年版，第329页；房维中主编:《中华人民共和国经济大事记(1949—1980年)》，中国社会科学出版社1984年版，第454页；彭敏主编:《当代中国的基本建设(上)》，中国社会科学出版社1989年版，第161页。

山、中小型炼铁厂的建设。这样“四五”计划纲要草案采用了“三五”计划中“靠山、分散、隐蔽”的国防工业布局原则，并要求把这个原则扩展到国防工业以外的行业。“四五”计划纲要草案里能看出林彪战略思想的影响。此外，“大跃进”般的钢铁高产量目标也是其特征。并且，同时讨论的 1970 年年度计划也变成以三线建设为首要任务的计划，决定将该年的三线建设投资提高到全国预算内投资的一半以上①。

因为 1971 年 9 月发生的林彪事件，“四五”计划纲要草案最终没有正式作为计划执行，但 1970—1971 年间根据这个草案的构想，投向三线建设和国防工业的投资大幅扩大，并实施了各种权力从中央到地方的下放，结果导致了投资过热。1970 年基本建设投资计划比上年实际投资额增加 26%，但是进入 1970 年以后，各部门、地区向中央要求追加投资指标。结果由于对国防工业和三线建设相关产业的投资膨胀，预算内投资也比上年增长了 50%，达到 273 亿元，竟然比计划多出了 20%。第二年 1971 年的年度计划中，当初的预算内投资目标为 270 亿元，其中投向三线地区的投资就有 150 亿元。但是，进入 1971 年以后还是各部门、地区要求追加投资，到年末，又追加了 11 亿 3 000 万元。由于基本建设投资的膨胀，职工数在两年间增加了近 1 000 万人，因为其中大多数都是从农村召集而来的，由于农民的减少导致了粮食供给不足的情况。此外，投资效率低下的情况也很严重。也就是所谓的“三个突破”的问题②。

3. 实施体制的变化

在三线建设的第二阶段中，实施项目建设的体制与第一阶段相比有相当大的差异。在第一阶段中，中央各部委和西南建设委员会起了很大的作用，而在第二阶段中，军队和地方政府作用的加大倒成了一个特征。

(1) 权力的下放

这个时期，经济协作区以及各省的目标是形成具有一定完整性的产业结

---

① 《当代中国的经济管理》编辑部编：《中华人民共和国经济管理大事记》，中国经济出版社 1986 年，第 267 页；《当代中国的计划工作》办公室编：《中华人民共和国国民经济和社会发展计划大事辑要（1945—1985）》，红旗出版社 1987 年版，第 297—298 页。

② 《当代中国的计划工作》办公室编：《中华人民共和国国民经济和社会发展计划大事辑要（1945—1985）》，红旗出版社 1987 年版，第 303—318 页。“三个突破”是指职工总数突破 5 000 万人，工资总额突破 300 亿元，粮食销售量突破 800 亿斤。

构。为了实现这个目标，进行了企业管理权限向地方政府下放。20 世纪 60 年代初期，国有企业的管理权限集中在中央各个部门，但在 1970 年几乎所有的国有企业被下放到省级以下的地方政府。在 1965 年有 1 万个以上的中央直属企业，但经过 1970 年的大下放，中央各民用工业部门的直属企事业单位只剩下 500 多个[①]。权力下放有过分的一面，大型企业等因为地方政府的管理能力不够，不得不仍由中央部门代管，但毋庸置疑的是，通过权力的下放，地方政府在三线建设的作用比以前扩大得多。为了协调和帮助地方政府的三线建设，1969 年 5 月国家建委设立了"地区三线建设委员会"[②]。

（2）国防工业的管理体制

接着我们来看一下军队在三线建设的作用。1969 年 12 月，在中央军委办事组下建立了国防工业领导小组，决定其对包括地方小三线武器工厂在内的所有国防工业进行管理[③]。通过这个委员会，国防工业已经全部在军队，特别是林彪一伙的支配之下。此外，在国防工业主管部门之间，有 30 多个工厂的管理权限从第四机械工业部转移到了受林彪影响更大的第三、第五、第六机械工业部[④]。但是，国防工业领导小组要管理包括小三线工厂在内的如此庞大的国防工业，事实上是相当困难的。实际上，国防工业企业的管理仍然需要中央各部委、地方政府、地方大军区等部门的帮助，因此出现了"多头领导"的情况。

后来，大概是为了吻合与其他工业的放权，国防工业企业的管辖权也从中央国防工业部门逐步下放到地方政府和大军区。1971 年 4 月实施了国防工业企业由中央各部委、大军区、省政府的三重管理。在这个体制中，大军区下边设立了以各省党政府干部和省军区干部组成的大军区国防工业领导小组，由

① 周太和主编：《当代中国的经济体制改革》，中国社会科学出版社 1984 年版，第 134—137 页。

② 《当代中国的计划工作》办公室编：《中华人民共和国国民经济和社会发展计划大事辑要(1945—1985)》，红旗出版社 1987 年版，第 283 页。

③ 同上，第 294 页。

④ 刘寅等主编：《当代中国的电子工业》，中国社会科学出版社 1986 年版，第 659—660 页；房维中主编：《中华人民共和国经济大事记(1949—1980 年)》，中国社会科学出版社 1984 年版，第 502 页。

这个小组来管理大军区内的国防工业(包括小三线企业)的建设和生产①。

(3) 军队对经济的干预

这一时期,军队增强了国防工业以及对整个经济的干预。为了加快三线建设重点项目的建设速度,军队实施了军事管制。另外,在 1970 年 2—3 月的全国计划会议上讨论"四五"计划纲要草案的时候,11 大军区的代表也参加讨论②。还有在西北地区,经济计划的主导权似乎掌握在兰州军区手中。比如说在 1969 年 4 月兰州军区召开了西北四省(陕西,甘肃,青海,宁夏)三线建设座谈会,各省党政机关、国家计委、国家建委、国防工业办公室和国务院各部委都派遣了代表参加。座谈会上讨论的内容不仅是国防工业和三线建设,而且还有从 1969 年到 1975 年的西北地区工农业的 7 年计划以及工业布局③。不过,军队对经济计划的干预程度在地方之间有差异。这是因为军队的干预没有明文的规定,而根据各地的各种势力之间的权力权衡来决定。

军队加强对经济的干预,其中一个理由是因为有了军事管制才能结束了政府机关的混乱状态,但更可能是因为有了战争的威胁,国防工业的膨胀导致了军队扩大干预的必然性。不过,战争威胁本身,与其说是苏联单方面发起的,倒不如说其侧面原因是中国方面挑衅所导致的。至少林彪一伙确实夸大了战争的威胁,并且为了扩大自己的权力利用了它。

4. 第二阶段的建设内容

(1) 概要

如表 1 中所示,1969 年的基本投资额恢复到了 1966 年的水平,而且其中投向三线地区的比率也回复到 1966 年的水平,1970、1971 年连续两年维持高水平之后,1972 年以后该比率开始下降。1974 年以后,该比率下降到与三线建设开始以前(1964 年以前)相同的水平。因此,从数字来看,1969 年到 1971 年的这段时期可以看作是三线建设的第二阶段,1972 年以后三线建设的规模

① 《当代中国的计划工作》办公室编:《中华人民共和国国民经济和社会发展计划大事辑要(1945—1985)》,红旗出版社 1987 年版,第 310 页;《当代中国的经济管理》编辑部编:《中华人民共和国经济管理大事记》,中国经济出版社 1986 年版,第 265 页。

② 《当代中国的计划工作》办公室编:《中华人民共和国国民经济和社会发展计划大事辑要(1945—1985)》,红旗出版社 1987 年版,第 287 页。

③ 李平安等编:《陕西经济大事记(1949—1985)》,三秦出版社 1987 年版,第 309—311 页。

就被慢慢缩小。

三线建设的第二阶段中，投资的重点地区从第一阶段的西南地区转移到河南省西部、湖北省西部、湖南省西部组成的“三西”地区①。虽然这么说，但因为第一阶段中还有很多开工后尚未完成的项目，为了完成那些项目，还是持续有很多的资金被投向了西南地区。不过，从1970年开始，投向湖北省、湖南省、陕西省的投资比率急速上升，说明在这些省中，很多新项目陆续开工了。

(2) 主要项目和地区布局

接着，我们来看一下三线建设的第二阶段中开始的新项目，见表(a)—(d)。

这个时期，首先开工的是将“三西”纵向连接的焦枝铁路和枝柳铁路，之后是连接西南地区和“三西”地区的襄渝铁路、湘黔铁路以及通过陕西省南部的阳安铁路。第二阶段中在其他行业新开工项目中的很多都分布在这些铁路沿线。

焦枝铁路附近的河南省舞阳钢铁公司，本来计划是覆盖从铁矿开采到轧钢的大型钢铁厂。但是，开工后过了四年，因为了解到当地的铁矿含有铀，无法炼制生铁，就终止了矿山到炼钢部门的建设，只保留了轧钢厂。尽管花费了7亿元的资金，但白白浪费了数亿元②。钢铁工业项目此外还有湖北鄂城钢铁厂和湖南涟源钢铁厂的扩建等，但规模都不大。

这一时期，建设的重点领域是国防工业。1970年8月，林彪打出了口号：在“四五”计划前三年在先进国防技术上追赶世界先进水平，之后两年超越世界水平。在第二阶段似乎开工了不少核武器、导弹、飞机、电子等领域的项目，但是由于缺乏证据，在这里就无法描述。这也难怪，因为有很多项目由于事先调查不足被迫终止。比如在航空工业领域，1971年有100多个项目，后来停缓28个，损失高达数亿元③。

在国防技术中，林彪一伙认为电子技术是军事装备高度化的关键，为了把

---

① 汪海波编：《新中国工业经济史》，经济管理出版社1986年版，第348页。

② Barry Naughton："The Third Front", pp. 377—378；陈栋生主编：《中国产业布局研究》，经济科学出版社1988年版，第109页。

③ 段子俊主编：《当代中国的航空工业》，中国社会科学出版社1988年版，第73、84、512页。

之前提到的 10 个经济协作区建设成能够自给军事电子技术装备的体制，不仅限于三线地区，在全国掀起了电子工业建设的热潮。在 1969 年 10 月召开的全国电信工业工作会议上，林彪一伙打出了用三年时间建设军事电子技术装备的六大基地和四小基地的方针以来，到 1971 年共有 53 个中央项目、71 个地方小三线项目一起开工。但是 1973 年以后，很多项目都被拦腰折断①。

湖北省宜昌附近和襄渝铁路沿线国防工业项目特别多。在宜昌附近远安县建设导弹火箭有关的 066 基地，在长江沿岸的宜昌、枝江建设有军用船舶柴油发动机的工厂。1970 年在宜昌还开始建设目前中国最大的水力发电厂葛洲坝水力发电厂。

四川省东北部的襄渝铁路沿线，首先有与导弹相关的 062 基地和 064 基地；进入陕西省，从襄渝铁路沿线的安康开始，沿阳安铁路到汉中为止的 300 平方公里的地区中分布着生产军用运输机的 012 基地；沿着襄渝铁路进入湖北省之后，首先就是位于十堰的第二汽车制造厂（当时计划生产军用越野汽车），这是三线建设第二阶段中最大的项目之一；在老河口市有武器工业的大型企业和江山机械厂；在南漳县有武器工业和电子工业；在襄樊有第二汽车制造厂的相关工厂。

还有贵州省东北部的乌江渡水力发电厂，陕西省西南部岐山县的陕西汽车制造厂，陕西省渭北地区的西北煤炭工业基地，昆明的船舶设备生产基地等其他的大型项目。

四、三线建设的终结

1. 经济政策的转变

正如之前所说的，1969 年以后的三线建设的扩大导致了投资的过热，引起了经济结构不平衡和投资效率的下降。1971 年上半年开始，国务院的经济官僚们打算通过加强对投资的管理以缓和过热②。但是，只有缩小庞大的三线建设和国防工业建设计划才能根本解决问题。在林彪一伙有强大的影响力的情

---

① 刘寅等主编：《当代中国的电子工业》，中国社会科学出版社 1986 年版，第69 页。

② 《当代中国的计划工作》办公室编：《中华人民共和国国民经济和社会发展计划大事辑要（1945—1985）》，红旗出版社 1987 年版，第 309 页。

况下，无法缩小投资规模。1971 年 9 月发生了林彪事件，林彪一伙的影响力消失，此时终于能够转变经济政策了。以后，重视经济效率和国民经济整体平衡的周恩来获得了经济政策的主导权。采取了改善与美国的关系，以图抑制苏联威胁的外交战略，以此来减少战争的威胁，转变以战备为主要任务的经济政策。

在 1971 年 12 月至 1972 年 2 月召开的全国计划会议上，确认了经济政策的转换。会议上，首先批评了林彪一伙过分突出国防工业、忽视经济综合平衡的做法，并且确认了党对经济政策的主导权，缩小军队对于经济的干预。1972 年的年度计划中抑制了基本建设投资规模，将投向重工业特别是国防工业的投资调低到与国民经济全体发展相符合的水平。此外，在会议期间的 1972 年 2 月决定从西方引进化纤和化肥的成套设备，后来再加上在武汉钢铁公司引进轧钢设备的计划，总共引进费用达到 43 亿美元。这样，从 1965 年以来的以战备和国防工业为中心的政策彻底地转变为着力于充实农业和国民生活的政策。该政策拟通过利用从西方引进的技术，大幅提高支援农业和国民生活的基础部门的供给能力。

有些学者认为，1972 年以后在四川省的六个化肥工业引进项目以及武钢的引进项目也属于"修正之后的三线建设计划"①。但是，笔者认为这样看的话，三线建设的定义就模糊起来。从在本文第二节描述的三线建设历史能看出，三线建设是为了备战而开始的投资计划，不是一般的内地开发计划。比如说，四川 6 个化肥项目之一的泸州天然气化工厂是三线建设还没开始以前的 1960 年筹建，1964 年从英国和荷兰引进生产装置，1974 年又引进合成氨和尿素装置②。不难看出，它与三线建设的战备思想毫无关系，而是为了利用四川的天然气资源、支援农业为主要目的的项目。更不用说将武钢的轧钢项目都算入三线建设实在是不合理的，因为按照毛泽东的地理划分，武汉属于二线而不属于三线。

2. 三线建设定位的下降

1972 年以后，三线建设的定位大幅下降。1972 年 5 月，国家计委等部门

---

① 吴晓林：《毛泽东时代的工业化战略——三线建设的政治经济学》，御茶之水书店 2002 年版，第 226 页；Barry Naughton："The Third Front"，pp. 363—364。

② 高宇天主编：《当代四川基本建设》，四川社会科学院出版社 1987 年版，第 229 页。

提出方针：基本建设项目的选址既要考虑战备的要求，又要注意经济合理。这个方针实际上是说不要再增加三线建设的项目了。此外，1972 年年末制定的 1973 年的年度计划中规定，适当增加一、二线的投资，把三线建设的重点放在发挥现有设备的能力上。规定了压缩国防工业的投资，让国防工业企业也生产民品等政策。

此外，1973 年 5—7 月拟定了《“四五”计划纲要（修正草案）》，其中说道，“在重点建设内地战略后方的同时，必须充分发挥沿海工业基地的生产潜力，并且适当发展”，并且，规定以农业发展为首，将经济协作区的数量从原来的 10 个减少到 6 个。此外，修正了计划目标，如将钢铁产量的目标减少到3 000 万吨，削减了项目数等①。就这样，原来以三线建设为中心的“四五”计划纲要草案被放弃。1972 年以后投向三线地区的投资比率下滑（表 1），除了取消新项目以外，对在建项目也进行了计划的改变、规模缩小、拖延工期等调整。1973 年以后，从施工现场调出了多数的建设工人，终止了所有到这个时期还没有开始动工的项目②。

但是，这并不意味着三线建设就此终止，许多项目虽然缩小了规模，但 1973 年以后依然继续建设。其第一个理由是苏联的威胁依旧存在。1972 年 12 月，根据毛泽东的指示，到 1980 年为止，每年花费 10 亿多元在全国建设防空洞③。笔者认为，另一个继续三线建设的理由是，这一时期，周恩来、邓小平与“四人帮”的矛盾激烈，在党中央很难统一意见，所以很难做出果断终止项目的决策。这样，三线建设的各个项目虽然在政策上失去了其优先地位，但一直持续到 20 世纪 70 年代后半期。

3. 军队与军事工业关系的调整

1973—1974 年，党中央和国务院理顺了军队与经济的关系。1973 年 8 月，小三线的军事工业企业回归到省、市、自治区政府的管辖下。1974 年 5 月，

---

① 《当代中国的计划工作》办公室编：《中华人民共和国国民经济和社会发展计划大事辑要（1945—1985）》，中国社会科学出版社 1989 年版，第 325、330、335—337 页。

② 王培志等编：《贵州经济社会发展概要》，中国计划出版社 1989 年版，第 64 页。

③ 《当代中国的计划工作》办公室编：《中华人民共和国国民经济和社会发展计划大事辑要（1945—1985）》，中国社会科学出版社 1989 年版，第 330—331 页；房维中编：《中华人民共和国经济大事记（1949—1980 年）》，中国社会科学出版社 1984 年版，第 503—504 页。

废止了中央军委下属的国防工业领导小组，取而代之的是国务院下属的国防工业办公室。同时，第三、第四、第五、第六机械工业部也从军队被转移到国务院的管辖之下。此外，这些部门直属的企业也逐渐地下放给地方政府，在各省市自治区政府设立了管理国防工业与电子工业的部门，同时撤销各大军区管理国防工业的部门①。虽然国务院国防工业办公室是受国务院和中央军委双重领导，但从整体上看，国防工业的管理从以大军区为主体转变为以国务院和省政府为主体。

4. 三线建设的终结与其后的调整

直到 1979—1980 年的经济调整时期，三线建设才几乎完全停止。这时，中国转向以提高国民生活水平为优先的经济开发战略，与此同时，一方面采取优先发展轻工业，重视沿海地区的政策，另一方面，开始慢慢降低国防支出在国家财政支出的比率。1979 年，以恢复经济平衡和打破财政困难为目标，对工业基本建设投资进行了大幅度削减，包括正在建设中的项目，其中有不少是与三线建设有关的项目。

大多数三线建设的项目都以此为契机被视为完成了建设。但完成后，很多项目都遭遇到了非常困难的生产和经营问题，因为三线企业本来在平时的生产任务并不多。再加上，由于国防支出的削减，国家下达给三线企业的生产任务少得可怜。比如贵州省的电子工业 083 基地，在 1983 年整个工厂的设备开工率只有 16%②。此外，据 1987 年 8 月的样本调查，三线军事工业企业的设备开工率只有 30%左右，精密设备和先进设备的开工率则更低③。20 世纪 80 年代，强调了企业自负盈亏的原则，三线企业也不能停留在亏损状态。1978 年开始，中共中央和国务院向国防工业部门提出了“军民结合”的方针，督促国防工业企业扩大民品的生产。虽然不少的三线企业也开始民品生产，但是由于生产条件差、离开消费市场太远等原因，很难成功。三线企业职工们的生活

---

① 《当代中国的计划工作》办公室编：《中华人民共和国国民经济和社会发展计划大事辑要(1945—1985)》，中国社会科学出版社 1989 年版，第 339、346—347 页。

② 吴忠仁：《中国电子工业地区概览（贵州卷）》，电子工业出版社 1988 年版，第 132—133 页。

③ 蒋宝棋、张胜旺、姬兵：《国防工业战略调整和体制改革的几个问题》，《经济研究》1988 年第 12 期。

本来就很艰苦，再加上经营困难，很难改善生活状况。因此，人才流失也日渐严重，留下的职工中也充满了不满情绪。

就这样，三线建设完成以后，建起来的许多企业马上变成了历史遗留下来的包袱，政府不得不探讨相应的对策。1983 年，国务院对三线企业决定了“调整，改造，发挥作用”的方针，同年在成都设立了“国务院三线建设调整改造规划办公室”，开始对三线企业的厂址和生产结构进行调整①。1984 年 8 月，当时的赵紫阳总理主持了有关三线军工企业调整的会议，决定了以下方针：三线军工企业要转变为军民结合型的企业，要选择一些条件好的三线企业，进行扩张和改造，使其发挥作用。向三线建设的调整投入 20 亿元资金(其中，国家拨款 8 亿元，其余由各部门、地方政府、企业出资)，取消小三线的军工体系②。1986—1991 年期间，中央和地方共投资了 30 亿元，将选址最失败的 121 个三线企业和机关进行了搬迁和合并，并把这些企业转向民用品生产。三线企业的搬迁和调整工作在“八五”期间(1991—1995 年)还继续了。

五、对三线建设的评价

到此为止，笔者就三线建设的展开过程和内容进行了论述，最后，想对三线建设给予评价。

1. 从经济角度的评价

首先，不能不指出的是，三线建设对中国内地开发作了很大的贡献。连接西南和中南地区的五条铁路，再加上丰富的天然资源的开发，奠定了以后的内地发展的基础。许多国防工业和科技机构搬迁到四川、陕西、湖北等内地地区，使内地的科研和技术水平提高。

但是，这些成果与投入三线建设的巨额资金和人力相比并不平衡。也就是说，三线建设的投资效率很低。“三五”和“四五”期间，全国的基本建设投资

---

① 王春才：《元帅的最后岁月——彭德怀在三线》，四川人民出版社 1991 年版，第 340 页。

② 《当代中国的计划工作》办公室编：《中华人民共和国国民经济和社会发展计划大事辑要(1945—1985)》，红旗出版社 1987 年版，第 494—495 页；四川省社会科学院三线课题组：《我国三线工业政策的调整》，《中国工业经济研究》1989 年第 5 期。

的固定资产使用交付率只有59.5%和61.4%,属于解放后最低水平。这些数字意味着许多项目虽然投资完毕了但是没有形成生产能力。此外,就算完成了,也有很多企业开工不足。比如,据1987年的统计,三线军工企业设备的70%以及民用机械工业部门的生产能力的40%处于闲置状态。原材料工业和能源工业的情况也许会好一些。

导致三线建设投资效率低下的原因有以下几点[①]:第一,由于三线建设项目的选址和设计工作在备战气氛浓厚的情况下仓促进行,所以往往发生配套不完整而达不到设计能力的情况。第二,由于强调了"靠山,分散,隐蔽"以及"进洞"的布局原则,有很多项目在选址上有严重的失误,导致了高昂的生产成本。有些项目因为没有解决供水、供电、通道等问题,形成不了生产能力。第三,在三线建设中,往往对职工的生活设施投资不足,给职工生活上带来了困难,引发了职工的不满情绪,企业管理难以进行。第四,因为缺乏对企业间合作和分工的考虑,产生了很多不必要的运输负担。

除了三线建设本身的问题以外,还有三线建设的机会成本。也就是说,由于国家的主要精力集中在三线建设上,沿海和东北的老工业基地得不到应有的投资,再加上这些地区的企业还承担了支援三线建设的任务,导致了较大的负面影响。我们用宏观的统计数字来分析一下三线建设的机会成本。表4的左半部分显示的是1966—1975年期间对三线地区11省和自治区以及其他地区的重工业和轻工业的全民工业基本建设投资额,右半部分显示的是这些投资的效率指标,即边际资本产出比率(ICOR:incremental capital output ratio)。ICOR意味着为了增加1元的工业产值所需要的投资额,数字越大投资效率越低。三线地区在"三五"和"四五"期间的ICOR为1.52,是非三线地区(0.59)的2.57倍,尤其是三线地区的重工业的投资效率低。"三五""四五"时期,在三线地区的重工业投资几乎与铁路建设以外的三线建设投资相同。重工业的ICOR比轻工业的ICOR高得多,这主要是因为重工业比轻工业资本密集度高而导致的,而不一定意味着重工业的投资效率低。假如没有三线地区重工业投资,而将相同的金额投入到非三线地区的所有工业,中国1975

① 汪海波主编:《新中国工业经济史》,经济管理出版社1994年版,第352—354页;彭敏主编:《当代中国的基本建设(上)》,中国社会科学出版社1989年版,第197—199页。

年的工业产值会大得多，这个差额可以视为三线建设的机会成本。投入到三线地区重工业的 687.72 亿元投资使三线地区重工业产值增加 306 亿元，而如果把这笔钱投入到非三线地区的所有工业的话，那么非三线地区工业产值会增加 1 162 亿元。1 162 亿元减去 306 亿元就是三线建设的机会成本，856 亿元，换言之，如果没有三线建设，1975 年的工业总产值比实际产值要多 27%。

表 4　三线建设期间的工业投资和投资效率

	工业基本建设投资（1966—1975 年）（亿元）			边际资本产出比率（ICOR）		
	合计	重工业	轻工业	所有工业	重工业	轻工业
全　国	1 519.48	1 373.83	145.65	0.84	1.23	0.21
三线地区	739.14	687.72	51.42	1.52	2.25	0.29
非三线地区	780.34	686.11	94.23	0.59	0.85	0.18

资料：根据国家统计局综合司编：《全国各省，自治区，直辖市历史统计资料汇编 1949—1989》，中国统计出版社 1990 年版计算

三线建设的机会成本还有从宏观统计看不到的成本。承担支援三线建设任务的沿海和东北地区的企业里的许多技术人员和熟练工调往三线企业，并且转移了相当多的先进技术和设备。例如，第二汽车制造厂（二汽）的主要产品“EQ140”五吨卡车原来是第一汽车制造厂（一汽）为了更新换代老卡车进行开发的，但是，为了支援二汽，一汽不得不把它提供给二汽。由于新产品转移到二汽，一汽的老卡车从 20 世纪 50 年代一直到 80 年代得不到换代。由于三线建设，沿海和东北老工业基地得不到应有的技术改造资金，老设备也得不到更新。而三线企业虽然接收了先进技术和设备，但是因为生产条件差，又不能十分发挥先进技术的作用。在运输方面，因为将投资集中在三线地区的铁路建设，而没有把资金投向已有铁路的扩张，因此，运输成为经济发展的重大瓶颈①。

虽然三线建设的机会成本非常巨大，但是作为一个独立的国家，稍微牺牲点眼前的经济效益，从而改善产业布局，以缩小国内各地区的收入差距，这无论从政治上、社会上还是从经济发展的角度来看，有时是必需的。不少学者认

① Barry Naughton：“The Third Front”，pp. 379—380。

为三线建设对改善产业布局有一定的积极作用①。但是,笔者认为三线企业拉动内地经济的作用相当有限。在本来工业基础非常薄弱的地区建立起来的三线企业,往往与企业周边地区的社会和经济缺乏联系,形成"飞地"②,再加上三线企业本身的经营情况不佳,所以对提高当地收入水平不能发挥太大的作用。结果,经过了三线建设之后,贵州省和四川省与全国的平均收入水平差距反而扩大了。1965 年,四川省和贵州省人均国民收入为全国平均的 74.2%、63.4%,但 1975 年下降到全国平均的 57.9%、40.7%。三线建设确实在生产能力的物理布局上改善了原来的不平衡状态,但是这"改善"中,并不包含社会经济的效果。

2. 从国防角度的评价

如此看来三线建设的弊大与利,不得不给予否定的评价,但因为三线建设原来就是根据国防上的要求进行的,仅仅从经济角度对其作出评价未免有失公平。即使三线企业的经济效益低,如果它们能有效地形成"国家战略后方"的话,从国防的观点能肯定它们存在的意义。但是如果三线企业在平时开工率很低的话,那么发生战争的时候,它们到底真的能发挥国家战略后方的作用吗?毛泽东提倡三线建设的时候,他说有了后方的准备就能放心,但是他忽视了长期闲置的后方基地会生锈的问题。

就算三线建设对于加强国防能力有意义,是否 20 世纪 60 年代的中国真的需要不顾一切代价加强国防能力,这是一个值得探讨的问题。当时,中国正处于与两大超级大国对立并且孤立无援的状态,也难怪会觉得有可能发生大规模战争。但是,中国面临战争的威胁并没有强到使中国不得不在 1964 年慌慌张张投身到三线建设中去。中国的有关三线建设的主要著作认为当时的中央高估了战争发生的可能性③,也就是说,中国是误解了美国、苏联的意图才进行了三线建设。但是,单纯的误解能够解释从 1964 年开始乃至 70 年代末的

---

① 四川省社会科学院三线课题组:《我国三线工业政策的调整》,《中国工业经济研究》1989 年第 5 期。高宇天编:《当代四川基本建设》,四川社会科学院出版社 1987 年版,第 22 页。吴晓林的《毛泽东时代的工业化战略——三线建设的政治经济学》甚至说三线建设是一个"经济发展战略"。

② 扈伦:《关于贵州产业结构调整问题的探讨》,《贵州社会科学》1988 年第 1 期。

③ 汪海波主编:《新中国工业经济史》,经济管理出版社 1994 年版;彭敏主编:《当代中国的基本建设》,中国社会科学出版社 1989 年版。

持续性庞大投资吗？确实存在因无法解读美国、苏联的意图而一度陷入高度紧张的局面。但是，在三线建设开始的 1964—1965 年间中国对美国的意图细致跟踪，毛泽东也认为中国不会直接卷入和美国的战争中去①。这样看来，毛泽东在提倡三线建设的时候是故意地强调了战争的危险，从而误导了以后十年的经济建设方向。他为什么故意强调战争的危险呢，这一点在本文第二节所分析过。

就算假设有战争的危险，作为备战对策的三线建设有很大的矛盾。这是因为它包含从铁路建设、资源开发、原材料工业到国防工业的所有的产业链的建设，根本应对不了几年内可能会发生的战争。要在短时间内建设起后方基地的话，那么应该在二线地区附近建立一些军工企业更为合理，因为在二线已经有太原、武汉的钢铁厂等一定的工业基础，所以不需要花很长时间和金钱重新建立从资源开采到原材料工业的产业链。导致三线建设的矛盾的主要原因是中央各部委（在第二阶段还要加上地方大军区）的“投资饥渴症”。三线建设实际上是以备战为借口而发生的两次（1965—1966 年，1969—1971 年）投资过热现象。

（丸川知雄，日本东京大学社会科学研究所教授；李嘉冬，上海东华大学外语学院副教授）

① 朱建荣：《毛泽东的越南战争——中国外交的大转换与“文化大革命”的起源》，东京大学出版社 2001 年。

索　　引

说明：本索引按词目首字笔画排序，首字笔画相同的，按第二字笔画排序，以此类推。

四画

五画

六画

七画

八画

九画

十画

十一画

十二画

十三画

《小三线建设研究论丛(第一辑)》目录

(上海大学出版社 2015 年版)

特　稿

专题研究

江西小三线专辑

手　稿

口述史和回忆录

我和三线建设研究

档案整理和研究

译　　稿

学 术 动 态

后　　记

2015年12月《小三线建设研究论丛(第一辑)》出版后,得到了三线建设研究者和亲历者的广泛重视。在鼓励笔者的同时,他们还踊跃提供各类资料和信息。正如论丛第一辑后记提及的,我们希望经过努力,把这个研究论丛打造成国内小三线建设(包含三线建设)研究和交流的平台。看来这个目标是可以达到的。

我们首先要感谢中共上海市委党史研究室主任徐建刚、副主任严爱云和吴祥华同志,以及上海市档案馆副馆长邢建榕兄,没有他们的慧眼和赐教,我们就不可能关注此研究课题。上海小三线建设亲历者最高人民检察院检察长曹建明、原国家计委三线建设调整办公室主任王春才、原全军三线人员工作办公室主任温尧忱、陕西省国防科研工业办公室原副主任文纯祥、中国社科院当代中国研究所副所长武力研究员、中国社科院当代中国研究所副所长张星星研究员、中共中央党史研究室宣教局原局长陈夕研究员、上海社会科学院原副院长熊月之研究员、中共中央文献研究室研究员宋毅军、工信部工业文化发展中心主任助理韩强、解放军军事科学院军事历史研究所所长郭志刚、上海市哲学社会科学规划办公室主任李安方、华东师大历史系韩钢教授、复旦大学历史系戴鞍钢教授和王维江教授、上海社会科学院历史研究所副所长王健研究员和张秀莉副研究员、上海师范大学人文与传播学院院长陈恒教授、上海师范大学历史系高红霞教授以及学界同仁段伟、张惠舰、张勇、周明长、汪红娟、李浩和严蔚女士,都给予了极大的关心和帮助,在此一并致谢!

我们要感谢协助我们研究项目的三线建设前辈杨克芝、傅琳、张小华、伏如山和程渝龙；原小三线所在地区领导、档案、新闻、电视和出版界及学术界的朋友金德海、胡忠明、汪旭红、岳雷、王翔宇、段钢、侯季光、姜延宾、姚亿博、陆斌、宗成康、王旭东、杨文利、张秀莉、黄英伟、汪谦干、户华为、胡喜云、王立霞、翟宇、陈菱、纪彭、钟亮、沈飞德、秦维宪、王岚、王蔚、曹玲娟、徐明徽、罗昕、赵振江、田波澜、韩宗玉、朱加荣、王圣良、李玉、胡言午、李颂申、荣德芳、汪玉奎、田春玲和吴英燕等。

我们要感谢上海大学党委原副书记忻平教授，文学院原院长陶飞亚教授，研究生部原主任王光东教授，人文社会科学处原处长郭长刚教授、处长董丽敏教授，文学院执行院长张勇安教授、副院长张童心教授，国际工商与管理学院刘寅斌副教授，文学院历史系陈德军副教授、肖清和副教授、舒健博士、吴静博士、杨卫华博士和杨雄威博士等。

我们要感谢参与此项目工作的上海大学的各位同学，包括崔海霞、李云、王其科、张斌、吴静、胡静、李婷、邬晓敏、杨华国、霍亚平、杨帅、韩佳、李帆、陈和丰、蒋伊雯、吴斐、王婷、顾雅俊、吴古月、黄婉清、张思宇、徐子鸣、刘婷婷、祝佳文、覃大源、沈亦楠、金业迅、徐晨阳、李佳怡、樊晋铭、伍繁琪、耿媛媛、王健磊、王来东和张志军等。

工信部、全国哲学社会科学规划办公室、中国社科院当代中国研究所、中华人民共和国国史学会三线建设研究分会、国家国防科技工业局、全国地方志办公室、中共上海市委党史研究室、上海市哲学社会科学规划办公室、中共北京市委党史研究室、中共广东省委党史研究室、中共安徽省委党史研究室、中共青海省委党史研究室、上海市国防科技工业办公室、北京市国防科技工业办公室、江西省国防科技工业办公室、河北省国防科研工业办公室、山东省国防科研工业办公室、海南省国防科技工业办公室、江苏省国防科技工业办公室、陕西省国防科技工业办公室、安徽省国防科技工业办公室、河南省国防科技工业办公室、湖北省襄阳市国防科技工业办公室、河北省地方志办公室、上海市地方志办公室、上海市档案馆、河北省档案馆、山东省档案馆、江苏省淮安市档案馆、上海教育出版社、中共安徽省绩溪县委宣传部、中共安徽省旌德县委宣传部和上海大学等，对此书的编辑出版给予了一如既往的帮助和支持。同时上海大学出版社给予全方位协助，在此一并表示由衷的感谢！

本文封面下部照片系原上海小三线立新配件厂之航拍。该厂位于安徽省旌德县德山里，现为安徽华龙麻业有限公司。航拍者为安徽旌德创艺广告装饰公司总经理汤道云先生。在此过程中得到中共安徽省旌德县委宣传部常务副部长刘四清和原上海小三线满江红材料厂贺兴根先生的大力帮助。对此我们深感荣幸和感谢。

本书的出版，得到上海大学高原学科中国史、上海高校服务国家重大战略出版工程项目和 2013 年度国家社科基金重大项目“小三线建设资料的整理与研究”（项目批准号 13 & ZD097）的资助，特此鸣谢。

徐有威

2016 年 10 月于上海

R